现代企业管理系列教材

企业管理咨询与诊断

主　编　吴忠培
副主编　李腾飞　彭连清

科 学 出 版 社
北　京

内 容 简 介

本书将企业管理咨询作为由观念、行为、结果三个维度组成的统一方法体系和工作实践体系，以管理咨询的有效营销为起点，以遵循规范的咨询程序作为掌控咨询项目和控制风险的基本规范。在咨询业务开展的过程中，项目建议书、诊断方法与流程、诊断工具、咨询报告、企业管理问题研究等，构成了企业管理咨询从需求到方案的运作关键环节。咨询实施和高绩效咨询的策略方法，是对从咨询报告方案到管理优化变革的真正践行，是帮助咨询业务实现成功所不可忽略的环节。

本书可作为经济管理类学生的专业教材，也可供管理人员阅读、参考。

图书在版编目(CIP)数据

企业管理咨询与诊断/吴忠培主编. —北京：科学出版社，2011.6
(现代企业管理系列教材)
ISBN 978-7-03-030299-1

Ⅰ.①企… Ⅱ.①吴… Ⅲ.①企业管理-咨询-高等学校-教材 ②企业诊断-高等学校-教材 Ⅳ.①F270

中国版本图书馆 CIP 数据核字（2011）第 112101 号

责任编辑：张 宁／责任校对：陈玉凤
责任印制：霍 兵／封面设计：耕者设计工作室

科学出版社出版
北京东黄城根北街 16 号
邮政编码：100717
http://www.sciencep.com
三河市骏杰印刷有限公司印刷
科学出版社发行 各地新华书店经销
*
2011 年 6 月第 一 版 开本：720 × 1000 1/16
2025 年 1 月第二十三次印刷 印张：22 3/4
字数：450 000
定价：39.00 元
(如有印装质量问题，我社负责调换)

Preface
总序

随着经济全球化进程的加快和知识经济时代的到来，现代企业发展面临着越来越多变的外部环境，竞争态势亦愈加纷繁复杂。较之于发达国家的企业而言，我国企业的市场经济之路时间较短，在摸索中曲折前进。国有企业经历着从计划经济向市场经济转型的痛苦，政企不分、产权不明、责任不清等弊端影响着国有企业经营绩效的提高。一些成长较快的民营企业虽然具备某些规范意义上企业的特质，但也碰到如非确定性的行政干预、计划经济意识形态上的歧视和企业所有者行为短期化等诸多因素的影响，多种因素导致我国民营企业的存活率非常之低，平均寿命不足3年。

从总体上看，除了经济体制改革和国家宏观经济政策的调节外，经营环境的多变性、管理理念的滞后性、管理手段的单一性和企业家队伍的极度匮乏等因素制约了我国企业整体管理水平的提升。因此，如何尽快更新落后的管理理念？如何充分借鉴和吸纳国外企业的先进管理经验？如何短时间内提高管理者的业务素养？如何从人、财、物等方面完善现代企业管理？如何通过提高管理水平出效率？凡此种种都是亟待解决的现实问题。从某种程度上讲，本丛书的立项和付梓也正是为了解决以上问题作一种尝试。华南师范大学经济与管理学院组织部分骨干教师精心编写了现代企业管理系列教材，每本教材的主编教师都长期从事相关学科的教学和科研工作，具备丰富的教学经验和扎实的科研能力。在总结多年教学经验和企业实践的基础上，博采众长，充分吸收国内外同类教材的优点，推陈出新，力图编写出一套具有现代企业管理特色的、综合性的、既自成体系又具有实用性的教材。

本丛书具有以下几个特点：①逻辑清晰。教材的每一章均按照内容提要、学习要点、正文讲解、相关案例和课后习题五个部分的编排框架渐进展开，最大限度地契合了人们的认知规律和学习习惯，有助于提高学习效率；②实用性强。为了克服许多教材重理论轻实务的共同缺点，本丛书不仅在内容讲解中引用了大量鲜活的案例，而且在课后专门辟出一个相关案例部分，试图引导学生运用所掌握的理论知识解决企业管理中的实际问题，逐步培养学生思考问题和解决问题的能力；③体系完整。本丛书包括11本教材，从11个不同界面立体式剖析现代企业管理的方方面面，定性定量相结合分析企业管理中产生的种种问题，系统探讨解决这些问题的方法和途径，这对于全方位培养学生驾驭现代企业的综合能力将大有裨益；④适用对象广泛。本丛书既适合经济管理类学生学习，也适合广大企业管理者和相关管理部门培训使用。

本丛书包括11本教材，具体分工如下：林勇主编《资本运营理论与实务》，彭璧玉主编《中小企业战略管理》，邓顺国主编《电子商务运营管理》，曹宗平主编《客户服务管理》，高波主编《企业管理信息系统》，吴忠培主编《企业管理咨询与诊断》，纪志明主编《团队管理》，何晓兵主编《销售业务管理》，聂新军主编《企业内部控制》，刘善敏主编《人力资源开发与管理》，冯晖主编《现代物流学》。

本丛书的出版，一直得到华南师范大学经济与管理学院领导和老师的大力支持，在此表示感谢！同时，科学出版社张宁女士在丛书的立项和出版过程中付出了艰辛的劳动，在此亦表示谢意！最后，对本丛书中被参考和借鉴研究成果的各位专家和学者表示感谢！

由于本丛书的编写时间有限，加之编者水平有限，不足之处在所难免，恳请广大读者给予批评指正。

林　勇

华南师范大学经济与管理学院院长

2011年3月

Foreword 前言

本书是一本针对现代企业管理问题进行咨询与诊断分析的指导性教材，管理咨询与诊断的内容十分丰富，本书在管理咨询与诊断的一般程序、方法、业务内容的基础上，重点介绍战略管理、组织管理、人力资源管理、财务管理、市场营销、生产运营管理、项目管理以及信息技术与电子商务8个专业咨询与诊断领域。

本书的写作具有以下特点：

(1) 充分吸收了国内外相关著作的优秀知识及最新研究成果，并包含大量的实践案例和分析图表，具有理论性、方法性、技术性、操作性，体系清晰、语言流畅、可读性强。

(2) 紧密结合中国实际，立足实践现状与问题，力求科学指导实践运作，侧重“怎么做”的方法性、程序性、案例性知识分析，内容全面系统，高度实用，具有极强的指导性。

(3) 本书是针对企业管理咨询与诊断的理论和实际运用而编写的，可作为企业诊断培训教材和管理类、财经类专业教学或企业内训的参考书，也可作为管理工作者、经济工作者、企业家和各级领导工作和学习的参考书。

本书的编写小组由吴忠培老师及其指导的研究生黄佳惠、来宪伟、钟静雯、曹立慧组成。钟静雯为全书的修订做了大量的协调和技术性工作。本书三易其稿，受篇幅所限，删去了大量案例，未能将一些新的理论与实证研究成果吸收进来，期待以后能修订充实。

本书的写作和出版得到华南师范大学经济与管理学院相关领导、老师的大力支持和帮助，得到科学出版社的大力支持，本书的写作参阅了国内外大量的教材、文献，有关作者未能一一列出，在此一并表示衷心感谢。

由于编写时间和编写者水平有限，不足之处在所难免，恳请专家学者指正，并请读者提出宝贵意见。联系方式：E-mail：zhpwu@163.com

本书编写组

2011年3月

Contents

目录

HAPTER 1

第一章　企业管理咨询与诊断概述

[内容提要]

本章全面介绍分析全书所依托的核心概念企业管理咨询与诊断及其相关的基本知识。

[学习要点]

1. 了解企业管理咨询与诊断的起源和发展；
2. 明确企业管理咨询与诊断的基本概念；
3. 掌握企业管理咨询与诊断的特点和作用。

第一节　企业管理咨询与诊断的起源和发展

管理咨询起源于美国。当前美国也是世界上咨询业发展最快、行业体制最健全的国家之一。

一、美国

(一) 起源

管理咨询源于美国。美国早在20世纪30年代就开始了管理咨询服务。管理咨询的实践最早可追溯到第二次世界大战后美国专门从事参谋咨询事务的“兰德公司”、“赫德尔森研究所”等新型集约式智慧型企业。它们将管理咨询的方法和程序用于企业管理，取得了显著成效。当时的欧美企业，往往资产的所有者就是企业的经营者，这些人中有些不善于经营，致使企业萧条，甚至濒临倒闭。为了摆脱困难的处境，企业往往求助于社会上的技术咨询机构，请这些机构派专家或经营顾问到企业进行诊断，在这种情况下，管理诊断逐渐在欧美国家发展起来。

(二) 现状

在美国，投资、形象设计、心理咨询等咨询机构随处可见：总统有总统顾问，州长有州长顾问，一般的法人单位也都请有专门为自己服务的各类顾问，一般公民有心理问题求助心理医生也是十分平常、十分方便的事情。目前美国已有咨询公司2500余家，一些大型咨询公司的分支遍及世界各地，还有数以万计的个人咨询服务站，每年的营业额高达20多亿美元。

(三) 特点

美国的少数大型管理咨询公司与多数小型管理咨询公司并存的状况使人很难笼统地归纳出其管理咨询的特点。但从几家国际性咨询公司的情况看，则有以下共同特点：

(1) 提供咨询的触角已由管理领域延伸到法律、金融、工程、技术等相关领域。很多公司，原来是以会计、审计、税收为其主要咨询项目，现在也有技术、工程和管理的咨询项目。

(2) 咨询师已渐渐由职能管理专家变成精通某一行业的管理专家。这种最新的趋势使得对咨询师的要求也变得更高。有的公司在机构的设置上已在考虑这种需求。

(3) 已由单一地为个别企业提供咨询服务扩展为主动推销自己定型的高智力产

品，产生更大的效益。在这些公司中，有的已形成自己的研究、开发、生产、销售、服务一条龙体系。

(4) 各咨询公司对专业人员的资格晋升要求相当严格，从而保证了其咨询高水平、高效率，促进了良好企业形象的形成，特别重视专业人员的资历和实践能力。当然，这里所说的资历意味着广泛的阅历、扎实的知识、多种人际关系、丰富的经验积累。这是保证其诊断高水平、高效率进而带来高效益的根本性条件。

(5) 在收费上，大多数公司不按诊断产生的效益分成。它们认为，按人时和按项目收费比例分成更合算。每个顾问的月价码从百至上千美元不等，越是职位高的顾问的收费越难以计算。一般根据顾问费用再加上管理费、手续费及直接费用，向客户开价。

二、欧洲

欧洲各发达国家是最先引进美国的管理咨询的。但由于各国国情不同，所以管理咨询的发展水平也不尽一致，许多国家成立了地区和行业的咨询协会及国际性的联合会，如国际咨询师协会(International Federation of Consulting Engineers)、英国咨询工程师协会(Association of Consulting Engineers)、英国管理咨询协会(Management Consulting Associations，MCA)、美国咨询工程师协会(American Consulting Engineers Cooperative Organization，ACECO)、欧洲咨询协会联盟(European Federation of Management Consultancies，FEACO)、德国西部大型诊断企业共同组成独立咨询企业协会(Verband Unabhangig Beratender Ingenieufimen，VUBI)、德国中小管理咨询企业共同组成的咨询业协会(Gemen Consult)等。这些协会和联合会大都对会员资格、职业标准、伦理准则、诊断程序以及诊断师的义务等做出具体的规定。协会或联合会对成员也可以提供建议和帮助，就同业中共同感兴趣的问题召开研讨会，传递有关成员利益的情报信息，提供交流的机会。

(一) 英国

在英国，利用咨询业务促进企业发展在企业家队伍中已成共识，有 70%的大中型企业常年雇佣一家或数家咨询公司为其进行战略、组织、生产、管理、信息技术等方面的咨询服务。英国的管理咨询，不但专业公司从事，各高等经济管理院校也普遍实行“教学、研究、服务”三结合的方针，既从事教学工作又提供诊断服务。

目前，按产值计算，全英前 10 家商业管理咨询大公司依次是：普华永道会计师事务所(Price Waterhouse Coopers)；凯捷安永咨询公司(Cap Gemini Ernst&Young)；埃森哲公司(Accenture)；德勒管理顾问公司(Deloitte Consulting/DTT)；计算机科学公司(Computer Sciences Cor.)；毕马威企业咨询公司(KPMG Consulting)；英国博安咨询集团(PA Consulting Group)；麦肯锡公司(Mckinsey)；安达信会计事务所(Andersen)；华信惠悦咨询公司(Watson Wyatt Worldwide)。

(二) 法国

法国各种专业诊断公司已有2000多家，从业人员近3万人。

法国专业诊断公司的声誉很高，大型专业公司像欧罗基普公司(EUROOUIP)、管理研究公司(Management Research Company，SEMA)、经济发展研究公司(Economic Development Research Company，SEDES)等都是国际性的管理咨询公司。仅SEMA一个公司就拥有2150名管理咨询专业人员，每年与50多个国家签订有关合同。

法国咨询业有着严格的资格审查制度。法国咨询人员的执业资格由专门的政府机构来认定。在1973年之前，只要是大学或高等学校的毕业生，就有资格从事咨询工作，在此之后则必须经严格选拔。例如，在工程咨询领域，只有经过层层选拔出来的优秀工程师和遵守咨询工程师职业道德的人才能获得执业资格。

三、日本

日本将企业咨询称为企业诊断。日本的企业诊断作为一个行业，是从欧美引进来的。

(一) 发展

第二次世界大战前，日本虽然具备咨询业务的能力，但还没有完全独立的咨询企业。第二次世界大战期间，日本发动侵略战争，国家经济遭受了毁灭性的破坏。第二次世界大战结束后，日本急需恢复生产，发展经济。在当时，一种智能性服务业——咨询业便悄然诞生了。到了20世纪50年代后期，随着日本国土综合开发事业的发展，许多公共事业方面的咨询企业纷纷涌现，日本咨询业逐渐步入快速发展时期。20世纪60年代后期，日本咨询业进入稳定发展时期，这一时期的特点是咨询综合机构诞生，国际业务增多，加强了向国际市场的发展。1970年前后是咨询业的大发展时期，一些综合性强、声望高、实力大的咨询机构就创办于此时期，如1962年成立的日本经济调查协议会、1963年成立的日本经济研究所中心、1966年成立的日本能源经济研究所、1967年成立的未来工程学研究所和政策科学研究所、1973年成立的社会开发综合研究所等。20世纪70年代，咨询热席卷日本列岛，到1978年咨询机构达1570余家，仅管理诊断咨询业的从业人员就达5万多人。

(二) 经费

日本的咨询机构可分为营利性和非营利性两类。营利性的咨询机构开展咨询活动就是要通过咨询研究来获得利润。市场上咨询商品的价格发生变化，会对咨询活动的开展、机构本身的发展产生很大影响。如三菱综合研究所，主要是依靠同客户签订咨询合同获得咨询项目经费的。为了减少因咨询商品价格的波动对咨询活动的影响，三菱综合研究所通过发行股票筹措资金。现在，除进行部分自主研究外，大部分都属委托研究和合同研究，注册资本达 20 亿日元。而由于非营利性的咨询机构是靠政府资助或基金、财团资助建立起来的，因此价格机制对这类机构的影响不大。

(三) 独立性

日本一些专业性的咨询机构，由于受特定因素影响较深，与国际咨询工程师协会(International Federation of Consulting Engineers，FZDIC)等要求的咨询机构绝对独立的原则不一致，颇近似于由政府或政府机关的资本控制的法国咨询机构。大型的咨询机构一般都设有理事会掌握大政方针，如三菱综合研究所等都有相应机构，理事会成员由政界、财界和学术界的名人组成，管理上实行高度分权和尊重研究人员个人创造性的体制，管理部门只负责企业专题研究，实行“课题小组负责制”定期商讨工作。如亚洲经济研究所设有“参议会”，负责审议业务方面的重大问题；设有“评议会”，负责审议事业计划、资金核算；还设有“调查协议会”，负责讨论课题立项。日本各省厅所设立的审议会，其任务也主要是就各种专门问题进行研究，负责向省厅长官提出政策性的审议报告和调查报告，日本政府设有各种审议会 212 个，委员达 6000 多人。

(四) 分类

在日本，咨询市场的供给方有综合研究所、管理咨询机构，工程技术咨询机构三类；需求方则主要分为政府部门和企业界两类。日本咨询市场上的供需基本保持平衡。从需求来看，市场上对咨询的需要是十分旺盛的。就政府而言，其主要委托咨询的内容包括城市问题、公害问题、教育问题及资源问题等。就企业而言，则主要涉及改善企业经营管理效益和提高市场竞争能力等问题。管理咨询是日本咨询市场的一个重要组成部分，其任务就是针对企业提出的问题，深入调查，运用科学的方法，对企业经营管理中存在的问题进行定量和定性的研究分析，找出原因，提出改进方案，并帮助指导实施，以提高企业的经营管理水平和经济效益。管理咨询对改善日本企业的经营管理起到了重要的促进作用。综合性研究机构集中了各个领域的学者、专家的知识和才能，它们主要负责跨学科的综合性调查研究和接受政府部门的委托，进行各种专题的调查研究，如日本经济研究所每年预算 80%左右的经费是通过向政府经济、技术职能部门申请获得的。此外，它们还大量接受各企业的委托，从事各种生产技术、科研项目、生产管理、劳动安全、卫生管理、技术指导以及提出各种设计、改进方案，管理咨询机构主要提供包括企业经营管理指导、技术指导、情报和人员培训等方面的咨询服务。工程技术咨询机构承接的业务则主要包括土木工程的规划、设计、解决钢铁工业与建筑设计等技术方面的问题。

四、中国

(一) 发展现状

中国于 20 世纪 80 年代引入管理咨询，虽然起步晚，但发展越来越快，并逐渐形成自己的特色。1979 年成立不久的中国管理协会(后改为中国企业联合会)，立足我国国情，开始以“请进来、派出去”的方式，首先从日本引入企业管理诊断的理论与方法，先后请日本生产性本部、中部产业联盟等机构的咨询专家来华讲课。与此同时，中国企业联合会又先后邀请英国、法国、西班牙等国家的管理咨询专家来华讲课，并选派研修生赴法国系统学习管理咨询。到 20 世纪 80 年代末期，我国省、自治区、直辖市级企业管理咨询公司达到 24 家，专业咨询人员超过 1800 名，咨询企业 3600 多家。管理咨询的管理效果、经济效果、社会效果越来越为企业和社会所认可。

(二) 存在的问题

虽然我国管理咨询业在短时间内发展迅猛，并且具有很大的发展潜力和发展空间，在一些经济发达地区，咨询产业渐已成为区域经济新的增长点和重点发展的支柱产业。但我们必须看到，目前我国管理咨询业(无论是咨询策划还是其他智力顾问型企业)普遍存在着对管理咨询工作的范围、作用、自身定位及周边行业相互关系方面的认识上的误区。一般说来，这种认识上的误区已经导致了管理咨询业及管理咨询业人士在行为和工作上的畸形发展，并产生了许多令人不安的问题。其具体表现如图 1-1 及图 1-2 所示。

第一，我国的咨询业仍处在发展的初级阶段。这主要表现在以下三个方面：①咨询公司数量虽然多，但产业规模小；②咨询业在国内生产总值(gross domestic product，GDP)中所占比重相当小；③我国咨询业仍在低端市场挣扎，利润丰厚的高端市场仍然被国外咨询公司所占据。

成功的必要条件，也是对咨询人员素质的基本要求。

6. 建议性

咨询机构或咨询师会根据受诊企业进行实地调查获得的一手资料对企业的经营状况进行分析，进而提出改善其经营管理的方案。咨询师只充当一个辅助者的角色，为企业提出建议性而非强制实施的方案。如果企业觉得此方案的实施效果不佳，企业完全可以否决该方案，实施与否的决定权在企业手中。

二、企业管理咨询与诊断的作用

企业管理咨询与诊断可以使企业知己知彼，针对存在的问题及时调整经营战略和采取对策措施。因而管理咨询是一项关系到企业生存和发展的重要活动。特别是对处在改革深化、市场经济体制不健全的中国企业，更有其特殊的重要意义。一般来讲，企业对其自身存在的问题，往往难以分清轻重缓急。咨询机构及咨询人员要根据经营目标与现状对比，进行企业经营诊断，找出存在的问题，以便采取措施，对症下药，并最终帮助企业解决这些问题。概括来说，有以下作用：

(1) 预防作用。管理咨询通过综合诊断，让企业充分了解管理上存在的不足和需要改进的方向，对企业避免未来可能出现的管理问题，起到预防的作用。

(2) 纠错作用。管理咨询可以帮助企业查清现有的管理问题及其原因，有针对性地提出纠正措施，并和企业一起进行改正，起到纠错的作用。

(3) 改善作用。通过管理咨询，可以帮助企业找出与同行先进水平存在的明显差距，引进、吸收同行有益的管理做法，改善自身的管理水平。

(4) 创新作用。管理咨询可以帮助企业进行管理创新，使企业在提升管理水平的同时实现新的目标，攀登新的高峰。培育企业管理者去主动发现问题、认识问题并有效地寻求解决问题的方法。

第四节 企业管理咨询人员的职业素质和道德规范

企业管理咨询人员应该是具有很高的道德修养、丰富的管理知识和经验的高素质人才，在咨询工作中，应恪尽职守，保守客户公司机密。

一、企业管理咨询人员的职业素质

一个优秀的管理咨询人员应当具备两个方面的素质。首先是管理咨询人员的基本素质，即为了完成咨询活动所具有的，但与专业知识无关的各种素质，包括表达和沟通能力、分析和判断能力、快速学习能力、创新工作能力、承受压力能力等。其次是管理咨询人员的专业素质，即为了完成咨询活动所具备的与管理咨询活动本身相关、与企业经营管理相关的知识与技能的储备，包括两个方面，一是咨询专业知识与技能，二是经营管理专业知识与技能。

二、企业管理咨询人员的道德规范

近年来，有关职业道德的问题受到社会的普遍关注。随着管理咨询行业的快速发展，有关咨询人员的职业道德问题也日益凸显。根据我国管理咨询实践和国际经验，我国企业管理咨询人员的职业道德和行为规范应遵守以下几点：

(1) 严格遵守国家有关法律、法规和政策。

(2) 不接受力不胜任的咨询委托。

(3) 体现客户利益最大化。

(4) 保持咨询工作的独立、客观、公正。

(5) 保守客户秘密。

(6) 既“授人以鱼”，又“授人以渔”。

(7) 不做诋毁同行的事。

[案例分析]

“麦肯锡兵败实达”的反思

从 1998 年年底到 1999 年上半年，实达电脑集团公司(简称实达)在引进麦肯锡咨询的过程中，由于最后执行的结果不成功，而草草收兵，甚至由此造成数千万元的间接损失。

时隔两年，在实达因为连续出现亏损，吸引了各方关注的目光时，“麦肯锡兵败实达”的话题也被重新挖掘出来，并带着“洋管理水土不服”与否的疑问备受中国企业家的关注；而实达内部在反思造成亏损的原因的过程中，也对执行“麦肯锡方案”过程中的得失进行了一些回顾和分析。

1. 管理问题提出

1996 年实达电脑股票上市以后，实达跃上了一个更广阔的平台，投资项目骤然增多，据说当时每一次董事会议上都有几个投资议案需要审议。随着投资战线的拉长，各个子公司各自为政，管理几乎失控，资源和管理跟不上企业发展步伐的弊端已经显露无遗。从企业内部来看，随着产业重组的顺利实施，实达已拥有涵盖从主流到非主流、从硬件到软件的产品群，不断增多的产品种类对管理的要求也越来越高，原有的管理方式的缺陷日益显现出来，如企业的资源(尤其是市场资源)不能共享，以产品为中心的管理体系直接削弱了实达产品对客户的影响力，忽视市场营销造成了企业运行(从产品战略到销售各环节)的低效率和随意性等，这些都极大地阻碍了实达向更高层面发展。

实达要快速发展为国内信息产业的主流供应商，就必须突破管理上的“瓶颈”。

从当时的外部环境看，中国 IT 业的竞争已进入白热化阶段，尤其在 IT 业的主流领域表现得更为明显。竞争的加剧导致 IT 业进入微利时代。在这一背景下，企业间的竞争更多地表现为管理水平的竞争以及建立在管理基础上的包括品牌、质量、附加值、成本、核心技术能力、市场能力等方面的全方位竞争。

2. 导入麦肯锡

1998 年 5 月，实达的叶龙总裁在北京与康柏公司谈合作事宜，康柏公司中国区总裁谢克人建议实达与咨询公司联系进行一次企业诊断。

叶龙回来与领导班子商量了这件事之后，决定请麦肯锡对实达进行诊断。从 1998 年 8 月初开始，咨询项目小组用了三周时间评价集团现有的市场营销和销售体系，得出以下结论：第一，实达自成立以来，在业务上取得了飞速的发展，并建立了在国内终端市场的领先地位，又在较短时间内建立了一个具有相当规模的个人电脑(personal computer, PC)业务。现有的销售体系为实达今天的成功做出了巨大贡献。第二，随着新产品线的引入和逐步成长，现有的销售体系在结构、程序和能力上的缺陷将变得越来越明显，并将直接影响实达充分挖掘销售潜力和效率的能力，阻碍实达建立真正的竞争优势，取得各产品线的长期获利和增长。第三，在考虑调整销售组织结构的同时，实达应更注重建立系统化的营销和销售工作程序，建立一套有效的业绩管理系统，并加强对销售人员的培训。第四，为建立起一个面向未来发展的一流市场销售体系，实达应树立起坚定的领导决心，克服阻力，并采用有重点、分步骤的改革方式，逐步完成向一流营销和销售体系的过渡。

这次初步合作给实达留下了很深的印象，从而为进一步合作奠定了基础。当然，当时也有人表示担心，认为麦肯锡太“洋化”了，虽然把问题判断出来了，但如何针对实达多产品销售的现状进行市场营销和销售组织机构的设计毕竟还没有提出来。

从 1998 年 10 月 16 日开始，实达开始导入新的组织架构和管理体系。一场被媒体称为“千人换岗”的大变革开始了。在拆散了原有的各产品事业部的基础上进行资源整合和管理重组，成立了以纵横交叉为特征的矩阵型组织体系。这次管理重组与之前进行的产权重组、产业重组一起，被称为实达的“战略重组”。

重组是从实达最强的环节——销售体系开始的，尤其突出的是把营销和销售分开。实达高级副总裁黄奕豪当时也说，这一次的产业重组，他感触最深的有两点：一是从以产品为中心转变为以客户为中心。二是管理上，以权力为中心转变为以程序为中心。现在的产业大整合形成了矩阵式管理，我们要站在用户的立场上，考虑以什么样的投入给用户，让用户能够得到最大的实惠，而我们可以获得最大的回报。这一切都要在高度的信息共享的基础上得以展开。

然而在执行过程中，麦肯锡没有提供明确的帮助，实达在运作过程中很多环节凭感觉和想象，业务流程做下去后出现工作职责不清，业务流程不明确，造成很多效益低、扯皮、推诿的事情。由于相关管理制度没跟上，实达出现物流混乱、账物不符、信息流不通畅等弊病，业务量急剧萎缩，由此导致了调整之后的失败。

3. 对困难的预计以及遇到的困难

组织架构调整都是要付出代价的，短期内甚至可能在经营上造成倒退，对这一点实际上集团在实施方案之前也有充分的准备，但执行的过程发生了由量变到质变的结果，给合作双方都留下了遗憾。

新的组织体系共设计了七个程序，包括新产品开发程序、定价程序、广告促销程序、品牌管理程序、关键客户管理程序、渠道战略管理程序和业务计划程序。从某种意义上说，麦肯锡给出了一个学术上的理想模式。然而并不是说有了程序就万事大吉了，就如曾在麦肯锡公司纽约办事处工作过的埃森·拉塞尔在其著述《麦肯锡方法》一书中提到，要“确保你的解决办法适合你的客户”，要了解这个组织的优势、弱势和能力。麦肯锡也曾提醒实达，程序要成功运作必须具备几个关键因素：集团高层领导的坚定决心，在“监督”的保证下进行“放权”，总裁以及高层领导的抽查，以确保程序得到严格执行；集团逐步形成制度化、程序化管理的文化，树立“人人尊重程序”的观念；容忍过程中的一些“失败”，不因这些“失败”而放弃实践，并将成功的经验迅速推广；在实践过程中修正程序，使其不断更新，促进市场和销售运作，“程序是动态的而不是静态的”。

麦肯锡当时提出可以分三个步骤走，渐进的，从局部整合开始，先在子公司内部实行，成功后再向集团推广。但是实达选择了一步到位，直接在集团内部进行全局性大调整。麦肯锡也提到了一步到位的难度，但没有说难在哪里。

公司也意识到，作为一个完整的体系，新体系对实达是一个很大的挑战。首先，它是对实达过去的成功做法的改善，甚至是对成功的否定，员工必须有足够的心理承受力来正视改变。其次，新体系是在西方产生的，与国内的大环境有较大的差距，所以存在如何“中国化”、“实达化”的问题，有一个适应和熟悉的过程。

在这次重组中，面临的比较突出的问题有三个方面：一是除硬件产业的产品公司调整幅度相对小一些外，其他机构均是过去相对独立部门人员的组合，许多人员彼此之间还不认识，使得相互之间的了解与磨合成为重要课题。二是许多人员在这次重组中要调整工作岗位，从事自己还不熟悉的工作，许多专业要重新开始学习，这对员工个人的能力无疑是一个很大的挑战。三是在机构之间，原来熟悉的工作方式改变了，出现了一系列规范化的新的管理程序。新的工作程序的出现使部门之间、岗位之间的工作关系也发生了很大的变化。行政命令少了，协商沟通多了，基础决策多了，凡事请示的少了，拍脑袋的决策少了，对数据分析、科学论断的要求高了。原来由总经理决定的事，现在通常要由一些职位不是很高的人(产品经理、客户经理等)协调决定。这三个方面，特别是最后一个方面，会带来许多的不适应，甚至导致出现反弹现象，处理不好，就会出现效率不但没有提高反而下降的情况。

4. 麦肯锡给实达留下了什么

麦肯锡方案给实达留下了什么？叶龙在2000年初回顾1999年的经营管理时谈到："在集团在管理体系方面进行了不懈的探索。年初，'麦肯锡方案'在集团推行，对提升集团现代管理理念及方法、提高集团管理人员现代管理素质起到了良好的作用，其成果必将在未来得到体现。"

他还认为，实达引入麦肯锡体制付出了高昂的代价，但也不是没有回报的：方案的导入使实达管理水平上了一个新台阶，培养了一大批初步具有现代管理意识的职业经理人，而麦肯锡体制在子公司的承传并生根开花结果，这对子公司管理水平的提高其意义是不言而喻的。

网络科技公司总经理阮加勇说："麦肯锡方案在集团运行了5个月后终止了，但实际上我们并没有退回原处，企业整体素质得到了提升。网络公司今年初实施的销售机构改革，从某种意义上说也是延续了'麦肯锡方案'的思路，是在其基础上产生的。现在外界有些评论'都是洋药惹的祸'，我觉得这里有双重理解，一个所谓好的方案前提是要让客户能够实施。"当时实达步骤太快，想一步到位，结果是机构到位，思想观念没有到位。通常我们说管理一部分是科学，还有一部分是艺术，麦肯锡提供一套科学的方法，听起来大家都说好，但是有了这套模式，有没有执行这套模式的人很重要，再好的方案没有相应的执行者也不行，所以说失败主要在这里。遇到具体事情时，麦肯锡不可能给你量化到具体的细节如何操作，在具体事情的处理上，每个人的价值观不同，结论不同，处理过程也不同。就如说在矩阵式管理模式中，要向双重领导汇报，如果未摆脱官本位思想，或者说不具备更职业化的素质，工作起来不知向谁汇报，产品经理有资源没权力，而有权力的没资源，若按官本位思想，一定是谁官大听谁的，谁是主管听谁的，这就是问题。企业文化、价值观念的改变不是一蹴而就的，需要一个潜移默化的过程。”

无论如何，实达还是从麦肯锡方案，或者说从西方先进成熟的管理技术中学到并实践了许多东西，尤其是实现了从“以产品为中心”到“以客户为中心”的转变。与此同时，这也给我们留下了一些值得思考的问题：如何更好地让咨询结果为我所用？如何真正形成一种学习的文化、创新的文化？如何在传统文化的基础上，融合西式文化，让自己从思想深处与现代企业制度合拍，让自己“西化”起来以适应“中国市场，国际竞争”的 IT 行业这个特殊环境？

实达寻求与麦肯锡合作的初衷无疑是正确的，旨在不断地通过建立和完善现代企业制度，不断根据客观环境及市场、用户的需求变化，快速、适时地调整产业结构与产品结构，积极引进先进的管理技术与经验，引进管理，延伸自己的智力，以求缩短与国外优秀企业的差距。然而，无论是否借助“外脑”，“实达特色”的问题最终还是要结合“实达特色”来解决。

思考题：

1. 实达为什么要引入麦肯锡咨询？
2. “麦肯锡兵败实达”给予我们什么启示？

[案例分析答案]

1. 旧的管理体制无法适应企业进一步发展壮大。

(1) 原有的管理体制无法驾驭多业务运作，存在多项薄弱环节。

(2) 重经营、轻管理的倾向使得公司存在严重的问题，公司进一步成长受阻。

(3) 外部竞争激烈要求提高管理水平。

2. 积极引进先进管理技术与经验，要结合企业特色，才能解决本企业的问题。

(1) 企业文化、价值观念的改变不是一蹴而就的，需要一个潜移默化的过程。

(2) 关于“管理”的命题，应该一个是“管”，一个是“理”。“管”为制度规章，“理”是思想工作。而这个“理”，又是“洋教练”带“中国队员”不容忽视的一个重要环节。所以，无论是麦肯锡还是叶总裁，面对的不仅是一个“管理”问题，还有一个“认识”问题。

(3) 麦肯锡方案在本质上是提倡一种“重程序”而“轻权力”的西方理性企业管理文化，没有什么上下级的观念，所有的人不过都是一些管理“程序”上的环节。对于这样一种管理模式，无论是企业还是个人，转变起来非常不易。

[习题]

一、单选题

1. 以下对管理咨询含义的理解，较准确的是(　　)
   A. 管理咨询是由咨询专家依据客户的需求，运用科学的方法，通过深入的调查、分析，找出客户存在的管理问题，提出改善方案，指导方案实施的智力服务活动
   B. 管理咨询是由企业外部管理咨询人员通过系统的诊断活动，找出企业存在的管理问题及产生的原因，提出改善方案，独立完成的智力服务活动
   C. 管理咨询是通过一系列的培训活动，帮助企业管理人员提高理论水平和能力的活动
   D. 管理咨询是由咨询专家依据客户的需求，运用科学的方法，通过深入的调查、分析，找出客户存在的管理问题，提出改善方案，独立完成的高智力服务活动
2. 对于管理咨询的分类，下列表述较为准确的是(　　)
   A. 根据咨询对象分，可分为企业管理咨询、事业单位管理咨询、社会团体管理咨询和政府机构管理咨询
   B. 按咨询涉及的业务广度分，可分为外部专家咨询和客户自我咨询
   C. 按咨询人员及客户的关系分，可分为中长期咨询和短期咨询
   D. 根据咨询时间长短分，可分为综合、专项咨询和专题咨询
3. 某咨询人员针对客户要求，结合国内先进企业管理的经验，从管理理念、管理体制和机制、管理方法等多层次、多角度提出自己的新见解。运用新的思维方式、新的观点去观察客户，采用不同的方法和工具分析其存在的问题及原因，从而使客户的管理水平获得全面提升。以上主要体现了管理咨询的什么特点(　　)
   A. 科学性　　B. 创新性　　C. 有效性　　D. 独立性
4. 针对客户企业提出的特定课题所进行的咨询服务活动属于(　　)
   A. 外部人员咨询　　B. 内部人员咨询　　C. 专题咨询　　D. 综合咨询
5. (　　)是将所需要了解的问题设计成书面问卷，并要求被调查者以书面的形式做出答复，然后对答案进行统计、分析的信息搜集方法
   A. 访谈　　B. 资料收集　　C. 问卷调查　　D. 现场调查

二、多选题

1. 管理咨询的特点有(　　)

   A. 科学性　　B. 创新性　　C. 有效性　　D. 独立性　　E. 合作性

2. 一个完整的管理咨询活动包括四个阶段：业务洽谈阶段、诊断阶段、改善方案设计阶段、实施指导阶段；而业务洽谈是咨询活动的开始，也是十分重要的阶段，对后期三个阶段的顺利实施起着关键作用。以下哪些描述属于业务洽谈的内容(　　)

   A. 开展专题调查分析和综合调查分析，明确问题、原因及后果
   B. 撰写项目建议书和签订管理咨询协议
   C. 对方案进行研讨修订和方案提交汇报
   D. 进行预备调查和商务洽谈
   E. 帮客户制订实施计划和对客户进行相关培训

3. 预备调查是咨询业务阶段一项重要的工作，预备调查的主要任务是(　　)

   A. 根据客户的要求和企业的现状，判定咨询项目应解决的主要内容
   B. 了解客户企业进行变革和有效解决问题的潜力
   C. 提升咨询公司的人员技能水平
   D. 把握咨询项目的范围和质量要求
   E. 维护社会秩序和环境改善

4. 王某是某咨询公司的咨询专家，依据任务要求对被咨询的单位进行预备调查。因为对此专业不太熟悉，对相关专业知识进行了初步准备，并与企业领导进行了沟通，针对沟通中有异议的问题，完全按照客户意见进行调整，做出了咨询意向和目标资料，并将调查资料及报告提交公司及客户各一份，王某的行为违背了预备调查的哪些要求(　　)

   A. 咨询人员应具备较为全面的知识
   B. 咨询人员要验证客户对本企业的认识
   C. 咨询人员要基于事实做判断
   D. 应妥善保存预备调查的资料
   E. 咨询人员之间应充分沟通

5. 对于第一次接触的企业，为了解企业生产过程、生产能力和潜力，了解企业管理水平，参观现场是十分必要的。以下哪些属于参观过程中应注意观察的内容(　　)

   A. 员工工作情绪和生活设施

B. 了解产品名称、外形、特点、用途

C. 作业现场环境、整理整顿、直观管理和工作秩序

D. 设备和劳动力闲置状况

E. 当时的环境气候变化和状态

三、简答题

1. 简述企业管理咨询与诊断的发展历程。

2. 企业管理咨询与诊断的作用有哪些?

3. 企业管理咨询人员应具备哪些素质?

[习题答案]

一、单选题

1. A　2. A　3. B　4. C　5. C

二、多选题

1. ABCDE　2. BD　3. ABD　4. ACD　5. ABCD

三、简答题

(略)

CHAPTER 2

第二章　企业管理咨询与诊断的程序与方法

[内容提要]

企业管理咨询与诊断的基本程序，包括整个咨询过程中各阶段的工作内容和方法及其相互关系。该程序按目标和任务划分四个阶段：业务洽谈阶段、诊断阶段、改善方案设计阶段、方案实施指导和总结阶段。第一阶段的目标和任务是明确咨询双方合作的意向和条件。第二、第三阶段则是逐步深入了解企业问题，帮助企业解决问题的过程。第四阶段则是指导方案实施和咨询成果回顾总结阶段。

[学习要点]

1. 掌握整个企业管理咨询各个阶段的内容；
2. 明确每个阶段的步骤和过程；
3. 熟悉并运用各种方法和技术。

第一节 业务洽谈阶段

业务洽谈是整个管理咨询活动的起始阶段，是正式开展咨询活动的前提。在这个阶段，咨询公司主要的任务是在与客户建立良好合作关系的基础上签订管理咨询协议。

要实现本阶段的任务，咨询公司就必须初步了解客户的需求和基本情况，同时，也要让客户了解理咨询公司的特长和能力，双方建立起信任关系。工作步骤如图 2-1 所示。

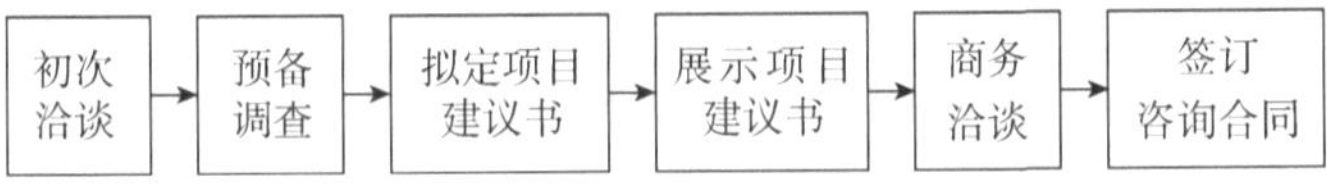

图 2-1 洽谈阶段工作步骤图

一、初次洽谈

本环节的任务是咨询公司通过用积极的、真诚的、务实的态度接待客户，了解客户的咨询要求和咨询目的；并根据客户要求、咨询目的、基本情况，结合自身咨询能力，决定是否承接客户的委托，以便获得预备调查的机会。

（一）初次洽谈

1. 初次洽谈的主要内容

(1) 向来访者介绍的内容：管理咨询的程序、方法和咨询人员的职业道德；本公司的情况、背景、专长和绩效。介绍的目的是打消来访者对管理咨询和对本公司的疑虑，建立对本公司的信任。

(2) 了解客户的概况：来访者希望咨询的内容和要求、目前企业存在的主要问题；企业产品、人数规模、销售额、成立时间、公司性质等。

(3) 在来访者有咨询意向时，双方确定到客户企业进行预备调查的有关事宜。

2. 初次洽谈的注意事项

(1) 判断清楚来访者的意图。

(2) 因势利导。

(3) 初次洽谈的结果是希望能进行预备调查。

(4) 如果本次没有谈成进行预备调查，仍应和来访者保持良好关系，以便适当时候可继续联系。

(5) 初次洽谈内容应记录在公司专门的记录簿上，妥善保存，以便备查。

(二) 落实预备调查事项

对预备调查应认真做好如下准备：

(1) 选派预备调查人员。

(2) 预备调查人员的技术准备。

(3) 和客户联系人约定预备调查要做的工作，特别要约好与客户单位领导或主管领导见面。

(4) 交通和生活准备。

二、预备调查

(一) 预备调查的主要任务和结果

预备调查的任务是：

(1) 根据客户的要求和企业的现状，判定咨询项目应解决的主要问题。

(2) 把握咨询项目的范围和质量要求。

(3) 了解客户企业进行变革和有效解决问题的潜力。

预备调查的目的并不是提出解决问题的措施，而是确定和规划咨询任务或项目，为顺利进行业务洽谈铺平道路。预备调查的结果是为拟定项目建议书提供充足的依据。

(二) 预备调查的基本过程

1. 和客户企业的领导或主管领导见面

这次见面既是礼节性的，又是极重要的面谈，涉及内容如下：

(1) 咨询人员根据客户对管理咨询和本咨询公司的了解程度和常出现的疑虑，适当介绍一些管理咨询的做法、咨询公司的业绩和承诺，让客户对咨询和本咨询公司有一个好的印象。

(2) 咨询人员要让客户简单介绍一下企业的概况、企业的发展、本次咨询的内容和要求，以及企业领导班子对本次咨询的意见。

(3) 根据见面时的需要和气氛，可以适当地交谈一些客户感兴趣的其他问题，包括该咨询项目国内外其他公司的成熟的做法。

2. 参观现场

参观现场的目的如下：

(1) 了解客户生产经营的过程，以便把握住企业存在的问题和改善的方向。

(2) 了解企业管理状况。现场最能反映企业管理状况，包括一些基础管理现状、人员、机器设备、材料以及加工工艺、作业环境等能否满足产品生产需要。

(3) 了解管理水平和管理中存在的问题。

3. 收集必要的资料

收集资料的目的如下：

(1) 了解企业一般经营状况，对企业当前整体经营状况有一个基本的判断，例如，是亏损还是赢利。

(2) 判定存在的管理问题。针对初定的咨询题目，收集相关的数据，以便判定问题是否存在，以及问题的重要性、紧迫性，未来咨询的成效性和难易度。

(3) 企业前景如何，赢利能力如何，管理改进后效果如何等。

4. 询问调查

(1) 询问调查的内容包括了解企业的组织机构、运营现状、员工感受、企业自身对问题的看法等。

(2) 沟通和咨询内容相关的其他问题。

(3) 如果咨询的题目比较窄，可以访问主管人员或领导，了解一下该项工作目前是如何开展的等有关问题。

5. 资料整理、汇总、分析

通过资料汇总、分析，必须做出如下判断：

(1) 客户要求咨询的课题存在吗?

(2) 该课题的重要性、紧迫性、成效性和难易性何在?

(3) 本咨询公司是否接受该咨询项目?

(4) 如果接受该咨询项目，应该如何进行，如何安排，如何报价?

在对上述问题做出判断的过程中，有些问题可能不够清楚，可以进行补充调查。

(三) 预备调查主要方法——现场参观

对于第一次接触的企业，为了解企业生产过程、生产能力和潜力，了解企业管理水平，参观现场很有必要。参观范围，对综合咨询可参观公司，对大型企业或跨区域的企业，可以选择有代表性的业务区域参观，专题咨询可适当取舍。参观时间一般在半天之内。参观方法是由企业派一名了解业务流程的人员陪同，咨询人员顺序参观，并且可适当询问。参观过程中注意观察以下内容：

(1) 了解产品名称、外形、特点、用途。

(2) 生产组织、物流线路是否合理。

(3) 设备、工装对产品的满足水平。

(4) 材料、零部件、产成品的堆放情况。

(5) 产品、产成品的传递手段。

(6) 作业现场环境、整理整顿、直观管理和工作秩序。

(7) 员工工作情绪。

(8) 设备和劳动力闲置状况。

(9) 生产定额水平和实际操作快慢水平。

(10) 生产记录和交接班记录。

(11) 员工生活设施。

上述这些情况的了解，在资料分析和判断企业管理现状的时候，将起到重要的作用。参观过程中特别要注意：严格遵守作业现场的各项规定；不影响作业人员工作；在咨询参观时，不要录像或拍照；气氛要融洽；必要时，可以简短地询问员工或浏览现场资料。

(四) 预备调查中的注意事项

1. 咨询人员应具备较为全面的知识

从预备调查的过程和对问题分析来看，参与调查的主要人员，应具有管理领域的全面知识和丰富的管理咨询实践经验。因为，他要根据短时间的调查资料，对企业管理中存在的问题做出准确的判断，而且，还要和企业领导沟通，如果没有一定的功底，是难以做到的。

2. 咨询人员要验证客户对本企业的认识

调查人员应该保持独立，依据自己调查得到的资料做出判断，而不要随意附和客户的意见。中国有句俗话："当局者迷"，客户对企业的认识不一定都正确。一般来讲，客户对企业存在问题的现象看得比较清楚；但是，现象不等于问题。现象是客观存在的现状，问题是对众多现象进行去伪存真、由表及里的比较分析后得出来的认识，即

$$问题=标准-现状$$

同一个现象，站在不同的角度，就可能得出不同的认识，即不同的问题。咨询人员运用系统的管理理论以及科学的分析方法，透过现象看本质，做出对问题的判断。企业管理者由于忙于业务，对管理知识方面的了解不一定有咨询人员那样广，所以对问题的判断可能存在偏颇。

3. 咨询人员要基于事实做出判断

咨询人员在调查中应注意收集事实，尽量不要收集观点，包括领导者、执行者和员工的观点。因为，观点是属于认识范畴，不属于事实范畴。企业内部由于利益

不同、所具有的知识和观点不同，对同一个事实可能得出不同认识的观点。如果我们把这些不同的观点收集在一起，试图从中得出某一个正确的判断，那是不可能的。即便得出一个结论，也不能令人信服，结果只能是“公说公有理，婆说婆有理，谁权大谁有理”。只有在事实的基础上，运用系统的管理理论和观念以及科学的分析方法得出的结论，才是可靠的和令人信服的。

4. 应妥善保存预备调查的资料

预备调查得到的资料很宝贵，不宜交给客户，应系统地整理并在咨询公司保存。在项目建议书中不宜也没有必要全面展开。

三、拟定项目建议书

(一) 项目建议书及其作用

项目建议书是咨询公司在对客户进行预备调查之后，向客户说明其存在的问题、咨询项目的内容、解决问题的思路和框架，说服客户向咨询公司委托这项咨询任务的书面材料。

项目建议书的主要作用是：

(1) 向客户展示咨询公司对其问题和需求的把握程度。

(2) 向客户说明咨询公司将如何完成咨询任务。

(3) 使客户相信本咨询公司有理由，也有能力完成任务。

(二) 项目建议书的主要内容

项目建议书的内容通常包括如下七个方面。

1. 项目的背景和目的

项目的背景和目的是指客户体现咨询需求的内外环境和咨询要达到的目的。此部分是项目建议书的引言，具有确定基调的作用。

2. 客户面临的问题

第一，明确地表述出客户存在问题并作必要的解释。对问题的表述和理解可能与客户原来的认识不完全一致。只要实事求是、有足够的理由说服客户，是会得到客户的认可和好感的。

第二，证明问题的存在。适当选用预备调查中的分析资料证明即可。证明资料不在多，重要的是要有力度，观点要鲜明。

第三，阐述问题的重要性、紧迫性、难易性和成效性。阐述的时候尽量用事实(最好是数据)支持，不要用一般推理。如果缺少事实(数据)根据，可不说或少说。

上述三点是预备调查的结果和精华，是反映咨询公司水平的最有力的证据之一。

3. 解决客户问题的技术思路和方法

这一部分重点是体现咨询公司的专业能力。解决问题的技术思路与方法必须结合企业的实际问题，有针对性地阐述，要简单明了，言简意赅。

4. 项目内容和成果描述

项目内容是指完成该项目所要做的工作。项目成果是指项目完成之后以何种方式体现咨询结果。

在项目建议书中，应明确指出项目所包括的具体内容和边界，这不仅要考虑技术因素，还要考虑商业因素。

项目内容的确定相对容易,但要想清晰地界定项目的边界不是一件轻松的事情。由于在业务洽谈阶段，咨询公司不可能对企业情况有非常深入的了解，因此，项目的边界往往不可能有非常准确的界定，而只能是尽量准确，以保证未来在项目动作时不会出现工作量或工作难度大幅增加的情况。

在项目建议书中应对项目的成果进行界定。项目成果一般包括三类：一是咨询方案，二是培训与沟通，三是指导实施。每一类的工作成果以何种方式体现和提交，应当有清晰的界定。

某些情况下，此部分可能还包括项目成果的验收标准。咨询成果的验收无法完全以量化的方式进行，只能是定性和定量相结合。

5. 项目时间进程和初步计划

在建议书中要界定项目的周期，同时，要对项目进行主要里程碑的划分，以使客户对项目如何进行有一个宏观的了解。项目初步计划一般包括以下内容：主要工作步骤、工作先后顺序与衔接、每个步骤所需时间、项目主要里程碑等。

6. 项目小组活动方式和参与成员

项目小组活动方式，一般情况下咨询公司成立项目小组，客户也成立相应的小组对接，由于客户方面人员还要忙于正常业务，所以，在咨询的诊断阶段和拟订方案阶段，他们一般不参加具体工作，但要参加讨论，发表他们的意见。在方案输出阶段，他们必须认真参加。

在项目建议书中一般不需要提供完整的项目小组成员名单,但项目总监(项目董事)、项目经理等核心成员则必须介入。当然也可以多提供几个备选人员，由客户最终确定。

7. 咨询公司简介

咨询公司简介一般包括以下内容：咨询公司资质(公司背景、专业强项和成功案例)、咨询团队简介(项目主管、项目成员组成和项目主要成员的简历)、采用的咨询方法和技术的详细说明(专有或专利方法的详细解释)。

咨询公司对曾经操作过的、与客户项目比较相近的项目进行详细描述往往大有裨益。当然，列出以前客户的资料，必须事先征得其同意，不要违背管理咨询对客户的保密原则。

(三) 项目建议书编写的要求

1. 深度合适

项目建议书内容的阐述深度，应为客户理解和决策提供必需的细节，不应该故弄玄虚，让客户摸不着头脑。

2. 具有针对性

项目建议书应针对客户的特定问题"量身定做"而不能泛泛而谈。它的针对性主要体现在三个方面：对客户问题的理解、解决方案和项目成果。

3. 具有可操作性

项目建议书的可操作性对项目的成功实施至关重要，是否具有操作性主要体现在两个方面：解决方案和项目初步计划。

4. 具有体系性

即使在项目建议书阶段，咨询人员可能仍然没有见到客户中将影响购买决策的每一个人。因此，即使对咨询项目的执行方式已经达成了口头一致意见，仍然应该将其详细地表达出来，以便客户中那些不太知道相应咨询项目，但具有购买决策权的人阅读。

四、展示项目建议书

早期国内咨询公司实力的展示，更多是通过项目建议书展示的方式进行的。但随着国内管理咨询行业的不断发展，客户对咨询公司的实力展示提出了更高的要求，即采用招投标的方式。应该说，规范的招投标是对咨询公司实力展示的最全面、最严格的一种方式。以下介绍两种不同的展示做法。

(一) 项目建议书的常规演示

1. 演示前的准备

在进行项目建议书演示前，应了解以下事项：

(1) 演示的时间与地点。

(2) 客户对演示说明的期望。

(3) 是不是需要进行正式的演示说明。

(4) 正式演示说明和讨论所允许的时间。

(5) 参加和听取演示说明的客户人员有哪些，他们各自的兴趣何在。

(6) 客户还邀请哪些咨询公司参加演示说明会。

(7) 演示说明会的目的是什么。

通过认真准备，咨询人员要把本咨询公司对客户企业问题的理解、解决方案以及质量保证等情况真实地展示出来，争取得到客户的认可。

2. 演示需要注意的问题

(1) 逻辑清晰。

(2) 突出重点和特色。

(3) 给客户提问的机会。

(二) 咨询项目的招投标展示

1. 咨询项目的招投标过程

随着管理咨询行业的逐步成熟和客户内部管理的规范化，招投标正在成为客户选择咨询公司的重要工具。

咨询项目的招投标是以订立咨询合同为目的的民事活动，属于订立合同的预备阶段。招标和投标是指交易活动中的两个主要步骤。

管理咨询行业的招投标程序包括招标、投标、开标、评标和中标五个过程。

投标文件一般包括：①与咨询公司资质相关的文件，如营业执照、财务咨询等专项咨询的资质等。②与项目本身相关的文件，主要是项目建议书。③与项目商务相关的文件，如报价、支付方式、项目的组织安排等。④与公司实力、经验相关的文件，如公司的规模、咨询人员的水平、类似项目的经验等。⑤与知识产权相关的文件，如知识产权归属的协定、保密协定等。

2. 管理咨询公司的实力展示

开标的过程实际就是咨询公司对自身实力的展示过程，评标过程则是客户企业对咨询公司实力的评价过程。在这个过程中需要展示多个方面的能力，一部分能力是通过现场来展示和评价，另一部分能力则是在开标过程前后通过其他方式来展示并由客户进行评价。具体来说，咨询公司需要向客户企业展示的内容主要包括以下几点：

(1) 咨询公司介绍。

(2) 咨询公司的规模和专长。

(3) 相关项目的案例经验。

(4) 知识储备与专业研究。

(5) 重点客户的评价反馈。

(6) 拟任项目经理的能力。

(7) 售后服务的承诺。

(8) 对项目的认识与理解。

(9) 招投标过程的现场表现。

五、商务洽谈

商务洽谈主要围绕管理咨询合同逐条具体化，形成规范的文字表述草案，供双方领导最后签字。

商务洽谈涉及的主要方面包括：管理咨询内容与细化的成果、咨询项目的周期、咨询项目组主要人员与结构、咨询过程中合作方式、咨询费用和付款方式、培训的内容以及客户关心的其他内容。

当双方通过洽谈在商务方面达成一致后，便开始起草管理咨询合同。一般合同由管理咨询公司起草，经客户修改确认后签署。

(一) 管理咨询合同的主要内容

目前国内并没有法定的合同范本，但管理咨询合同一般应包括以下主要内容：

(1) 订立合同的甲乙双方，即委托方与受理方。

(2) 项目名称。

(3) 项目涉及范围及主要内容。

(4) 项目成果、成果提交与验收方式。

(5) 项目总体时间、工作计划框架或项目里程碑。

(6) 项目双方合作方式。

(7) 项目双方项目组组成人员及主要职责。

(8) 双方在管理咨询项目中各自承担的主要工作、权限和义务。

(9) 保密与知识产权条款。

(10) 总体费用、支付方式、需单独付费的项目以及付款条件和方式。

(11) 项目中止、延期处理，其他争议处理与违约责任。

(12) 合同附件。一般会将项目建议书作为管理咨询合同的附件。

在管理咨询过程中，由于咨询人员会接触到客户大量的商业机密，因此客户往往对保密条款非常重视，必要时还需要签订单独的保密协议。

同时，随着知识经济的兴起，知识产权也变得越来越重要。如何处理管理咨询中所涉及的知识产权，需要做出明确的规定。

(二) 管理咨询的报价方法

管理咨询项目的费用是客户和咨询公司都非常关注的内容。管理咨询的报价通常有成本定价报价法、企业增益报价法、咨询人员工作时间报价法。

六、签订咨询合同

合同签订的过程实际是履行法律手续的过程。签订前需要注意以下两点：

其一，由甲、乙双方的法律专家，从法律的角度对合同书草案文本，进行最后审核。

其二，对双方单位名称和签字人的法人和法人代表资格进行确认。

第二节　诊 断 阶 段

诊断的主要任务是围绕咨询项目，找出客户存在的问题及其原因，提出有针对性、可操作的改善建议。为此，咨询公司就必须在做好咨询准备的基础上，进行问题和原因诊断、诊断报告的拟订、诊断结果确认等工作。

一、诊断准备

诊断的准备工作是在咨询人员正式开展调查之前，由咨询公司和客户双方所做的组织上、思想上、技术上和物质条件上的准备工作，以便咨询活动顺利开展。

咨询诊断前的准备工作涉及咨询公司和咨询客户两方面，准备的内容包括项目组的组建、项目工作计划的制订、项目调查提纲的准备、项目组内部启动会、资料收集、咨询组办公和生活条件准备、项目启动会等。

(1) 咨询公司准备。①项目组的组建：确定项目经理、项目总监，挑选项目组成员。②制订咨询项目工作计划：包括项目总体计划、项目阶段计划、项目周工作计划。③项目调查提纲的准备。④项目组内部启动会：动员、培训项目组成员，确立项目运作的内部规则，讨论安排前期的准备工作、基本工作分工及初步计划。⑤资料收集。

(2) 客户单位准备。客户单位组建相应的项目组，准备办公条件和生活条件。

(3) 召开项目启动会。咨询项目组进入客户单位后，客户应迅速组织管理咨询项目启动会。参加启动会的人员包括双方高层领导、双方项目小组成员、客户企业中高层管理人员和方案实施中涉及的骨干员工。

二、诊断过程

(一) 诊断过程的任务

诊断过程是运用多种调查分析的手段，围绕咨询项目，找出客户存在的问题及其问题产生的原因，为制订改善方案提出方向和要点的工作过程。

(二) 诊断过程的要求

根据咨询项目的大小和范围，诊断过程一般分为两个环节：一是综合调查分析，主要是找出客户存在的问题及其对经营的影响。二是专题调查分析，主要是找出产生问题的原因。

1. 综合调查分析

围绕咨询项目充分地了解和掌握客户管理的现状，运用数据和资料证明这些问题确实存在和对经营的影响程度。在调查过程中，切忌简单地听取客户领导或职工的意见就臆断，而要明确标准，搞清楚现状，进行比较分析。

1) 建立明确的判断管理问题的标准

没有标准就无法判断是否有问题。例如，某一个人的血压，高压为 140 毫米汞柱(mmHg)。仅仅这个数字，很难判断血压高低。但是对特定的人群，血压有相对的标准范围：青少年，一般高压不超过 130 毫米汞柱，老年人一般不超过 140 毫米汞柱就算正常。

咨询人员判断管理问题的标准有三个层次：第一个层次是“做错了没有”，做错了应该纠正，这属于纠偏型标准；第二个层次是“做优秀了没有”，应引入好的做法，这属于改进型标准；第三个层次是“满足企业要求了没有”，虽然做好但与企业的目标或要求相比还不够，需要用新思路、新理念进行创新，创造出前人没有的方法，这属于创新型标准。所以，采用不同的标准，判定的客户问题类型也不一样。

在这三个标准中判断第一和第二个层次的标准是最基本的，即在咨询项目业务领域里，至少应该清楚做哪些工作，每项工作正确的做法是什么。这是咨询人员必须具备的基本功。如果这两个标准不清楚，就不知道咨询中现状调查些什么；即便得到了真实的现状，也不会进行比较分析；即便有比较分析也难以做出正确的判断。

2) 认真查清现状

查清现状是调查清楚客户实际存在的客观事实，包括各种现象、员工的行为、各种记录和统计汇总以及管理制度等。没有客观事实，谁都无法确认客户存在着什么问题。综合调查要求咨询人员得到的是客观事实，并以此得出初步判断。对于初步判断不足以说明问题的时候，需要做进一步的补充调查，直到问题清楚为止。

现状调查中只有在为了判别客户对本单位看法(观点)是否正确的时候，才去收集客户对本单位的看法，除此之外没有必要收集客户的看法(观点)。因为客户的看法并不能帮助咨询人员做出正确的判断，甚至有可能使咨询陷入误区。

一个基本功扎实、咨询水平高的咨询人员，能够依据客户的概况和咨询项目范围，很快理出从哪里着手、调查什么内容，并根据调查的结果很快得出结论。

3) 采用正确的分析方法做出独立判断

分析过程是比较判断的过程。有些简单问题通过直接比较就可以得出判断。例如，某企业人均年销售额仅有 20 万元，而本地区同行一般为 50 万元，显然该企业劳动生产率过低，经营状况不理想。有些问题比较复杂，需要转换指标以后进行比较。例如，判断企业的赢利能力用边际利润率指标进行，某企业边际利润率为 40%，一般企业要求应在 25%以上就可以，显然该企业的赢利能力很强。

对于需要转换的指标，要特别注意指标的使用范围。例如，求边际利润率时需要用变动费/销售额。这两个数值分别在生产环节和销售环节，如果直接代入公式计算，得到的结果是错的。因为计算必须是同一个环节的数值才有意义。这就需要把变动费和销售额这两个数值，要么变为生产环节的，要么都变为销售环节的。

4) 查清问题对客户经营的影响

管理咨询是一场变革。变革往往要从改变客户各层次人员的观念入手，才能逐步改变行为。例如，一些企业要进行产权结构改革，有的从国有改变为民营，有的从家族式改为股份制形式。从普遍规律来讲，单一国有产权结构或家族式结构，都不是很好的产权结构。但对客户来讲，其现有的产权结构存在哪些问题，这些问题如何制约企业的发展，甚至威胁企业的生存，这是非常重要的。如果不查清这个问题，并且以此统一客户各级员工的思想，特别是高、中层领导的思想，真正达成共识，那么再好的产权改革方案也难以被认可和实施。

5) 项目组每个咨询人员均应参加综合调查

综合调查所进行的工作在业务洽谈阶段的预备调查时就已经做了不少，但预备调查的时间较短，而且只有少数人员参加。诊断阶段要继续进行综合调查，并应让项目组的每个咨询成员都参与调查：其一是为了让项目参加者都能了解客户的全局；其二是为了让项目参加者都能站在公司全局看问题；其三是为使得对问题和影响的把握能够更准确和完善。

2. 专题调查分析

(1) 彻底查清问题产生的原因。任何问题的产生总有原因，而且原因后面可能还有更深层次的原因，同样的问题出现在不同的客户单位，或出现在不同的时间，其原因可能是不一样的。

(2) 找准问题及原因，明确解决问题的方向和重点。把问题和原因查清楚了，就比较容易确定改善方案的方向和重点。

三、诊断过程的运作

由于项目的大小、涉及范围不同，诊断过程运作的难易程度也不相同，一般过程如下：

(1) 和客户领导见面。咨询人员进入客户单位，应立即安排和客户领导见面，一是礼节性的因素；二是要及时了解客户的基本情况。

(2) 了解客户的主要业务流程。

(3) 参观业务现场。参观客户业务现场，既是了解客户业务的需要，又是现状调查的方法之一。

(4) 对客户高、中层部分领导进行访谈。

(5) 进行问卷调查。

(6) 收集和整理资料。

(7) 统计和分析数据。

(8) 在各人调查分析的基础上，项目组全体人员共同分析、归纳，最后形成问题及其对客户经营的影响。

(9) 分工进行专题调查，并再拟定改善建议的方向和重点。

(10) 项目组汇总各个专题的结果，共同协商形成统一的诊断报告提纲，并分工撰写。

(11) 诊断报告形成。

(12) 诊断报告发表和确认。

四、常用调查方法

(一) 访谈

访谈是管理咨询中最常用的调查方法之一。访谈是咨询人员就客户管理现状和问题与客户有关人员进行直接交谈的信息搜集方法。在访谈中，咨询人员以问为主。通过对被访谈者回答的分析总结，逐步明确客户的问题所在，并了解客户管理队伍。

1. 访谈对象

根据被访谈对象身份的不同分为内部访谈(访谈企业内部人员)与外部访谈(访谈企业外部人员)，一般的咨询项目以内部访谈为主，但如果项目内容涉及消费者、供应商和合作伙伴时，则需要进行外部访谈。内部访谈可分别选择高层和中层与项目相关岗位的领导进行。

2. 访谈形式

访谈是一个被访谈者和全体咨询人员在一起单独进行的。访谈活动由项目组长主持和询问，其他人员以听为主，在时间允许的情况下，也可以适当提问。

3. 访谈提纲与访谈计划的准备

访谈应有提纲，提纲内容是根据项目内容、项目组预先对结果的假设以及调研目的而拟订的。为了保证良好的访谈效果，需要事先把访谈目的、日期，开始和结束时间、地点、内容和联系方式等告诉被访谈者，以便其做好准备。

4. 访谈实施

访谈实施中应注意以下几点：① 访谈正式开始前，要向被访谈人说明访谈目的和保密原则，打消被访谈人的顾虑，从而能够得到更多的信息。② 访谈过程中一定要做好记录，对重点问题要复述，确定双方理解无误。③ 一般情况不要打断被访谈人的谈话，不能够有过多诱导性的提问。④ 当被访谈者严重跑题时，要通过合适的方式引导其回到正题。⑤ 访谈过程中不要轻易发表对企业问题的看法，不要用自己的观点影响到被访谈人的看法。 ⑥ 为避免影响被访谈者的工作，保证每次访谈的效果，访谈时间一般不要超过两小时。⑦ 访谈结束前，一定要向对方致谢，并约定如果有不明确的问题，在其他时间另约。⑧ 访谈结束时，向被访谈人询问是否有相关书面资料可以提供，并约定提供的内容和时间。

5. 访谈总结

项目初期的访谈过程一般会持续数天，咨询人员白天的工作量很大，但是不能因为这个原因而放弃每天的访谈总结。

白天的访谈结束后，咨询人员应该完成以下几项工作：①对访谈记录进行整理，总结出当天访谈的发现、疑惑和不足之处。②项目组成员进行沟通，互相通报访谈情况，做到访谈信息共享。③确定需要在未来的访谈中进一步证实的信息，并调整访谈提纲。④根据访谈结果，对原先的假设进行修改完善。

(二) 问卷调查

问卷调查是将所需要了解的问题设计成书面问卷，并要求被调查者以书面的形式做出答复，然后对答案进行统计、分析的信息搜集方法。

1. 问卷调查对象

根据项目的内容不同，问卷调查的范围可以是整个企业，也可以是相关部门的群体。问卷调查一般采用抽样调查法。

2. 问卷调查形式

根据问题的提问方式的不同，问卷调查分为封闭式问卷和开放式问卷两种。通常情况下采用封闭式问卷，即调查问卷设定了固定数目的答案选项。对于一问一答的题目，被调查者只要挑选一个最符合的答案选项即可；对于一问多答的题目，只要挑选规定数目内最符合的答案选项即可。开放式问卷由于会占用被调查者较多的时间，而且统计分析起来有一定难度，一般不被单独使用，而是作为封闭式问卷的辅助。

3. 问卷设计

问卷设计应该满足以下几点要求：① 与调查目标一致，尽可能多地了解信息；

② 与调查内容相关；③ 内容要简明扼要，但从体系上不能够有所遗漏；④ 无明显歧义，方便回答；⑤ 答题时间一般不宜超过30分钟；⑥ 便于汇总、整理和分析。

4. 问卷调查实施

在实施问卷调查时应注意以下几点：

(1) 问卷的发放和回收要安排细致，尤其是问卷的回收，应该事先告诉被调查对象是由咨询项目小组回收，而不是让企业内部人员回收，从而使员工能够按照真实想法填写问卷。

(2) 对员工填写完毕的问卷应该注意保密，不能够让企业人员接触到原始问卷。

(3) 对于较为复杂的问卷应该事先安排培训，以方便员工理解和填写。

(4) 咨询项目小组应该根据问卷的内容事先确定相应的统计维度，设计完善的统计表。

(5) 对于有条件进行网络调查的，可以使用网络调查。

(6) 问卷使用完毕后，应该加以整理，在项目结束后带回咨询公司保存。

5. 问卷调查统计分析

统计不同类别的人员对同一问题的答案，并根据统计数字，分析员工的倾向性意见。统计分析一般是在问卷设计者的指导下完成。

(三) 现场参观

现场参观是参观客户的业务现场，这对于咨询人员了解企业经营活动和企业各种经营要素的运动、直接感受企业管理水平、发现企业管理中存在的问题非常重要；但由于时间比较短，所见所闻难以直接当做证明问题存在的依据，故还需要作补充调查。

(四) 资料收集

资料收集是收集客户单位内部和外部与咨询项目有关的资料，并进行整理、加工的过程。外部资料收集已经在咨询前准备环节介绍了，这里主要介绍内部资料收集。

(1) 资料的内容。资料内容分为数据资料和文字资料两类。

(2) 资料收集方法。比较成熟的客户，都有比较健全的企业内部和外部资料库。

(五) 现场调查

现场调查比现场参观更深一步。现场调查是咨询人员深入到企业需要调查的工作环节，通过一定时间的观察、收集和测定相关数据的工作。

五、常见的分析方法

对问题进行分析的方法很多，以下仅列举一些常用的方法。

(1) 模型分析法。模型分析法就是依据各种成熟的、经过实践验证的管理模型对问题进行分析的方法。

(2) 对比分析法。对比分析法是把待研究的事件和一个已知的基准进行比较得出判断结果的分析方法。

对比的内容可以是各种各样，可以是定量的，也可以是定性的。凡是通过对比能得出大小、好坏、优劣、是非等表明差异的结果，都可以运用对比分析。

(3) 因果分析法。因果分析法是找出事物之间的因果联系的分析方法。

因果分析法中最简单的情形是单一原因对应单一结果，较为复杂的情形主要有多因一果、一因多果、多因多果以及因果循环等。

(4) 相关分析法。两个或多个事物之间有时会相互影响，呈现出某种共同的规律性变化，这时称它们之间有相关关系。例如，许多消费品销售随着人均收入的增长而增加。

相关关系有正相关，也有负相关；有线性相关，也有其他函数形式的相关。

(5) 趋势分析法。趋势分析法是运用数理的工具和方法，把历史数据放入坐标图内，坐标横轴为时间，纵轴为数据值，根据数据的历史变化规律预测未来的趋势。

(6) 比例分析法。比例分析法是先计算某项经济指标的各构成因素值占总体的比重，再分析这些构成比例的变化，从而观察构成要素变动趋势的方法。

六、诊断报告的拟定

诊断报告是管理咨询运作过程中给客户提交的第一份正式报告，对于确立咨询公司与企业良好的合作关系、确定解决方案都具有重要意义。

(一) 诊断报告应达到的目的

诊断报告是咨询项目小组经过对企业的调研和分析后，对企业存在的问题、原因及解决思路的书面意见，在整个咨询活动中具有阶段性小结、启动后续工作的意义。一份合格的诊断报告应达到如下几个目的：

(1) 对企业存在的问题和问题的根源有全面准确、清楚透彻的分析，并能得到客户的认可。

(2) 能够针对问题提出针对性的解决思路框架，并能得到客户的认可。

(3) 以诊断报告为核心，咨询项目小组内部达成一致，成为对下一步工作开展的指导性文件。

(4) 客户通过诊断报告能够充分感受到咨询人员的专业水平，对咨询项目小组产生高度的信任。

(5) 能够作为咨询项目小组、企业高层和企业一般员工就企业问题进行沟通的平台，通过诊断报告的讲解使企业员工就企业存在的问题达成一致看法。

(6) 对咨询公司而言，诊断报告经客户认可后，能够按时收回与该部分内容挂钩的项目咨询费用。

(二) 诊断报告的框架

由于每个咨询项目的方向和内容不一样，因此诊断报告并没有一个一成不变的格式。但是，作为以说明问题为主的演示文件，还是有一个基本的框架可以参考的。

(1) 对诊断阶段所做工作的说明。

(2) 通过诊断得出的主要结论。

(3) 对每个需要说明的专项问题加以论证。

(4) 行业或者其他企业先进经验的借鉴。

(5) 提出针对问题的框架性解决思路。

(三) 诊断报告的表达方式

目前，管理咨询公司的诊断报告多以幻灯片(PPT 格式文件)的形式提交。诊断报告也可以用 Word 格式文件，但要注意图文并茂。

第三节　改善方案设计

诊断阶段的成果是弄清了客户存在的问题及其原因，这为提出进一步的改善建议提供了方向和思路。但是只有方向和思路并不能解决存在的问题，还必须进行与之配套的详细方案设计，并以此指导员工的行动，才能解决管理上存在的问题。

一、改善方案的设计

改善方案的设计是依据诊断阶段提出的改善方向和重点，对业务流程、操作规程和管理制度重新建立或在原有基础上进行修改、补充和完善的过程。这个过程包括详细方案的构思、必要的验证、梳理归类和文本形成等环节。

(一) 改善方案的构思

任何一个设计在正式出方案之前，都有一个构思的过程，即把方案的框架结构和重要环节的操作要点，逐一描绘出来，并且进行平衡、修改、补充使之逐步完善。

1. 详细设计方案的基本内容

由于客户情况不一样，咨询项目的内容不一样，详细方案所包括的内容也会不一样。但是，设计方案一般包括业务操作层面和管理活动层面的内容。两个层面都涉及有关部门或岗位的权限与责任、质量要求、业务操作或工作流程、管理或操作方法、需要的条件等内容，还涉及阻碍方案执行的因素等其他内容。

2. 详细设计方案构思的来源

1) 在原有做法的基础上梳理和完善

通过对客户内部已有的做法进行梳理和完善，形成新的解决方案。常用的分析方法有 ECRS [取消(eliminate)、合并(combine)、调整顺序(rearrange)、简化(simplify)]分析法和 5W1H [目的(why)、对象(what)、地点(where)、时间(when)、人员(who)、方法(how)]分析法。

ECRS 是分析问题的方法，即对客户现有的做法逐一审查：有没有可以排除的、有没有可以合并的、有没有可以调整顺序的、有没有可以简化的。

5W1H1C 也是一种分析方法，即对客户现有的做法逐一提出问题：在做什么事?为什么要做这件事?应该由谁来做这件事?应该在什么时候做这件事?应该在哪里做这件事?应该怎样做这件事?做这件事的费用有多少(或效率有多高)?

上述提问方式，将有助于把客户原有做法中不合适的内容进行调整，不足的内容进行补充，使之成为完整的方案。

2) 借鉴其他企业成功的做法

企业管理，尽管不同的企业有不同的特性，但仍有许多共同的做法，其不同点更多的是在细节上。所以根据管理理论的要求，吸收其他企业，特别是先进企业之有效的实际做法，是进行方案设计的又一重要思路。

3) 多种方案的整合

对于企业在某个方面存在的管理问题，虽然企业本身并没有形成一套完整可行的解决方案，但是，许多员工对解决该问题都有自己的建议。这些意见单个可能并不完整，但是却能够从某一方面解决一定的问题。此时，出于形成咨询建议的目的，需要在确立有效的解决思路的基础上对大家的建议进行取舍和整合。需要注意的是，整合并不是简单的叠加，而是围绕解决问题的核心思路进行的创造性工作。这样出来的方案，可能融合了很多人的建议和意见，但又不是任何单一个人的建议。

在方案整合过程中，也可以采用前述的 ECRS 和 5W1H1C 分析方法。

4) 设计方案构思的创新

在企业管理咨询中，需要完全创新的解决方案并不多，但是针对企业一些非常棘手的管理难题，则必须提出创新性的方案，才能解决这些问题。由于中国处在持续而深刻的变革之中，中国的国情又与西方发达国家有很大的差异，国内企业的管理问题也是多种多样的。这些问题在管理理论中没有现成的答案，没有其他企业现成的经验可以借鉴，企业员工也没有很好的思路可以整合。因此需要咨询人员以管理基本理论为依据，深入分析问题的本质，并通过各种方法创造性地提出解决思路来。

值得指出的是，一个高质量的咨询方案的形成往往需要综合运用上述几种方式。

构思解决方案的时候，应考虑如何用简单、方便、通俗的办法解决实际问题，而不是片面追求解决方案如何创新、如何深奥、如何前沿。

3. 构思多套方案

每个项目应构思三套左右的改善方案，并且注明每一套方案的限制条件、所需的资源和优缺点。典型的三套方案至少包括：第一种是最理想的方案，可能需要较多的资源和成本投入；第二种是最小化的方案，投入不多但是收效也不很明显；第三种则是两者之间的平衡，但无论任何一套方案，都必须具有可操作性。之所以要构思多个方案，主要是由于客户的资源状况和领导者个性特点等的不同，对方案的选择也可能不同，而改善方案的最终选择权在客户。

4. 方案构思时应让客户充分参与

方案构思的主角是咨询人员，但整个过程中应让客户充分参与。首先，客户有丰富的实践经验，能提出许多有益的参考意见；其次，方案的执行者是客户，他们对方案理解得越透，执行会越好，特别是自己提出的方案，从个人感情角度更容易接受。

(二) 详细方案构思的验证

咨询方案构思出来之后，需要加以试验验证，验证方案的有效性、可行性、实用性。

对实验中暴露出来的问题或不足，应该逐一加以修正和完善。

实验活动全过程包括：明确实验方法—确定实验过程—进行实验—实验结果分析。实验全过程应由咨询人员主持，同时吸收客户有关人员参加。

对于有可能影响正常生产经营活动的试验验证，或是需要花费资金、材料设备的试验，应请示客户高层主管领导批准，以防止产生负面后果。

(三) 详细方案文本草案的形成

这里的文本是指在改善方案的基础上所形成的完整的文字材料。在设计改善方案构思完成之后，由负责该部分的咨询人员进行整理、加工，形成设计方案文本草案。

1. 咨询项目组内部讨论设计方案的构思

在改善方案构思正式确立之前，应先在咨询项目组内部进行讨论。这样做既可以充分听取其他咨询人员的意见和建议，吸收他人的经验，发挥团队作用；又可在咨询团队内部实现资源共享。方案构思是否可行，最终由项目经理决定。

2. 设计方案文本的表达形式

1) 采用咨询建议的形式

咨询建议形式包括设计报告或者直接给出建议两种方式。采用这一种方式一般包括“怎样做”、“为什么这样做”、“需要一些什么样的条件”等。如果该方案被采纳，客户将在实施指导期间正式制定管理文件和业务操作规程，或者修改相关的管理文件和业务操作规程。

2) 采用管理文件或操作规程的形式

现在许多客户要求咨询项目组把改善方案直接写成相应的管理文件(制度)或业务操作规程，或直接对客户原有的上述文件(制度)进行修改。

3. 设计方案文本草案的编写

负责该方案设计的咨询人员，根据内部讨论意见和方案文本表达形式，起草文本草案。各部分文本草案完成后，由项目经理进行审核。最终由项目经理或其他指定的人员完成方案文本的整合和统稿，形成完整的改善方案文本草案。

二、改善方案的研讨

在整体的咨询建议方案初步形成以后，咨询团队应与客户进行深度的沟通交流和研讨，自下而上地对已经形成的咨询方案征求意见。

(一) 方案的研讨内容

研讨内容主要是方案的有效性和可行性。

1. 方案的有效性

改善方案的有效性是指按此方案实施能否解决存在的问题。由于在诊断的时候，对存在的问题及其原因作了透彻的分析并提出了改善的方向和重点，因此，改善方案的构思如果能够紧扣诊断报告所规定的方向和重点，一般能够保证改善方案本身的有效性。

2. 方案的可行性

衡量咨询方案是否具有可操作性，应该考虑的主要因素有以下几点：

(1) 客户是否具备实施这一解决方案所需的资源。

(2) 客户能否接受方案实施的成本。

(3) 客户是否具备解决这一方案所必要的技能。

(4) 咨询方案同客户的文化和管理风格是否相适应。

(二) 方案的研讨活动

方案研讨和评价活动通常包括如下几个方面：

(1) 确定参加研讨的人员。参加人员一般是客户单位相关业务和管理人员的代表。

(2) 把文本草案发到参加讨论人员手中，请他们先作准备。

(3) 召开会议，听取意见。会议期间认真听取客户代表发言，认真做好记录。对与会者提出的疑问，应当场解答，当场来不及解答的，会后一定单独解答。

(4) 根据会上的意见和建议，修改设计方案文本草案，形成设计方案文本的送审稿。

三、改善方案的汇报与确认

(一) 汇报前的准备工作

汇报前需要准备的内容包括以下几点：

(1) 详细设计报告并汇编成册。

(2) 决定汇报方式。

(3) 做好演示用的 PPT 文件。

(二) 方案的演示和确认

1. 演示

详细设计报告的演示需要注意以下几个要点：

(1) 做好汇报前的准备工作。

(2) 叙述要清晰易懂。

(3) 应根据听众的具体情况，平衡在分析、研究、解释推荐方案三大部分内容所耗费的时间。

(4) 报告要尽量使用表格、图表、幻灯、投影仪等视觉辅助工具进行说明，通过具体、直观、生动的说明，增加感染力。

2. 确认

演示完毕应认真听取客户领导的意见，并进一步完善详细设计方案。由于改善方案在汇报以前必须与客户中高层及相关人员进行详细沟通，听取他们的意见与建议，并进行适当的改动。因此，汇报时一般客户都会认可改善方案。但由于在之前的沟通中，客户高层可能没有充足的时间去了解所有内容，或者咨询人员没有充分表达改善方案的实质，或者企业内部存在尚未被了解的利益角逐，或者此时客户开始关注如何实施的问题等。各种情况都有可能使改善方案汇报完成后，客户高层一人或多人对方案提出疑义。

在这种情况下，就必须根据现场的情况进行应对，并把握几个关键：一是必须坚持自己提出的核心结论，并有理、有利、有节地向客户阐述；二是对某些非原则性问题可以根据客户的意见进行修改；三是必须争取客户最高决策者的支持。

(三) 详细设计报告书的完成

方案设计阶段的结果是详细设计报告书。整个咨询报告书由诊断阶段的诊断报告书和方案设计阶段的详细设计报告书两部分组成。

详细设计报告书是在《管理咨询设计报告(送审稿)》的基础上，进一步修改后完成的。

(四) 咨询报告的形式

咨询报告的艺术性主要涉及如何以客户“喜闻乐见”、“易于接受”的方式来表现咨询报告。

需要强调的是，咨询报告可能是咨询项目组呈现给客户的唯一可见的产品，报告内容的质量及业务的质量都能够对客户体验产生直接的影响，因此咨询方案报告书的表现形式也是影响其效果的重要方面。

第四节　方案实施指导和总结

实施指导阶段是指咨询方案被客户认可后，咨询机构在一定时间段内指导、协助客户实施方案并最终结束咨询项目的过程。管理咨询方案只有靠正规的管理组织系统推进才能有效实施。实施工作只能由客户自身组织，咨询机构不能越俎代庖。但是由于咨询方案的实施是一场变革，变革中会遇到观念、技术等问题，因此，一般情况下，客户都要求咨询机构在实施期间给予指导，咨询机构也有义务帮助客户落实咨询方案。

实施指导阶段的工作包括以下内容：

(1) 指导客户制订实施计划。

(2) 对客户进行相关培训。

(3) 对实施中的重点环节进行辅导。

(4) 根据实施中出现的情况，对方案进行修改与完善。

(5) 对实施效果进行评估。

在正式开展咨询方案实施指导之前，认识一下变革的类型与咨询方案的实施是有意义的。

一、变革的类型与咨询方案的实施

咨询方案的实施意味着企业内部的一场变革，客户和咨询人员不仅需要具备咨询方案的实施技巧，还需要具备管理变革的技巧，因此，也必须了解变革的类型及特点。

(一) 变革的类型

根据变革的推进方式，组织变革可以划分为激进式变革和渐进式变革两种基本类型。

1. 激进式变革

企业完全打破原来的管理体系，在一个较短的时间内完成管理体系的更新，由新的管理体系来取代原来的管理体系，这种变革模式就是激进式变革。

企业采取激进式变革可能基于多种原因，一是由于外部环境的剧烈变化、动荡和不可预测，企业必须及时应对各种变化和要求；二是企业内部管理体系严重滞后于企业的发展，存在着系统性的问题，很难通过局部的调整发生根本性的改变。在这两种情况下，企业需要激进式的变革。目前，人们对激进式变革的关注日益增长，一些专家认为，企业必须不断地变革其结构和管理流程等来适应变化。

2. 渐进式变革

渐进式变革是指组织变革表现为一系列持续的改进，它维持着组织活动的一般平衡。渐进式变革通常只影响组织的一部分，使变革过程比较好控制，不至于影响当期的经营活动，但变革的时间比较长。

3. 管理咨询中的激进与渐进

管理咨询中的激进式变革与渐进式变革有两层含义：一层是针对方案设计的，一层是针对方案实施的。当然，这两种方式最终都表现为实施和变革过程的不同。

在方案设计的阶段，到底是为企业设计激进式变革的方案还是渐进式变革的方案，需要考虑企业的实施能力。虽然从理论上说，每一个企业视情况不同总会有一种最为适合的管理模式，当企业现行的管理模式与这种模式存在较大差异时，应该尽快实现过渡。但是，企业不是孤立的、机械的，其管理模式的形成必然有其历史的、社会的原因，企业内部也会形成与此种模式相一致的文化和利益分配格局。因此，方案的设计必须考虑方案的可操作性和员工的接受程度。

咨询方案开始实施时，需要考虑企业的管理体系是按照新方案一步到位还是以一种更为稳妥的方式逐步到位。一般而言，循序渐进的方式可能会取得更好的效果，风险也会小一些。但是这种变革方式必须能够保证是持续的，因为最终的目的是实现管理体系的脱胎换骨。

一般情况下，激进式变革往往是企业被迫选择的，是企业对外部环境变化的一种被动适应过程，在企业的变革过程中不会经常发生；而渐进式变革则是企业主动选择的，是由组织的不稳定和日常偶发事件驱动的，变革是不间断地、连续地通过大量较小的管理调整而逐步实现质变，应该成为企业管理变革的一种常态。激进式变革往往需要强有力的领导和相适应的企业文化突变，要求企业员工能够不断克服自己的惰性，改变自己的既有行为模式；而渐进式变革则要求企业管理层对外部细微的变化保持敏感，要求在企业内部建立持续变革的文化，要求员工不断调整自己的工作方式，最终达到理想的目标。

(二) 不同变革类型下咨询方案的实施

1. 激进式变革的实施

激进式变革的实施会对企业产生巨大的影响，在实施过程中应该注意以下几个问题：

(1) 企业一把手必须有魄力、有充分的信心和决心。企业高层领导班子必须就变革达成一致，必须充分认识到实施中可能出现的问题和带来的风险，并提前准备好应对方案。

(2) 要制订严密的实施计划，尤其是针对实施情况制订奖惩措施。当变革开始之后，对于那些经多次沟通仍然不积极参与变革，甚至通过各种方式抵制、破坏变革的中高层管理人员和员工，应该予以严厉的处罚。很多企业在激进式变革中“不换思想就换人”的做法被证明是行之有效的。

(3) 必须要有充足的资源支持。变革实施过程中最重要的资源无疑是“人”，尤其是中高层管理人员和骨干员工，很多时候变革的成败取决于这些人员的素质、意识和参与程度。因此在激进式变革开始之前，要做好这些人的工作，要在相应的岗位配备支持变革、有能力推动变革的人员。如果企业内部缺乏某些关键岗位的人员，也可以考虑补充外部人员。此外，资金的充足性有时也会影响到变革的效果，经验告诉我们，激进式变革往往会造成短期的业绩下滑，如果客户没有充足的资金支出，可能无法取得变革的最后成功。

(4) 加大培训的力度。通过大量的培训，让员工深入地了解和认可变革方案，并且不断改变员工的观念、培养新的工作习惯、提升员工的工作能力和素质，让他们看到变革的美好前景，以使他们更积极地投入到变革中来。

(5) 要充分发挥咨询机构的作用。咨询机构作为第三方，与企业没有复杂的内部利益关系，而且对变革方案的了解最为深刻，拥有丰富的变革管理经验，能够更好地推动方案的实施。某些时候，为了更好地推动方案的实施，可以让咨询公司成为矛盾的中心，让咨询机构去做某些企业内部人员很难完成的工作，为变革扫清道路。

2. 渐进式变革的实施

渐进式变革的实施对企业的影响相对较小，实施的难度和面临的阻力也没有激进式变革那么大，但这并不意味着渐进式变革就一定能够取得成功。

企业在进行渐进式变革时，关键是要把握持续改进的原则，由于渐进式变革是通过一系列小的变化而最终积累达到质变的，如果没有持续性的改进，则所有的工作都只能是半途而废、无功而返。

另外，在渐进式变革中，要有一个长期有效的变革管理机制。每一次小的变革，都需要经历计划、实施、检查反馈、调整优化等步骤，这就需要企业内部有完善的变革管理机制，能够对这些过程进行有效管理。

二、指导客户制订实施计划

咨询方案的实施是一个系统工程，涉及方方面面的内容，需要统筹安排，才能保证实施工作的顺利进行。此外，一项改革工作不能无限制地进行，那样难以形成一种良好的气氛，以至于咨询效果受到影响。

实施计划关注的要点是改革的顺序问题。因为在变革过程中，往往出现几个因素在一起互为条件，需要安排先后次序。例如，欲实施绩效考核，但是，如果没有制订计划，或计划的制订极其不认真，那么考核工作就不可能顺利展开；而要把计划安排合适，没有各级一把手亲自出面布置、检查、决定也不行；没有领导的关注，对计划执行结果进行检查也将成为形式。为此咨询人员在制订咨询方案实施计划安排时，一定要进行培训，提高各级人员对计划工作的认识、学会计划的编制方法并掌握记录计划执行情况的要领。然后，由相关部门组织编制和确定计划，计划期末按规定进行考核。

三、对客户进行相关培训

咨询方案实施过程的培训一定要注意培训的针对性和实用性，切忌泛泛而谈。培训的内容包括对方案实施的认识、对方案的理解、方案实施的困难、实施中各部门人员协调等。

培训的方式要灵活多样，可以是大型培训班，也可以是小型研讨会，必要时还可以进行个别辅导，还可以根据需要组织客户相关人员参观行内的标杆企业。总之，培训以达到促进方案的实施为目的。

四、对实施中的重点环节进行辅导

咨询方案实施的时候，有些重点环节需要咨询人员进行辅导。例如，指导各部门编制工作计划。可以先选出一两个具有代表性的部门，由咨询人员和客户计划管理部门人员直接帮助选出的部门编出计划并作为样板，依此指导其他部门。

对于某些实施起来比较重要而且技术性比较强的环节，咨询人员必须深入指导，直到教会为止。例如，生产能力的测定是管理中一项基础工作，但技术性很强，一般容易出错，这个数据一旦出错，对全局影响很大。为此，咨询人员应该深入到该岗位进行具体指导，直至岗位人员学会为止。

五、对方案进行修改与完善

咨询方案毕竟是方案，实施过程中还会遇到许多新问题。因此，咨询项目组必须依据实际情况对咨询方案做出必要的修改和调整。但是，咨询方案既要修订，又不能轻易修订。咨询人员既不能因为客户提出的修改意见与自己设想不同而去修改，那样可能会导致方案难以执行；也不能不加以思考地附和客户的建议，做出影响全局的修改。因为这种修改从局部来看，也许是合理的，但从全局来看可能是致命的。例如，在某个环节增加一道控制，可能给这一环节的工作带来了不便，但能够保证全局的利益，显然，这种控制不能轻易去掉。

咨询人员对于修改意见一定要认真地进行调查，同时还要思考原方案存在的理由，在此基础上做出是否修改的决定。对于不便修改的地方，咨询人员一定要和提议者认真沟通，听取意见，耐心地说服对方，让原来的方案得以实施。

六、对实施效果进行评价

(一) 评价的方法

建立变革的评价机制具有非常重要的意义。评价通常有两种方法：一是调查客户员工态度、想法和价值观的转变。因为这种转变将有利地促进咨询方案实施。二是以项目结果的好坏来评价成功与否。这需要有长远眼光，因为组织变革的目标应当是整体绩效水平的持续提高，而不仅仅是财务绩效的短暂效果。

(二) 评价的一般步骤

组织变革的评价步骤一般分为以下八个方面，具体内容如下。

1. 确定评价目标

评价的具体目标，要根据咨询项目的性质、范围、类型和条件等确定。目标的确定要考虑项目本身的性质和决策的需要。

2. 制订评价指标设定的原则

这些原则包括：动态分析与静态分析相结合，以动态为主；定量分析与定性分析相结合，以定量分析为主；全过程分析与阶段分析相结合，以全过程分析为主；近期效益分析与远期效益分析相结合，以远期效益分析为主等。

3. 选择评价方法

目前，在咨询工作过程中使用的技术与方法有几十种，而这些方法又可分为定量分析法和定性分析法，可以根据需要选择评价方法。

4. 制定评价指标体系和标准

根据评价目标和指标设定原则，在众多因素中找出能科学、客观、综合地反映该项目整体情况的指标及影响这些指标的因素。评价指标的设立，不仅与该项目的目标、特点、类型、规模等有关，而且与所处的层次有关。

选定评价指标后，应制定相应的评价标准。评价不能仅仅依靠主观直觉，要有定量的评价标准。

5. 确定评价指标权重

各个指标的重要性程度在评价中是不同的，需要通过加权给予修正，对不同的指标给予不同的权重。权重的确定需要考虑企业的战略目标、项目的性质、对企业生存与发展的重要性等。

6. 确定评判依据

综合评价的评判依据可以是单一指标，也可以是若干个指标。以单一指标作为评判依据，该指标多为定性和定量相结合的评价值。以若干个指标作为评判依据，有时候更具有科学性，也可能从多个角度更加真实地反映变革的实际情况。当然有时也可能会弱化核心指标。

7. 进行综合评价并进行分析

在明确的目标和范围内，根据所定的指标和评判依据，采用选择的方法，进行综合评价，包括预测、分析、评定、协调、模拟、综合等工作，而且是交叉的反复进行。综合评价要进行各种方案的优劣对比，对存在缺陷的方案成果提出改进意见，供决策者参考。

8. 提出评价报告和建议

咨询评价的最后一个步骤是提出评价报告和建议。报告中要说明评价资料、数据来源与评价方法，特别应说明评价的结论与建议。

实施指导与项目总结阶段是指改善方案被客户认可后，咨询机构在一定时间段内指导、协助客户实施方案并最终结束咨询项目的过程。一般情况下，客户都是要求咨询机构在实施期间给予指导，咨询机构也有义务帮助客户落实改善方案。

七、进行正式项目总结

在项目全部结束之后，咨询机构应对项目进行正式总结。项目总结是咨询机构完成知识积累、提升咨询能力的重要手段，必须高度重视。一般来说，项目总结应该从以下几个方面进行。

(1) 项目实施效果如何，客户对项目的整体评价如何。这是评价一个咨询项目是否成功的最关键因素，因为咨询机构只有不断为客户创造价值，使客户对每个咨询项目都满意，才能够真正得到发展。

(2) 项目运作管理是否完善，在项目运作过程中是否有值得固化和推广的创新思路与方法。这方面的总结使咨询机构能够通过一个个项目的积累，逐步形成自己的咨询知识体系和项目运作管理体系，有效提升咨询机构的实力。

(3) 咨询项目组搭配是否合理，各咨询人员是否有能力完成工作，也需要认真总结。一个咨询机构不论多么庞大，在某个具体项目上和客户深度接触的也只有小组成员，保证合理搭配项目组、保证每个咨询人员都有充分的能力是项目能否成功的关键。

(4) 项目具体咨询内容的总结，包括对咨询项目形成内部培训体系案例、提交完整的咨询报告和重要过程文件、形成某一领域的咨询指南等，这是一个咨询机构业务能力不断提升的保证。

(5) 其他方面的总结，如项目财务方面、项目运作中存在的问题与建议等。

对于一个咨询机构而言，尽管在客户处已经完成了项目，但只有认真完成以上项目总结工作之后，该咨询项目才算是正式结束。

[案例分析] 厦门银鹭食品集团有限公司管理咨询案例

项目背景：厦门银鹭食品集团有限公司(简称厦门银鹭集团)，以食品饮料生产为支柱，涉及果蔬保鲜、进出口贸易、包装材料制造、农产品深加工科研开发、电子科技、房地产开发、实业投资等多种产业领域，目前，已经跻身中国民营企业500强和中国最具品牌价值500强之列。厦门银鹭集团目前正处于快速发展之中，企业规模持续扩大，涉及的产业持续增加，管控幅度和管理难度也不断增加，集团公司面临着新的重大发展瓶颈，主要表现在以下几个方面：

(1) 战略规划比较随意，各产业之间缺乏明确的规划和发展协同性，资源配置过程中缺乏科学决策、没有发挥其最大效能。

(2) 集团公司对下属子公司的管控方式多种多样，要么完全管死，要么完全放纵，缺乏科学的、可复制的集团管控体系。

(3) 集团公司的组织设置与其发展速度、战略规划严重不匹配，集团公司和下属子公司之间的权责划分十分不清晰，从某种程度上说，已经成为企业快速健康发展的重要障碍之一。

(4) 集团的绩效管理浮于表面，看似科学，实际上比较放任，没有能够发挥绩效管理综合的、短期绩效和中长期绩效相结合的作用。

思考题：

请为厦门银鹭集团提供战略、管控、组织和绩效四大板块的全方位的管理咨询。

[案例分析答案]

(1) 进行四层级战略设计，明确了其企业理念、企业使命和核心价值，分析、论证、制订了公司五年集团战略规划，对战略模式(即做哪些业务，除了现有核心业务之外，是否介入新的业务，相关多元化还是非相关多元化)、价值创造模式(即运用产业运作导向的模式还是资本运作导向的模式或者是混合型模式)、业务扩张模式(即各业务板块主要通过内部增长来实现业务发展还是通过并购、战略联盟等手段来进行扩张)和竞争模式(各业务板块针对主要竞争对手的博弈策略)进行了分析和制订。在五年战略规划的基础上，制订 2007 年年度经营计划。同时，在制定集团战略的过程中，建立确保战略有效实施的管理与控制程序。

(2) 进行了母子管控体系设计。整合各业务单元/各子公司之间的协同，厘清母、子公司各自的战略定位，设计符合集团公司战略和管控要求的管理总部组织结构，强化集团总部的职能，建立六个维度的子系统——战略规划、经营计划与预算子系统，经营绩效与管理审计子系统，职能委派子系统，管理报告子系统，经营例会子系统，管控界面子系统——构造了一个严密而有效的实施系统，保证集团公司总部制订的任何战略举措都可以转化为实际行动。

(3) 在集团战略规划和集团管控体系的基础上，对组织结构进行适度优化和调整，提出新的组织结构方案，明确集团公司和下属子公司之间的权责界面，强化集团公司总部的管控和服务职能，编制相应的核心流程。

(4) 在前期工作的基础上，建立各业务单元/各子公司的经营绩效管理体系，并以价值管理为导向，导入了集团公司总部及其下属子公司高层管理者的中长期激励方案和股权激励计划。

[习题]

一、单选题

1. (　　)是整个管理咨询活动的起始阶段，是正式开展咨询活动的前提

A. 诊断阶段　　B. 业务洽谈阶段　　C. 改善方案设计　　D. 实施指导

2. 5W1H1C 也是一种分析方法。5W1H1C 中 1H 是指(　　)

A. 应该由谁来做这件事　　B. 应该在什么时候做这件事

C. 应该怎样做这件事　　D. 应该在哪里做这件事

3. (　　)是招投标活动中的核心

A. 开标　　B. 评标　　C. 招标　　D. 投标

4. 先计算某项经济指标的各构成因素值占总体的比重，再分析这些构成比例的变化，从而观察构成要素变动趋势的方法是(　　)

A. 相关分析法　　B. 趋势分析法　　C. 因果分析法　　D. 比例分析法

5. 下列关于变革评价的一般步骤排列顺序正确的是(　　)

A. 确定评价目标、制定评价指标设定的原则、选择评价方法、制定评价指标体系和标准、确定评价指标权重、确定评判依据、进行综合评价并进行分析、提出评价报告和建议

B. 确定评价目标、选择评价方法、制定评价指标设定的原则、制定评价指标体系和标准、确定评价指标权重、确定评判依据、进行综合评价并进行分析、提出评价报告和建议

C. 确定评价目标、制定评价指标体系和标准、制定评价指标设定的原则、选择评价方法、确定评价指标权重、确定评判依据、进行综合评价并进行分析、提出评价报告和建议

D. 确定评价目标、制定评价指标设定的原则、选择评价方法、制定评价指标体系和标准、确定评判依据、确定评价指标权重、进行综合评价并进行分析、提出评价报告和建议

二、多选题

1. 变革的类型有哪些(　　)

A. 激进式变革　　B. 渐进式变革　　C. 快速变革　　D. 缓慢变革

2. 常用调查方法有(　　)

A. 访谈　　B. 问卷调查　　C. 现场参观

D. 资料收集　　E. 现场调查

3. 项目建议书编写的要求(　　)

A. 深度合适　　B. 具有针对性　　C. 具有可操作性　　D. 具有体系性

4. 咨询人员为中小企业提供管理咨询时，经常遇到的问题包括(　　)

A. 企业人员不熟悉管理术语、概念，沟通困难

B. 企业基础管理薄弱、不规范，现场管理问题突出

C. 企业推行变革困难，缺少对环境响应的灵活性

D. 企业咨询经费不足，容易发生付款纠纷

E. 企业行政式控制严重，工作方式机械呆板

5. 问卷调查法是调研分析的常用方法，一般来说，该方法的优点包括(　　)

A. 调研内容覆盖面广

B. 获得的信息真实可靠

C. 调研效率较高.

D. 适用于深度调研

E. 可以获取有针对性的信息

三、简答题

1. 管理咨询遵循的步骤是什么?

2. 在与客户进行访谈时，应该做好哪些准备?

3. 在进行问卷调查时，开放式问题和封闭式问题各有哪些优缺点? 何时使用开放式问题? 何时使用封闭式问题?

4. 咨询公司为受诊企业提出改进方案后，还要做哪些后续工作? 为什么还要进行这些后续工作?

[习题答案]

一、单选题

1. B　　2. C　　3. B　　4. D　　5. A

二、多选题

1. AB　　2. ABCDE　　3. ABCD　　4. ABD　　5. ACE

三、简答题

(略)

CHAPTER 3

第三章 企业战略管理咨询与诊断

[内容提要]

本章全面阐述企业战略管理咨询与诊断的基本理论和其包含的各方面内容，重点介绍战略管理咨询与诊断的实用方法，突出了咨询与诊断在企业战略管理中的实际应用，结合典型实例和软件工具阐述方法和原理。

[学习要点]

1. 了解外部环境分析；
2. 了解内部资源能力分析；
3. 掌握战略方案设计的原理与方法；
4. 掌握战略方案指导实施的内容。

第一节 企业战略管理咨询与诊断概述

一、战略管理咨询与诊断的基本理论

“战略”一词，中国自古有之，《辞海》解释为“对战争全局的筹划和指挥”。“战略”源于希腊语 strategos，原意是“将兵术”或“将道”。“战略”一词引入企业管理已有几十年的历史。

(一) 战略管理简述

1. 企业战略管理的定义

在战略几十年的发展历史中，很多学者、管理者从不同的角度对战略进行探讨，赋予了不同的定义。实际上，企业战略并不是一个简单的概念，或者仅仅从某一个方面能够加以叙述的。换句话说，理解企业战略这一概念需要多维的视角，它不仅要确定企业未来的方向和使命，还涉及企业所有的关键活动，同时需要根据内外部环境的变化不断加以调整，以期实现其确定的战略目标。企业战略由于其内涵非常丰富，因而在西方企业战略理论文献中尚不存在共同认可的定义，也正因为其丰富性，不同的学者与管理专家赋予企业战略以不同含义。总的来说，企业有两种意义上的战略：一种是广义的企业战略，即认为企业战略应该包括企业的目的和目标；另一种是狭义的企业战略，即认为企业战略不应该包括这一部分内容。

本书认为，企业战略是指企业为了满足未来持续经营的需要，在分析其拥有和控制的内部资源、能力以及所处的外部环境的基础上，决定企业的未来发展方向、目标与目的，选择达到该目标与目的应遵循的途径(方针)和行动，并为实现这些目标与目的，对企业重要资源进行配置，对目前与将来要从事的经营活动进行系统规划和安排。

2. 企业战略管理的特点

企业战略管理具有全局性、长远性、纲领性、风险性和创新性等特点。

(1) 全局性。这是企业战略管理的最根本特点。企业战略管理是以企业的全局为研究对象，来确定企业的总体目标、规定企业的总体行动和追求企业的总体效果。

(2) 长远性。企业战略管理的着眼点是企业的未来，是企业谋取长远发展需求的反映，是谋求企业长远利益，是企业对未来较长时期内如何生存和发展的通盘筹划，而不是眼前的利益。

(3) 纲领性。企业战略管理确定了企业长远的发展方向和目标，是原则性和总体性的规定，具有行动纲领的意义，对企业所有行动(包括全体员工的行动)能起到强有力的指引和号召作用；是对企业未来的粗线条设计；是对企业未来成败的总体规划，而不纠缠于现实的细枝末节。

(4) 风险性。企业战略管理是对企业未来发展方向和目标的谋划，而未来是不确定的。因此，企业战略必然带有一定的风险性。

(5) 创新性。企业战略管理是根据特定的内外部环境，对企业的发展方向、目标、模式和行动等做出的独特安排，是创新性的。

3. 企业战略管理的重要性

企业战略连接着企业的现在与未来，决定着企业的兴衰与成败，具有特别重要的意义。

(1) 战略管理可以为企业提出明确的发展方向和目标。

(2) 战略管理可以为企业迎接一切机遇和挑战创造良好的条件。

(3) 战略管理可以将企业的决策过程和外部环境联系起来，使决策更加科学化和规律化。

4. 企业战略管理的过程和层次

在明确了什么是企业战略管理之后，我们将从动态的角度分析企业战略管理的整个过程，从系统的角度考察企业战略管理在企业的不同层次上的特点及其相互关系。

1) 企业战略管理的过程模型

战略管理的实际过程虽然在各个不同的企业或企业的各个不同层次上有差异，然而，为了理论研究和实践探索的需要，有必要将其共性和规律性加以概括。企业战略管理的过程一般包括三个主要阶段：战略制订、战略实施、战略评价和控制(图3-1)。从这个过程模型可以看到，战略管理过程包括从企业内部环境因素和外部环境

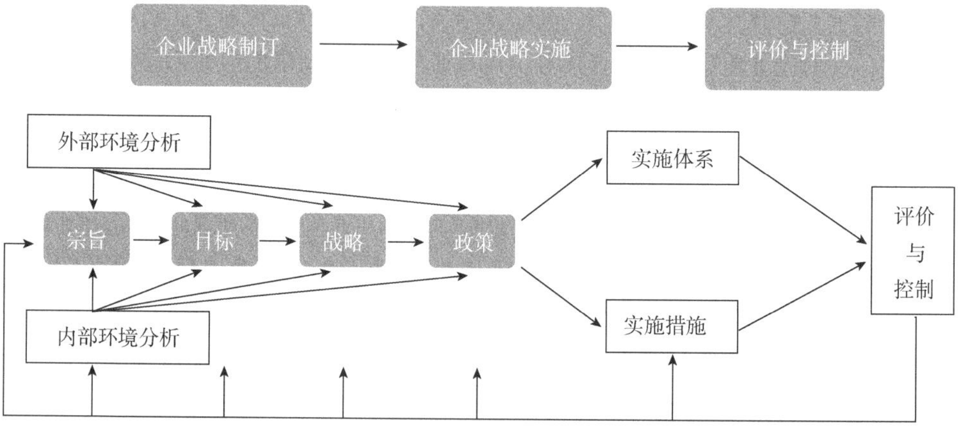

图 3-1 企业战略管理的过程模型

因素的分析到对企业战略管理的结果进行评价和控制一系列相互联系的活动。

2) 企业战略管理的层次结构

由于企业的规模、类型及结构是多种多样的，所以战略管理也就在企业内不同层次上实施。以目前流行的多事业部型企业或企业集团为例，它们通常有三种不同层次的战略及其相应的战略管理：总体(公司层)战略、业务层战略、职能层战略三个层次。不同层次的战略解决不同层面的问题，也有各自的特点。各层次战略如图3-2所示。

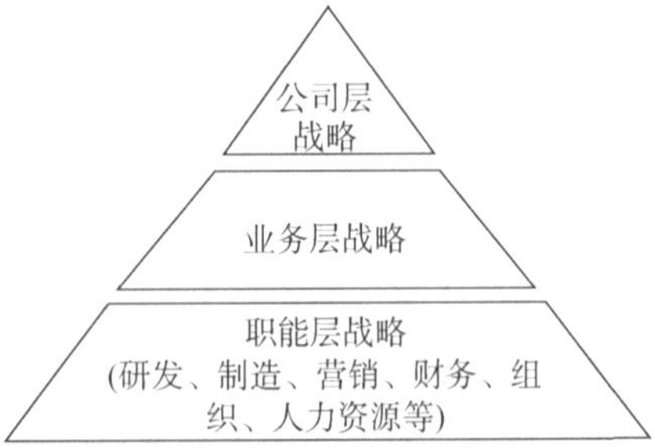

图 3-2 企业战略管理的层次体系图

公司层战略是企业中最高层的战略，它根据企业的宗旨和使命确定企业的经营范围，合理配置经营所需资源。公司战略涉及企业所有机构，覆盖企业各项业务，内容涵盖组织结构、财务、资源配置、企业文化和价值观念等各个方面。对于多元化经营的公司来说，如何在各个不同的行业中确立企业的业务地位，以及采取什么样的行动和策略，改善企业不同业务群的业绩，这是公司层战略中最重要的内容。

业务层战略是多元化业务公司各业务单位的战略，涉及的问题是：公司的管理部门应采取什么样的行动和策略，以在某一项具体的业务中产生什么样的业绩。业务层战略的核心问题是如何建立更加强大的长期竞争优势。

职能层战略又称战略措施，是管理者为特定的职能活动制订的策略规划。职能层战略所涉及的问题是：制定一个管理策略规划，来管理某项业务中某项主要的活动或过程，如研究与开发、市场营销、财务、管理组织和人力资源等。

三种不同层次上的战略构成了企业战略的层次结构。同一企业中三种不同层次战略之间的关系，是高一层次的战略总是低一层次战略的外部环境因素。如果我们把这种关系纳入动态的企业战略管理过程，就能得到如图 3-3 所示的企业战略管理的层次结构图。图 3-3 揭示了一个大型企业集团在三个不同层次上进行的战略管理及其相互关系。

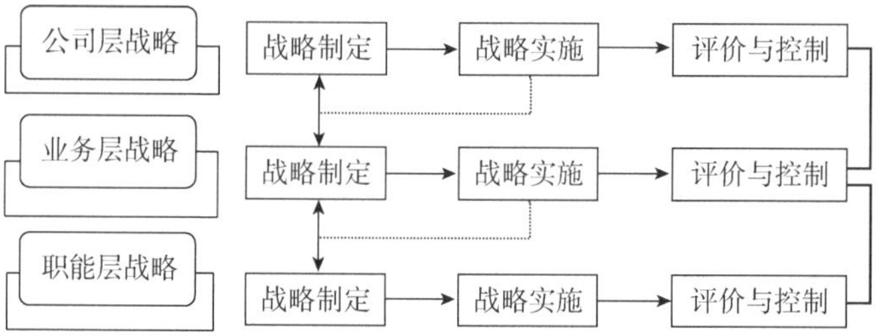

图 3-3　企业战略管理的层次体系及其相互关系

(二) 战略管理咨询与诊断的内容与体系

1. 企业战略管理咨询

战略管理咨询是咨询人员根据企业的要求，运用战略管理理论、知识、经验、技能、工具和方法，在对企业内部资源、能力以及外部环境进行深入分析的基础上，为企业提供战略制定、改善、实施和培训等服务。

战略管理咨询服务的难度较大，需要咨询人员具备丰富的咨询经验(特别是战略管理和行业经验)、咨询技能和与高层沟通的技巧，同时从业风险较大。

战略管理关系到企业的生存和发展。战略管理咨询的主要作用是：

(1) 帮助企业对内外部形势进行客观分析和判断。

(2) 帮助企业解决关系全局的重大问题。

(3) 帮助企业有效实施战略。

2. 企业战略管理诊断

企业战略管理诊断是企业战略管理的重要组成部分，由于企业成长过程中，其内部条件和外部环境不断变化，从而可能对企业宗旨、目标和战略等产生这样或那样的影响；另外，企业战略实施过程复杂而漫长，其中任何一个组成环节的好坏、优劣都可能影响到企业战略的完成；而且，对于条件环境变化而产生的不利影响和误差，如不及时加以识别、纠正，有可能酿成大祸。因此，企业战略管理诊断就显得十分重要且必要。

根据企业战略管理诊断的意义，我们不难看出其任务主要包括如下三个方面：①根据内、外环境的变化，经常检查企业战略的根据或基础；②经常比较战略实施的预期和实际进度或效果；③及时采取纠正行动或应急措施以保证目标或计划的实现。

3. 企业战略管理咨询与诊断的内容

1) 企业需求分析

和其他管理咨询的内容和程序一样，战略管理咨询开始阶段的关键人物，是完整准确地理解、把握和界定企业需求，并区分这些需求之间的关系。

企业需求分析包括以下内容：①了解和分析企业信息；②辨别企业的真正需求；③界定企业的战略需求，确定战略咨询课题。

2) 战略管理诊断

在确定了战略咨询需求和课题后，首先要对企业的经营情况进行综合诊断，发现问题及其形成的原因和根源，然后对其中的战略问题进行进一步的分析诊断，为下一步提出战略咨询建议和解决方案提供依据。

3) 战略管理综合调查分析

战略管理综合调查分析包括以下内容：

(1) 内部环境分析。企业内部环境分析是咨询人员对企业所拥有和控制的、能够实现战略意图的资源和能力进分析和评估，从中发现企业的优势和劣势，确定其核心资源和核心能力，为下一步战略规划方案的制订提供依据。

(2) 外部环境分析。企业外部环境分析是咨询人员对外界影响企业经营绩效的所有因素或力量的分析和评估，发现和辨识出企业外部的机会和威胁，为下一步战略规划方案的制订提供依据。通常是从总体环境、行业环境和竞争环境三个层次进行企业外部环境分析。

4) 战略方案制订

战略方案的制订包括以下几个方面：

(1) 战略研究。战略研究是咨询人员在前述战略分析的基础上，运用一定的分析工具和方法，对企业的优势、劣势、机会和威胁开展进一步分析和战略匹配，确定战略规划方案的边界条件。

(2) 战略假设。咨询人员与企业就战略问题取得一致认识后，咨询人员和企业对这些战略问题的解决会有不同的假设和思路，这些假设和思路就是战略构想，包括进行愿景分析，确定企业使命、业务范围、成长方式和战略备选方案等。咨询人员通过战略构想向企业提出战略规划备选方案建议。

(3) 战略选择和确定。咨询人员备选方案经过定性和定量分析，进行比较、选择，最终确定最适合企业的战略方案。

5) 战略实施指导

战略实施指导包括两个方面：①帮助客户拟订实施方案。②为企业提供实施培训服务。

4. 企业战略管理咨询与诊断的体系

根据企业战略管理的过程模型，我们可以做出战略管理咨询与诊断的体系图，如图 3-4 所示。

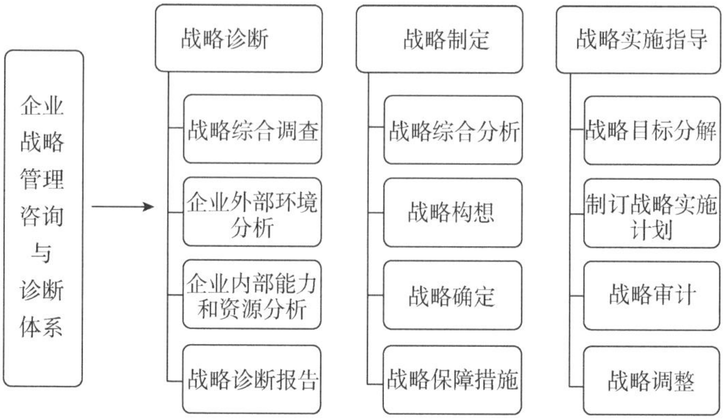

图 3-4　企业战略管理咨询与诊断体系图

(三) 战略管理咨询的假设

假设是管理咨询的一种重要方法，战略咨询更是经常使用这种方法。咨询过程就是不断提出假设、检验假设、排除或接受假设的过程，从而确定管理问题，分析问题原因，提出解决问题的思路和方法。可以说没有假设就谈不上咨询，更谈不上诊断，一切咨询与诊断活动就无从开展。假设既是咨询人员的一种基本技能，也是咨询人员的一种思维方式。

1. 假设的概念

在战略咨询中，假设就是咨询人员根据所掌握的企业信息和市场信息，对调查对象关于经营、管理、发展相关的问题所做的推测或判断，由于这种设想在初期还未获得充分的证据，因此需要在调查研究中加以证明。

在咨询过程中，如果咨询人员通过进一步对火力发电行业的发展现状、国家有关行业政策、主管单位管理模式、该类企业常见问题等情况的了解，确定了企业需要规模发展战略，那就需要进一步提出新的假设：①最理想的生产规模；②资源最佳整合方式；③规模扩张的步骤。

这样一步一步不断深入下去，不断提出假设，形成了一个假设集，假设集的各个假设之间有着密切的逻辑关系，构建起一个完整而严密的体系。

2. 战略咨询假设的重要性

战略咨询假设作为咨询的一种思维方式和技能，无论对于咨询人员还是对于企业都十分重要，其重要性主要体现在以下三个方面。

(1) 战略假设是战略咨询的主要前提。制定战略的难点就是面对未来不确定的环境制定今天的行动策略。为此，必须把不确定的东西“确定下来”，这个确定的过程，就是不断提出假设、不断验证假设的过程。咨询人员通过对环境假设、目标假设以及企业优势假设等进行系统的统筹和安排，最终得到有利于企业持续发展的总体性规划。假设一旦提出，后续工作就围绕其展开，各项工作的目标和范围也就随之确定。一个假设集就搭建起了咨询工作的基本框架，指明了方向，所以说假设是战略咨询的前提。

(2) 合理有效的假设将提高战略咨询的质量和效率。在战略咨询过程中，咨询人员的思考方式是从假设出发的，通过不断提出假设，收集事实，论证假设，寻找问题的症结所在。一方面，一系列的假设之间存在着或对立、或支持、或递进的复杂逻辑关系，因而，这种以假设为前提的关系和论证方法，使得咨询方案结构严密、条理清晰、逻辑严谨，保证战略咨询的质量。另一方面，假设的提出确定了咨询的重点和主要方向，避免了工作的盲目性和片面性，可取得事半功倍的效果，大大提高工作效率。

(3) 战略假设水平体现咨询人员的能力。由于对一个假设的验证需要花费大量的时间和工作量，一个好的假设就像一条捷径，能带领我们最快地到达目的地。在咨询过程中，如果高水平的咨询人员能提出一个较高水平的假设，就会很快抓住企业最关心、最关键的问题，并集中精力运用正确的方法去解决这些问题。咨询工作有难度也有风险，咨询人员的战略咨询假设水平是衡量自身咨询水平高低的重要标准。

3. 战略咨询假设的特征

在一个完整的战略咨询过程中，会涉及很多假设，它们有不同的前提、不同的目的和不同的验证方法，但都具有一些明显的共同的特性。

(1) 战略咨询假设具有明确的目的性。战略咨询假设是咨询人员为了解决企业的战略问题，对企业的需求、企业存在的问题及原因、咨询的思路和方法、企业可能的战略以及战略实施所需要的前提等进行的假设，它具有明确的针对性和目的性。

(2) 战略咨询假设是在一定的条件下提出的，提出战略咨询假设需要具备一定的条件，不是任何一个人拍拍脑袋就能提出的，主要有四个条件：一是必须具备一定的理论基础；二是必须有一定的咨询经验；三是必须了解企业所处的行业情况；四是必须掌握企业的基本情况。

(3) 战略咨询假设是一种推测。假设作为一种推测，不同于真实的情况，具有不确定性，要想将其作为制定和实施战略的根据，就必须在调查和分析中得到证实或证明。在假设的验证过程中，总有一些假设是正确的，而另外一些假设是错误的。只有被验证是正确的假设才能作为制定战略的依据。

(4) 战略咨询假设贯穿于整个战略咨询过程中。从与企业开始接触，到与企业签订战略咨询合同，制订咨询计划，制定和实施战略，甚至到项目结束后，都需要假设。假设是在咨询过程中陆续提出的，并且随着咨询人员对企业情况和相关行业的不断深入调查、分析，而不断验证。这是一个持续不断的过程，假设贯穿于战略咨询的全过程之中。

(5) 战略咨询假设随项目的进展而难度增大，风险也不断加大。随着战略咨询项目的进展，咨询人员面对的问题渐渐接近核心问题，问题的敏感性、复杂性、针对性逐步增强，解决的难度也随之加大。这就要求提出假设要更谨慎，也许前期工作中的一个错误假设只会带来几小时的浪费；但到了关键时刻，一个错误的假设可能会将整个战略咨询引入歧途。

(6) 战略咨询假设必须具有可验证性。假设必须是可以验证的，如果假设无法验证，就无法为咨询人员所用，咨询也就无法进行下去。这就要求咨询人员在提出假设时，对假设的各种变量设定、分析验证方法，以及所需要的相关资料数据事先考虑，必须保证假设是可验证的。

二、企业战略管理诊断概述

企业战略管理诊断，就是对企业长期发展的总体规划和战略决策所进行的诊断。它包括对企业战略目标、战略措施、战略步骤、战略环境等的评价与判断。具体来说，就是对战略目标、战略措施和战略步骤以及由这三部分有机构成的企业战略总体进行诊断，以发现问题，提出改进措施，使之达到科学化和合理化的标准。

(一) 企业战略诊断的要求

企业战略在企业管理中的重要性和其特殊地位，决定了对企业战略的诊断也相应地有着更高的要求。

首先，企业战略的长远性要求诊断工作应立足于经营环境变化和企业自身变革的长远发展，及早发现和掌握事物变化的规律。同时，还应注意在考察期向前延伸的情况下，企业发展会由比较确定向相对不确定转化。因此，诊断人员评价企业战略的标准不应僵化，要把考察标准侧重于合理性和可行性方面，而不是侧重于是否最优。

其次，企业战略的全局性要求诊断工作把企业作为一个整体来考察。诊断人员应从系统论的观点出发，不仅注意由企业战略所确定的企业内部各部门的发展情况，更应注意由这些部门的发展而形成的企业整体发展状况。从大的方面上说，经营战略全局性还决定了应将企业作为一个整体放在经营环境中考察，而更大环境提供给企业的发展选择余地是非常大的。这就要求诊断工作要涉及企业经营环境尽可能广泛的领域，以避免诊断工作的局限性。

最后，企业战略的竞争性表明了经营环境，尤其是竞争者的情况对企业战略选择影响的重要意义。因而诊断工作必须时刻注意企业经营环境，尤其是竞争者的动向，及时根据这些动向来评价企业的经营战略及其实施工作，提出改进的意见。

从上述要求中可以看出，企业战略的诊断人员应具备较高的素质，不仅应是某一方面的专家，还应具备多方面的知识；不仅要有企业经营管理的知识，还须对政治、经济、社会等各方面出现的变化具备相当的观察与判断能力。只有这样，诊断工作才能取得良好的效果。

(二) 企业战略诊断的程序和内容

企业战略诊断所应遵循的程序和各步骤中的主要内容如下。

1. 预备诊断

在接受诊断任务之后，诊断人员首先要做的是收集、整理和分析与企业战略有关的大量资料。这些资料包括：①企业战略的资料；②企业经营环境方面的资料；③企业经营状况的资料。

2. 正式诊断

对企业战略的正式诊断即对战略本身内容及实施情况的诊断，一般分为如下几个过程：①战略目标诊断；②战略措施诊断；③战略步骤诊断；④战略目标综合诊断。

以上四个过程的有序性比较强。第一步诊断的结论若是否定的，则对于已被否定的战略目标来讲，以后几个过程的诊断就失去了必要性，整个诊断工作便须转到寻找制订战略失误的原因和修改战略的工作上来。以后几个过程的诊断结论若是否定的，也同样如此。

(三) 企业战略目标诊断

企业战略目标是对企业在未来经济活动中经营活动状况的规定。它必须能够完整描述未来企业的经营状况，充分体现未来企业的经营特征，同时又稳妥可行。因此，对战略目标的诊断就包括对战略目标体系的完善性、对战略目标内容的合理性以及对战略目标指标数值的可靠性三个方面的诊断。但是，战略目标指标数值是否可靠，必须是在对战略措施和战略步骤能否实现的结论得出之后才能确定。所以，对企业战略目标的初步诊断只包括对战略目标体系的完善性和战略目标内容的合理性两方面的诊断。

1. 战略目标体系完善性诊断

战略目标体系的完善性是指通过构成企业战略目标体系的各个目标项目，能够从不同侧面描述出企业未来经营活动的总体特征，反映出企业主要的战略要求。一般来讲，能够描述出企业未来经营活动状况的战略目标体系应包含如下内容：①企业的性质、主要的经营产品和服务项目。②目标市场及市场定位。③企业经营资产的规模和结构、营业总额、利润总额和利润水平、市场占有率。④企业组织形式和管理水平。⑤企业职工的工资水平和福利状况，以及企业对社会的贡献等。

对于以上目标项目，战略目标体系中还应做出主要目标项目和次要目标项目的区分，以明确反映企业通过实施经营战略所期望达到的主要战略要求，如规模要求、收益要求，或是经营安全性要求等。此外，对企业战略目标的实现程度和实现期限也应做出规定。

对战略目标体系完善性的诊断就是检查企业战略目标体系的规定是否满足上述要求，如果企业战略目标体系的规定出现缺乏应有的目标项目、主次不分等情况，就必然导致经营战略实施出现某一方面工作缺乏安排的漏洞，或是出现战略实施过程中轻重缓急不分、秩序颠倒的混乱情况，从而严重影响企业战略目标的实现。

2. 战略目标合理性的诊断

企业战略目标是否合理，取决于未来企业在战略目标所规定的状态下能否赢得与企业发展状况相称的消费者和市场占有率。为此，诊断工作需考察以下内容：①企业将要立足的行业、经营的产品与服务项目是否符合客户需求结构变化的有利方向，能否满足客户对服务水平的要求。随着生活水平的提高，客户对产品的需求会出现新的变化。②企业经营活动涉及的区域是否拥有或将会出现与企业在该地区市场扩展要求相对应的消费者群体。③企业管理水平与组织结构，能否适应企业未来发展的要求。

企业战略目标合理与否是决定企业战略实施成败的首要因素。企业战略目标存在不合理现象，主要体现在由战略目标规定的企业立足行业、经营产品和服务项目，与市场需求构成变化的方向背道而驰，与客户对服务水平的要求存在差距；或是由战略目标规定的经营活动进入地区并不存在与企业发展状况相适应的客户群体；或是由战略目标规定的企业管理水平和组织结构不能适应企业发展的要求等。造成企业战略目标不合理情况的原因是多方面的，主要有以下几点：①战略制定过程中资料收集的范围过小，缺乏全面性或使用了不准确甚至是错误的资料。②战略制订过程中对资料的应用不全，分析失当。③战略制定程序混乱，出现诸如先定目标，再找论据的错误做法。④战略制定的方式欠妥，不广泛征求意见，闭门造车。⑤战略制定者素质较差，业务能力低，不能对企业内部和外部经济活动的变化做出正确的判断。

对企业战略目标不合理状况的纠正需要重新拟订经营战略目标。为此必须重新审理并补充企业制定战略目标所依据的资料和分析结论；改变制定经营战略程序混乱的状况，改进制定经营战略的工作方式；帮助战略制定者提高业务水平甚至建议企业更换经营战略的制订者。

(四) 企业战略措施诊断

企业战略措施是企业为实现战略步骤和战略目标而采取的根本性措施。企业实施战略的每一项战略措施都应取得预期的效果，否则便会影响企业战略的顺利实现。但是，企业战略措施能否取得预期的效果，主要是看它是否符合以下标准：一是措施的针对性标准；二是措施的可行性标准。前者是指企业在某一时期所采取的战略措施，必须与企业当时面临的主要问题相对应；后者是指实施战略措施的条件是否具备。对企业战略措施的诊断工作也主要从这两方面来评价企业的战略措施。

1. 企业战略措施针对性诊断

在实施企业战略的整个过程中，企业都会遇到这样或那样的需要解决的问题，但在一定时期内企业所面临的许多问题中，起决定影响作用的主要问题却只有一个。企业在此时期所制定的战略措施能针对这个主要问题，便抓住了解决一系列问题的关键。主要问题解决了，其他问题就能迎刃而解。反之，战略措施没能针对主要问题来制订，便会使企业实施战略的工作事倍功半，甚至使整个问题复杂化。对企业战略措施是否具备上述针对性要求的检查，必须从摸清企业当时面临的各种问题入手，仔细区分，发现并掌握各种问题之间的相互影响关系，找出主要问题，并将此结果与企业实施的战略措施所主要解决的问题相对照，即可判别该项战略措施针对性的优劣。

2. 企业战略措施可行性诊断

经营战略措施要能取得满意的效果，除了它应针对主要问题之外，还要看它的实施条件是否具备。若是实施条件还不具备，实施战略措施的难度就会较大，代价也会很大。对于这一问题，诊断工作需要检查以下情况才能做出结论。

(1) 实施战略措施的企业外部条件状况，主要是看国家经济政策是否允许，利益相关群体是否支持，相关部门能否提供有利条件，经济发展状况所形成的市场变化是否有利等。

(2) 实施战略措施的企业内部条件状况，主要是看企业领导班子意见是否统一，信心是否充足；企业绝大多数职工是否支持；企业各部门是否制定了积极可靠而又相互协调的工作计划；企业财力能否为战略措施的实施提供充足的支持，并为可能出现的意外留下了回旋余地。

(五) 企业战略步骤诊断

企业战略步骤是企业为最终实现其战略目标而对战略实施过程所做的阶段性规定，每一战略步骤都包含了一至数个不等的战略措施。对战略步骤的规定应当符合阶段划分明确，体现每一战略步骤的特点，同时在战略步骤的实施次序安排上又能达到有序的要求。对企业战略步骤的诊断，也主要针对以上要求来进行。

1. 企业战略步骤明确性诊断

在企业的每一个战略步骤中，通过构成该战略步骤的一系列战略措施的实施，要能够建立起企业经营活动在某一方面的战略优势，这是企业实施经营战略步骤的目的，也是划分战略步骤的实际依据。企业战略步骤的明确性，即指通过对战略实施的阶段规定而形成的每一战略步骤，都必须体现出企业决心建立某一方面战略优势的意图。企业战略步骤划分是否符合明确性要求，主要是看：①战略步骤的目标体系，能否体现企业建立某一方面战略优势的意图。②构成战略步骤的每一项战略措施，对建立企业某一方面战略优势是否必要。

2. 企业战略步骤有序性诊断

企业战略步骤的有序性是指企业对战略步骤实施秩序的安排，必须符合企业经营活动发展的内在要求。例如，混乱的基础管理工作是企业有效地应用各种先进管理技术的障碍，企业无法有效利用各种先进管理技术，就难以提高经营活动的效率，而低效率经营的企业是不可能在竞争中取胜的。在这种内在关系制约下，企业要想实现在竞争中取胜的战略，就必须在战略步骤安排上，首先实施提高企业基础管理工作水平的战略步骤，再考虑实施采用各种先进管理技术的战略步骤，循序渐进，才能最终达到在竞争中取胜的目标。诊断工作要判断企业经营战略步骤秩序安排是否恰当，关键在于仔细分析和把握企业发展中各方面工作的内在关系要求，以此对照企业战略步骤秩序安排所反映出来的各方面工作关系是否符合上述要求。

企业战略步骤规定不合理的状况主要体现为战略步骤目标体系不能反映企业建立某一方面战略优势的意图；各个战略步骤内战略措施安排混乱；以及各个战略步骤之间应有的秩序关系颠倒等。造成上述失误的原因主要有以下几点：①企业经营战略的制定者，对企业划分经营战略步骤的意图未能认真理解和准确把握。②在制订战略的过程中，缺乏对每一项战略措施实施目的的认识和对战略措施实施结果的正确判断。③企业战略制定者，未能正确掌握企业经营活动各方面工作之间的关系和企业发展对处理这些关系的内在要求。

纠正上述失误的主要途径是督促企业战略的制定者重新认识企业划分经营战略步骤的意图和战略步骤中每一项战略措施的目的，并对战略措施实施结果进行重新估价。同时，协助企业认真分析与掌握企业经营活动的状况和企业发展对企业各项工作安排秩序的内在要求等。

三、战略管理咨询与诊断的发展现状和趋势

(一) 战略管理咨询的发展

战略咨询经历了初创期、发展期和变革增长期三个发展阶段。

1. 初创期

从 1926 年美国麦肯锡会计与管理工程事务所创立到第二次世界大战前，是战略咨询的初创期。此间，企业出现了对高层决策支持的需求，形成了一支高层管理咨询队伍，他们通过具有独立性和开创性的咨询活动，帮助企业经理做出客观、有利的选择，并向经理和委托人提供所需的目标及其实现方法。这一时期，由于战略管理还没有形成一门学科，咨询人员为企业提供的高层管理定位等服务，还不能被称为战略咨询，只能算是一种决策支持服务。

2. 发展期

第二次世界大战后，西方国家先后进入了经济发展的新时期。科学技术和工业生产迅速发展，组织规模进一步扩大，企业间的竞争空前激烈，以用户为中心的买方市场逐渐形成，企业经营环境进一步复杂化。进入 20 世纪 70 年代以后，世界经济、科技、社会等方面发生了巨大的变革，给企业进一步成长带来严峻的挑战，同时，也为战略咨询业提供了更广阔的发展空间。

这一时期，由于战略理论逐渐发展起来，特别是以美国著名管理学家，哈佛大学教授波特(Michael E • Porter)的竞争战略理论为代表的定位学派的发展，给战略咨询提供了理论依据。这一时期具有开创性意义的是 1965 年波士顿集团(Boston Consulting Group，BCG)的诞生和由其发展起来的企业战略咨询业务。这一时期的战略咨询的特点是咨询人员注重战略咨询工具、方法的开发和运用。

3. 变革增长期

自 20 世纪 90 年代以来，全球经济发生了更加深刻的变化，市场信息瞬息万变，经济和科技竞争日益加剧，信息流动速度不断加快，电子商务和网络组织如日东升，跨国经营迅速发展。这种变革不仅给社会进步和经济发展带来了巨大的影响，而且极大地促进了知识密集型产业战略咨询业的飞速发展。1995 年全球咨询业的年收入已经超过 500 亿美元，在欧美一些主要发达国家，战略咨询业的年收入以 20%~30%的速度增长。世界 500 强企业中，有 50%左右的企业拥有自己长期合作的国际著名咨询公司，有 100%的企业接受过多次战略咨询服务。这一时期战略咨询的特点是更加注重战略思想和理念的创新。

(二) 战略管理咨询在我国的发展现状

20 世纪 90 年代，我国进入了市场经济的快速发展时期，同时由于经济体制转轨，许多企业都需要咨询公司的帮助。在这一大背景下，许多跨国战略咨询公司进驻中国市场，如麦肯锡、罗兰贝格、波士顿等。这些公司凭借它们丰富的战略咨询经验开始为许多转型中的中国企业解决战略管理方面的问题。战略咨询开始逐渐被接受，并成为许多留学人士回国创业的选择，国内的战略咨询公司如雨后春笋般发展起来。

进入 21 世纪以来，战略咨询在我国迅速发展起来，并占据了我国管理咨询整个市场份额的 16%。特别是近两年来，战略咨询已经占据了 31%的市场份额，成为我国管理咨询业的主要业务类型。

(三) 战略管理咨询在我国的发展趋势

随着我国市场经济的发展及国际国内竞争的进一步加剧，中国未来的战略咨询业务将面临新一轮机遇和挑战。

1. 战略咨询行业内部的竞争将更加激烈

伴随中国企业战略管理意识的增强，企业对战略咨询的需求将持续升温，由此而导致的战略咨询行业内部的竞争将更加激烈。

更多跨国咨询公司将会涌入中国为企业提供战略咨询服务，它们积极开发具有自身特色的战略咨询服务，并在中国进一步细分市场为顾客提供量身定制的服务。

国内战略咨询公司之间的竞争也会更加激烈，越来越多的战略咨询公司打破原有的地域限制(以往的许多战略咨询公司机构都只设在北京、上海、广东等地)，将营业机构扩展到了全国各大中小城市，旨在为全国的企业提供更为方便快捷的服务，从而加剧地区间战略咨询服务的竞争。

越来越多的高校和战略管理研究机构也将加入战略咨询的阵营。从现有的国内战略咨询公司来看，它们中许多都具有高校背景，它们的成功示范将启发更多的高校研究机构和战略学者加入战略咨询，由专业人士成立的战略咨询公司将越来越多。

2. 品牌将成为竞争优势

在日趋激烈的竞争中，品牌将会成为战略咨询公司的竞争优势所在。众所周知，外国大型的战略咨询公司的品牌认知程度普遍高于国内公司，其收费也要远远高于国内公司。究其原因，外国咨询公司在多年的咨询工作中积累了丰富的经验，也树立了良好的品牌形象。在战略咨询的未来发展中，好的品牌就代表了成功的方法和经验，而这正是咨询客户最为关注的。

3. 本土化趋势在战略咨询发展中的地位将越来越明显

虽然对于外国战略咨询而言，它们有着丰富的行业数据与经验，也有着优秀的咨询专业人员和咨询工具，但如何将这些资源和方法有效地服务于中国企业将一直是它们不断探索的目标。事实上，国外的这些咨询巨头们早已意识到了这一点，都在致力开发定制适合中国企业的咨询方法、流程，从而确保它们提供的战略方案适合中国国情。

4. 战略咨询绩效评价越来越重要

随着客户预算控制的加强以及战略咨询行业竞争的加剧，战略咨询绩效评价将变得越来越重要。一方面，随着客户预算管理的完善，咨询项目也会和企业任何一项投资支出一样要进行咨询项目的投资收益分析，并以此来对该咨询项目进行绩效评价；另一方面，随着咨询业竞争的日益加剧，许多战略咨询公司纷纷制订咨询绩效评估程序以强化自身的管理，维持自身的行业竞争力。总之，战略咨询绩效评价可以在客户与咨询人员之间建立一种信任关系，促使管理咨询公司不断提升服务水平，从而更加有利于战略咨询的健康发展。

第二节 企业战略管理调研分析与诊断

一、企业战略管理综合调查与分析

(一) 战略管理综合调查

战略综合调查是指在战略咨询过程中，咨询人员将客观存在、与战略有关或者有用的各种信息，采取适当的方式、方法，有效汇集在一起的行为。战略综合调查的信息获取是信息处理的起点，也是后续战略决策选择和制订的重要基础。信息获取的方法主要包括资料收集、访谈和问卷调查。

1. 战略综合调查的内容

战略综合调查内容分为企业内部信息收集和外部信息收集。

1) 内部信息收集的内容

内部信息收集是指对企业内部的生产、经营、管理活动的原始数据的汇集与初步加工。内部信息的来源主要有企业会议、决议文档资料、财务报告和统计报表、制度范本、现场观察记录以及有关的原始凭证和台账、企业问卷调查和员工访谈所得资料等。

内部信息收集内容主要包括：① 历史沿革，指企业成立背景及发展史、目前概况，领导班子概况等；② 重大会议相关资料，主要是年度工作报告、主要领导人重要讲话、董事会重大决策；③ 前一阶段发展规划及其执行情况及相关支持性文件；④ 股权结构及治理结构；⑤ 各项经济技术指标完成情况；⑥ 组织结构和组织管理信息，如组织机构图、部门负责人等；⑦ 人力资源状况，如员工数量、年龄结构、学历结构、职称状况、人力资源规划和人力资源管理制度等；⑧ 主要业务流程及生产技术状况等；⑨ 市场营销状况，如主要销售途径和销售策略、销售网络、主要客户信息等；⑩ 财务状况，如资产结构、赢利状况、资金运营状况等。

2) 外部信息收集的内容

外部信息收集是指对来自企业外部的相关数据的收集。外部信息的收集渠道主要包括查询咨询企业已有的数据库、查阅国家或地方统计数据、查阅专业杂志和期刊文章、外部专家访谈、市场调查企业报告和上网搜索相关资料等。

外部信息收集内容主要包括：① 国家相关政策，主要是国家出台的相关法规和政策信息；② 行业发展现状及趋势，主要是目前行业的供给和需求状况、市场中生产者的状况、国家相关政策对行业的导向作用等；③ 市场产品结构化概况，主要是市场产品的供给和需求状况，产品的发展趋势等；④ 市场(产品)竞争状况，包括主要竞争者、生产规模、技术工艺、核心竞争力、管理模式及其发展规划等，尤其要收集优势企业的相关信息；⑤ 技术和研发状况，包括行业主要生产技术发展情况、行业未来生产技术发展趋势、行业研发规模、结构等。

2. 战略综合调查的方法

战略咨询需要收集的信息量很大，战略综合调查的原则是：以第一手资料为主，尽可能多地收集一手资料；以二手资料为辅，使用二手资料时要尽量验证资料来源的真实性和可靠性。

战略综合调查是指对已经存在信息的收集整理，也就是案头调研，可从企业直接获得或从其他报刊、杂志、互联网等媒体获得。

资料收集的方法主要有：① 向企业提供资料清单，要求企业按照资料清单提供资料；② 利用互联网络查询收集资料，尽量从国家、地方或者行业协会专用网站收集，如国家和地方统计局网站，以保证资料的可靠性；③ 查询国家行业出版物，如国家年度报告、行业年度报告等；④ 查阅专业杂志和期刊；⑤ 对企业人员进行访谈；⑥ 拜访行业内的专家，利用他们的专业背景探寻信息；⑦ 购买调查公司的调查报告。

3. 战略综合调查中的注意事项

(1) 注意资料的审核与判定。

(2) 注意对信息资料的管理。

(3) 注意对资料范围的把握。

(4) 注意与企业协调、沟通。

(5) 尊重资料提供者的意见。

(6) 考虑收集资料的必要性和成本。

(二) 企业战略分析

1. 企业环境分析

企业是一个具有生命特征的开放系统，它与外部进行人员、能量、物质、资金、信息等交换，在这个过程中无时无刻不受到客观环境的控制和影响。每个企业所处的外部环境不尽相同，因而对企业的生存发展的影响也不相同。在企业内部条件相同的情况下，环境的不同，会导致企业的生存发展状态不同。因此，把握企业所处环境的现状及变化趋势，是企业谋求生存与发展的首要问题。企业环境分析对于制订企业战略乃至整个企业经营具有十分重要的意义。

1) 环境与企业

外部环境是存在于企业范围之外并能够影响企业的一切因素，如国家政策、经济形势、供给与需求、竞争对手、社会文化等。企业不能离开一定的环境而存在。孙子曰："知己知彼，百战不殆。"在企业的生存发展竞争中，其"彼"就是外部环境。企业的外部环境不可能永远不变。这种变化具有动态性和差异性两个特征。企业的外部环境具有不断变化的动态性是指影响企业的环境因素并非一成不变，变化的环境因素会给企业带来发展的机遇或生存的威胁，企业必须与之相适应，抓住机遇避开威胁，否则就会出问题。但是不断变化的环境因素在变化的程度上存在着差异性，即不同的环境因素的变化幅度、速度和范围不同，不能一概而论。认不清环境的特性，会导致企业举措失当：或当变不变、过于滞后，或变化过快、欲速则不达。

企业环境是一个多主体的、多层次的、发展变化的多位结构系统，由于研究环境的目的、任务、要求各不相同，因此对环境的分类也各不相同：① 根据环境的范围和对企业影响的差异程度，分为宏观环境与微观环境。② 根据人们对待环境的主观程度不同，分为实际环境与主观环境。③ 根据影响企业环境因素的多少及其确定程度，分为简单环境与复杂环境。④ 根据环境因素的变化程度高低，分为稳定环境与变动环境。⑤ 根据企业对外部环境的可控程度，分为垄断环境与竞争环境。

不断变化的环境既给企业带来威胁和挑战，也给企业创造了发展的机会。企业的生存与发展就是在外部环境的不断变化之中趋利避害。因此，企业分析环境、应对环境变化的能力至关重要，它决定着企业的生死存亡和兴衰荣辱。企业环境分析是企业制定战略、开展经营活动的首要前提。

2) 环境因素分析

环境因素分析是对广阔的社会环境中影响企业的各种因素进行的分析。

(1) 环境因素分析的内容。总体环境分析的各种因素对企业经营绩效的影响程度是不同的，要搜索、监测、预测和评估那些最重要的影响因素。这些因素主要包括人口，经济，政治、政策和法律，社会文化、技术和全球环境六个方面。总体环境分析的内容如图 3-5 所示。

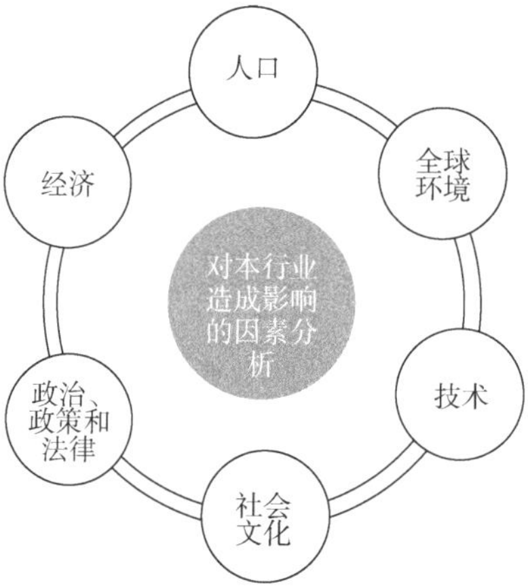

图 3-5　企业战略管理环境因素分析内容图

(2) PEST 分析法。PEST 分析法是企业外部环境分析的基本工具，主要用于对企业所处的总体宏观环境中影响战略的因素进行分析。PEST 分别代表四类影响企业战略制订的因素的英文首字母：P——political，政治法律环境，主要包括政府的目标、施政纲领和政策，国家法律和法规体系，外交方针与对外政策，政治经济管理体制，政治形势以及治安状况等，由于历史的原因，我国的政治对社会经济生活的影响既全面又深入。E——economic，经济环境，包括经济形势、国民收入、人民富裕程度及其购买力、商品化程度、物价水平及其变动、经济增长率、产业结构、税率变动、利率变动、汇率变动、投资动向、资本市场、国际融资、国际贸易等。S——social，社会文化环境，包括人们的生活方式、价值观、风俗习惯、宗教信仰、文化传统、社会舆论等。T——technological，技术环境，指技术的发展和运用状况。自 20 世纪 80 年代以来，以信息技术、生命科学、新材料新工艺为代表的技术革命浪潮，给人类社会发展带来了深刻的影响，并从根本上改变了整个世界。

托马斯·加拉文在《企业分析》一书中，对企业的宏观环境作了如图 3-6 所示的描述。

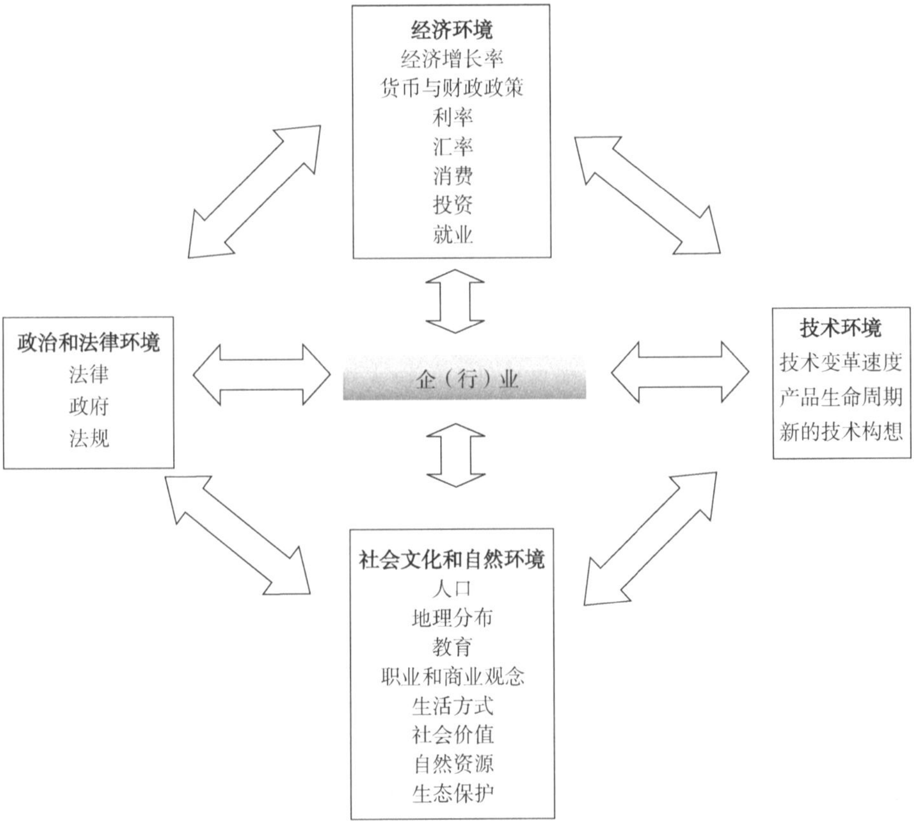

图 3-6　企业战略 PEST 分析模型图

3) 行业环境分析

行业是根据产品或服务的性质和类型来划分的，根据行业规模大小有大行业、小行业之分。行业环境亦称中观环境，企业处于哪一个行业，取决于企业经营哪一类产品或服务。行业的进入障碍、竞争程度、发展潜力、技术水平、利润潜力、生命周期等与企业的生存发展息息相关。行业环境决定企业的生存发展空间。

(1) 行业环境分析的内容。行业发展阶段分析，即对企业所在行业的生命周期阶段进行分析。行业的生命周期可分为诞生、成长、成熟、衰退、消亡等阶段。

行业竞争结构分析，是指对行业中企业总数、产能、市场容量、市场进入障碍、竞争对手的分析。行业社会地位分析，是指对行业在国民经济中的重要作用、收入水平、人员素质、社会认可程度、发展潜力、社会预期等方面所进行的综合分析。行业特性分析包括两层含义：一是对行业业务的内容、性质和特点进行的分析；二是对行业投资的收益性、成长性、风险性及效率性的分析。行业技术水平分析，是指对行业产品或服务的新技术含量、工艺装备水平的分析等。行业关键成功因素分析在行业发展阶段和行业结构等分析的基础上，要总结出企业所处行业内企业实现成功竞争所必需的条件，即对行业内的关键成功因素进行分析。

(2) 行业环境分析的方法——SCP 分析法。SCP 分析法是一种产业组织分析方法，也是进行企业外部环境分析的基本方法，主要用于对企业所处的产业、行业环境中影响战略的因素进行静态和动态分析。其中，S——structure，是指行业结构，以行业中的竞争者数量、产品的异质性以及进入和退出行业的成本为衡量标注。C——conduct，行为是指行业中具体的企业活动，包括价格接受、产品差异化、串谋和利用市场势力等。P——performance，绩效是指企业的绩效水平。

SCP 分析模型如图 3-7 所示。具体运用时可以对模型稍作变化，将其转换为动态模型，即产业结构的变化—企业行为的变化—企业绩效的变化。

通过对行业结构中供给、需求和行业链的分析，对行业结构的变化做出评估；通过对行业中各战略群组企业的营销、容量变化、垂直整合情况和内部效率分析，对行业中各战略群组企业的行为做出评估；通过对各战略群组企业的财务、技术、人员等方面的分析，对绩效水平做出评估。经过上述评估过程，对客户所处行业和企业的现状已经有了一个基本判断，但还需要考虑行业结构的未来变化、战略群组、企业未来的行为变化和绩效水平的变化做出动态评估。

促使企业成功的关键因素是指有利于发挥企业特长、在行业中形成特色并使企业在竞争中占优势地位的条件、变量或能力。虽然影响企业的因素是多方面的，但是决定企业生存发展的关键因素并不多。寻找这些因素，并围绕其配置资源，以提高资源利用效率，形成竞争优势，是企业取得成功的关键。

行业关键成功要素是在竞争中取胜的关键环节。可以通过判别矩阵的方法定性识别行业关键成功要素。其具体操作过程是采用集中讨论的形式对矩阵中每一个要素打分，一般采用两两比较的方式，如果 A 要素比 B 要素重要则打 2 分，同样重要打 1 分，不重要打 0 分。在对矩阵中所有格子打分后，横向加总，以此进行科学的权重分配。一般权重最高的因素就成为行业关键成功因素。表 3-1 为运用判别矩阵方法设计的行业关键成功因素分析表。

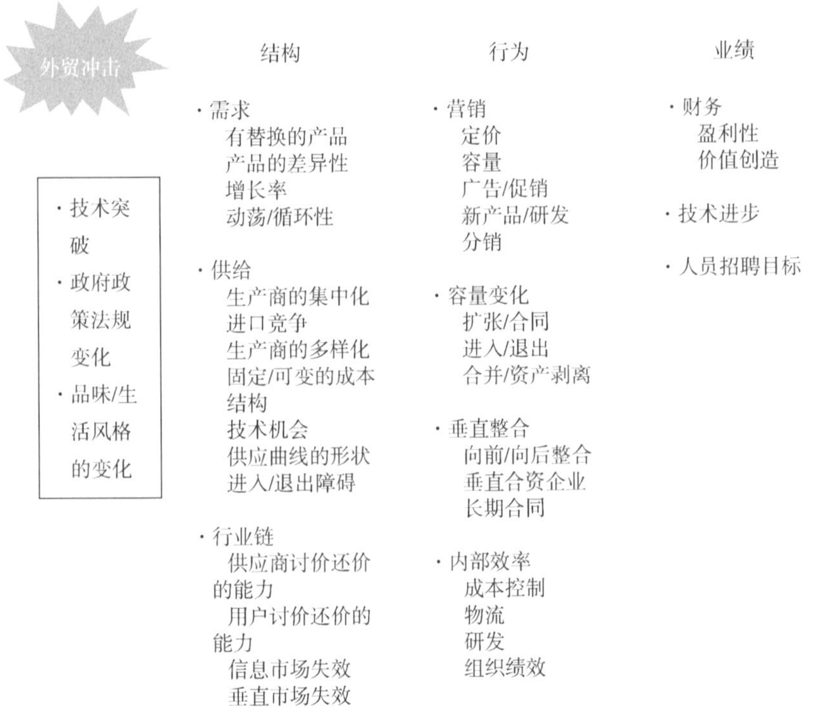

图 3-7 企业战略 SCP 分析模型图

4) 市场和竞争环境分析

市场和竞争环境分析是外部环境分析极为重要的环节。

第一，市场和竞争环境分析的内容。

行业是一个产出概念，而市场是一个需求概念。市场环境分析的内容有需求分析(明显需求与潜在需求、基础需求与派生需求)、市场细分、用户分析、竞争对手分析、市场规则分析等。

第二，市场和竞争环境分析的方法——SWOT 分析法以及五种竞争力量分析模型。

SWOT 分析法是一种综合考虑企业内部条件和外部环境的各种因素，进行系统评价，从而选择最佳经营战略的方法。

表 3-1　行业关键成功因素分析表

重要程度分析	技术	销售	市场推广	品牌	物流	售后服务	采购	产品价格	产品质量	资金	政府关系	生产能力	人力资源	总分
技术														
销售														
市场推广														
品牌														
物流														
售后服务														
采购														
产品价格														
产品质量														
资金														
政府关系														
生产能力														
人力资源														

S——superiority(企业优势)和 W——weaknesses(企业劣势)。优势和劣势是相对于竞争对手而言存在的，一般表现在企业的资金实力、人员素质、技术装备、研发能力、制造能力、营销能力、品牌商誉、决策机制、管理能力等方面。

O——opportunities(企业外部环境的机会)，是指环境中对企业有利的因素，如政府支持、高新技术的应用、良好的购买者和供应者关系等。

T——threats(企业外部环境的威胁)，是指环境中对企业不利的因素，如新竞争对手的出现、市场增长率缓慢、技术落后等。

应用该方法首先应依据企业目标，将对企业生产经营活动及发展有着重大影响的内部及外部因素列出，并根据所确定的标准对这些因素进行评价，从中判定出企业的优势与劣势、机会和威胁。通常的方法是对所列因素逐项打分，然后按因素的重要程度加权求和，企业在此基础上进行判断，选择相应的战略(图 3-8)。

环境对企业产生的影响程度的大小是很难量化的，而行业中竞争的根源在于其固有的经济领域，而各种竞争压力并不因某一行业中的竞争对手而转移。美国著名的战略管理学家波特提出，在一个行业中，存在着五种基本的竞争力，即潜在对手、替代品、客户、供应商和行业中现有竞争对手间的抗衡。企业的生存空间取决于在与五个方面的力量博弈的结果(图 3-9)。

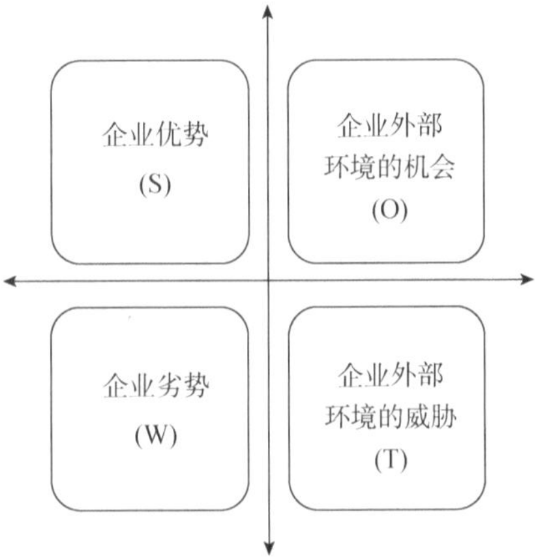

图 3-8 SWOT 分析图

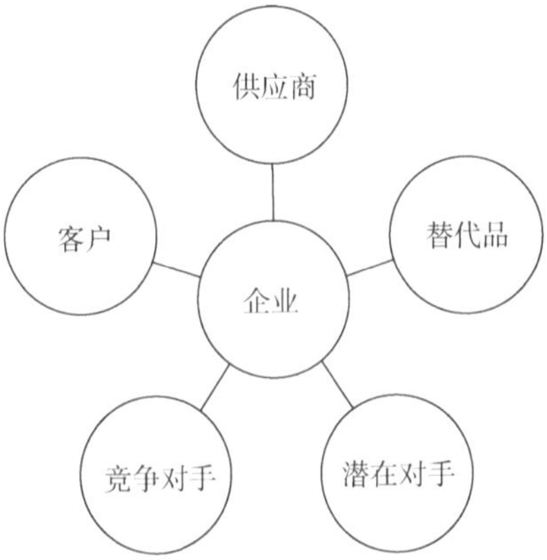

图 3-9 五种竞争力量分析模型图

在一个行业里，这五种基本竞争力的状况及其综合强度引发行业内在经济结构的变化，从而决定着行业内部竞争的激烈程度，决定着行业获利的最终潜力。

2. 企业内部资源与能力分析

对企业外部环境，尤其是对企业的市场竞争环境的分析是为了“知彼”，对企业内部资源和企业机制的分析则是要做到“知己”。经济学的基本问题是如何合理有效地配置资源。对企业而言，其资源配置的有效性高低，决定了企业是否还有存在的理由。因此，开展企业资源分析，一是要分析企业拥有哪些资源，二是要分析企业资源的利用效率如何。企业的资源分为有形资源和无形资源两类。

1) 企业有形资源分析

企业有形资源通常包括人力资源、财务资源和物质资源三部分，它们可以比较容易识别和评估，并在企业的财务报表中有所反映。

(1) 人力资源分析。人力资源是企业核心资源之一，对人力资源的分析。一是分析企业拥有人力资源的数量，二是分析人力资源的素质和能力。结构分析是常用的方法。例如，通过年龄结构分析，可以了解企业的活力大小或经验多少；通过专业结构分析，可以了解企业的业务能力；通过学历结构分析，可以了解企业人员的基本素质和发展的后劲；通过职称结构分析，可以了解企业的技术水平和管理能力，等等。当然，这不是绝对的。

(2) 财务资源分析。就企业战略而言，财务是战略的核心，因为对所有资源的整合都离不开价值要素，所以财务资源是企业的生命之源，资金是维持企业生命的血液。财务资源分析通常包括对企业资金来源及其结构、继续筹资的弹性、企业资金使用结构状况、现金流状况、企业总体财力、企业获利能力及经济效益的状况、企业利润分配、成本费用结构、股东资金、股利政策等重要方面进行分析。不仅如此，对企业财务资源的分析还要根据企业的战略目标来进行，分析企业为了达到战略目标，需要在时间上和数量上提供什么样的资金保证。战略财务资源分析的侧重点是分析企业中长期的财务优势和劣势，以及长期的企业净收入趋势及总资产利用状况，同时计算企业在计划期内为保持战略所要求的增长率而必须进行再投资的数量，从而判断出企业能否单独依靠自己内部的财力资源来支持预期的增长。

(3) 物质资源分析。企业物质资源包括企业拥有使用权的土地、设备、建筑、存货等。企业物质资源分析的内容包括土地、设备、建筑、存货等资源的拥有数量、分布状态、新旧程度、技术含量、价值高低以及结构等。

2) 企业无形资源分析

科技及社会的进步使得无形资源在企业的经营活动中发挥着越来越重要的作用，有时甚至会超过有形资源的战略作用；同时由于许多无形资源目前还无法通过企业的财务报告反映出来，所以对企业无形资源的分析就显得更为重要。企业的无形资源可分为无形资产、知识资本和企业文化三部分。

(1) 无形资产。企业的无形资产包括企业专利、专有技术、特许资产使用权、商标、品牌、商誉、重要社会关系等。其中，技术专利、专有技术、特许资产使用权等可以纳入会计核算，在财务报表上有所反映；而商标、品牌、商誉等则未能纳入会计系统核算，其价值只能够在企业生产经营中体现出来。对企业无形资产分析可以从技术和品牌两个角度考察。企业技术可以通过申请专利数量、出让专利的收入、拥有专有技术数量和技术水准、研发人员占总员工比例等方面进行分析。企业品牌则可以通过对品牌知名度、品牌重购率、员工满意度等指标来分析。同时，企业品牌的市场表现往往可以表现为其产品的价格是否有超额的部分，以及其产品的市场规模。企业品牌的价值还可通过资产评估公司来定期评估与发布。

(2) 知识资本。知识资本是伴随知识经济而来的新概念。它是指其所有权属于个人或公司，并且能够给公司带来收益的特殊资源，它是与企业创造价值相关的知识、技能、经验、信息以及信息加工能力。

知识资本的分析内容包括企业积累的成败经验、技术文档、信息流量及其信息加工能力、信息沟通效率、重要信息采集能力、员工合理化建议的数量与质量等。随着知识经济的到来，越来越多的企业把企业员工以及管理者所拥有的知识技能作为衡量一个企业是否具有广阔的发展潜力的重要体现。

(3) 企业文化。企业文化是由企业家倡导、经企业员工在较长时期的生产经营实践中形成的企业使命、信念、共有价值观、行为准则、工作氛围、做事风格及具有相应特色的行为方式和表现的总称。企业文化是形成企业机制(包括决策机制、激励机制、约束机制、执行机制等)的重要组成部分。因此，营造优秀的企业文化，实际上也是在锻造企业的核心竞争力。

3) 资源利用分析

对企业拥有资源内容的分析只是了解企业内部资源的一个方面，经济学的基本命题是如何合理有效地去配置资源。所以对企业资源分析更重要的方面是分析资源的利用效率和效益。

二、企业战略管理诊断

(一) 企业战略管理诊断方法

战略诊断的目的是明确最关键的战略问题，一般从以下几个方面考虑(以单业务公司为例，详细分析如表 3-2、表 3-3、表 3-4 所示)。①客户现行战略运行的良好程度。②客户的资源优势和劣势，外部的机会和威胁。③客户的价格和成本是否具有竞争性？④客户的竞争地位如何？⑤客户面临的战略问题是什么？

表 3-2　战略诊断分析表——战略业绩指标

业绩指标	20__	20__	20__	20__	20__
营业额					
增长率					
净利润率					
权益投资回报率					
其他					

表 3-3　战略诊断分析表——内部资源优势和竞争能力

内部弱势和资源缺陷
外部机会 外部威胁

表 3-4　战略诊断分析表——竞争优势评价

*赋值：1=非常弱；　10=非常强

关键成功因素/竞争优势指标	权重	公司 A	公司 B	公司 C	公司 D	公司 E
产量/产品性能						
声誉/形象						
制造能力						
技术技能和诀窍						
特约经销商网络/分销能力						
新产品革新能力						
财务资源						
相对成本地位						
客户服务能力						
其他						
总评分						

(二) 企业战略管理诊断报告

战略诊断报告是项目组对关键战略问题进行深入剖析和阐述的书面文件，需要反复与客户沟通、论证，最后形成双方一致的认识。

1. 战略诊断报告的重要性

(1) 确定问题和原因。战略诊断报告要把确定企业战略问题和原因分析作为主要内容，向企业提供战略诊断报告是咨询过程的一个重要环节。

(2) 增加客户信任度。战略诊断报告是展示咨询人员工作成果的机会，阶段性的成果展示是对企业配合工作的肯定，也可以促使他们紧跟项目进度，积极配合下一步的工作。如果他们对诊断结果满意，会更放心地提供信息和发表自己的意见。

(3) 衡量咨询水平。战略诊断报告的质量在很大程度上显示了咨询人员的洞察力和分析能力，表明了咨询人员的业务水平。战略诊断报告的水平影响并决定着咨询公司和咨询人员的信誉、形象及影响力。

(4) 确定资讯内容。企业的经营管理者对企业自身问题往往把握不准确，许多时候把企业出现的问题都归并为战略问题。通过战略诊断工作，咨询人员会发现企业真正存在的问题是什么。本着对企业负责任的态度，咨询人员要向企业说明出现这种问题的原因，并提出建议，与企业进一步沟通，明确咨询内容。

(5) 确定咨询方向。在实践中，要在战略诊断和战略制订之间划分明确的界限是困难的，也是不恰当的。诊断不仅是为后续工作做好铺垫，更是定下了基调，确定了主题。没有正确的诊断，就没有一个正确的工作方向，错误的诊断会使后面的咨询工作建立在错误的基础上，而无法达到企业满意的咨询效果。

(6) 增强与客户的沟通。战略诊断报告是咨询人员以正式方式向企业全面展示自己对企业战略方面存在问题及其形成原因的分析，并公开接受企业的见识和质疑。这种正式的交流方式，可以弥补口头的、非正式交流的不足，更具有说服力。

2. 战略诊断报告的内容

(1) 基本情况。首先，报告的第一部分应该简要而完整地概括一下基本情况，包括企业的基本状况，项目的基本情况等。企业的经营管理者工作非常忙，他们没有时间通读长篇报告，因此，如何用简洁又准确的语言来表达是这一部分的关键。其次，对于那些企业早已熟知的信息对战略制订没有很大意义的一般信息可以一笔带过，不需要过多关注，陈述的重点应该放在下面几个方面：① 咨询人员所做的工作；② 咨询人员首先发现的事实；③ 能带来新发现的已知事实。

(2) 现行战略存在的主要问题及其原因。战略诊断报告是揭示企业所有问题的主要工具，企业需要通过这样的文件来清楚认识自己的处境和面临的机遇，同样，表达清晰和内容完整是基本的要求。

(3) 解决问题的建议。战略诊断报告要指明今后的行动方向，因此，不仅要诊断出企业存在的问题，并且要提出相应的解决方案。

3. 撰写战略诊断报告书注意事项

战略诊断报告书应注意以下两点：

(1) 客户的现状要阐述清楚 。只有深入调查了解客户现状，才能进行准确的战略诊断。只要全面深入认识客户现状，就能抓住客户的关键战略问题。

(2) 战略问题要具体 。很多时候容易犯的一个错误是提出的战略问题太泛，内涵太大，看上去所有的企业都面临这样的问题，这种战略问题就属于无效问题。

第三节　企业战略的制定、规划与实施指导

一、企业战略的制定

(一) 企业战略的构想

战略诊断报告提出后，企业、咨询项目组对企业存在的一些战略问题，如愿景、

使命、业务范围、成长方式等都会有不同的假设和解决思路，这些假设和解决思路就是战略构想。下面具体阐述战略构想的内容和步骤。

1. 愿景分析

(1) 愿景的含义。愿景是指企业长期的前景和发展方向、目标、目的、自我设定的社会责任和义务的一个高度概括，是企业实现了所定下的宗旨目标以后的那一幅激动人心的、无比美好的未来远景的一种描述。愿景可以是在一个特定时期内实现的一种承诺。

(2) 愿景的意义。愿景的意义有以下几点：① 愿景能够知道战略和组织的发展；② 愿景描述一个鼓舞人心的事实；③ 为内部人员提供指导。愿景增加了对企业进行系统化管理的可能性。如果缺乏愿景，企业将依赖于高、中级管理层中所有决策者良好的企业家技能，这是机会主义，而不是系统的成功。

(3) 愿景分解。愿景分解是指借文化和战略的过渡性步骤，是将文化战略实施以及将战略植根于企业文化的思维模式的体现。愿景草案的提出，咨询人员必须进行定性分析和定量分析，必须充分认识到前期沟通工作的重要性。

2. 确定使命

1) 企业使命的含义

企业使命是指企业在社会中借以存在的根据，或者说是企业在社会中所应担当的角色和责任。企业使命体现了企业总的发展方向、企业的长期目标和企业行为活动的总原则。企业使命包含四个主要要素：企业哲学、企业宗旨、企业形象、企业社会责任。

2) 企业使命的作用

企业使命的作用有以下几点：① 决定企业发展方向，揭示自身的长期发展愿景；② 是企业战略目标测定的前提；③ 是企业战略方案制订与选择的依据；④ 是企业分配资源的基础。

使命阐明了企业的基本性质和存在的理由，说明其宗旨、经营哲学、信念和原则等；使命为企业战略目标的确定提供依据。

3) 企业使命的内容

(1) 企业哲学。企业哲学又称企业经营哲学、企业经营思想或企业经营理念，是指一个企业为其经营活动方式所确立的核心价值观、态度、信念和行为准则，是企业在社会活动及经营过程中起何种作用或如何起这种作用的一个抽象反映。

(2) 企业宗旨。企业宗旨是指企业现在和将来应从事什么样的事业活动，以及应成为什么性质的企业或组织类型。确定企业宗旨应避免两种倾向：一是将企业宗旨确定得过于狭隘，二是将企业宗旨确定得过于空泛。确定企业宗旨必须看企业与顾客的关系，要回答两大问题：其一，现在我们的企业是什么，也就是分析现在的顾客；其二，我们的企业将来应该是什么，即要分析和确定潜在的客户。

(3) 企业形象。企业形象是指一个企业在社会公众心目中的总体印象和综合评价。它是衡量企业经营管理优劣的一把尺子，也是展现企业精神风貌的一面镜子。

企业试图建立一个怎样的社会形象，是企业使命的一项重要内容。

(4) 企业社会责任。企业社会责任涉及员工、股东、用户、供应商、社会、政府、竞争对手、社会公众等。其中，所有者(股东)要求有好的投资报酬；用户要求提供满意的产品(服务)；员工要求有良好的物质待遇和发展机会；供应商要求可靠的信用；政府要求纳税并遵纪守法；竞争对手要求公平和宽容；社会公众要求周围环境条件的改善以及支持当地社会的公益活动。

4) 企业使命的决定因素及其对企业使命的影响

决定企业使命的因素包括外部因素和内部因素。其中外部因素有政府、社区、社会公众、供应商、顾客、竞争者和其他利益相关机构(如金融机构)等；内部因素有股东、董事会、管理层和员工等。

咨询人员帮助企业分析并确定其使命，要将上述影响企业使命的所有外部因素和内部因素综合起来考虑，并通过利益相关者矩阵等分析方法找出关键影响因素，作为确定企业使命的依据。详细见表 3-5 利益相关者矩阵。

表 3-5 利益相关者矩阵

利益水平	低	高
低	A	B
高	C	D

3. 确定业务经营范围

1) 业务经营范围的含义

业务经营范围是指在一定时期内，企业根据自己的技术特点、人才优势和资金实力等所确定的生产产品的种类或从事服务的领域。

企业战略的选择，必须明确企业的业务经营范围。一般来说，一个企业的业务经营范围具有一定的伸缩性。企业可以在这一经营领域选择一个、几个或一系列的品种，也可以以原有的经营领域和经营品种为基础，根据市场需求，采用不同的策略扩大经营范围，由于企业的特点和内外部条件的差异，企业经营范围具有各自不同的特点。

2) 确定企业业务经营范围的主要考虑因素

在实践中，企业的业务经营范围一般是由以下因素决定的。

(1) 企业的初始战略。当一个企业计划筹建时，企业高层决策者就已选择了企业的服务对象、经营规模等，企业的业务经营范围就基本确定下来。企业业务经营范围是由企业当时的人才、技术和市场等特点决定的，力求使企业在自己的业务经营范围内发挥优势，并能长期保持这种优势。

(2) 产品多元化的发展方向。在同行业企业之间竞争日益激烈，市场对产品的品种、花色、款式等需求不断增加的情况下，企业不会抱残守缺，墨守成规，必将努力开拓其市场服务领域，实行多样化经营。产品多元化，使得企业在其关键产品为主线的前提下，扩大了原有的业务经营范围。

(3) 产品市场的变化。在市场经济条件下，企业一般很难维持已经形成的垄断经营地位。一种产品在一定时期内具有较高的市场占有率和较大的销售量，其他企业的进入及该种产品社会保有量的增加，将会使产品在需求上出现饱和，迅速进入成熟期和衰退期，生产企业将面对大量产品积压，价格迅速下跌，生产难以继续。在这种情况下，生产该种产品的企业将面对三种选择：一是维持原有产品的技术设备和生产工艺等基本不变，发展相关产品；二是对原有产品进行技术改造，提高其质量标准、规格和档次；三是彻底改造原有的技术设备，停止原来产品的生产，开辟新的经营领域。

(4) 政治、经济形势变化。国家的政治、经济形势变化是企业发展变化的晴雨表，从而也会直接或间接地影响企业的经营范围。国家改革开放的方针政策鼓励许多企业转向生产出口创汇产品，国际形势的缓和与稳定，将使军工企业转向民品生产。

3) 确定企业业务经营范围的原则

经营范围是否合理，经营方向是否稳定，都会直接影响企业战略选择的正确性和实施的效果。因此，为了确定企业的业务经营范围，应遵循以下原则。

(1) 集中优势的原则。企业资源的有限性，将迫使企业集中主要力量形成拳头，寻求产品优势。如果企业的资源使用过于分散，就会使企业失去整体优势。因此，在确定企业经营范围时，必须注意利用有限资源，保持企业优势，避免将企业的业务经营范围扩展得过大。

(2) 相对稳定的原则。相对稳定并不是需要产品几十年一贯制，而是要避免由于产品范围的频繁变换损伤企业元气。一般来说，小企业船小好调头，进行经营范围的调整相对来说比较容易，而大中型企业进行一次大的经营范围调整是相当困难的。所以，大中型企业的经营范围一经选定，为保证战略计划的实施，在计划期内不宜变动。

(3) 合理性的原则。合理是指确定和调整企业经营范围一定要从企业实际出发，要保持企业优势。经营范围的选定要从企业技术力量、人才状况、资源潜力和现有市场及潜在市场的具体情况出发，把客观环境要求企业进行经营范围选择的必要性与企业内部实力的可能性结合起来。

4. 选择成长方式

在企业层面的战略构想阶段，咨询人员帮助客户进行了愿景分析、明确了使命和业务范围后，还要为客户选择一定的成长方式实现企业的成长。一般有四种成长方式可供企业选择：集中型或密集型成长方式；一体化成长方式；多元化成长方式；联盟成长方式。

(1) 集中型或密集型成长方式。集中型或密集型成长方式即在企业现有的业务领域寻找发展机会。有三种途径可以实现密集型成长，即市场渗透战略(设法在现有市场上增加现有产品的市场份额)、市场开发战略(为企业现有产品寻找新市场)，以及产品开发战略(开发新产品)。

(2) 一体化成长方式。一体化成长方式，即建立或并购与目前企业有关的业务，包括纵向一体化战略(又可以区分为前向一体化和后向一体化)和横向一体化战略。其中，前向一体化就是通过兼并和收购若干个处于生产经营环节下游的企业实现的扩张和成长，如制造企业收购批发商和零售商；后向一体化则是通过收购一个或者若干个供应商以增加赢利或加强控制，如汽车公司对零部件制造商的兼并与收购。横向一体化就是对竞争对手的兼并与收购。

(3) 多元化成长方式。多元化成长方式，即寻找与企业目前业务范围无关的富有吸引力的新业务。多元化成长战略包括同心多元化(开发与企业现有产品线的技术或营销有协同关系的新产品)、水平多元化(研究开发能满足现有顾客需要的新产品)，以及集团多元化(开发与企业现有技术、产品和市场都毫无关系的新业务)。

(4) 联盟成长方式。战略联盟方式，即与其他独立组织在研究和开发、生产、市场营销和服务等多方面展开合作，通过优势互补寻求范围经济协同效应的成长方式。战略联盟可以采取股权联盟、非股权联盟和合资企业等三种方式。企业通过联盟可以获得诸如开发范围经济、向竞争者学习、与合作者分担管理风险和成本、低成本进入新市场、低成本进入新行业和新行业环节、从行业或行业环节中退出和管理不确定性等好处。

选择成长方式要结合客户企业内部资源和能力及外部环境因素在上述成长方式和成长战略中进行。

(二) 企业战略的制定与选择

在战略制定与选择阶段中，我们需对已提出的战略构想进行进一步的分类选择，在前面的战略构想梳理中，我们主要回答“客户目前处于什么位置，有哪些发展方向”的问题。在战略制定中，要回答的问题是“客户向哪个方向发展是可行的”。在战略选择中，要回答的问题是“客户向哪个方向发展是最优的”。战略制定是一个理性的过程，可以用大量的数字量化地说明问题，而战略的选择更多地是一个感性的过程。战略咨询顾问帮助客户选择了可行的战略方案，客户在进行战略选择时却经常会徘徊犹豫。客户内部的权力关系、管理层对风险的态度、相关利益团体的意向等都会影响客户的战略选择结果。在本阶段中，战略咨询顾问应灵活地运用各种战略制定与选择工具，不同工具的使用方法与案例我们已在第二节中阐述。在这里我们介绍战略制定与选择的内容、衡量战略的指标，以及战略制定与选择的流程。

1. 战略制定与选择的内容

战略制定与选择的内容多种多样，无法一一列举，下面列出通常的一些内容：

(1) 建立单业务组合还是建立多元化业务组合？

(2) 满足广泛范围顾客的需求，还是聚焦于某一个特定的市场？

(3) 发展狭窄的产品线还是发展广阔的产品线？

(4) 将客户的竞争优势建立于低成本之上，还是建立于产品质量优越性之上，抑或是建立在独特的组织能力之上？

(5) 如何对变幻的顾客偏好做出反应？

(6) 覆盖多大面积的地理区域？

(7) 如何对新市场和竞争环境做出反应？

(8) 如何使客户在很长的时间内不断成长？

2. 衡量战略的指标

战略制定与选择的参考指标是指在选择战略时，根据备选战略对于指标的满足程度来考虑是否选择该战略。下面是一些常见的指标和方法。

(1) 利益相关者的衡量。客户的许多利益相关者十分关心客户的经营活动和绩效。他们各自都有自己的判断标准，并用各自的标准来衡量客户的表现。我们应该根据每一类利益相关者的利益和要求来全面测定不同战略对每个利益相关者的满足程度。

(2) 经济附加值。经济附加值(economic value added，EVA)指客户经营结果高于客户债务成本及权益资本的那部分利润，确切地说，这个指标的定义是：

$$\text{EVA} = \text{营业利润} - \text{所得税} - \text{债务成本} - \text{权益成本提留}$$

对于不同的战略方案分别计算其对 EVA 的影响，作为战略制定与选择的依据。

(3) 市场附加值。市场附加值(market value added，MVA)的定义是：客户市场价值高于股东实际投入客户的总资本的那部分价值就是市场附加值。

MVA = 客户的当前股票价格 × 在外股票数 − 股东权益

同样对于不同的战略方案分别计算其对 MVA 的影响，作为战略制定与选择的依据。

3. 战略制定与选择的流程

战略制定与选择的流程如图 3-10 所示。

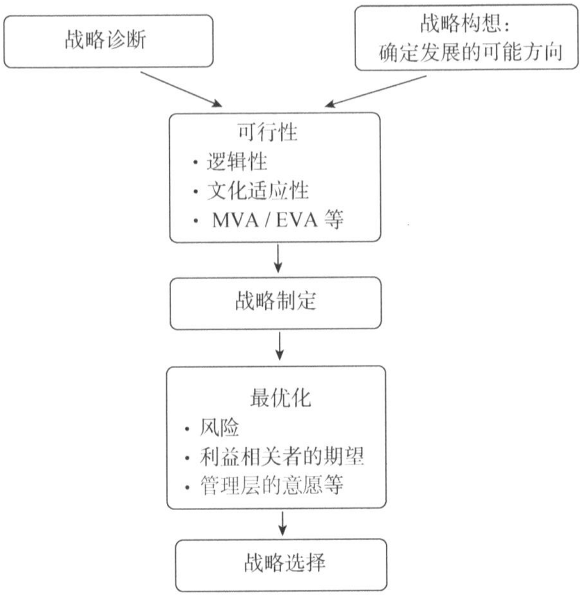

图 3-10 战略选择流程图

二、企业战略的规划

(一) 企业战略规划

一个完善的战略规划体系包括以下四个方面，每一个方面都包含战略目标、重要的战略举措、相关工作计划、与战略目标完成相关的奖惩机制。

(1) 整个公司和所有业务的战略(公司战略)。

(2) 公司多元化业务中各个业务领域内的战略(业务战略)。

(3) 各个业务领域中各个具体职能单元的战略(职能战略)，每一个业务领域通常都有生产战略、市场营销战略、财务战略等。

(4) 最后，在基本的经营运作单位还有一个更窄的战略——生产工厂、销售地区以及职能领域内的各个部门战略(经营运作战略)。

表 3-6 给出了不同层次战略的主要责任和制订时应关注的要点。

表 3-6　不同层次战略的关注点

战略层次	主要责任者	各个管理层次制订战略时的首要关注点
公司战略	• 首席执行官，其他关键的执行经理(通常由董事会批准所作的决策)	• 建立和管理好一个高业绩的业务单元组合 (购并公司，加强现有业务的地位，剥离那些不符合公司计划的业务) • 建立相关业务单元之间的协同作用并将其转化成竞争优势 • 确定投资优先序列，将资源导向最有吸引力的业务单元 • 评价/改进/统一业务单元经理建议的重要经营方式和行动方案
业务战略	• 业务单元的总经理 /领导(通常由高级执行经理人员/董事会评审/批准所作的决策)	• 设计恰当的经营方式和行动方案，以取得竞争的成功，获取竞争优势 • 对外界的环境变化做出反应 • 统一协调重要职能部门所采取的战略行动 • 采取恰当的措施解决本公司特有的问题
职能战略	• 职能经理(通常由单业务单元的领导评审/批准所作的决策)	• 制订恰当的行动方案和经营策略，以支持业务战略，完成其职能/部门业绩目标 • 评价/改进/统一低层管理者提出的与战略相关的行动方案和经营策略
经营运作战略	• 职能领域内的基层单元领导/低层管理者(通常由职能领域/部门的领导评审/批准所作的决策)	• 制订更窄更具体的行动方案/经营策略，旨在支持职能战略和业务战略，完成经营运作单元的目标

(二) 企业战略规划报告书

战略规划报告书是客户未来经营活动的纲领性文件，也是战略咨询最为重要的有形成果。表 3-7 给出了战略规划书的常见格式。

表 3-7 战略规划报告书建议内容

1. 业务单元发展的宏图及五年战略目标				
1.1 业务单元发展的宏图及五年战略目标概述				
1.2 业务单元为实现该战略目标所采取的战略举措的阐述				
2.宏观经济环境与行业发展分析				
具体内容		包含议题	分析	资料来源
2.1 宏观经济环境		● 未来五年经济发展速度 ● 产品需求及预测 ● 产品需求结构分析 ● 五年内可能的技术变革及其对公司的影响		
2.2 今后五年行业的发展变化及经营环境变化	经营环境变化	● 市场需求和增长模式 ● 产品价格趋势 ● 潜在技术革新的影响 ● 潜在替代产品		
	行业供应特点	● 行业内参与者的数量与各自所占的份额 ● 生产量趋势 ● 生产能力发展及计划		
	行业标杆	● 行业内生产能力利用预测 ● 预测的行业突变及其可能的影响		
	行业业绩	● 行业的整体发展及利润率		
2.3 威胁与机会	2.3.1 创造的主要机会	● 潜在的正向及逆向整合机会 ● 这些机会的创造价值的潜力		● 行业专家访谈 ● 国际趋势及案例分析
	2.3.2 造成的主要威胁	● 投资需求 ● 政府的政策控制 ● 区域地区基础设施造成的进入壁垒		
3. 本业务单元现状分析				
具体内容		包含议题	分析	信息来源
3.1 本业务单元近年业绩及发展趋势	3.1.1 技术水平分析	● 研究开发投入 ● 与竞争对手技术水平的比较		● 内部分析 ● 竞争对手调查
	3.1.2 政策影响力分析	● 对政府行业政策的影响力 ● 与当地政府的合作关系		
	3.1.3 市场渗透开拓能力分析	● 市场占有率 ● 市场营销网络 ● 自身价值定位 ● 与终端客户的关系评估 ● 市场营销水平		
	3.1.4 生产水平能力分析	● 目前的生产效率 ● 生产成本上的优势		
	3.1.5 综合能力分析	● 融资能力 ● 联盟的能力 ● 资产组合的管理水平		

续表

具体内容		包含议题	分析	信息来源
3.2 本业务单元主要竞争优势及弱点	3.2.1 行业成功要素	● 行业成功的关键以及本公司进入该行业后的相对优劣势 ● 现有主要参与者在这些成功因素上的优劣势 ● 联盟及合资的必要性		● 行业专家访谈 ● 竞争对手访谈
	3.2.2 本公司进入行业后的竞争力	● 本公司的成本竞争力(行业的成本曲线) ● 本公司对竞争对手采取措施的能力		● 竞争对手年报表
4. 主要竞争对手分析				
具体内容		包含议题	分析	信息来源
4.1 近几年业绩分析：主要竞争对手档案及近期/预期的竞争环境变化		● 竞争对手的规模、利润率与增长率 ● 其他潜在进入者的档案 ● 近期行业内的兼并与收购活动 ● 对新进入行业者的大致分析		● 竞争对手访谈、年报 ● 行业协会及公开材料
4.2 竞争对手在今后五年可能采取的战略举措：竞争对手可能采取的战略		● 所采取或计划采取的举措		● 竞争对手访谈、年报 ● 行业协会及公开材料
4.3 竞争对手战略举措对本公司的潜在威胁：竞争对手战略举措对本公司的潜在威胁		● 应采取或计划采取的举措		
5. 本业务单元五年战略(方案)				
	20__	20__	20__	20__	20__
5.1 本公司今后将在哪些市场竞争					
5.1.1 地理市场					
5.1.2 产品市场					
5.1.3 业务规模					
5.2 如何竞争					
5.3 主要战略举措					
5.3.1 市场扩张					
5.3.2 新客户、新渠道的建立					
6. 战略的财务分析					
	20__	20__	20__	20__	20__
6.1 销售收入					
6.1.1 成本					
6.1.2 费用					
6.2 息税前利润					
所得税					

续表

6.3 息税后利润					
6.3.1 折旧					
6.3.2 资本性支出					
6.3.3 运营资本变动					
6.4 现金流					
6.5 投资资本回报率					
7. 主要资源需求预测					
	20__	20__	20__	20__	20__
7.1 资本投资					
7.1.1 资本额					
7.1.2 资本来源					
7.2 人才					
7.2.1 人才需求					
7.2.2 人才来源					
7.3 其他资源					
8. 与前一年战略规划的差异总结					
8.1 本年战略规划与上一年的差异					
8.2 差异解释					

三、企业战略实施

战略实施的任务是将战略规划转变为行动和好的结果。实施战略与其说是科学，不如说是一门艺术。不幸的是，在完成这一任务时，没有现成的被证明有效的道路，也没有具体的准则，战略实施是战略咨询中最没有凭据可依、最不固定的部分。对于客户方来讲，它涉及大量的工作安排和资金，而且持续时间长，波及面较广，有时甚至需要客户全体总动员。战略实施要想取得预想的结果，除"人和"之外，还需要"天时"、"地利"。战略实施阶段经常遇到的问题有：

(1) 出现没有预料到的问题；

(2) 相关的人员能力不足；

(3) 出现突然的外部因素；

(4) 对于关键任务和活动缺乏支持；

(5) 实施要比原计划需要更多时间。

咨询公司应对以上出现的问题提供自己力所能及的帮助。战略实施是否成功的标准是客户若干年后的实际业绩是否能够匹配或超越战略规划中的目标。达不到战略规划所预期的目标，有两种原因：一种是战略规划是无效的；另一种是战略规划虽然有效，但战略实施出现了问题。

战略实施的首要步骤是组建一支有着适当的人员成分和技能组合的强大的管理团队。除非关键的职位上都配备了有能力的人选，否则战略实施要全速进行是很困难的。在这方面，咨询公司所做的工作，一方面是帮助客户推荐、寻找合适的战略执行人员；另一方面是培训教育企业现有的管理人员，提高其战略实施能力。这两点对于目前的中国企业来说尤其重要，因为中国企业普遍缺乏战略实施能力。

成功实施和执行战略涉及的其他工作通常还有：

(1) 建立一个有能力、有实力和资源力量以成功推行战略的组织；

(2) 制订预算，将主要的资源转移到对取得战略成功非常关键的价值链活动中；

(3) 建立支持战略的政策和程序；

(4) 推行最佳实践活动，促进价值链活动运作的持续改进；

(5) 将奖励和刺激手段及达到业绩目标很好地与实施战略相联系；

(6) 创建一种支持战略的工作环境和公司文化；

(7) 发挥带动实施工作向前进展和不断改善战略执行状况所需的领导作用。

战略实施的挑战主要在于以下因素之间是否能建立一系列紧密的匹配关系：

(1) 战略和组织的能力与结构之间；

(2) 战略和预算分配之间；

(3) 战略和日常经营政策之间；

(4) 战略和内部支持系统之间；

(5) 战略和奖励结构之间；

(6) 战略和公司文化之间。

上述匹配关系越是紧密，战略的实施就越有力量，实践中就越可能达到预期的战略目标。

第四节　企业战略控制

正如船长一样，为驶向目标，企业家要随时控制方向，把企业详细的战略规划蓝图变成高楼大厦，而不是烂尾楼。

企业战略管理中的一个基本矛盾是既定的战略与变化着的环境之间的矛盾。企业战略的实施结果并不一定与预定的战略目标相一致。产生这种偏差的原因很多，主要有以下三个方面：① 制定企业战略的内外环境发生了新的变化。②企业战略本身有重大的缺陷或者比较笼统，在实施过程中难以贯彻，需要修正、补充和完善。③在战略实施的过程中，使企业内部某些主客观因素变化的影响，偏离了战略计划的预期目标。

企业活动与预定的战略目标偏离的情况，如果不及时采取措施加以纠正，企业的战略目标就无法顺利实现。要使企业战略能够不断顺应变化着的内外环境，除了使战略决策具有应变性外，还必须加强对战略实施的控制。

战略控制主要是指在企业经营战略的实施过程中，检查企业为达到目标所进行的各项活动的进展情况，评价实施企业战略后的企业绩效，把它与既定的战略目标和绩效标准相比较，发现战略差距，分析产生偏差的原因，纠正偏差，使企业战略的实施更好地与企业当前所处的内外环境、企业目标协调一致，使企业战略得以实现。

一、企业战略控制的内容和作用

(一) 企业战略控制的主要内容

对企业实行战略控制的主要内容有以下几点：

(1) 设定绩效标准。根据企业战略目标，结合企业内部人力、物力、财力及资讯等具体条件，确定企业绩效标准，作为战略控制的参照系。

(2) 绩效监控与偏差评估。通过一定的测量方式、手段、方法，监测企业的实际绩效，并将企业的实际绩效与标准绩效对比，进行偏差分析与评估。

(3) 设计并采取纠正偏差的措施，以顺应变化着的条件，保证企业战略的圆满实施。

(4) 监控外部环境的关键因素。外部环境的关键因素是企业战略赖以存在的基础，这些外部环境的关键因素的变化意味着战略前提条件的变动，必须给予充分的注意。

(5) 激励战略控制的执行主体，以调动其自控值与自评价的积极性，以保证企业战略实施的切实有效。

(二) 企业战略控制的作用

企业经营战略控制在战略管理中的作用，主要表现在以下几个方面：

(1) 企业经营战略实施的控制是企业战略管理的重要环节，它能保证企业战略的有效实施。战略决策仅能决定哪些事情该做，哪些事情不该做，而战略实施控制的好坏将直接影响企业战略决策实施的效果好坏与效率高低，因此企业战略实施的控制虽然处于战略决策的执行地位，但对战略管理是十分重要的，必不可少的。

(2) 企业经营战略实施的控制能力与效率的高低又是战略决策的一个重要制约因素，它决定了企业战略行为能力的大小。企业战略实施的控制能力强，控制效率高，则企业高层管理者可以做出较为大胆的、风险较大的战略决策，若相反，则只能做出较为稳妥的战略决策。

(3) 企业经营战略实施的控制与评价可为战略决策提供重要的反馈，帮助战略决策者明确决策中哪些内容是符合实际的、是正确的，哪些是不正确的、不符合实际的，这对于提高战略决策的适应性和水平具有重要作用。

(4) 企业经营战略实施的控制可以促进企业文化等企业基础建设的发展，为战略决策奠定良好的基础。

二、企业战略控制的方式以及调整方法

(一) 企业战略控制的主要方式

从控制时间来看，企业的战略控制可以分为如下三类：

(1) 事前控制。在战略实施之前，要设计好正确有效的战略计划，该计划要得到企业高层领导人的批准后才能执行，其中有关重大的经营活动必须通过企业领导人的批准同意才能开始实施，所批准的内容往往也就成为考核经营活动绩效的控制标准，这种控制多用于重大问题的控制，如任命重要的人员、重大合同的签订、购置重大设备等。

(2) 事后控制。这种控制方式发生在企业的经营活动之后，才把战略活动的结果与控制标准相比较，这种控制方式工作的重点是要明确战略控制的程序和标准，把日常的控制工作交由职能部门人员去做，即在战略计划部分实施之后，将实施结果与原计划标准相比较，由企业职能部门及各事业部定期将战略实施结果向高层领导汇报，由领导者决定是否有必要采取纠正措施。事后控制的方法的具体操作主要有联系行为和目标导向等形式。

(3) 随时控制。随时控制，即过程控制，企业高层领导者要控制企业战略实施中的关键性的过程或全过程，随时采取控制措施，纠正实施中产生的偏差，引导企业沿着战略的方向进行经营，这种控制方式主要是对关键性的战略措施进行随时控制。

应当指出，以上三种控制方式所起的作用不同，因此在企业经营当中它们是被随时采用的。

从控制主体的状态来看，战略控制可以分为如下两类：

(1) 避免型控制。避免型控制，即采用适当的手段，使不适当的行为没有产生的机会，从而达到不需要控制的目的。如通过自动化使工作的稳定性得以保持，按照企业的目标正确的工作；通过与外部组织共担风险减少控制；或者转移或放弃某项活动，以此来消除有关的控制活动。

(2) 开关型控制。开关型控制又称为事中控制或行与不行的控制。其原理是：在战略实施的过程中，按照既定的标准检查战略行动，确定行与不行，类似于开关的开与关。

开关控制法一般适用于实施过程标准化的战略实施控制，或某些过程标准化的战略专案的实施控制。

从控制的切入点来看，企业的战略控制可以分为如下五种：

(1) 财务控制。这种控制方式覆盖面广，是用途极广的非常重要的控制方式，包括预算控制和比率控制。

(2) 生产控制。生产控制，即对企业产品品种、数量、质量、成本、交货期及服务等方面的控制，可以分为产前控制、过程控制及产后控制等。

(3) 销售规模控制。销售规模太小会影响经济效益，太大会占用较多的资金，也影响经济效益，为此要对销售规模进行控制。

(4) 质量控制。质量控制，包括对企业工作质量和产品质量的控制。工作质量不仅包括生产工作的质量，而且包括领导工作、设计工作、资讯工作等一系列非生产工作的质量，因此，质量控制的范围包括生产过程和非生产过程的其他一切控制过程。质量控制是动态的，着眼于事前和未来的质量控制，其难点在于全员质量意识的形成。

(5) 成本控制。通过成本控制使各项费用降低到最低水平，达到提高经济效益的目的，成本控制不仅包括对生产、销售、设计、储备等有形费用的控制，而且还包括对会议、领导、时间等无形费用的控制。在成本控制中，要建立各种费用的开支范围、开支标准并严格执行，要事先进行成本预算等工作。成本控制的难点在于企业中大多数部门和单位是非独立核算的，因此缺乏成本意识。

(二) 企业战略的调整方法

1. 常规的战略调整

常规战略调整是指企业为了吸引顾客或为自己的产品确定位置，而对战略进行正常调整。企业可以在正常经营活动中改变自己的广告、包装形式，使用不同的定价战略，甚至改变销售分配的方式进行常规的战略调整。

2. 有限的战略调整

有限的战略调整是指企业在原有的产品系列基础上向新的市场推出新的产品时做出的局部调整。产品更新的方式较多，调整的形式也较多。

3. 彻底的战略调整

彻底的战略调整是指企业的组织结构和战略发生重新组合的重大变化。这种调整基本上有两种形式：一种是当行业里的企业之间形成联合或兼并等变化时，作为一个新的联合体不仅要求获得新的产品和市场，而且会遇到如何制订新的组织结构、形成统一的企业文化等问题，这些都将使战略调整复杂化；另一种是企业自身发生重大的调整时，特别是多种经营企业，如果企业高层对下属的经营单位采取大出大进的方式推进联合或出售时，这种变化便格外明显。

4. 企业转向

企业转向是指企业改变自己的经营方向。这种变化也有两种形式：一是不同行业之间的企业进行联合或兼并所发生的变化。这种变化的程度完全取决于行业之间彼此差异或者相似程度，以及新企业实行集中管理的程度；另一种是企业从一个行业中脱离出来，转到一个新的行业。例如，一个小型啤酒厂，认识到自己在这个行业中没有发展前景，而转向包装行业。这种转向将使企业的使命发生变化，要开发新的产品技术和管理技能。在这种情况下，战略调整更为复杂。

三、影响企业战略控制的因素和趋势

在制订和实施战略的过程中，必须同时考虑现有的定量分析因素、资讯上的缺陷因素、不确定性因素、不可知的因素以及人类心理等因素。在这些因素中，有一些是企业内部的特点，正是这些特点才使统一行业中的各个公司有所差异。另一些因素由于受到行业性质和环境的制约，使一个行业中的企业战略较为相似。

无论何种行业，尽管各种因素的影响力度不同，但影响战略控制的因素可以分为三类：需求和市场、资源和能力以及组织和文化。这三类因素在现代企业及当前的经营环境中呈现如下趋势：

(1) 更加重视质量、价值和顾客满意。

(2) 更加重视客户关系建设和竞争导向。

(3) 更加重视业务流程管理和整合业务功能。

(4) 更加重视全球导向和区域规划。

(5) 更加重视战略联盟和网络组织。

(6) 更加重视权势架构及其影响。

[案例分析]

A 公司是一家以研发、制造、销售建筑模网产品的中外合资企业，成立于 1997 年，注册资金 3000 万元。1998 年，A 公司从国外引进了建筑模网生产技术和模网专用设备制造技术，由于该技术刚刚引入国内，认知度不高，产品主要定位于国外大型企业、中外合资企业和资金实力雄厚的国内企业。2000 年，A 公司依托国内知名建筑科研设计机构，成功研发出具有自主知识产权、达到国际先进水平的第二代建筑模网。模网专用设备也开始批量制造，并出口俄罗斯等国家。公司逐渐形成了从研发、设计、模网生产到专用设备制造的完整体系。

A 公司产品属于模网混凝土剪力墙结构，主要适用于多层、小高层及别墅等民用住宅。在市场上与模网混凝土剪力墙结构构成竞争的主要有混凝土小型空心砌块承重结构、现浇框架结构、框–剪结构等。其中现浇框架结构与框–剪结构是我国建筑市场上的主要建筑结构形式，其市场应用比例一般在 60%~90%。

在国家发布的《当前优先发展的高技术产业重点领域指南》中，新型墙体材料已被列入我国高技术产业发展重点。建筑模网作为一种新型墙体材料，具有节能、环保、抗震等优点，模网混凝土剪力墙结构在各项性能指标上优于其他建筑结构，建筑模网技术发展迅速。但应用建筑模网所需的施工技术与传统施工技术存在较大的差异，要求施工人员具有一定的技术和经验，并熟悉建筑模网墙体材料的性能和技术要求，否则在施工中会出现质量问题，影响施工进度，增加施工成本。

墙体材料的主要销售对象是房地产开发商和建筑承包商，因受资源、运输成本等条件的影响，新型墙体材料行业呈现较强的地域性特点。由于某些建筑市场上招投标行为不规范，加之房地产开发商、建筑承包商、施工技术人员、住宅用户等对新型墙体材料还不甚了解，对使用这种技术心存疑虑，因此，新型墙体材料的推广应用受到一定程度的影响。为此，国家有关部门专门下发通知，要求新施工的建筑项目必须使用相当比例的新型墙体材料，并给予政策上的优惠。自 2002 年以来，全国各地以生产建筑模网的企业开始大量出现。

A 公司在成立之初，投入了大量的研发资金，产品成本较高。当时该公司产品处于国内独有地位，产品销售增长较快。公司现有 3 名销售人员，负责销售合同管理、发货和货款催缴工作，销售的方式是参加行业组织的产品订货会。

2004 年，随着建筑模网生产技术的日趋成熟和日益推广，以及行业进入门槛的逐步降低，建筑模网生产企业越来越多，产品差异化程度逐渐缩小，建筑模网的市场价格也不断降低。虽然近几年国内建筑市场发展迅速，建筑模网的市场应用比例逐年提高，但 A 公司的经营情况却不理想。A 公司 2004~2008 年生产经营情况见表 3-8。

表 3-8　A 公司 2004~2008 年生产经营情况表

项目	2004 年	2005 年	2006 年	2007 年	2008 年
模网销售量/万平方米	40	37	45	40	50
模网专用设备销售量/台	70	100	120	150	180
销售额/万元	864	610	643	495	550
净利润/万元	864	610	643	495	550

思考题：

1. 分析 A 公司面临的战略发展问题。
2. 利用 SWOT 方法对 A 公司进行战略综合分析，并给出 A 公司的战略选择。

[案例分析答案]

1. 面临的问题如下：

(1) 没有战略规划。

(2) 产品结构面临战略调整(产品转型、组合)。

(3) 营销管理面临变革(观念、组织、人员、策略)。

2. 分析过程如下。

(1) SWOT 分析。机会：宏观环境非常有利；行业前景较好；建筑模网专用设备需求量大。威胁：建筑模网生产门槛降低；产品差异化低；模网市场竞争激烈。优势：拥有研发、设计、产品生产到专用设备的完整体系；产品质量好；拥有自主知识产权，技术领先。劣势：产品成本高；产品营销能力弱；营销观念落后。

(2) 战略选择：①抓住行业、市场机会；②提高行业地位；③塑造公司品牌；④降低产品成本；⑤提高营销能力；⑥优化产品组合；⑦增加专用设备的制造、销售。

[习题]

一、单选题

1. 战略可分为不同的层次，不同层次的战略解决不同层面的问题，具有各自的特点。战略按从高到低的层次划分为(　　)

A. 业务战略、公司战略、职能战略　　B. 公司战略、业务战略、职能战略
C. 公司战略、职能战略、业务战略　　D. 职能战略、业务战略、公司战略

2. 某公司的战略规划书中写道：“经过五年的发展，本公司应当达到如下目标：销售总收入 25 亿元，净利润 2 亿元，跻身行业第一梯队。其中，三大业务的目标分别是：A 业务实现销售收入 13 亿元，净利润 1.1 亿元；B 业务 7 亿元，净利润 5000 万元；C 业务 5 亿元，净利润 4000 万元。”战略规划书的这段内容属于该公司的(　　)
A. 竞争战略　　B. 公司战略　　C. 项目战略　　D. 职能战略

3. 以下关于战略的描述，不正确的是(　　)
A. 战略规划是企业为了某一阶段生产经营的需要而进行的
B. 战略需要对企业的内部资源和外部环境进行分析
C. 战略需要对企业资源进行配置
D. 战略需要对企业的经营活动进行系统规划和安排

4. 战略信息的获取是信息处理的起点，也是后续战略决策选择和制定的重要基础。资料收集分为客户内部资料收集和外部资料收集。以下选项中不属于内部信息收集内容的是(　　)
A. 对企业年度工作报告、主要领导人重要讲话、董事会重大决议进行收集
B. 对企业的组织机构图和部门负责人进行了解
C. 国家出台的相关法规和政策信息
D. 主要销售途径和销售策略、销售网络、主要客户信息

5. 某咨询师针对企业战略项目所收集的资料按行业、市场、产品、技术等进行了分类，方便了随时查阅。他的做法符合以下哪项资料管理要求(　　)
A. 注意资料的审核与判定并考虑必要性和成本
B. 注意对信息资料的管理
C. 注意对资料范围的把握
D. 注意与客户沟通协调并尊重资料提供者的意见

二、多选题

1. 以下战略咨询的内容中，客户需求分析的内容包括(　　)
A. 以资料收集、问卷、访谈等形式获得信息并进行初步分析
B. 通过与客户高层管理者沟通了解客户面临的主要问题
C. 界定客户的战略需求，确定战略咨询课题
D. 在确定了战略咨询需求和课题后，首先要对客户的经营情况进行综合诊断

E. 判断客户在战略制定过程中是否存在问题

2. 战略假设作为咨询的一种思维方式和技能，无论对于咨询人员还是对于客户都十分重要。战略假设的重要性体现在(　　)

A. 是战略咨询的主要前提

B. 具有明确的针对性和目的性

C. 将提高战略咨询的质量和效率

D. 在调查和分析中得到证实或证明

E. 水平体现咨询人员的能力

3. 战略咨询假设的方法主要有穷尽假设法、树枝图假设法、列表排除假设法等，以下对穷尽假设法的描述正确的有(　　)

A. 此假设法的最大优点是全面思考问题

B. 把所有需要确定的问题和需要解决的问题用列表的方式先填写出来

C. 有一个清楚地分析问题的路线图和解决问题的全图

D. 把问题的所有可能性或解决问题所有方案全部作为假设提出来

E. 每种假设都是独立的，并假设所有的可能性不得漏项

4. 关于 SWOT 分析方法，下列选项表述正确的是(　　)

A. 该方法是一种对企业内部的优势、劣势和外部的机会、威胁的分析

B. 该方法为处于竞争环境中的企业提供与其他企业在资源和能力方面优势、劣势的有用信息

C. 该方法主要是一种对社会的、政治的、技术的、经济的外部环境进行分析的方法

D. 企业的内部优势主要是对竞争对手而言的

E. 该方法首先要根据企业的目标来分析对企业的发展有重大影响的内部、外部环境因素

5. 战略诊断报告在管理咨询项目中所起的作用主要包括(　　)

A. 确定咨询内容　　B. 确定咨询方向

C. 衡量咨询水平　　D. 确定问题和原因

D. 帮助客户进行战略控制

三、简答题

1. 简述确定企业业务经营范围的原则。

2. 简述影响企业战略控制的因素和趋势。

3. 简述撰写战略诊断报告书注意事项。

[习题答案]

一、单选题

1. B　2. B　3. A　4. C　5. B

二、多选题

1. ABC　2. ACE　3. ADE　4. ABDE　5. ABCD

三、简答题

(略)

CHAPTER 4

第四章　企业组织管理咨询与诊断

[内容提要]

本章全面系统地介绍企业组织管理咨询和诊断的基本原理、内容和方法，也包括企业组织管理的基本知识，重点介绍企业组织管理咨询与诊断的工具和方法以及企业组织管理咨询与诊断的运作程序，阐述企业组织管理的咨询和诊断对企业组织管理乃至整个企业的健康发展有重要意义。

[学习要点]

1. 了解企业组织管理咨询与诊断的基本知识；
2. 了解企业组织管理咨询与诊断的成果评价；
3. 掌握企业组织管理咨询与诊断的工具和方法；
4. 掌握企业组织管理咨询与诊断的运作程序。

第一节 企业组织管理咨询与诊断概论

一、 组织管理概论

(一) 组织管理的基本概念

1. 组织的基本含义

组织有两个基本含义。其一是有一定目的、结构，互相协作，并与外界相联系的人群集合体。组织可以是营利性的机构，如联想集团、海尔集团等各种企业性组织，也可以是非营利性的机构，如我国的全日制大学、政府部门，非营利性的各种基金组织、事业单位等。本章中的组织如无特别说明，均指营利性的企业组织。

不论什么样的企业组织都应有其存在的基本目的和宗旨，但是企业本身并不能证明其存在的意义，一个企业必须通过为社会提供独特的价值而证明其存在的价值。这是每一个企业的发展中都需要经常思考的问题。例如，1990 年前惠普公司的宗旨是：设计、制造、销售和支持高精密电子产品和系统，以收集、计算、分析资料，提供信息作为决策的依据，帮助全球用户提高其个人和企业的效率。1992 年后惠普公司的宗旨改为创造信息产品以便加速人类知识的进步，并且从本质上改变个人及组织的效能。企业的目的和宗旨直接影响着企业的组织结构和组织行为，从而影响着企业未来的发展前景，是企业组织管理的出发点。

组织的第二个含义是组织工作，即管理的基本职能之一，指设计、建立并保持一种组织结构。本章中的组织均采用第一种含义。

2. 组织管理的内容和特点

(1) 组织管理的内容。组织具有综合效应，这种综合效应是组织中的成员共同作用的结果。组织管理就是通过建立组织结构，规定职务或职位，明确责权关系，以使组织中的成员互相协作配合、共同劳动，有效实现组织目标的过程。组织管理是管理活动的一部分，也称组织职能。组织管理的工作内容，概括地讲，包括以下四个方面：第一，确定实现组织目标所需要的活动，并按专业化分工的原则进行分类，按类别设立相应的工作岗位；第二，根据组织的特点、外部环境和目标需要划分工作部门，设计组织机构和结构；第三，规定组织结构中的各种职务或职位，明确各自的责任，并授予相应的权力；第四，制定规章制度，建立和健全组织结构中纵横各方面的相互关系。 组织管理，应该使人们明确组织中有些什么工作，谁去做什么，工作者承担什么责任，具有什么权力，与组织结构中上下左右的关系如何。

只有这样，才能避免由于职责不清造成的执行中的障碍，才能使组织协调地运行，保证组织目标的实现。

(2) 组织管理的特点。第一，组织管理是围绕组织目标来进行的。组织目标是组织存在和发展的基础，组织管理就是为了有效地协调组织内的各种信息和资源，提高组织的工作效率，以期顺利地达到组织目标。第二，组织管理是一个动态的协调过程。既要协调组织内部人与人的关系，又要协调组织内部人与物的关系。第三，组织管理是一种有意识、有计划的自觉活动。

(二) 组织管理理论的发展

组织管理理论产生于 19 世纪末 20 世纪初，至今经历了四个发展阶段。

1. 古典管理理论

形成于 19 世纪末 20 世纪初。其代表人物有美国的 F.W.泰勒、法国的 H.法约尔和德国的 M.韦伯等人。这一阶段的前期，泰勒等重点探讨了组织内的企业管理理论。后期，以韦伯为代表的管理理论重点探讨了组织内部的行政管理。这一阶段的理论基础是“经济人”理论，他们认为人们工作是为了追求最大的经济利益以满足自己的基本需求。为了满足人们工作的经济利益，他们提出科学管理方法以追求组织的生产效率和合理化，因此要建立一套标准化的原则来指导和控制组织及成员的活动。

2. 行为科学管理理论

产生于 20 世纪 20 年代初，其代表人物有美国的 G.E.梅奥、F.赫茨伯格等。他们认为人是有多种需要的“社会人”，满足人的多种需要，在组织内建立良好的人际关系是提高组织效率的根本手段。这一阶段的理论重点研究了组织中的非正式组织，人际关系、人的个性和需要等。

3. 现代组织管理理论

产生于 20 世纪中叶，学派甚多，主要有以美国 C.I.巴纳德为代表的社会系统论、以 H.A.西蒙为代表的决策理论、以 F.E.卡斯特为代表的系统与权变理论和以 E.S.巴法为代表的管理科学理论等。这一阶段理论的特点是吸收了古典组织管理理论和行为科学管理理论的精华，并且在现代系统论的影响下有了新的发展。他们把组织看成一个系统，要实现组织目标和提高组织效率取决于组织系统内各子系统及各部门之间的有机联系。

4. C 管理模式理论

所谓 C 管理模式，就是构建一个以人为核心，形神兼备、遵循宇宙和自然组织普遍法则，能够不断修正、自我调节、随机应变的智慧型组织，并将中国人文国学(为人处世之道)与西方现代管理学(做事高效高量之法)相互融合，进行企业人性化管理的一种新型企业组织管理运营模式。这种以人为运营核心的、具有更大的能动性和更强的应变能力的企业组织，简称为“智慧型组织”，由于它是继金字塔形机械式组织(A 管理模式)、学习型扁平式组织(B 管理模式)之后出现的第三种组织模式，并且是在西方先进的现代管理学的基础上，融入了中国国学之大智慧的组织类型，因而取“CHINA”的第一个字母“C”，为这个智慧型组织命名为“企业 C 管理模式”。“以人为核心”是构建智慧性组织的基本，是 C 管理模式的关键。“以人为本”运营智慧性组织，是 C 管理模式的原则。“道法自然”，遵循自然组织的普遍规律和基本法则，是 C 管理模式的特征。

(三) 组织的结构类型

1. 直线型组织结构

直线型组织结构(图 4-1)又称垂直式或军队式结构，它是指组织没有职能机构，从最高管理层到最基层实行直线垂直领导，是最早、最简单的一种组织结构形式。

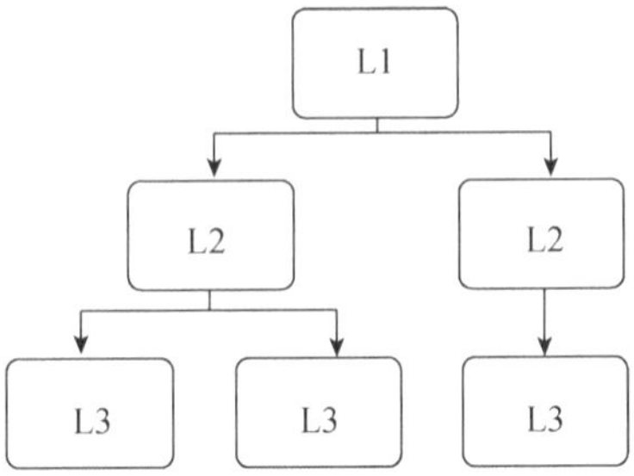

L——直线指挥人员

图 4-1 直线型组织结构图

特点：不设职能结构，由直线指挥人员全权负责。

优点：沟通迅速，统一指挥，垂直领导，责任明确。

缺点：对最高领导要求高，管理者负担过重。

适用范围：小型企业组织，技术、产品单一。

2. 职能型组织结构

职能型组织结构(图 4-2)是指在组织内设置若干职能部门，并都有权在各自业务范围内向下级下达命令，也就是各基层组织都接受各职能部门的领导，又称为多线型组织机构，它是采用按职能分工实行专业化的管理办法来代替直线型的全能管理者。

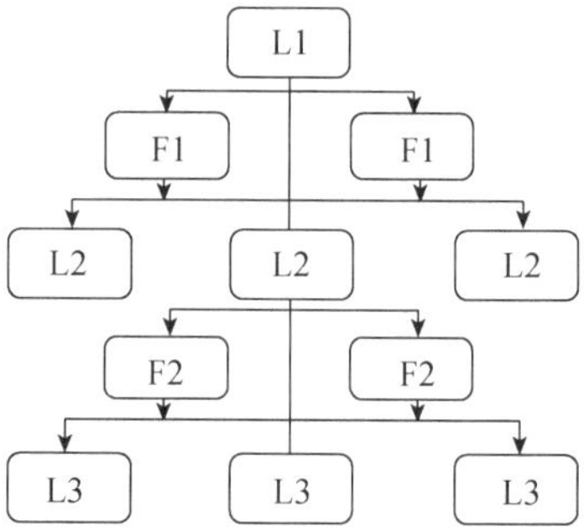

F——职能机构　　L——直线机构

图 4-2　职能型组织结构图

特点：设立职能机构，而且职能机构有指挥权。

优点：适应组织规模扩大，管理复杂的要求，形成了独立的管理层，有利于专业管理职能的充分发挥。

缺点：多头领导，管理层与职能层协调困难，破坏统一指挥原则。

适用范围：大型企业，多品种生产。

3. 直线–职能型组织结构

直线–职能型组织结构(图 4-3)建立在直线型和职能型基础上，是指在组织内部，既设置纵向的直线指挥系统，又设置横向的职能管理系统，以直线指挥系统为主体建立的两维的管理组织。

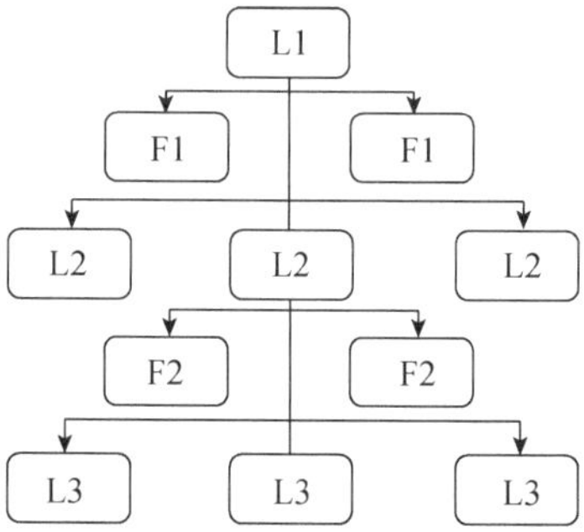

图 4-3　直线–职能型组织结构图

特点：设立职能机构，但职能机构无指挥权。

优点：保留了职能层，克服了职能制多头领导的缺陷，既保证组织的统一指挥，又加强了专业化管理。

缺点：职能层与管理层协调有难度。

适用范围：大、中型企业，目前绝大多数组织均采用这种组织模式。

4. 事业部制组织结构

事业部制组织结构(图 4-4)是在直线职能制框架的基础上，设置独立核算，自主经营的事业部，在总公司领导下，统一政策，分散经营，是一种分权化体制。它主要按产品、项目或地域划分事业部。

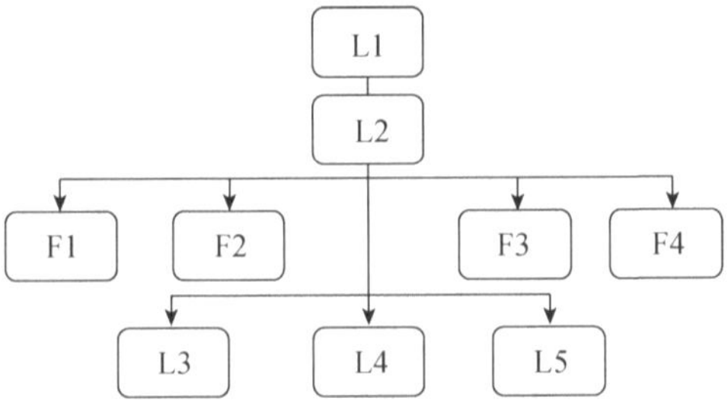

图 4-4　事业部制组织结构图

特点：集中决策，分散经营。

优点：便于组织专业化生产，有利于发挥事业部的积极主动性，更好地适应市场，有利于组织高层领导摆脱日常事务，集中思考战略问题，有利于培养高级管理人才。

缺点：指挥不灵，机构重叠，管理效率较差，存在分权带来的不足，事业部易滋长本位主义倾向。

适用范围：规模较大，且经营领域分散的企业集团。

5. 矩阵型组织结构

矩阵型组织结构(图 4-5)是由纵横两套系统组合而成的矩形组织结构，一套是按职能划分的纵向指挥系统，另一套是按项目组成划分的横向系统。

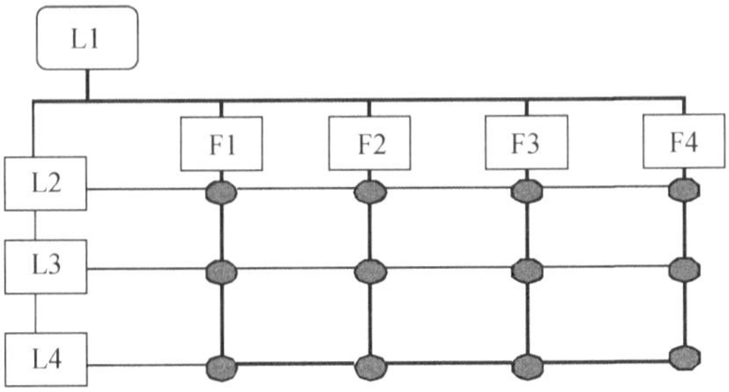

图 4-5　矩阵制组织结构图

特点：双重机构，双重领导。

优点：纵横结合，有利于配合，有利于各部门之间的沟通，人员组合富有弹性，组织结构有利于任务的完成，有较好的适应性。

缺点：双重结构易产生责任不清，破坏命令统一原则。

适用范围：需要集中各方面专业人员完成的工作项目，主要适用于突击性、临时性任务。

6. 新型组织结构形式

(1) 三叶草型组织。三叶草型组织是由英国的管理作家查尔斯·汉迪提出的。他用三叶草的三片叶子比喻现代企业所应具备的组织结构形式。这是一种以基本管理人员和员工为核心、以外部合同工人和兼职工人为补充的组织结构形式。

(2) 扁平化组织。扁平化组织的出现是近一二十年来西方经济发达国家大型企业为了降低生产经营成本，致力于组织结构缩编的结果。这种组织结构有更少的中间管理层和更宽的控制幅度，采用自我管理小组或团队，团队能够被分布在不同的地方，授权熟练员工管理他们自己的工作并承担责任，员工可获得任何信息，且大多是知识工人，拥有计算机化的知识、决策支持系统、专家系统和有力的工具。为了废除滋生官僚主义的等级制度，赋予一线管理人员更多参与决策的权力，从而提高管理效率，很多企业在这些年中，围绕着削减“肥胖”的中间管理层数量、创建“精瘦”的管理结构进行了一系列结构性调整。

(3) 网络型组织。所谓网络型组织，就是一种以项目为中心，通过与其他组织建立研发、生产制造、营销等业务合同网，有效发挥核心业务专长的协作型组织结构形式。优点在于有更大的灵活性和应变能力，缺点是不利于控制和技术保密。

(四) 组织结构设计

1. 组织结构设计的内容

组织结构设计不仅仅是描绘一张正式的企业组织结构图表，或根据企业的人员配备和职能管理需要增设或减少几个职能部门。它的目的是帮助企业围绕其核心业务建立强有力的组织管理体系。这种组织管理体系是企业核心能力的一个重要组成部分。

组织结构设计是指为了有效地实现组织目的而形成工作分工与协作关系的策划和安排过程，即用以帮助达到组织目的的有关角色、职务、权力、责任、流程、信息沟通、利益等的正式安排。

组织结构设计的主要任务是在分析确立企业的基本目标和宗旨的基础上，明确企业的基本战略和核心能力，设计公司的组织架构，明确部门使命与职责、岗位设置和职责及人员编制，建立清晰的权力体系，明确组织决策和冲突解决的规则或制度，建立各部门、各关键责任人的考核与激励机制，梳理公司基本业务流程和管理流程，并建立公司的内部协调和控制体系。

2. 组织结构设计的重要性

搞好组织结构设计与组织再造工作，意义非同一般。“三个和尚没水喝”的典故已是众所周知，类似“三个臭皮匠，胜过诸葛亮”的故事也时有耳闻，其实这就是组织结构设计的效果。从现代管理研究的最新成果看，决定一个企业是否优秀，能否长寿，不是看企业的领导人多么伟大，最重要的是看企业的组织结构是否能让平凡的员工通过不平凡的努力，创造伟大的业绩；更不会让优秀的员工仅仅做出平凡的业绩。那么，是什么导致了这两种截然不同的组合效果呢？或者说，为什么“整体可能大于各部分总和”，也可能相反呢？其根本原因就在于组织结构不同，要素组合在一起的方式不同，从而造成了要素间配合或协同关系的差异。

组织结构设计得好，可以形成整体力量的汇聚和放大效应。否则，就容易出现“一盘散沙”，甚至造成力量相互抵消的“窝里斗”局面，也许正是基于这种效果，人们常将“组织”誉为与人、财、物三大生产要素并重的“第四大要素”，也正是在这一意义上，美国钢铁大王卡内基这样说道：“将我所有的工厂、设备、市场、资金夺去，但只要公司的人还在，组织还在，那么，四年之后我仍会是个钢铁大王。”由此，不难看出组织及组织工作的重要性。

3. 组织结构设计的原则

(1) 系统性原则。

(2) 目标一致性原则。

(3) 精干高效原则。

(4) 专业分工与协作原则。

(5) 统一指挥原则。

(6) 合理管理幅度原则。

(7) 集权与分权相结合的原则。

(8) 职、责、权三等价原则。

(9) 基于流程的原则。

(10) 稳定与适合相结合原则。

(11) 执行与监督分设原则。

4. 组织设计的权变因素

在现实生活中，组织结构是千姿百态的，普遍适用的唯一、最好的组织结构是不存在的。管理者必须根据所面临的特定情况，选用一种最适合于本组织的结构设计方案。“以条件而变”、“随机制宜”、“量体裁衣”，这是指导组织设计工作的一条基本原则。现代管理学者提出的权变理论，就是强调不同的企业以及同一企业在不同发展阶段上，都应当根据特定的具体条件来选择和设计相适应的组织结构。影响组织模式选择的主要权变因素包括环境、战略、技术、人员素质、规模等。

(五) 组织变革和组织文化

1. 组织变革

组织变革是指人员、结构或技术方面的任何改变。变革是一个组织的真实写照。变革管理是每一个管理者工作中不可分割的部分，使管理者的工作变得复杂。

组织变革的动力，指的就是发动、赞成和支持变革并努力去实施变革的驱动力。总的来说，组织变革动力来源于人们对变革的必要性及变革所能带来好处的认识。其中，外部动力包括市场、政府法律和条例、技术、劳动力市场和经济。内部动力包括战略、劳动力队伍、新设备和员工的态度。

管理者作为变革推动者，作为催化剂并承担变革过程管理责任的人，变得更深思熟虑，也可能更加小心谨慎。外部咨询人员，可能给企业带来更大范围的更急剧的变革。

组织变革的阻力，则是指人们反对变革、阻挠变革甚至对抗变革的制约力。这种制约组织变革的力量可能来源于个体、群体，也可能来自组织本身甚至外部环境。组织变革阻力的存在，意味着组织变革不可能一帆风顺，这就给变革管理者提出了更严峻的变革管理的任务(图 4-6)。

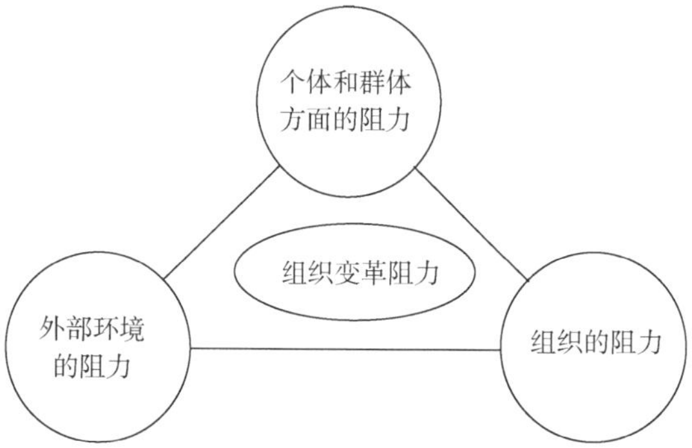

图 4-6　组织变革阻力的主要来源

(1) 个体和群体方面的阻力。个体对待组织变革的阻力，主要是因为其固有的工作和行为习惯难以改变、就业安全需要、经济收入变化、对未知状态的恐惧以及对变革的认知存有偏差等。群体对变革的阻力，可能来自于群体规范的束缚，群体中原有的人际关系可能因变革而受到改变和破坏，群体领导人物与组织变革发动者之间的恩怨、摩擦和利益冲突，以及组织利益相关群体对变革可能不符合组织或该团体自身的最佳利益的顾虑等。

(2) 组织的阻力。来自组织层次的对组织变革的阻力，包括现行组织结构的束缚、组织运行的惯性、变革对现有责权利关系和资源分配格局所造成的破坏和威胁，以及追求稳定、安逸和确定性甚于革新和变化的保守型组织文化等，这些都是可能影响和制约组织变革的因素。此外，对任何组织系统来说，其内部各部门之间以及系统与外部之间都存在着强弱程度不等的相互依赖和相互牵制的关系，这种联系是组织作为系统所固有的特征。

(3) 外部环境的阻力。组织的外部环境条件也往往是形成组织变革力量的一个不可忽视的来源。比如，与充分竞争的产品市场会推动组织变革相对比，缺乏竞争性的市场往往造成组织成员的安逸心态，束缚组织变革的进程；对经理人员经营企业之业绩的考评重视不足或者考评方式不正确，会导致组织变革压力和驱动力的弱化，这些都是重要的影响企业组织变革成败的力量。

2. 组织变革管理

组织变革过程是一个破旧立新的过程，自然会面临推动力与制约力相互交错和混合的状态。组织变革管理者的任务，就是要采取措施改变这两种力量的对比，促进变革的顺利进行。概括地说，改变组织变革力量及其对比的策略有三类：一是增强或增加驱动力；二是减少或减弱阻力；三是同时增强动力与减少阻力。有实践表明，在不消除阻力的情况下增强驱动力，可能加剧组织中的紧张状态，从而无形中增强对变革的阻力；在增加驱动力的同时采取措施消除阻力，会更有利于加快变革的进程。

1) 抵制变革的原因

原因包括：使已知的东西变成模糊不清和不确定的；威胁到在现状中已做出的投资；顾虑变革并不符合组织的目标和利益。

2) 减少阻力的技术

教育与沟通：与员工们沟通，帮助他们了解变革的缘由；通过个别会谈、备忘录、小组讨论或报告会等方法教育员工；这种策略适合在变革阻力来源于不良的沟通或误解时使用；要求劳资双方相互信任和相互信赖。

参与：吸收持反对意见者参与决策；假定参与者能以其专长为决策做出有益的贡献；参与能降低阻力、取得支持，同时提高变革决策的质量。

促进与支持：提供一系列支持性措施，如员工心理咨询和治疗、新技能培训以及短期的付薪休假等；需要时间，花费也较大。

谈判：以某种有价值的东西来换取阻力的减少；在阻力来自少数有影响力的人物时是必要的措施；潜在的高成本，并可能面临其他变革反对者的勒索。

操纵与合作：操纵是将努力转换到施加影响上，如有意扭曲某些事实，隐瞒具有破坏性的消息，制造不真实的谣言；合作是介于操纵和参与之间的一种形式；使用成本较低，也便于争取反对者的支持；要是欺骗或利用的意图被察觉，易适得其反。

强制：直接使用威胁或强制手段；取得支持的花费低，也较容易；可能是不合法的，即便是合法的强制也容易被看成是一种暴力。

3) 组织变革过程的两种不同观点

第一种是风平浪静观。如卢因的三步骤模型，如图 4-7 所示。

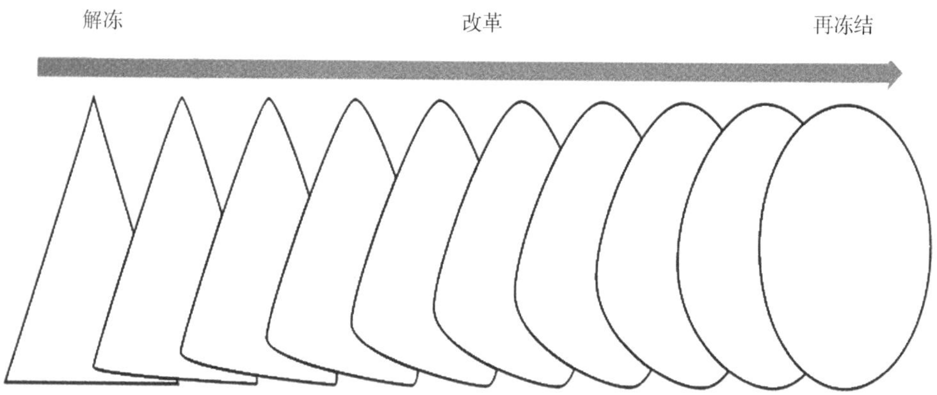

图 4-7　卢因的三步骤模型

第一步，解冻。由于任何一项组织变革都或多或少或会面临来自组织自身及其成员的一定程度的抵制力，因此，组织变革过程需要有一个解冻阶段作为实施变革的前奏。解冻阶段的主要任务是发现组织变革的动力，营造危机感，塑造出改革乃是大势所趋的气氛，并在采取措施克服变革阻力的同时具体描绘组织变革的蓝图，明确组织变革的目标和方向，以形成待实施的比较完善的组织变革方案。

第二步，改革。改革或变动阶段的任务就是按照所拟订变革方案的要求开展具体的组织变革运动或行动，以使组织从现有结构模式向目标模式转变。这是变革的实质性阶段，通常可以分为试验与推广两个步骤。

第三步，再冻结。现实中经常出现，组织变革行动发生之后，个人和组织都有一种退回到原有习惯了的行为方式中的倾向。为了避免出现这种情况，变革的管理者就必须采取措施保证新的行为方式和组织形态能够不断地得到强化和巩固。

第二种是急流险滩观。它更适合不确定与动态的环境，与日益由信息、思想和知识主导的新时代的动态环境相适应，管理者必须在不断的急流中保持机智，管理者面临着持续的变化。今天，管理者必须做好有效且有力的变革管理的准备，因为他们的组织与工作领域面临着变革。

4) 组织变革的三种类型

组织变革的三种类型是结构变革、技术变革、人员变革，如图 4-8 所示。

结构变革	工作专业化、部门化、指挥链、管理跨度、集权化、正规化、工作再设计及整体的结构设计
技术变革	工作过程、方法和设备
人员变革	态度、期望、认知和行为

图 4-8 组织变革的三种类型

5) 组织变革管理中的新问题

持续的质量改进、流程再造、处理员工压力。

持续的质量改进：持续质量改进活动的目的就是使各个员工不断地寻找改进他们现有工作方式的办法。

流程再造：流程再造就是使组织开展工作的方式产生激烈的、急剧的变革的一种方法。

处理员工压力：动态的、不确定的环境充斥着兼并、重组、流程再造、强制退休和大规模裁员等各种浪潮，导致许多员工不仅工作过度劳累，而且还承受过度的压力，必须妥善处理。

3. 组织文化

组织文化是一个组织成员共有的价值和信念体系，这一体系在很大程度上决定了组织成员的行为方式。

(1) 组织文化的维度。详细见图 4-9。

(2) 强文化和弱文化。在强文化中，基本价值观被强烈拥有并广泛共享；强文化比弱文化对雇员的影响更大；强文化组织中的雇员对组织的承诺更多一些；强文化与组织绩效是紧密关联的；大部分组织已向强文化转变。

(3) 文化的来源。组织创始人的愿景或使命、故事、仪式、有形信条、语言等。

(4) 文化对管理者的影响。建立适当的管理行为；制约涉及所有管理职能的决

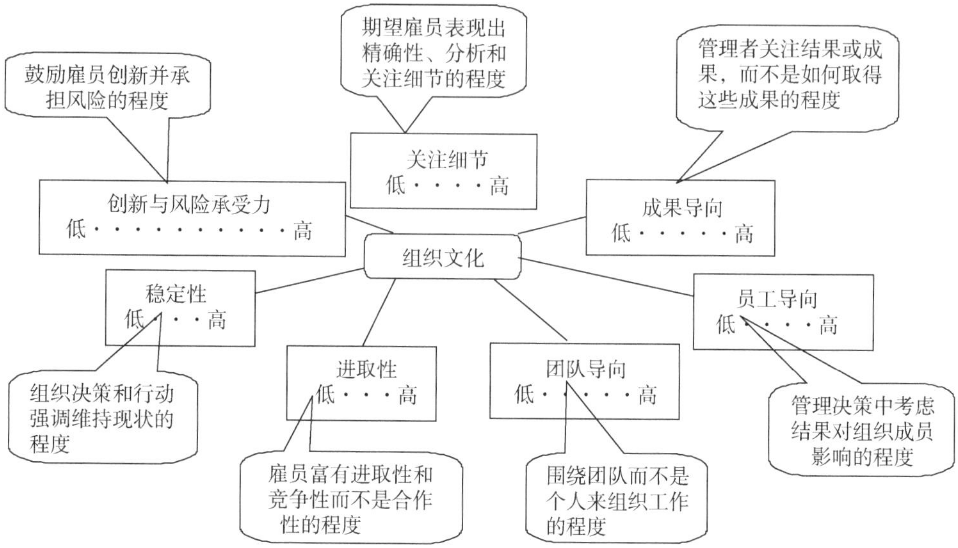

图 4-9　组织文化的维度

策选择、计划、组织、领导和控制。

(5) 组织文化变革。组织文化阻碍变革是因为它是由相对稳定和持久的因素构成的；强文化会成为变革的一种特别的阻力。组织文化变革的途径有进行组织文化分析，确定需要变革的文化因素；向员工们明确说明，如果不马上推行变革，组织的生存就会受到致命的威胁；任命具有新观念的新领导；发动一次组织重组；引入新故事来传播新观念；改变人员甄选和社会化过程及绩效评估和奖酬制度。

二、企业组织管理咨询与诊断概论

(一) 组织管理咨询与诊断的内容和体系

1. 组织管理咨询与诊断的内容

组织管理咨询，是通过对企业经营战略目标和客观环境、企业实力的分析，研究企业经营管理组织机构的合理性，为适应企业经营战略的需要，改善组织机构的设置和运行，充分发挥企业管理组织职能作用，包括管理体制咨询、组织结构咨询和组织运行规则咨询。

1) 管理体制

管理体制是指企业组织结构的设置和职责与权限划分的规定。企业组织结构一般分为四个层次：资产所有者(股东、董事会)；经营管理者(总经理、副总经理)；中层执行者(中层领导、参谋与业务部门)；作业者(员工)，需要作出明确而恰当的原则规定。企业采用不同的管理机制，将决定建立什么样的组织机构和运行规程。企业管理体制包括事业管理体制、财务管理体制和人事管理体制。

事业是企业直接或间接为社会提供的产品或劳务。事业管理体制是对提供产品、劳务的各业务单位进行恰当地组合，赋予相应的责任和权限的规定。不同生产类型的企业、不同的发展规模、不同的业务内容、不同管理人员的素质、不同的管理手段，事业管理体制将有所不同。财务管理体制是对资金、利益处理的责任和权限的规定。例如，企业对内、对外投资决定的规定，资金额度的批准权限等；利益分配和留利处理的规定；年度收支预算计划审批的规定等。人事管理体制是对各级人员的人事管理责任与权限划分的规定。例如，企业内部纵向不同层次存在领导和被领导的关系；横向存在参谋和执行之间的关系与协调关系；各部门、各级人员的人员聘用、任命、解聘、奖惩等权限的界定与规定等。

2) 管理组织机构

企业目标的完成，需要按照管理体制的要求，合理分工，需要形成不同的部门和岗位，分别承担为完成企业总体目标所分配的责任、义务与相互关系、组织机构、隶属关系、部门职责、岗位设置等。

3) 管理组织运行规则

管理组织有效运行必须有规则，就像游戏有游戏规则一样。运行规则是管理体制和组织机构确定之后，所形成的正式的管理文件，包括法人治理结构、管理体制的规定、部门和岗位职责的规定等。

2. 组织管理咨询与诊断体系

(1) 企业管理体制咨询：管理体制现状调查和分析；企业内部状况调查；企业外部环境调查；业务和管理工作内容筛选；管理体制的选择和描述。

(2) 企业管理组织结构咨询：业务和管理工作的详细调查；业务和管理工作内容和基本工作量的调查与确定；法人治理结构；部门设置；岗位设置和岗位功能描述。

(3) 企业管理组织运行规则咨询：企业组织运行规则详细调查；股东会、董事会、监事会、经营层职责与权限规定、议事规则等；部门和岗位权限规定；业务决定权限规定；财务管理权限规定；人事管理权限规定等。

(二) 组织管理咨询与诊断的课题

1. 企业职能结构的咨询

职能是对实现企业结构战略任务与目标所必须开展的一系列业务活动的归纳概

括。职能是引起机构设置的原因，因此职能分析与设计是企业组织咨询和诊断的第一步工作。按职能的归属关系划分有基本职能和派生职能。基本职能是以企业生产经营过程的某一阶段(如人们常说的供、产、销)或某一要素(如人们常说的人、财、物、信息)为对象，能够相对独立、自成系统的职能，亦可称为一级职能。派生职能是从基本职能中分离出来并从属于它的一种职能，也称二级职能。关键职能是对实现企业战略任务起关键作用的职能。

2. 企业纵向组织结构的咨询

企业纵向组织结构是企业组织纵向分工的表现形式，主要包括企业组织层次的设置以及企业高层同中下层之间的集权和分权关系。这方面的咨询要通过具体的定量分析来考察企业的层次划分是否合理。以集权和分权为中心，全面规定企业纵向各层次的责权利关系，这就形成了企业内部管理体制，亦称为组织体制。

3. 企业横向组织结构的咨询

企业横向组织结构是企业组织横向分工的表现形式，主要包括部门划分和职权配置等内容。咨询和诊断的重点是分析应采取何种部门化方式，以及如何将各项管理业务合理地组合到各部门中去。

4. 组织管理规范的咨询

企业管理规范是企业管理中各种条件、章程、标准、办法、守则等的总称，是以文字图表等正式文件形式规定的管理活动内容、程序、方法和要求，是全体职工的行为准则。咨询和诊断的工作主要是建立健全各项管理规范，重点是使管理业务流程标准、管理工作标准和管理方法标准科学化、合理化。健全的企业管理规范包括管理制度和管理标准两方面。

5. 企业组织变革的咨询

一般来说，引起企业管理变革的因素有：企业经营环境的改变；企业本身成长的需要；企业内部条件的变化。企业组织变革咨询首先通过组织诊断，对组织现状做出分析，判断是否需要及时变革。当确认了变革的必要性后，要进一步拟定组织设计的新方案和实施方案。

(三) 组织咨询与诊断的特点和重要性

1. 企业组织咨询与诊断的特点

企业组织咨询和诊断同企业战略密切相关，涉及企业全体员工，而组织结构调整与变革还要考虑人们的切身利益和心理承受能力，所以，这是一项比较复杂的咨询工作，具有全局性、系统性和策略性等特点。全局性是指企业组织咨询与诊断所解决的问题带有全局性，而不是某一方面的局部问题。系统性是指企业组织咨询与诊断分析问题和解决问题的方法具有系统性，咨询全过程，都离不开系统思维、系统分析和系统优化等系统论方法。策略性是指企业组织咨询与诊断不仅要符合组织设计与变革的科学原理，还要充分考虑企业的现实条件，特别是人员素质状况和心理承受能力等人的因素，讲究现实的可能性，采取必要的折中和过渡性的步骤，通过缩小变革阻力达到组织结构优化的目的。

2. 企业组织管理咨询与诊断的重要性

通过企业组织的咨询与诊断，可以健全企业管理职能、调整企业组织结构、改善企业组织运行状态，从而建立精干高效的管理组织，为贯彻实施企业战略、为高质量、高效率地做好各项管理业务提供可靠的组织保障。

第二节　企业组织管理咨询与诊断的方法

一、职能分析的方法

(一) 基本职能设计和调整的方法

这种方法就是企业基本职能与影响因素相关分析法，通过相关分析，对基本职能提出增加、强化、取消和弱化等不同建议。

(1) 按行业特点进行设计和调整。按行业特点进行设计和调整，主要指是否有必要增加新的基本功能；是否有必要细化某些基本功能；是否有必要简化某些基本职能；是否有必要强化某些基本功能。

(2) 按企业技术特点进行设计和调整。技术水平的提高将引起某些基本职能的增加和细化。所需时间和周期过长，与高速度、高效率运转的生产技术系统不适应。技术实力的强弱将对某些基本职能提出不同的要求。

(3) 按外部环境特点进行设计和调整。分析企业在外部环境作用下，是否应该增加有关加强对外联系的基本职能；分析各项基本职能从事哪些业务活动内容，才能加强企业与外部环境各影响因素之间的联系和协调。

(4) 按其他影响因素进行设计和调整。其他影响因素包括企业规模、企业组织形式等。

(二) 关键职能设计和调整的方法

一项职能能否成为关键职能，由企业经营战略决定，包括：以质量管理为关键职能的组织结构；以技术开发管理为关键职能的组织结构；以市场营销管理为关键职能的组织结构；以生产管理为关键职能的组织结构。

二、集权与分权设计的方法

这是进行企业纵向组织结构咨询的主要方法。操作时，要分析影响集权与分权程度的主要因素，进而选择适合企业具体条件的管理体制模式。

(一) 分析影响集权与分权程度的主要因素

这些因素主要包括产品结构及生产技术特点、环境条件及经营战略、企业规模与组织形式、企业管理水平和干部条件。

(二) 选择适合企业具体条件的管理体制模式

1. 集权的职能制结构

集权的职能制结构，简称 U 形结构(unity form)，亦称直线–职能制度结构。按照生产、销售、开发等职能来划分部门和设置机构。其特征有：实行直线–参谋制；企业管理权力高度集中；成本费用中心，公司总部才是投资中心和利润中心；企业的二级结构按职能实行专业分工；适用于中小型的、产品品种比较单一、生产技术发展变化较慢、外部环境比较稳定的企业。

2. 分权的事业部制结构

分权的事业部结构，简称 M 形结构(multidivisional form)，亦称联邦分权制。其特征有：二级结构按所经营的事业划分部门；实行分权化管理；事业部是一个利润责任中心；适用于品种多样化、各有独立的市场、市场环境变换较大的企业。

3. 子公司制分权型

子公司制分权型结构，简称 H 形结构(holding company form)，不是行政上的隶属关系，而是资产上的联结关系。其特征有：母公司与子公司不是行政上的隶属关系，而是资产上的联结关系；子公司与事业部不同，是在法律上具有法人地位的独立企业；适用于跨行业多种经营的大型集团公司。

三、部门化方式和业务活动组织组合分析的方法

这是进行企业横向组织结构咨询的主要方法。选择确定适合企业具体条件部门化方式，就从总体上解决了企业部门设计的框架，特别是容易产生分歧的那些业务活动的归属问题。

(一) 部门划分方式的类型

按照不同的分类标准，有按职能、产品、地区、顾客、销售渠道和项目来划分部门，以及按项目与按职能划分部门相结合的划分方式。

(二) 业务活动组合的分析方法

1. 贡献分析法

美国管理学家德鲁克认为，如果按贡献区分，企业的各种活动一般可分为以下四大类：提供成果的活动；支援性活动；后勤服务活动；高层管理活动。

2. 关系分析法

可以把按技能和关系紧密性的两种业务活动归类结合运用，其基本原则有：要使影响该业务活动的各种关系的数目尽可能地少；该项业务活动的每一项关系都能发挥积极作用，使之能够取得更大的成功与贡献。总之，关系分析是贯彻专业分工与协作原则的一种具体方法。

3. 工作负荷分析法

对每一部门的工作负荷不足的部门，不应增加适宜的人员过多，宁可抽出去组织学习，也不要在科室里凑合。

第三节 企业组织管理咨询和诊断工作的运作

一、了解企业组织状况

组织咨询与诊断既然是对整个组织进行的，所以首先要对组织概况进行调查。

1. 现行组织机构图的调查

这是对全体构成人员的图表进行调查。调查对象包括经营者、从业人员的组织机构图。例如，现行机构图、旧机构图、组织机构图、建立组织的特点等。在调查过程中，要画出现在的职能组织图，按照组织图通过访问调查法听取对机构的意见。

2. 职务状况调查

调查的对象是对各个经营层、各部门或同级各职务是否都明确地规定了权责范围。进行调查时，要针对以下项目展开。

(1) 各职务人员是否能清楚地理解他在整个组织中所起的作用，以及与组织的关系。

(2) 是否能准确客观地对各职务人员的能力、业绩进行考评。

(3) 是否有考评各职务人员的指标依据。

3. 职权控制调查

调查的对象是从整个企业出发，对组织中各业务活动方式进行控制调查。这种控制调查要对某些业务活动进行控制的各单位的职能、职责和关系进行了解。同时，还要了解各经营层权限的来源和限度，以及在评价其成果时采用的方法。

4. 组织规定及分工规定的调查

调查对象是对董事会、全面经营层、部门经营层、现场管理层及其他主要职务所规定的性质的种类。制订和贯彻这些规定，是为了密切配合经营负责人的参谋部门的工作。因此，对制订这些规定的部门进行调查也是非常重要的。在调查过程中，一定要将调查深入到同一组织过程的最下层。

5. 公司业务程序的调查

调查对象是有关职务分析、管理规定、业务程序规定、董事会制度、常务会制度、预算控制制度、传阅审批制度、授权手续规定、企业内部规定、内部报告制度、组织监察规定等方面的程序。

6. 组织机构的调查

关于执行业务部门的调查，要调查最高经营管理层的组织，特别是要调查董事会制度的责任和权限。此外，关于支持业务部门的调查，则以参谋组织、委员会制度为调查对象。对科室设立方针的调查方法，其对象为各功能组织、各种产品组织、各区域市场组织的种类和设立原因。调查所使用的基本方法包括以下几个方面：

(1) 分发组织状况调查表，由企业各级经营人员填写。

(2) 与各级经营者、职员进行个别谈话。

(3) 阅读职位说明书。

(4) 查阅企业组织图。

(5) 查阅企业系统图。

(6) 查阅职员考核表。

(7) 阅读企业会议记录。

二、确定组织问题，分析发生原因

了解组织现状的目的，是为了发现问题，并分析产生问题的原因，寻找解决问题的途径。在日常生活中，医生诊断疾病，首先要确定一个健康人的标准，其次再检查病人哪些部位不合既定的标准，分析造成这种毛病的原因是什么？医生的处方也是为了使病人恢复到健康人的水平。这里就有现状、标准和差距的概念，三者之间的关系是：差距=标准−现状。根据这一公式，用组织的现状同组织理论进行比较，同诊断人员根据企业任务所设想出的“标准组织”进行比较，从而确定企业组织在哪些方面存在问题。找出存在问题后，就要分析产生问题的原因。在确定问题和分析原因时，可以按下列方面进行。

(1) 任务分析。任务分析，即对企业任务的分解过程和分解的结果进行逻辑分析，对企业任务分解的合理性做出判断。如果企业任务的分解是不合理的，那么，依此建立起来的组织机构也就不可能是合理的。如果企业任务的分解基本合理，那么，就要研究企业的组织机构和职位是否与任务相适应，有无负荷过重或过轻的部门和职位。

(2) 权力分析。权力分析，即对企业内部各级各部门的主要管理者的决策权力进行分析判断，也就是对整个企业组织权力分配情况进行分析，看各个管理者是否拥有同他所承担的任务、所需做出决策相适应的权力。就整个企业而言，是否有权力过分集中或过分分散的问题；就经营者个人而言，是否存在权力过大或过小问题。

(3) 关系分析。关系分析，即从企业组织全局的角度对各个局部组织之间的分工、协作关系及协调情况进行分析，对各个管理性职位之间的相互关系进行分析。看有无权力交叉、权力分裂和权力空挡的情况，重点分析企业组织内部权力是否协调。

(4)人力分析。人力分析，即根据企业任务，企业职位标准和企业诊断人员提出的标准，对企业内部所有现职经营者担任现职工作的能力和发展前途进行分析判断。看有无不胜任本职工作的经营者和其能力特点与本职工作不相适应的经营者。同时，也要考虑职位标准是否修改。

经过上述分析后，企业组织存在的问题及产生的原因即可基本清楚。

三、确立组织诊断的标准

在对企业组织进行咨询与诊断时，必须有明确的诊断标准，即理想的组织结构。常用的诊断组织的标准多采用美国管理协会的标准，具体内容如下。

(1) 有效度的测定。有效度是指组织对企业目标的完成程度。它是衡量企业经营成果的尺度，包括利润额、资金利润率、市场占有率等指标。衡量各单项功能的有效度的尺度则由各从业人员人均产量或销售额，或者用从事该项功能的从业人员人均数额与全体从业人员人均数额之比来计算。

(2) 讲求效率。判断效率的标准是着眼于组织中有关个人达到什么目的的程度。例如，对于经营负责人来说，效率标准应该包括：什么是适当的经营组织机构？是否有责权明确的制度？参与制订经营方针的情况如何？是否有提出意见的权利？是否有充分发挥潜力的机会？能否使个人需求得到最大限度的满足？在确立效率标准时，标准的内容因人而异，因不同的组织层次而不同。

(3) 工作划分。一个组织的业务要尽量划分成少数不同的功能，必须明确地做出决定使这些功能分离。基本功能的性质和数量要按它们各自对企业的目标所做出的贡献大小来决定。

(4) 按责权明确功能。为了达到企业组织的目标，必须使功能或职务的内容明确起来。这一点应该按照以下两条规则来确定：明确规定任务；个人的职务应只限于完成单一的指导功能。

(5) 明确指挥系统。这是指从组织中的最高层组织到最基层组织自上而下的指挥系统。所谓权限系统，就是经过系统中的所有接口从最高权限者向基层传达的途径，或者从基层向最高权限者上报的途径。

(6) 明确确定信息沟通的途径。为推动工作而决定最优的接触途径时，组织计划容许各阶层按常识作适当的选择。这种接触途径表现在企业组织机构图上，由组织机构的责权系统表现出来。接触途径是没有什么限制的。当发生离开组织图上的责权系统进行信息沟通的情况时，企业组织中的各级人员都必须向上级报告。一般来说，应该向上级报告的事项包括：对于负有层层上报义务的事项，必须向上报告。一个组织单位内部或其他单位出现意见不一致时，应向上报告。对于需吸取上级意见或需要上级与其他单位协商的事项，应该向上报告。对于因改变既定方针甚至偏离既定方针而需要听取上级意见的事项，应该向上级报告。对于上述事项，必须在组织制度中明确加以规定。

四、提出组织改革方案

改善组织状况是进行诊断的目的，因此，在企业组织问题分析的基础上，提出组织改进方案是组织咨询与诊断中非常重要的一环。企业组织是个多变量的系统，主要由环境、任务、技术、结构、人员等五个方面的因素决定。所以，在进行新的组织方案设计时，应以系统论的思想作指导，综合考虑各方面的因素对企业组织的要求，防止片面性，以提高组织的整体效能。

(一) 组织变革的方向

组织变革的方向包括以下三种。

(1) 人员导向型变革。这是以人们的知识变化而改变人的工作态度、作风和工作的技术方法。因此，必须了解人们的要求，提高人的认识机能，改变人们的工作方法，从而达到改革的目的。

(2) 组织导向型变革。以组织为中心的变革，是在人们改革不足以达到有效的目的时，只有从客观环境加以变动，即通过改变组织结构，强制组织成员更新知识结构，转换观念，才能达到变革组织的目的。组织导向型变革的内容，包括组织层次改革和作业方式改革两个方面。

(3) 系统导向型变革。实际上，所有的组织都是建立在一个彼此联系、互相依存的系统之中。因此，在实际企业组织机构改革中，既不能完全以人为中心作为唯一方向，也不能完全以组织机构为中心作为唯一方向，而应该以人和机构两方面构成的多因素系统为基础。这样，改革才能使机构的集权和分权、职责与权限、管理层次与幅度、程序与空间、分工与协作、集体和个人、方法与标准等各种机能获得最佳效果。

(二) 组织变革的方式

组织变革的方式主要有以下三种。

(1) 全新式：一举打破原来的经营组织结构，完全抛弃旧的经营而建立全新的组织。这种方式风险大，会产生极大的震荡与阻力，代价非常高，一般很少采用。

(2) 改良式：在原有组织的基础上，做小的局部改动，以期逐渐改变、过渡为较完善的组织。这种方式风险小，但改革时间非常长，不能解决经营组织存在的根本性问题。

(3) 计划式：有计划、有步骤地实现经营组织的根本性改变。具体来说，就是对企业经营组织存在的问题统筹考虑，在此基础上制订全面的改革方案。这种方式着眼于全局，步步为营，不急于求成，是比较理想的经营组织改革方案。诊断人员应尽量为企业提供这种类型的经营组织改革方案。

五、改进方案的实施指导

实施经营组织改进方案，一般要经过三个阶段。

(一) 思想准备阶段

这个阶段要进行舆论宣传工作，通过说服教育使企业组织中的人员认识到改进旧组织的必要性，使人们对旧组织中存在的问题形成一致的看法，以减少改进的阻力。在这个阶段中，要广泛发动群众，培养群众的参与意识。

(二) 组织改进阶段

这一阶段要根据既定方案，对原组织进行制度调整、人事调整和机构调整。但是这一阶段面临的问题最多，冲突最激烈，压力也最大。因此，咨询诊断人员要使企业管理者树立三个观念。

(1) 坚定不移的观念。组织改革方案一经确定，就要坚定不移地推行下去，绝不能在阻力或困难面前动摇。

(2) 稳扎稳打的观念。组织改革一定要有计划、有步骤地进行，要谨慎、周密地制定各部分的工作计划，以避免由于疏忽造成不必要的阻力。

(3) 灵活应变的观念。由于企业所面临的环境因素很难预测，改革方案也不可能是一成不变的，在具体实施过程中，要对改革中出现的偏差及时纠正，对意外事件要灵活处理，这样才能处于主动地位。

(三) 巩固强化阶段

由于原有的企业组织行为规范、价值观念等都是在过去长时间形成的，不可能在一朝一夕之间得到根本改变。因此，在组织改革方案实施以后，还应该采取多种方式方法，不断强化新的价值观念、新的行为规范，使新的组织运行机制逐步稳定下来。否则，稍遇挫折仍会反复，组织改革将前功尽弃。

在组织改革方案的实施过程中，最大的困难是如何克服各种抗拒组织改革的阻力。影响组织变革的阻力主要来自于个人和组织两个方面。

(1) 个人对经营组织变革的阻力，其产生的原因主要是：① 在组织变革中，有些人的既得利益会受到损失；② 在平静的工作中，人们已养成了均衡的环境心理。

(2) 组织本身对变革的阻力，主要是由于：① 任何团体都有一定的规范，并对其成员的行为有比较强的约束力，这种约束力使团体保持基本一致的行动；② 原有组织的权力机构、制度规定、办事惯例的影响不易消除；③ 组织变革会使原有的组织内人际关系解体而重新结合。

(3) 在个人阻力和组织阻力发挥作用的情况下，变革取得成功的关键是采取适当措施，将这些阻力的作用压缩在最小限度，以确保变革的顺利进行。在组织变革中，为减少阻力，通常采用以下措施：① 尽量让有关人员参加变革计划的制订，使他们认识到变革方案与自己息息相关，以减少阻力。② 变革方案应力求得到最高领导层的全力支持，不因个别领导层人员的不同意见而影响有关人员，导致阻力加大。③ 使参加变革者认识到受损是暂时的，受益则是长久的。④ 变革取得的微小成绩都要及时大力宣传。⑤组织变革的赞成者与反对者相互交换意见，充分了解反对者的正当理由，并适当加以处理。⑥ 对组织成员进行系统的教育，以适应变革的要求。

第四节　企业组织管理咨询与诊断的成果评价

一、病因和临床表现形式

从管理诊断的角度来讲，一个企业在组织管理方面的病因是非常多的，可能有大的方面比如宏观环境、行业背景、所有制状况等因素，也可能是企业自身内部的微观因素。在这里，我们将主要就我国企业存在的一些病因来进行分析。目前，我国企业组织管理存在的病因和表现形式主要有以下几个方面。

(1) 企业管理组织机构不适应企业发展的需要。目前，我国工业企业已经或正在由生产型管理向经营开拓型管理发展。但是企业管理组织的结构形式没有多大的变化，无论是大型企业还是中小型企业，多数仍然沿袭着传统的直线-职能制的结构形式。直线–职能制虽然是企业管理体制下的生产型管理的企业，或者是实行分权式管理体制的大型公司的下属生产单位的管理组织。也就是说，企业管理组织虽然适应性比较强，但不是适用于任何企业。因此，企业管理组织结构形式，应随着企业内外部条件和经营环境的变化而进行调整。

(2) 企业管理组织机构庞大、重叠、臃肿。在一定的组织结构形式下，企业内部管理部门的设置和管理层次的划分，应有利于提高工作效率，有效地达到企业组织的目标。但是，由于我们过去强调企业管理机构上下对口设置以及不注意从管理组织总体的合理性调整机构，从而管理机构庞大，不仅管理层次多，在管理层内也往往存在着一些多余的部门、多余的管理岗位、多余的人员。这样，必然降低组织的管理效率。

(3) 职能部门的职责不清、相互关系不明。职能部门的职责不清、相互关系不明的问题，在企业中是普遍存在的。产生这种问题的原因，一是有的组织机构设置不合理，不是因事设人，而是因人设事；二是管理岗位的职责权限和生产经营管理制度不健全；三是组织运行中的流程不合理，不能及时地反映和解决管理工作中出现的矛盾。

管理职责不清、相互关系不明，组织中管理部门和管理人员之间就会经常产生摩擦、扯皮，造成有些工作没有人干，而同种工作又多人去作，影响了企业管理工作的效率，也影响了职能部门管理人员作用的发挥。

职责不清，相互关系不明，还不利于对管理人员的培养和考核，致使各种激励手段达不到调动人的积极性的目的。

(4) 对职能管理人员授权不当。授权不当的表现之一，是上层领导授权不够，使职能部门或管理人员没有足够的权力完成本职工作。授权不当的表现之二，是不能根据职、责、权相当的原则有节制的授权，片面推行职权分散化。授权不当的表现之三，是有权无责，即只规定责任，而不授予完成责任所必需的权力。授权不当的表现之四，是多头授权。

(5) 临时性机构多。我国企业的管理组织机构由于多年没有调整和改革，而当形势发展，出现临时任务等外部环境和政策等临时性协调组织机构。委员会有时是必要的，但是过多的委员会等临时性机构的存在却是分裂或授权不明确的结果，实际上是企业管理组织水平不高的表现。

二、医治的药方

在管理诊断中，其实是没有什么包治百病的灵丹妙药，因为每个企业都有具体的情况，所以这就要求诊断人员要对每个不同的企业进行详细的把脉，再开出合适的药方。我们在这里就针对目前比较常见的疾病开出一些比较常用的药方，期待能够对中国的企业起到一定的疗效。

(一) 企业组织应该设置合理的目标

可以说，每一个健康的组织都有一个合理的目标；而那些病态的企业很多都是这样表现的：有些企业在设置组织机构时不大考虑企业的特点和经营目标；有的企业要进行组织机构调整，恨不得马上就要诊断人员画出一张调整后的组织机构图；有的企业甚至赶时髦，生搬硬套地模仿别的企业的组织机构。这样的结果，在决定组织机构时，将会出现公说公有理，婆说婆有理，议而难决；即使决定了，实施起来也很困难。如果把企业的经营状况、事业构成特征、企业发展目标搞清楚，以有效地实现企业经营目标为前提，来设置企业的组织结构，那么上述问题将迎刃而解。

1. 企业的目标应该是可以度量的

企业目标是企业在一个时期里，经过努力最终要达到的期望或者标准。

企业目标不同，其管理组织设置也就会有所不同。例如，某企业年度经营目标仅仅是利润，那么经过分析后得出影响利润的主要原因是外部的协件成本过高，那么组织机构设置上将可能强化外部协件管理。又如，年度计划规定了开发三项新产品和三个区域的市场。那么在组织机构上就要强化产品开发和市场开发两个部门，甚至建立必要的专门机构来完成这项任务，当然对于其他部门有的仍然维持，有的可能减弱。

2. 目标经营应该是可以展开的

在目标的展开过程中，下一个层次目标是上一个层次目标完成的保证措施。因此，企业在设置目标的时候应该特别注意这个问题，设立一个适合自己企业的，可以展开的目标。目标展开的层次关系是设置或者调整管理组织机构的基本依据之一。上一个层次的措施即为下一个层次的目标，也即为相应的职责。显然这边的职责不是指做什么，而是要求工作完成后希望达到的结果。这和目前许多企业中部门或者岗位职责仅仅规定做什么有本质的区别。目标是对上一级对下一级的要求，下一层目标是由上一层领导决定的，而不是上下之间讨价还价决定的。有的企业内部存在这种讨价还价现象，特别是目标高低直接和领导者利益紧密挂钩的时候就更为突出。

(二) 组织的确定应建立在充分了解工作内容的基础上

可以说，业务和管理工作的内容越少，组织机构就可以越简练。这里所说的“工作内容”是企业为了实现其目标，必须要做的事情。工作内容越多，组织机构就越庞大；工作内容越少，组织机构就可以越精练。在计划经济时期，企业不论大小，均要搞“大而全”、“小而全”，所以组织机构十分庞大。市场经济条件下，企业为了提高劳动生产率，仅仅做本企业必须要做的工作，纷纷将一部分后勤服务性工作内容从经营系统剥离出来使之社会化；有的把设备维修、动力供应，甚至许多非关键的部品制造也都转由其他企业为其服务；有的企业甚至把质量检测、财务管理、计算机辅助信息系统都由社会专门的服务机构来提供服务。所以不同的企业或者同一个企业在不同的历史时期，尽管所要实现的工作目标相同，但所要做的内容可能不同，因而其组织机构的设置也不一定相同。

(三) 正确处理管理职能中的指挥与参谋的关系

1. 管理者必须行使直线指挥权限

管理者不能放弃管理中的直接决定和指挥权限，否则将给组织系统带来混乱。产生放弃直接决定和指挥权限的原因，既有管理者的认识和不恰当地授权问题，也有管理者自身能力不足或外部条件使其不能充分行使管理权限的问题。管理者对参谋部门(或人员)同样要进行管理，要布置任务，听取汇报，检查工作，要安排计划，不能放任自流。

2. 管理者应充分发挥参谋机构或参谋人员的作用

管理者不能发挥参谋机构作用的现象，在不少企业都不同程度地存在，应当重视并解决。例如，有的企业设置了不少参谋部门(或人员)，但是领导者整天自己忙得团团转，而参谋人员事情却很少；有的企业管理者对参谋部门加工提供的生产经营状况的信息和当前经营中需要急迫解决问题的方案不闻不问；有的企业参谋人员的工作得不到管理者的支持，参谋人员到下面收集生产经营情况时，下面予以封锁，甚至提供假情况、假数字，对于这种弄虚作假、欺上瞒下的行为，有的管理者不仅不去严肃制止，反而听之任之。对参谋人员工作的认可，支持其工作，发挥其作用，是企业指挥系统能有效运转的一个重要因素。

3. 作为参谋人员，特别是参谋部门的负责人，必须牢记自己的参谋地位

管理过程中许多职权都可以去争取，例如，信息收集处理、决策方案的拟订、方案实施当中的指导、方案实施情况的检查等职权，但业务工作的决定权和从事指挥权不应该去争取，在一些管理混乱的企业里，许多管理部门都在拼命“抓实权”，总希望业务部门的领导去求他，以便从中牟取本部门甚至个人的不应有的利益，这是搞好企业管理的大敌。

4. 参谋人员不应把自己的发现和意见强加给直线主管人员，而只能推荐自己的意见

参谋人员往往是从某个专业角度提出应该怎样做的建议，而作为指挥人员通常还要考虑更综合的问题，例如，安排谁去更合适的问题。如果过分强求直线主管人员，容易产生误会。

(四) 组织中的职、责、权必须对等

管理组织中的每个部门，其职、责、权三者应该保持对等关系，即处在什么职位，就应该承担什么义务，享有什么权限。三者互为条件，又相互制约。当职、责、

权之间失去均衡的时候，管理组织将出现混乱，甚至企业将出现各种腐败现象。只有当这三者之间对等的时候，组织才能发挥出最好的效果。在这个方面对企业来说，特别是中国的国有企业来讲，是一种常见病，因此主要以“预防”为主。解决的方法主要有以下几种。

1. 必须以工作结果的目标责任作为每个岗位的职责

这些目标责任必须是明确的、可度量的。例如，对设备部门，其职责不是规定“维修好设备仪器”，而是规定“保证运行中的设备不出现故障停机”。对于生产部门不是规定“组织好生产”，而是规定“按计划完成产品的品种规格、品质、交货期和成本”。这两种规定有着非常重要的区别：前者实质上只是规定了“做什么？”，后者不仅规定了做什么，而且规定了“完成到什么程度”。

2. 必须制订有效的控制规程

这主要包括作业控制过程和财务收支预算控制规程，杜绝放任自流的现象发生。

3. 建立科学的人事考核评价制度

通过人事考核，评价每个员工的业绩与遵守公司规定情况。对于因工作态度和道德品质问题而产生的失职和违纪，管理者必须有明确的态度和克服的措施，不应该听之任之。

(五) 集权和分权应该适度

组织作为一个生产经营单位，创业的时候其规模比较小，产品比较单一，许多业务活动都是由外部提供的。因此企业生产经营活动中的产、销、人、发、财等是公司集中统一管理。随着品种的增多、规模的扩大，上述业务活动将分别在不同的部门进行，并且授权各个部门负责人管理相应的业务。但是此时设计经营管理活动的决策仍然在公司一级，各个部门只是决策的执行部门。至此，虽然有了授权行为，但公司的管理权限仍然是集中的，这种管理方式称为集权管理。

随着企业生产经营的品种进一步增多，企业规模进一步扩大，地域分布广泛，市场竞争加剧。一部分企业按照产品或地区特点，将相关的业务活动集中于一位管理者领导，并且进一步授予经营管理权限，例如，授予产品的调整、自主开展产品销售和材料采购、自主安排生产计划、审批费用支出、招收生产工人、安排管理人员等权限，形成相对独立的事业中心，这种方式称为分权管理。

集权管理和分权管理中的“权”是指对实现目标的行为具有决定权和指挥权。这种权限集中在总公司成为集权管理，分到事业中心就成为分权管理。谁行使这个权，谁就应对其目标完成结果负责。完成目标是这种权限使用的制约因素之一。因此从本质上讲，分权管理只是一种目标管理形式；事业部制是以利润为目标的分权管理形式。只要处理妥当，对生产经营活动中的每项业务工作都可以实行分权管理。

[案例分析] J公司组织管理咨询与诊断案例

(一) 项目背景

J公司是兰州某三星级饭店——Y宾馆的上级企业，于1996年收购Y宾馆48%的股份，并投入9000余万元进行改造。J公司以发展旅游业作为公司发展战略，Y宾馆是该战略中的第一步棋，其经营管理的好坏直接影响到公司发展战略的执行。从1996年起，Y宾馆的业绩增长缓慢，到1998年，企业陷入暗亏的境地。问题出在哪里呢？J公司请来A管理顾问公司的专家，进行企业管理咨询与诊断。

(二) 项目过程

1. 确定项目方案

在了解到Y宾馆的背景情况后，A公司专家认为，组织管理方面的问题可能是其症结所在。于是，A公司专家制订了如下项目方案：

(1) 以问卷调查的形式考察企业的基本状况。

(2) 对Y宾馆的高层管理人员和部分中层管理人员进行访谈，主要了解企业的组织机构状况和经营状况。

(3) 对Y宾馆的高层管理人员和部分中层管理人员进行人才测评，了解人员素质状况。

2. 所使用技术

(1) 问卷调查：《领导行为调查问卷》；《PM量表》；《激励反馈调查问卷》。

(2) 人才测评：《企业管理人才测评系统》四项测验；《管理者角色认知测验》；评价中心技术。

3. 项目实施

项目于2008年1月7日至2月7日实施。

4. 诊断结果

(1) 总体上，管理人员的基本能力素质尚可，但组织管理观念与经营思想有较大欠缺。

(2) 组织内部的责、权、利关系不明确，高层管理人员的角色意识不清晰，行为规范尚未建立。

(3) 考核制度不合理，激励机制不完善。

(4) 与上级组织的关系不明确，监控机制不健全。

思考题:

如果你是 A 管理顾问公司的专家，请根据诊断结果，提出相应的组织发展建议。

[案例分析答案]

组织发展建议：

(1) 规范组织运作关系，健全和完善管理办法，通过约束机制、监控机制和激励机制引导和保证组织成员开展工作。

(2) 重新构建绩效考核制度，从考核评价入手，促进管理人员组织行为规范的建立。

(3) 调整组建新的领导班子，提高高层管理人员经营管理水平。

(4) 加强对中高层管理人员的培训，将培训重点从学习知识转换到促进接受现代组织管理观念和经营思想。

[习题]

一、单选题

1. 企业管理组织的本质是(　　)
   A. 层次部门的划分　　B. 职工的分工协作体系
   C. 企业的协作体系　　D. 内外部环境分工体系
2. 咨询人员衡量组织设计是否正确有效的最终标准是(　　)
   A. 企业经营任务和目标实现的好坏
   B. 企业机构精干、管理效率高效
   C. 保证行政命令与生产经营指挥的统一
   D. 保证有效管理幅度，减少管理层次
3. 咨询人员对客户企业基本职能设计和调整的方法是(　　)
   A. 按企业技术特点设计和调整
   B. 按外部环境特点设计和调整
   C. 企业基本职能与影响因素相关分析法
   D. 企业职能与关键职能相关分析法
4. 产品品种比较单一，生产技术发展变化较慢、外部环境比较稳定的中小型企业，咨询人员建议其组织结构模式宜采用(　　)
   A. 分权的事业部制结构　　B. 子公司分权型结构
   C. 集权的职能制结构　　D. 模拟分权全职结构

5. 实行跨行业多种经营的大型集团公司，咨询人员建议其组织结构宜采用( )
A. 集权的职能型 B. 分权的事业部型 C. 模拟分权型 D. 子公司分权型

二、多选题

1. 企业管理组织咨询的特点包括( )
A. 全局性 B. 系统性 C. 策略性 D. 具体性 E. 真实性
2. 企业管理组织咨询中常存在的咨询课题包括( )
A. 企业职能结构的咨询 B. 企业纵向组织结构的咨询
C. 企业横向组织结构的咨询 D. 企业管理规范的咨询
E. 企业组织变革的咨询
3. 组织结构设计的原则包括( )
A. 系统性原则 B. 目标一致性原则
C. 精干高效原则 D. 统一指挥原则
E. 集权与分权相结合原则
4. 企业部门化方式的类型有( )
A. 按职能划分部门 B. 按产品划分部门 C. 按地区划分部门
D. 按顾客划分部门以及按销售渠道划分部门 E. 按项目划分部门
5. 美国管理学家德鲁克认为，如果按贡献区分，企业的各种活动一般可分为以下四大类( )
A. 提供成果的活动 B. 支援性活动 C. 后勤服务活动
D. 基层管理活动 E. 高层管理活动

三、简答题

1. 简述几种组织结构类型及其优缺点。
2. 简述管理业务流程改进的方法。
3. 简述咨询中如何帮助客户企业正确处理集权和分权的关系。

[习题答案]

一、单选题

1. C 2. A 3. C 4. C 5. D

二、多选题

1. ABC 2. ABCDE 3. ABCDE 4. ABCDE 5. ABCE

三、简答题

(略)

CHAPTER 5

第五章　企业人力资源管理咨询与诊断

[内容提要]

本章全面系统地介绍企业人力资源管理咨询和诊断的基本内容、咨询的工具方法以及咨询项目的运作流程，也包括企业人力资源管理的过程和发展史，重点介绍的是企业人力资源管理咨询与诊断的方法和咨询项目的运作程序，表明现代企业人力资源管理的咨询和诊断对企业健康发展的重要意义。

[学习要点]

1. 了解企业人力资源管理咨询与诊断的基本知识；
2. 了解企业人力资源管理咨询与诊断的成果；
3. 掌握企业人力资源管理咨询与诊断的基本方法；
4. 掌握企业人力资源管理咨询与诊断项目的运作流程。

第一节 企业人力资源管理咨询与诊断概论

一、人力资源管理概论

(一) 人力资源管理的发展和演变

1. 产业革命阶段 (18 世纪末至 19 世纪末)

这是人力资源管理的萌芽阶段，该时期的人力资源管理被称为人事管理，其特点是一切以工作或生产为中心，把人看成机器，忽视人性的存在，对人的主要管理方式是以强权管理为主。罗伯特·欧文被称为“人力管理之先驱”，他曾试图解决由劳动分工产生的问题，他认为人的行为是所受待遇的反映，他还创建了最早的工作绩效评价系统，为了检查个人的表现，他使用一块四边分别涂成白、黄、蓝、黑四种颜色并安装在机器上的木块，用对应于工作表现的颜色指向来反映工人前一天的生产。

2. 科学管理阶段 (19 世纪末至 1920 年)

科学管理的基本假设是认为存在一种最合理的方式来完成一项工作。被称为科学管理之父的泰勒对劳动时间和作业方法进行了科学的分析，并依此建立了工资制度和用人制度。泰勒认为要让工人最有效率地工作，就需要用金钱来激励他们。他还提出工作集体的效率是由其中生产效率最低的工人的效率水平决定的。

3. 人际关系阶段 (1920 年至第二次世界大战)

哈佛大学教授梅奥和他的助手 1927~1932 年在美国西屋电气公司霍桑工厂进行了一系列试验，结果发现人际关系的重要性。研究人员发现，在工作中，影响生产效率的关键变量不是外界条件，而是员工的心理状态。泰勒认为企业是一个技术经济系统，而霍桑试验的结果却表明企业是一个社会系统。

4. 行为科学阶段 (第二次世界大战至 20 世纪 70 年代)

该阶段是人力资源管理理论发展的重要阶段，主要代表有马斯洛及其人类需求层次论、赫茨伯格及其激励因素——保健因素理论、麦格雷戈及其 X 理论和 Y 理论、大内及其 Z 理论等。这个时期以人际关系为出发点，对组织的人事管理进行全方位的开放式管理，使组织中的人事管理由对员工的监督制裁转到对员工的人性激发，由消极的惩罚到积极的激励，由独裁领导到民主管理，由只重视对员工的索取性使用到培训与开发和使用相结合，由一家之言到信息的充分沟通，由劳资或劳动者与管理者之间的对立关系到协调、和谐，以求人与人之间、人与事之间的理想协调。

5. 人力资本管理阶段 (20世纪70年代以来)

这一时期人力资源的发展在两个方面。一是人力资源管理重心不断转移，由以物为中心向以人为中心转移，即从人本管理向人心管理转移。二是人力资本理论成为人力资源的理论基础，开始全面介入企业管理。

人力资源管理正面临新的环境，全球经济一体化趋势不断加强，跨国公司在全球经济生活中开始扮演重要角色，并在其管理中遇到了一系列涉及多元文化的管理问题；以计算机技术和现代通信技术为代表的信息技术正改变着我们的生活和工作方式；激烈竞争的市场促使新的管理概念和管理方法不断产生，给组织管理带来新的生机和活力。组织赖以生存的外部环境和组织的竞争方式正进行着悄无声息但却深入持久的变革，组织的各种管理职能必须应潮流而变。

(二) 现代企业人力资源管理的重要意义

约翰·奈斯比特(John Naisbitt)和帕特里夏·阿布迪恩曾在他们的著作《2000年大趋势》中指出："在20世纪90年代的全球性经济繁荣中，人力资源，无论是对公司还是对国家而言，都是富有竞争性的优势。在信息经济时代的全球经济竞争中，人力资源的质量和创新将成为一个分水岭或里程碑。"

伴随高新技术的迅猛发展，互联网络的日益普及，信息技术的广泛运用，全球经济一体化的进程越来越快，人类社会已进入了继工业文明之后的又一崭新发展阶段——知识经济时代。人力资本已超越了物质资本及货币资本而成为最主要的生产要素和社会财富的重要组成部分。世界银行发表报告指出：当前世界财富的64%由人力资本(即知识资本)构成的；近10年来美国经济的稳步发展也是由人力资本所推动的。美国前总统克林顿在归纳美国的"新经济"时曾提出美国经济的主流是知识经济的观点。1992年诺贝尔经济学奖得主、美国经济学和社会学教授贝克尔则更深刻地指出，发达国家资本的75%以上不再是实物资本，而是人力资本，人力资本成为人类财富增长、经济进步的源泉。

(三) 人力资源管理过程

人力资源管理所包含的八项活动或步骤是不可或缺的。其中，前三项活动可确保组织识别和甄选到有能力的员工；紧接着的两项活动是使得员工技能和知识不断得到更新；最后三项活动则保证组织能保有长期保持高绩效水平的能干、杰出的员工。

1. 人力资源规划

人力资源规划是管理者为确保在适当的时候，为适当的职位配备适当数量和类型的工作人员，并使他们能够有效地完成所分派任务的一个过程。人力资源规划过程可以归纳为两大步骤：一是评价现有的人力资源；二是预估将来需要的人力资源，并制订满足未来人力资源需要的行动方案。

2. 招聘与解聘

管理者一旦了解了现有的人力资源状况和未来的需要，就可以着手针对现状和未来需要的偏差做一些事。如果组织中存在一个或多个职位空缺，管理者可以根据职务分析得到的信息来指导招聘工作。所谓招聘，就是安置、确定和吸引有能力的申请者的活动过程。另外，如果人力资源规划工作中发现存在超员，管理当局则要减少组织所配备的员工，这种变动称为解聘。

3. 甄选

甄选过程是对申请者进行甄别、筛选，以确保最合适的候选人得到这一职位。甄选是一种预测行为，它设法预见聘用哪一位申请者会确保工作成功。这里的成功意味着按照组织用以评价人员绩效的标准来衡量，能把工作做好。

4. 上岗引导

一个人得到了一项新工作，他也需要类似的对其工作岗位和组织的入门介绍。这一介绍称为上岗引导。上岗引导包括对工作单位的上岗引导和对组织的上岗引导两种类型。

5. 员工培训

员工需要何种类型的培训、何时需要培训、以何种方式进行培训，这些自然都是管理当局负责决定的。员工的技能包括技术的技能、人际关系的技能和解决问题的技能。绝大多数员工培训活动都着眼于改变其中一项或多项技能。员工培训的方法有在职培训和脱产培训。

6. 绩效管理

绩效管理系统，是指建立绩效标准，据以评价员工的绩效，以便形成客观公正的人力资源决策并提供支持这些决策的文件的过程。绩效评估的主要方法有书面描述法、关键事件法、评分表法、行为定位评分法、多人比较法、目标管理法、360度反馈法。

7. 薪酬与福利

制定一个有效的、合适的薪酬制度，是人力资源管理过程的一个重要内容，有助于吸引和保持有能力的、能干的员工，正是他们帮助组织实现使命和目标。管理者制定的薪酬制度，必须能反映工作性质的变化以及工作的环境，这样才能调动员工的积极性。组织给予员工的薪酬可以包括多种不同的薪酬与福利，如基本工资和年薪、工资和加薪、激励性的薪酬，以及其他福利及服务。

8. 职业发展

这里的职业定义为一个人在其一生中所承担职务的相继历程。着眼于职业发展，将促使管理当局对组织的人力资源采取一种长远的眼光。一个有效的职业发展计划将确保组织拥有必要的人才，并使少数民族员工与女性员工获得成长与发展的机会。此外，它还能提高组织吸收和保留高素质人才的能力。

二、企业人力资源管理咨询与诊断概述

(一) 我国人力资源管理现状

人力资源管理可分为传统人事管理、人力资源管理和战略性人力资源管理三个阶段。

在传统人事管理阶段，企业的人事管理职能主要是制度的执行，即按照国家劳动人事政策和上级主管部门发布的劳动人事管理规定、制度对职工进行管理，人事部门基本上没有对制度的制定调整权，难以根据实际情况对管理政策和制度进行及时调整，人事部的地位不突出，趋同于一般行政管理部门。目前大多数国有企业的劳动人事管理基本就处于这个阶段。

人力资源管理阶段，大致可以看做是人事管理向战略性人力资源管理的过渡阶段。处于这一阶段的人事管理部门有一定的管理自主权，可以根据企业的现状制定相应的人事管理制度并加以调整。该阶段的人事管理与传统的人事管理已经有了较大的不同，职务分析、人员测评、绩效评估等技术在实践中得以应用，薪资福利制度的设计灵活多样，科学的人事管理在整个企业管理中的作用和地位也日益凸显出来。企业的决策者开始认识到，“管人”的人事管理部门与“管钱”的财务部门一样，是现代企业中必不可少的职能部门。为了和传统的人事管理相区别，人事管理部门更名为“人力资源部”。现在我国少数大型民营企业的人事管理就开始进入这一阶段。

战略性人力资源管理阶段的人力资源管理职能与以前的人事管理相比有了“质”的飞跃，人力资源管理开始进入企业决策层，人力资源管理的规划和策略与企业的经营战略相契合。“人”作为一种资源，甚至作为核心资源，被纳入企业管理决策当中，这不仅使人力资源管理的优势得以充分的发挥，更给企业的整个管理注入生机和活力，“以人为本”的管理思想开始得以体现。实际上，该阶段的人力资源管理职能已经包含了前两个阶段的管理职能，即形成了完整统一的人力资源管理体系。

1. 我国多数企业处于传统人事管理阶段

从人力资源管理的三个阶段来看，我国企业的人力资源管理多数仍然处于传统的人事管理阶段，没有从战略的高度看待人力资源问题，人力资源管理还停留在简

单的人事管理上，并或多或少地体现出从传统的人事管理到战略性人力资源管理的过渡，人力资源管理职能没有得到充分的发挥(图 5-1)。

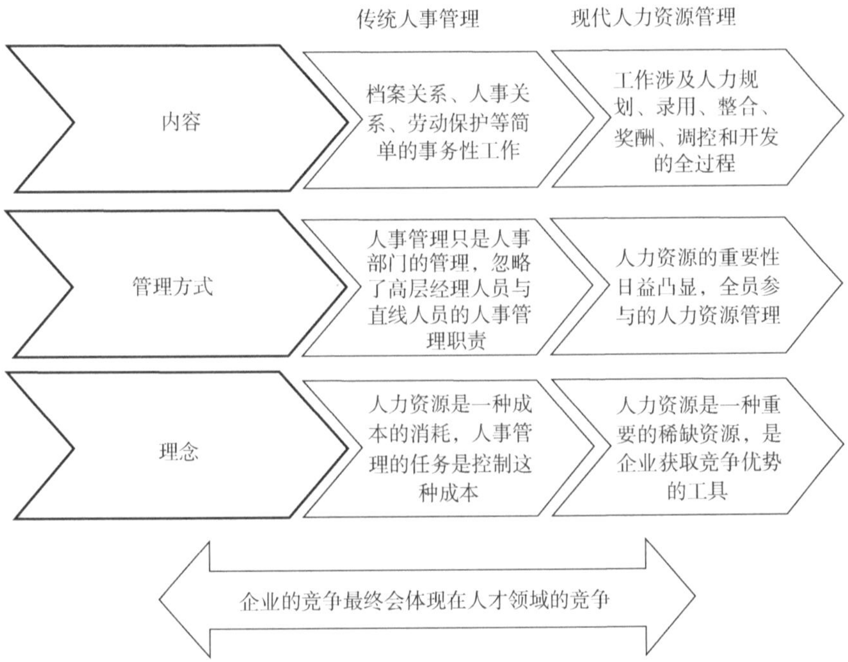

图 5-1 传统人事管理与现代人力资源管理的比较

2. 构建人力资源管理体系

市场经济中，激烈竞争迫使企业不断提高管理水平实现生存、赢利，全球化的发展趋势更让我国的企业体会到市场的无情。在改革开放中摸索了 30 余年后，我国企业从计划经济时期沿袭下来的人事管理办法已经无法适应当前的需要，当优秀人才先后离开投奔那些“更有发展前途”的企业时，当企业与企业之间的人力资源劳动效率产生鲜明对比的时候，我国的企业能够感受到因为人力资源不足所带来的落差。

战略性人力资源管理逐渐受到企业界的欢迎，企业家希望因此能够给企业永恒的发展动力。所谓现代人力资源管理，就是一个人力资源的获取、整合、保持激励、控制调整及开发的过程，通俗地说，现代人力资源管理主要包括求才、用才、育才、激才、留才等内容和工作任务。战略性人力资源管理主要体现在以下几个方面：

(1) 在管理理念上，战略性人力资源开发视人力为资源，认为人力资源是一切资源中最宝贵的资源，经过开发的人力资源可以升值增值，能给企业带来巨大的利润。人力资源管理部门则逐步变为生产部门和效益部门，讲究投入和产出，生产的产品就是合格的人才、人与事的匹配，追求的效益包括人才的效益、经济效益和社会效益的统一，还包括近期效益和远期效益的统一。

(2) 在管理内容上，战略性人力资源管理则以人为中心，将人作为一种重要资源加以开发、利用和管理，重点是开发人的潜能、激发人的活力，使员工能积极、主动、创造性地开展工作。

(3) 在管理形式上，战略性人力资源管理属于动态管理，强调整体开发，也就是说，对员工不仅安排工作，还要根据组织目标和个人状况，为其做好职业生涯设计，不断培训，不断进行横向或纵向的岗位或职位的调整，充分发挥个人才能，量才使用，人尽其才。

(4) 在管理方式上，战略性人力资源管理采取人性化管理，考虑人的情感、自尊与价值，以人为本，多激励、少惩罚，多表扬、少批评，多授权、少命令，发挥每个人的特长，体现每个人的价值。

(5) 在管理策略上，战略性人力资源管理，不仅注重近期或当前具体事宜的解决，更注重人力资源的整体开发、预测与规划。根据组织的长远目标，制定人力资源的开发战略措施，属于战术与战略相结合的管理。

(6) 在管理技术上，战略性人力资源管理追求科学性和艺术性，不断采用新的技术和方法，完善考核系统、测评系统等科学手段。

(7) 在管理体制上，战略性人力资源管理为主动开发型，根据组织的现状、未来，有计划有目标地开展工作，如制定人力资源规划、实施人才引进培养、决定薪资报酬等，工作的主动性较大。

(8) 在管理手段上，战略性人力资源管理的软件系统、信息检索、报表制作、核算、测评、招聘等均由计算机自动生成结果，及时准确地提供决策依据。

(9) 在管理层次上，战略性人力资源管理部门则处于决策层，直接参与单位的计划与决策，为单位最重要的高层决策部门之一。

目前，我国多数企业人力资源管理的重要任务是从传统的人事管理中迅速构建完整的人力资源管理体系，向战略性人力资源管理转变。

(二) 企业人力资源管理咨询与诊断的基本内容

人力资源管理诊断主要包括人力资源方针和人力资源管理组织诊断、人力资源考核诊断、能力开发和教育培训诊断、工资诊断、人际关系诊断、计划功能诊断等。

1. 人力资源方针和人力资源管理组织诊断

在生产力的组织管理中，人是居于主导地位的。因此，重视人的作用，加强人事管理，大力开发人才是企业提高劳动生产率和增加收益的重要途径。人力资源方针和人力资源管理组织诊断的要点如下：

(1) 对问题的认识是否敏感、正确、灵活。

(2) 对哪些方面的信息关心，其范围有多大。

(3) 企业掌握的现实情况和客观实际情况之间有无差异。

(4) 是否谋求加快事务处理的速度。

(5) 是否适当地使用了机器、仪器来处理事务工作。

(6) 单据、转账、报表种类是否齐全。

(7) 文件整理工作是否顺利。

(8) 是否经常研究事务工作手续。

(9) 更正错误工作情况是否多。

(10) 是否作了适当的检查。

(11) 有无消除违法行为的安排。

(12) 是否为减少需要熟练的工作量而推行了标准化。

(13) 是否对工作的简繁作了调整。

(14) 必要的资料、机器、仪器是否齐全。

(15) 环境是否良好。

(16) 有无提案制度。

(17) 对于采纳的建议是否发给奖金。

(18) 一年提出多少项建议，被采纳多少项。

(19) 是否向建议者说明了不采纳其建议的理由。

(20) 有无职员入股制度。

(21) 对职员取得股份是否有限制。

2. 人力资源考核诊断

人力资源考核是企业对从业人员进行考察的重要手段，是进行人员安排、晋升、奖惩、能力开发的科学管理依据。考核的目的，主要是为了教育的培训，促进从业人员素质的提高。人力资源考核诊断是企业人力资源劳动管理诊断的主要内容之一。其诊断要点如下：

(1) 人力资源记录是否完整。

(2) 是否有成文的人力资源考核规程。

(3) 人力资源考核的方法是否适当。

(4) 对评定人员是否进行了教育。

(5) 人力资源考核的间隔时间是否适当。

3. 能力开发和教育训练诊断

能力开发和教育训练是现代企业经营的战略任务，企业人员能力不足是我国中小企业普遍存在的问题。为了不断提高企业的素质和增强竞争能力，企业经营者越来越重视对企业人员的能力开发和教育培训工作，能力开发和教育训练诊断成为企业人力资源劳动管理诊断的重要课题。其诊断要点如下：

(1) 能力开发是否在职务分析的基础上进行的。

(2) 有无教育训练计划，实施情况如何。

(3) 教育训练是否与能力开发和工作调动有机结合。

(4) 教育训练与人员晋升是否做到有机结合。

(5) 教育训练的方法、设施和时期是否合适。

(6) 培育部属态度诊断说明。

4. 工资诊断

工资诊断包括工资总额诊断、工资体系诊断、基本工资诊断和奖金诊断等。其诊断要点如下。

(1) 工资总额诊断。它是指对工资、津贴、奖金、各种福利费等伴随劳动力的使用支付的全部费用的管理，其中心课题是如何根据企业支付能力，判断工资总额规定是否适当。工资总额诊断，就是根据企业财务报表，对工资总额的管理状况进行诊断。其诊断要点是：工资总额是如何确定的，是参照同行业平均水平决定的，还是根据本企业平均水平决定的；决定工资总额时是否与工会协商，是否考虑了广大从业人员的意见，是否考虑了工资费用的支付能力。

(2) 工资体系诊断。工资体系是构成工资总额的各种工资支付项目的总括。其诊断要点是：现行工资的作用如何，与企业的经营方针是否一致，是否有利于生产效率、管理水平和技术水平的提高，是否有利于录用新人和保持现有人员的稳定，是否有利于调动从业人员的积极性；企业经营者对工资问题的认识如何，有无改善工资管理的愿望；现行工资体系存在哪些问题，从业人员对现行工资体系有哪些不满和意见。

(3) 基本工资诊断。进行基本工资诊断的要点是：基本工资由哪些要素构成，它在工资总额中所占比重如何；工作业绩在基本工资中是如何体现的；受诊企业有哪些津贴，与基本工资的关系如何；基本工资的构成方法与企业性质是否相符合；晋升、提薪的基准是否明确；各种工资成分的比率是否恰当。

(4) 奖金诊断。发放奖金具有对有功者进行奖励和生活补助的特点。发放奖金的目的是多种多样的，有的是对有功者的奖励，有的是变相的生活补助，有的是利润分配，有的是对全年工资总额的调节。与发放奖金的目的相对应，发奖的方法也多种多样，有的一律平等，有的强调考核，有的突出工作成绩，有的重视年功，有的重视全面考察。奖金诊断的要点是：受诊企业的奖金与企业经营方针、人事方针的关系如何；发放奖金的目的和发放奖金的方法与企业性质的特点是否相符；奖金的固定部分和随企业盈利状况浮动部分构成比率是否适当；奖金总额的决定方法和奖金的分配是否妥当。

5. 人际关系诊断

人际关系诊断包括对受诊企业的提案制度、情报交流制度、人力资源咨询制度以及小组参与制度的诊断。其诊断要点如下：

(1) 是否有明确的工作目标。

(2) 情报交流的状况如何。

(3) 人力资源咨询制度的执行情况如何。

6. 计划功能诊断

一个公司除了要编制长远计划，还要不断地对其计划功能进行诊断，使之能成功地适应变化情况，因此计划功能诊断是非常必要的。

(三) 企业人力资源管理咨询与诊断的目的和意义

人是生存诸要素中最重要的因素，人也是企业各种资源中最宝贵的资源，因而企业活力的源泉在于企业中的全体员工，员工素质的高低决定了企业的盛衰。企业人力资源管理咨询与诊断是管理咨询人员通过对企业人力资源管理诸环节的运行、实施的实际状况和管理效果进行调查评估，分析人力资源管理工作的性质、特点和存在的问题，提出合理的改革方案以使企业人力资源管理工作达到“人”与“事”的动态适应性目的的一种顾问服务活动。可见，人力资源管理咨询与诊断过程应视为帮助企业人力资源管理人员做出改进工作、提高管理效率、开发和引导人力资源的有效途径。因此，人力资源管理咨询与诊断的作用，一方面，体现在诊断人员能凭自己丰富的管理知识优势，较为迅速地帮助企业发现人力资源管理工作中存在的问题，提高管理水平；另一方面，通过人力资源管理诊断活动，可以使企业管理者与诊断人员双方的实践经验和知识技能得以交流，有利于提高企业管理者的经营能力(图 5-2)。

人力资源管理咨询的目的是使企业的人力资源充分配合企业的发展战略。人力资源管理咨询可以全面发现问题，并由此提供全面协调的解决方案，这同企业日常管理中发现问题的不同在于企业发现的问题可能是零散的，因而针对问题的解决方案可能不是有效的。而人力资源管理是一个系统工程，针对单独问题的解决措施可能会引起系统其他环节的问题。比如，辽宁某房地产公司领导发现工程人员经常抱怨工资低，于是将工程人员的工资增加，结果不久财务人员对工资埋怨不断，说比工程人员工资低的太多，缺乏工作积极性，实际上财务人员的工资比本市同类人员的工资高出 20%。后来通过人力资管理咨询，进行岗位评价并调整了工资体系后才平息了员工不满(图 5-3)。

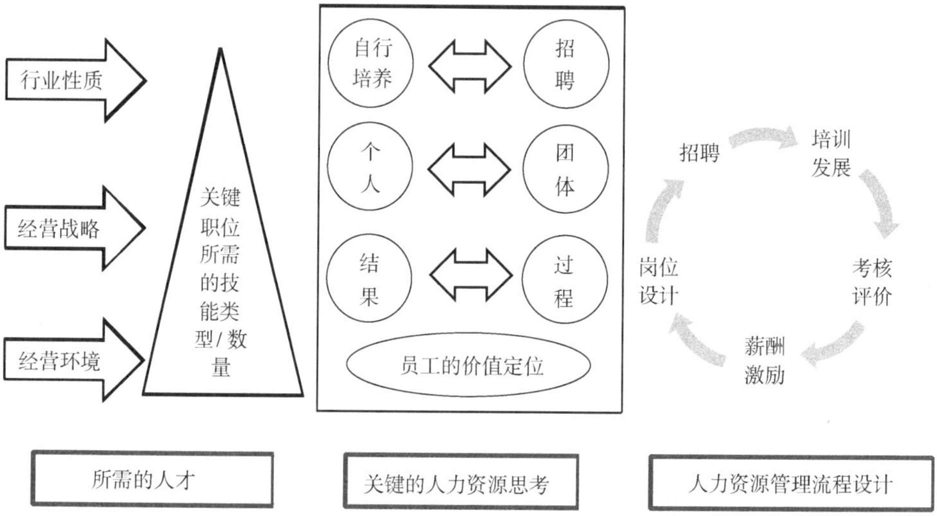

图 5-2　人力资源管理咨询与诊断的作用

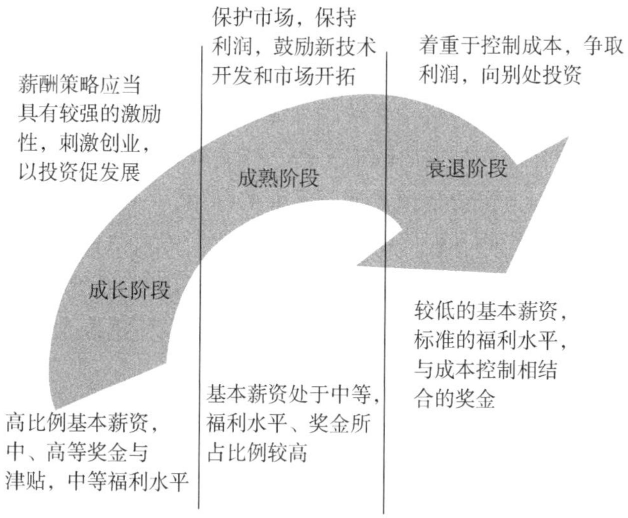

图 5-3　薪酬结构与企业的发展阶段相匹配

很多企业通过模仿别的优秀企业，形成一套薪酬或考核方案，但实际运行中出现了许多问题。另外，企业在不同的发展阶段会有不同的人力资源管理政策，并且根据企业不同发展战略的不同而不同，比如，人力资源战略、薪酬政策、考核政策等。

正是人力资源管理咨询能够系统地、符合实际地解决不同企业组织人力资源问题，才使得那些较早意识到人力资源管理在企业管理中的重要性、并对自身的人力资源管理体系感到不足的企业，及时与管理公司开展合作，解决了发展中的关键问题之一(图 5-4)。

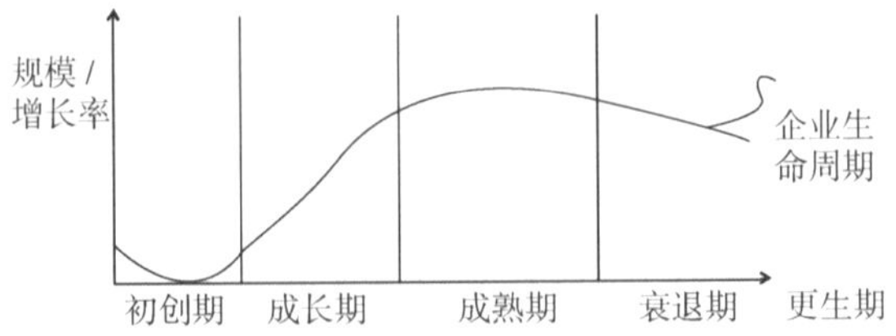

考核目的	初创期	成长期	成熟期	衰退期	更生期
岗位调整	●	●	●	●	●
员工培训		●	●		●
员工职业发展		●	●		●
检查考核标准	●		●		●
组织问题诊断			●		●

图 5-4　企业在不同发展阶段考核目的的侧重不同

第二节　企业人力资源管理咨询与诊断的方法

一、管理咨询信息获取的基本方法

(一) 三阶段访谈法

访谈是所有管理咨询工作中最基本、最基础、最重要的方法，它对于形成管理咨询分析框架和结论具有直接的影响。访谈法是一种最基本的咨询工作方法，同时也是一种技巧性很强的智力活动。在人力资源管理咨询中，访谈法显得尤为重要，因为人力资源管理中的问题很难从企业的表象和特征数据中看到，人力资源管理的工作对象是人，许多方案或者决策的依据信息必须要从人力资源工作的对象中获得，这就注定了人力资源咨询要更多地依赖于访谈。在市场营销管理咨询、财务管理咨询中，诊断和最终方案的形成相对于人力资源管理咨询而言，对访谈的要求可能要相对低一些。

一般来说，访谈可以分为以下三个阶段：访谈准备、进行访谈、访谈总结。下面对这三个阶段的关键问题作阐述，并进行经验总结。

第一阶段：访谈准备。①确定访谈目标；②了解访谈对象；③组建访谈小组；④确定访谈方式；⑤整理思路。

第二阶段：进行访谈。①营造良好的访谈氛围；②对不同行为的反应；③访谈技巧；④结束访谈。

第三阶段：访谈总结。咨询师或者访谈小组要仔细回顾访谈的成果。首先要确保访谈记录数据和信息的真实性和客观性；随后要向项目小组介绍访谈情况，汇报的内容繁简适当，与项目小组共同从访谈中找出关键信息，并组织讨论，考虑哪些结论或观点是可行的，并进行总结。

(二) 问卷调查与统计分析

问卷法是获取人力资源管理咨询信息的最常用方法。问卷法又称间接调查法，普遍被认为是最快捷、最有效的咨询信息获取方法之一。问卷法的关键在于问卷的结构性程度和问题设计。有些问卷是非常结构化的，例如，“需要何种技术职称才足以担任本职务”。有些问卷的问题类型非常开放，例如“您认为目前公司存在哪些问题，其中最迫切需要解决的三项是什么”。最好的问卷介于这两种极端情形之间，既有结构性问题，也有开放性的问题。

问卷调查方法的优势在于效率高，调查面广，可以在一个较短的时间内，以较低的成本获得大量与人力资源咨询诊断有关的信息，并可采取许多科学的、成型的分析方法对调查结果进行多方式、多用途的分析。问卷调查方法的主要缺点是对问卷设计要求高。问卷设计直接关系着问卷调查的成败，所以问卷一定要设计得完整、科学、合理，问题指出要明确，避免出现歧义。另外，被调查人一般不愿意花许多时间填写问卷表，并且可能产生理解上的不一致，从而出现问卷作废，所以事前一定要防患于未然，做好问卷调查表填写培训和宣讲工作，并耐心接受被调查者的质疑与提问。

二、人力资源战略制订与实施的方法

(一) 稳定公司的人力资源战略

一般来说，对于一个相对稳定的公司，人力资源战略主要有三种类型：吸引战略、投资战略和参与战略。

1. 吸引战略

吸引战略主要具有以下几方面的特点：薪酬丰厚，富有市场竞争力，能吸引公司主营业务领域的尖端人才，形成稳定的高素质团队，与此相适应，薪酬中绩效部分占很大比例，主要包括利润分享计划、奖励政策、绩效奖励、附加福利等。在招聘方面，严格控制员工数量，多吸引技能高度的专业化、招聘和培训的费用相对较低的员工，以控制人工成本。劳资关系比较简单、直接，相互间以单纯的利益交换关系为主。

2. 投资战略

招聘方面，通过聘用数量较多的员工形成备用人才库，储备多种专业技能人才，人员专业化程度相对较低，但注重员工的潜质和能力基础，以备未来培养；注重对员工培训和人力资源的开发，注重人力资源的投资；注重培育良好的劳动关系和宽松的工作环境；管理人员要负责员工所需的资源、培训和支持，担负了较重的责任；企业对贡献较少的员工存在短期行为要求，要注重员工的长期发展，为企业长期效力。

3. 参与战略

鼓励员工参与企业的决策，员工有较大的决策参与机会和权力，管理人员更像教练，为员工提供必要的咨询和帮助；注重团队建设、自我管理和授权管理；注重培养员工的沟通技巧、解决问题的方法、团队工作精神等。

(二) 变革转型期公司的人力资源战略

对于处于变革或者转型、大举扩张等特殊时期的公司，人力资源战略会因企业变革的程度不同而采取四种非常规的人力资源战略：集权式战略、发展式战略、任务式战略、转型式战略。

1. 集权式战略

集权式战略一般发生在企业高层出现更迭的时期。集权式战略强调对公司人力资源管理，尤其是高层人事管理的集中控制，强调管理秩序和一致性，重视规范的组织结构与非常规的人力资源管理办法，一般采用硬性的内部任免制度以达到集权的目的。人力资源管理的基础是奖惩与协议，一个典型的案例就是：某世界软件巨人大中华区的首席执行官(Chief executive officer CEO)的频繁更迭，而每次更迭，其最后一段时间内部都会发生原有高层纷纷被贬或出走。

2. 发展式战略

许多处于高速发展时期的家族企业，一般采取此种人力资源管理战略。企业处于上升时期，注重个人发展与创业型团队建设，强调企业的整体文化和整体意识；关键岗位尽量从内部招募，一般不采取甚至排斥外部招聘；而普通员工或者是操作工人，则采取低成本、大规模的发展和培训；激励方式一般运用“内在激励”多于“外在激励”，重视绩效管理。

3. 任务式战略

任务式战略一般应用于临时任务型组织。任务式人力资源管理非常注重绩效考核；强调人力资源规划，同时进行企业内部和外部的招聘，但强调内部招聘为主；工作再设计和工作评估；注重阶段性物质奖励，短期激励幅度远远大于长期激励的幅度，对短期激励设计的关注远远大于长期激励措施的设计；注重开展正规的技能培训和有针对性的人力资源开发。

4. 转型式战略

一般应用于企业组织结构进行重大变革的情况，特别是企业被兼并或收购的情况。此时工作岗位进行全面调整，一般会大规模裁减原有事业员工，以调整员工队伍结构，适应组织结构的变化，缩减相应事业的开支；新的事业单元注重从外部招聘骨干人员；对管理人员进行团队训练，建立适应经营环境的新的人力资源系统和机制。建立新的“理念”和“文化”，力求打破传统习惯，摒弃旧的企业文化。

三、工作分析的方法

(一) 观察法

观察法是指在工作现场观察、记录员工的工作过程、行为、内容、工具等，并进行分析与归纳总结，适用于大量标准化的、周期较短的、以体力活为主的工作。

(二) 访谈法

访谈法又称面谈法，是一种应用最为广泛的工作分析方法，指工作分析者就某一个职务或职位面对面地询问任职者、主管、专家等对工作的意见和看法。面谈的程序可以标准化也可以非标准化。一般情况下，应用访谈法时以标准化访谈格式记录，目的是便于控制访谈内容及对同一职务不同任职者的回答相互比较。

(三) 调查问卷法

调查问卷法是通过精心设计的问卷获取关于某岗位的工作内容、工作特征和人员要求等信息的方法。具体有管理职位描述问卷法、职位分析问卷法、任务详细目录,法、体能分析问卷法、调查表法等。

四、人力资源需求预测与职业生涯管理的方法

(一) 人力资源需求预测方法

人力资源需求预测是人力资源规划的基础，它是指为实现公司既定经营目标，根据公司层面的发展战略和发展规划，以及职能层面的人力资源战略，对预测期内所需员工数量和种类进行估算。人力资源需求预测分为当前人力资源需求预测、未来人力资源需求预测、未来人力资源流失预测。

人力资源需求预测是一项系统工作，职能部门和各业务单位必须在人力资源部的组织下积极参与。人力资源需求预测涉及多种因素，各部门在预测中应灵活采用定性方法和定量预测方法，并在实际执行中对预测结果不断进行修正。人力资源需求预测的工作方法和技术手段同样重要，两者都对最终人力资源规划的准确性和可行性产生直接影响。

1. 当前人力资源需求预测

当前人力资源需求预测是指根据企业目前的职务编制水平，对人力资源现状和人员配置情况进行盘点和评估，在此基础上确定现实的人力资源需求。

第一步：根据工作分析的结果，确定目前的职务编制水平和人员配置。

第二步：进行人力资源盘点，统计出人员超编、缺编以及是否符合职务资格要求。

第三步：人力资源部门将上述统计结论与各部门管理者进行讨论，对统计结果进行修正。

第四步：对该统计结论进行局部调整，最终得出现实的人力资源需求。

2. 公司未来人力资源需求预测

未来人力资源需求预测是指根据公司的发展战略和业务发展规划对预测期内公司所需人员数量、种类和条件所作的预测。

第一步：对可能影响人力资源需求的管理和技术因素进行预测。

第二步：根据企业的发展战略和业务发展规划，确定预测期内每年的投资水平、产量、销售额等因素。

第三步：根据历史数据，初步确定预测期内总体人员需求以及职能部门、事业部门、业务部门人员需求。

第四步：各部门根据增加的工作量并综合考虑管理和技术等因素的变化，确定需要增加的岗位及人数。

第五步：将上述两个步骤所得的统计结论进行平衡和修正，即得到未来人力资源需求预测。

3. 未来人力资源流失预测

未来人力资源流失预测是在综合考虑公司退休和人员离职情况的基础上对预测期内的人员流失情况所作的预测。

第一步：根据现有人员的统计数据，对预测期内退休的人员进行统计。

第二步：根据历史数据，对未来可能发生的离职情况进行预测。

第三步：将上述两项预测数据进行汇总，得出未来流失人力资源预测。

(二) 职业生涯设计和管理方法

1.“十字路口”职业生涯模型

职业生涯即事业生涯，是指员工在企业中连续担负的工作职业和工作职务的发展道路。员工职业生涯规划的本质就是基于企业价值基础上的个人价值实现，我们在操作的时候一般都要调查和分析这两个重要因素：一是公司价值基础；二是个人价值追求。

企业的每一个员工都是一个生动的个体，每一个员工都有自己的个性和不同的经历。职业生涯设计的目的绝不只是协助个人达到和实现个人目标，更重要的是帮助个人的发展与企业的发展同步，因此进行职业生涯设计必须要动态兼顾个人的特点与企业的发展，这二者不可偏废。“十字路口”职业生涯模型为达到这种理想状态，提供了一种思路和办法。

“十字路口”职业生涯模型，首先需要员工和企业共同深入地了解员工，对员工进行优势、劣势的分析，然后企业要进行与员工职业发展相关的企业内部分析、职业交往关系分析等。这种分析是企业为个人设定职业发展方向的基础。其次，企业的人力资源部门和员工所在的业务部门的主管们要同员工共同探讨，提出每一个“十字路口”职业发展绩效目标。最后当员工达到这一目标时，企业的人力资源部门和员工所在的业务部门的主管们要同员工再次研究探讨，对员工进行新一轮的了解，最终对员工下一步的职业生涯作出规划。

2. 公司职业生涯管理“九格图”

前面讲述的“十字路口”职业生涯模型是员工个体如何进行职业生涯规划与设计的方法，但是在公司层面，人力资源管理者，包括职能部门和直线管理者，如何对员工整体职业生涯进行管理呢？

公司职业生涯管理“九格图”(图 5-5)是基于公司绩效评估的结果，一般来说，企业管理者需要在每一次绩效评估后反思企业内部员工职业发展的问题。“九格图”的第一个维度是员工的业绩表现：优秀者、达标者和不足者。优秀者，意味着该员工能够持续性地超出操作任务上、专业技能上的绩效要求，持续性地超过工作任务的要求，能够建立和不断优化周边的人际关系，在关键绩效指标以及目标设定指标方面都能够达标，甚至超标。达标者，意味着该员工能够持续性地达到操作任务上、专业技能上的绩效要求，持续性地达到工作任务的要求，能够妥善处理周边的人际关系，在关键绩效指标以及目标设定指标方面都能够基本达标，偶尔超标。不足者，意味着该员工没有达到大部分操作任务上、专业技能上的绩效要求，不能胜任工作任务的要求，失误较多，而且未能妥善处理周边的人际关系，甚至产生员工冲突等。

在关键绩效指标以及目标设定指标方面都需要管理者花费很大的精力进行关注，否则很可能不能完成。“九格图”的第二个维度是员工的潜力水平，分为高中低三个等级层次。

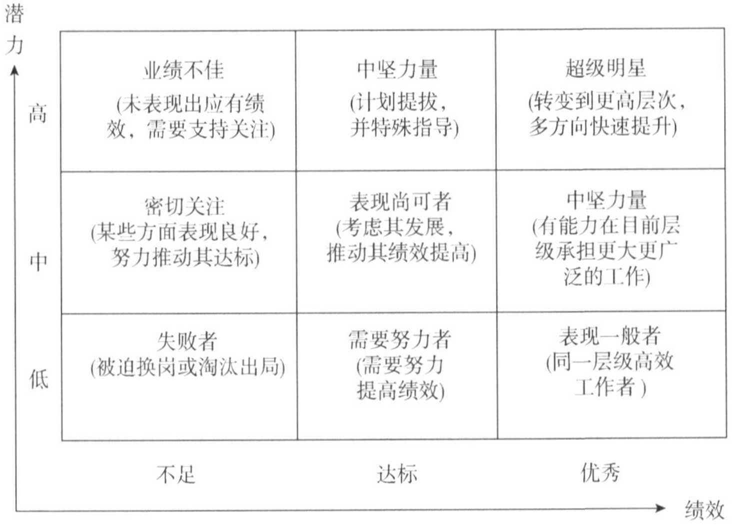

图 5-5 公司职业生涯管理“九格图”

(三) 员工职业发展多元化通道

1. 针对不同职系的人员建立多种职业发展通道

企业的管理职务毕竟是有限的，这是由企业组织行为决定的。但是职业发展是激励员工发展、实施员工与企业发展同步的重要手段之一。那么，如何解决这一矛盾呢？下面就介绍两种职业发展的具体方法。

2. 建立多元化职业发展通道

现代企业通常会采取针对不同职系的人员建立多种职业发展通道的办法，来解决企业的管理职务有限与员工职业发展的矛盾，即按照企业中重点的几类人员，包括技术人员、财务人员、行政人员和市场营销人员等，结合公司需要、员工个人实际情况及职业兴趣，考虑使员工在不同通道之间有转换的机会。

企业应该根据自身规模、人员特点和所处的行业环境等具体情况，来决定企业内部分为几个职系，分哪几个职系。不同职业通道人员职责划分清晰，不能有明显的交叉和重复，以免出现员工职业发展的困惑。几种专门职务晋升通道有相同和平等之晋升机会，不能只是注重部分职系的发展通道，而忽略另外的职系，这样会造成职系发展的非均衡性，甚至最终导致员工通道多元化设计不能达到预期的效果，员工还是往部分职系发展。各类通道中的同一级别享受同等的基本待遇，不能有明显的差异，更不能悬殊，否则会造成职系发展的不平衡。另外，薪酬应该随着职称的晋升而相应地提高。

管理职系，适用于公司正式任命的各职能部门，例如，技术、营销等部门的管理岗位员工。将所有没有管理职务的人员按照工作性质分成五个职系：工程技术职系、财会职系、营销职系、行政职系、工勤职系。

3. 建立职系内部的导师制度

导师是员工职业发展的领路人，为了促进员工的职业发展，现代企业尤其是大型企业越来越意识到职业发展导师的重要作用。很多大型的跨国集团，如壳牌石油公司，甚至建立了国际性的员工职业发展的导师体系。建立导师制度必须要从关键岗位的员工开始，明确指导人和被指导人之间的责任，逐步推广到每个岗位。

建立导师制度，主要包括三个步骤：被指导人职业发展潜力评估，提出个人发展计划和培训需求，指导人填写工作记录。

五、人力资源招聘与素质测评方法

(一) 管理评价中心法

管理评价中心法于20世纪50年代由美国电话电报公司(AT&T)开始采用。目前在国外各大公司中已十分普及。管理评价中心法是用于评价、考核和选拔管理人员的方法，其目标是为企业招聘最合适的领导者，该方法的核心手段是情景模拟测验，即把应试者置于模拟的工作情景中，让他们进行某些规定的工作或活动，考官对他们的行为表现作出观察和评价，以此作为鉴定、选拔管理人员的依据。

1. 文件篓测试

文件篓测试，即在文件篓中放置信件、备忘录和电话记录等文件。首先向应试者介绍企业的背景资料，告诉应试者他就是管理者，要他根据自己的经验、知识和性格全权负责处理文件篓中的所有文件；还可能要他与业绩不佳的员工面谈，会见对公司产品或服务不满的顾客，分析公司的财务状况等。在测试结束时，每位应试者都会留下一些笔记、备忘录和信件。考官通过“文件篓测试”，对应试者五个方面的表现进行评价：工作条理性；计划能力；预测能力；决策能力；沟通能力。

2. 无主席小组讨论

主持人给一组应试者一个与工作有关的题目，让他们开展讨论。不指定负责人，大家地位平等，采用圆形的桌子，以使每一个位置都具有相同的重要性，也不告诉任何人他应该坐哪个位置上。最后要求形成一致意见，并以书面形式汇报。几位考官通过观察应试者的表现进行评分。无领导小组讨论是评价中心最具有特点、最典型的测评技术，也是一种常用的评估手段，常用于选拔企业中的优秀人才。

3. 管理竞赛

管理竞赛(又称商业游戏)，即把候选人分组，但不为应试者分派角色，各组代表一家公司在模拟市场上开展业务竞争。各个“公司”必须在一定时间内提交有关生产、广告或存货量方面的决策。最后，根据每个应试者在小组中的表现进行评价。

4. 案例分析报告会

通过让被测试人员阅读一些关于组织的问题材料，然后让他准备出一系列的建议，以递交给更高一级的管理部门来考察被测试者的综合能力和判断决策的能力，这样既可以考察一般技能，也可以考察特殊技能。通过报告会和公开答辩，了解候选人的沟通能力和说服他人的能力。

(二) 管理者胜任特征模型

管理者胜任模型是一种主要用于高层管理者的选拔评价的方法。

如何鉴别公司管理人员对企业未来绩效的贡献？企业高层管理人员对企业发展的影响程度远远大于一般的员工，因此对其进行测评和遴选是一件需要慎重考虑的事情。

为了解决这一问题，人力资源学界的专家学者们进行了很多卓有成效的努力。其中非常著名的是管理胜任特征模型。胜任特征是指“能将某一工作中表现优异者与表现平平者区分开来的个人潜在的、深层次的特征，他可以是动机、特质、自我形象、态度或价值观、某领域的知识、认知或行为技能”。推而广之，也有学者认为胜任特征是企业管理者身上的与企业管理绩效相关的任何可以被可靠测量或计数的、并且能显著区分优秀绩效和一般绩效的个体特征；而胜任特征模型则是指担任某一特定的企业高层管理任务角色，所需要具备的胜任特征的总和结构性权重。建立胜任特征模型有多种工作方式，包括专家小组、问卷调查、观察法等。所有方法的最终目标是要建立起企业特定高层管理岗位的胜任特征模型。

六、人力资源开发与培训的方法

(一) 立方体培训模型

三维立方体培训模型是在三维立方体模型的基础上转化而来的，三维立方体培训模型通过对员工学习特点的分析，来设计培训的模式。在三维立方体培训模型中，1、2、3、4、5、6、7、8，分别代表一种典型的员工培训方式。其中最典型的是原点 1 和位于立方体对角线另一端的顶点 8。1 模式是典型的“一人堂”式培训，即培训者按照既定的教学程序，进行结构式的课堂讲授，学生只是听和记忆，没有相互之间的交流，更没有对课堂讲授内容的实践。8 模式相反，培训者不参与，靠学生自己通过实践去建构知识体系和实践技巧，由学生之间进行相互切磋和讨论。介于 1 模式和 8 模式之间，因实践性、交往性和自主性的不同，企业就有可能应用各种不同的培训方式，如案例研究、讨论交流、现场培训、模拟练习、角色扮演、游戏竞争和小组活动等。

三维立方体培训模型为企业员工培训模式的研究开拓了广阔的思维空间，强调培训方式的多元化。三维立方体培训模型要根据培训目的、培训内容和培训对象的不同进行改变，方能达到培训员工的效果，这需要人力资源管理部门进行具体、细致的研究，来选择最有效的企业员工培训模式。

(二) “精英”培训计划

1. 企业领导人成长培训

在当前世界各国管理心理学界，未来企业领导人素质的研究是一个热门课题。在日趋激烈的市场竞争中，企业之间的竞争日益转化成为企业人才之间的竞争，企业领导人的素质决定了企业整体的人才体系组成和企业内部人员协作的有效性。可以说，企业之间的竞争归根结底是企业领导人素质的竞争。

企业领导人素质通常可以认为由三个维度组成，这便是企业领导人素质三维模型。这三个维度分别是：态度维度；情商维度；有效性维度。分别从这三个维度对企业领导人的候选人进行着重培训，便形成一套体系性的企业领导人成长培训。

2. 企业职能领域的骨干人员培训

企业职能领域的骨干人员担负相对专业范畴的企业发展的重任。他们不要求具有企业领导人那样强的战略管理能力，但他们首先是忠诚者，忠诚于企业的文化理念和行为规则；其次他们是专业者，他们对所主管的业务领域理解深厚，深谙其道；另外，他们还是全能者，有全面的素质和良好的全局观念。企业职能领域的骨干人员培训计划包括三项基本内容：专业技能培训；综合能力培训；职业道德培训。企业可以根据对象的不同和对象所处的阶段，施以或者加强某一方面或者某些方面的培训，最终使员工成长为企业职能领域的骨干人员。

(三) 岗位轮换制

岗位轮换制，是企业按照大体确定的期限，有计划地让员工轮换担任若干种不同工作的做法，从而达到开发员工多种潜在能力、促进部门或员工换位思考与合作、培养未来主管的目的。现代企业岗位轮换，主要出于以下目的：

(1) 加强新员工入职前对企业的了解。

(2) 培养中层管理人员和后备管理人员。

(3) 克服疲钝倾向，提高企业整体效率，发挥创新精神。

七、绩效考评的工具

(一) 平衡计分卡方法

平衡计分卡(balanced score card, BSC)是 20 世纪 90 年代全球最著名的战略管理会计专家卡普兰和诺顿研究开发的绩效管理的新工具，它一般适用于企业以及其所属业务单元的绩效考核管理。平衡计分卡从财务、客户、内部经营过程、学习和成长四个视角审查企业，并就这四个方面内容的关键因素建立目标和指标，这些目标和指标间又通过因果关系、财务结果、业绩驱动等紧密结合在一起，指引企业全体部门、员工共同朝企业争取未来竞争优势的方向努力。

平衡计分卡方法既强调了绩效管理与企业战略之间的紧密关系，又提出了一套具体的，可操作的指标框架体系。平衡计分卡的框架体系包括四部分：财务层面；客户层面；内部营运层面；学习与成长层面。平衡计分卡将关键性衡量指标分为两类：结果性指标和驱动性指标。结果性衡量指标说明了组织执行战略的实际成果，如质量提升、收入增加等。结果型衡量指标例如利润，是衡量组织有效执行战略的程度的，因此是“滞后指标”。驱动型衡量指标则是“领先指标”，它显示了过程中的改变并最终影响了产出。平衡计分卡更注重驱动性指标。

平衡计分卡的核心思想就是通过财务、客户、内部经营过程、学习与成长四个方面指标之间相互驱动的因果关系展现组织的战略轨迹，实现绩效考核—绩效改进和战略实施—战略修正的目标。平衡计分卡的指标体系不但具有很强的操作指导意义，同时四个方面存在深层次的内在关系：学习与成长解决企业长期生命力的问题，是提高企业内部战略管理的素质与能力的基础；企业通过管理能力的提高为客户提供更大的价值；客户的满意导致企业良好的财务效益。

(二) 关键绩效指标方法

关键绩效指标(key performance indicator，KPI)方法，是用于沟通和评估被评价者绩效的定量化或行为化的标准体系，定量化和行为化是关键绩效指标的两个基本特征。关键绩效指标的建立要点在于流程性、计划性和系统性，关键绩效指标包括企业级关键绩效指标、部门级关键绩效指标和每个岗位的业绩指标。

绩效管理是管理双方就目标及如何实现目标达成共识的过程，也是增强员工成功地达到目标的管理方法。管理者给下属订立工作目标的依据来自部门的 KPI，部门的 KPI 来自上级部门的 KPI，上级部门的 KPI 来自企业级 KPI。只有这样，才能保证每个职位都能按照企业要求的方向去努力。

(三) 图尺度评价方法

图尺度评价(graphic rating scale)方法是 Paterson 于 1922 年提出的。图尺度评价方法的量表包括特征标签、特征的简单定义和两个极端的范围之间的离散的尺度。首先在一张图表中列举出一系列绩效评价要素并为每一要素列出几个备选的工作绩效等级，一般采用一个渐升或是渐降的量表。然后，主管人员从每一要素的备选等级中分别选出最能够反映下属雇员实际工作绩效状况的工作绩效等级或者是分值，并按照相应的等级确定或选定其各个要素所得的分数。图尺度评价法要求评估人根据很多工作特征(完成工作的数量和质量、设备的保管和使用等)，或与成功的工作绩效相关的特征(可靠性、领导力、创造性、沟通技巧、团队合作能力等)给员工打分。

(四) 目标管理方法

目标管理(management by objective，MBO)方法是先与雇员共同确定下某种便于衡量的工作目标，然后定期与雇员就工作目标的达成进度进行讨论的工作绩效评价方法。具体操作过程是：建立考核指标体系，并确定各个指标的考核目标值；将考核指标按重要程度的不同划分出不同的权重；将各个指标的实际值与目标值进行比较，计算出目标完成率；目标完成率乘以 100，再乘以权重得到考核指标的实得分数；各指标的实得分数相加所得分数，就是对该员工的业绩考核得分。

目标管理方法在绩效考核中的实施步骤，必须根据目标管理的循环实行(图 5-6)。

(五) 关键事件法

关键事件法(critical incident method)属于工作绩效评价方法中的一种，具体使用方法如下：首先将下属雇员在平时的工作中表现出来的特别不寻常的优秀绩效或者特别突出的恶劣绩效记录下来，然后再在一个预先确定下来的时间与雇员进行讨论和审查。

1979 年莱瑟姆(Latham)等人采用“关键事件法”分别与 20 位经理、20 位领班和 20 位小时工进行了面谈，请他们列举出领班的行为中 5 个有效的行为事件和 5 个无效的事件。他们的研究发现，用关键事件法进行绩效评估有以下四个方面的优点：关键事件法是通过使用者提供的数据建立起来的，并用于使用者；从内容上看，关

- 定性预测的主要方法
  - 直接调查法
    - 购买者意向调查法
    - 市场试销法
  - 经验判断法
    - 高级经理意见法
    - 销售人员意见法
    - 专家意见法（德尔菲法）

图 7-3　定性预测的主要方法

现一定的规律，并且能够收集到足够的相关历史数据资料，则采用定量预测法较为适合。定量预测法主要包括时间序列法和回归分析法两种。

时间序列法是利用变量与时间存在的相关关系，通过对以前数据的分析来预测将来的数据，其主要特点是以时间推移研究和预测市场发展趋势，但在遇到外界发生较大变化，如国家政策发生变化时，根据过去已发生的数据进行预测则会产生较大的偏差。

回归分析法是通过对两个以上变量之间的因果关系分析，找出事物变化的原因，用数学模型预测事物未来的发展变化，回归分析法试图判断在因变量 (销售额) 与一个或多个自变量之间是否存在某种偶然的关系。如果发现了某种关系，就可以建立函数关系式，因变量 (销售额) 的值就可以根据自变量的特定值来加以预测。如果研究的因果关系只涉及两个变量，称为二元回归分析法；如果涉及两个以上的变量，就叫做多元回归分析法。定量预测的主要方法如图 7-4 所示。

- 定量预测的主要方法
  - 时间序列法
    - 简单平均法
    - 加权平均法
    - 移动平均法
    - 指数平滑法
    - 季节波动分析法
  - 回归分析法
    - 一元回归分析法
    - 多元回归分析法

图 7-4　定量预测的主要方法

键事件法是有效的；关键事件法明确指出了一项特定的工作所要求的全部的工作行为，可以据此建立工作说明书，或对工作说明书进行很好的补充；关键事件法鼓励主管和员工针对员工的长处和缺点进行有意义的讨论，因此对企业建立明确的绩效反馈系统很有帮助。

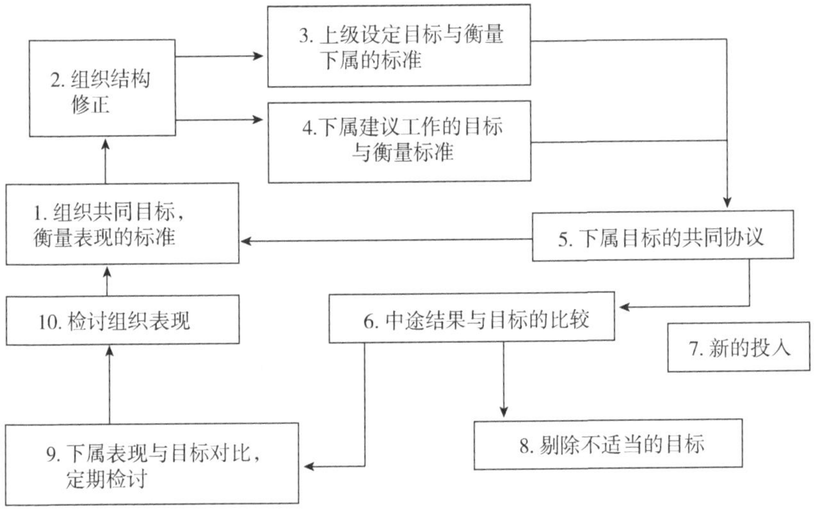

图 5-6　目标管理循环图

被评估人对评估方法的满意度是绩效评估根据实用性的一个重要元素，它决定了评估结果的发展性效用，因为绩效评估和反馈的有效性很大程度上取决于被评估人对评估系统的接受程度。关键事件法使用聚焦于具体行为的评估方法，可以使评估人和被评估人更加舒服，更愿意接受评估和反馈结果。按照被评估人愿意接受的程序排序，最容易被接受的是关键事件法，其次是行为锚定法，最后是图尺度评价法。相对于图尺度评价法来说，关键事件法使目标更清晰，更可直接观察，更容易被评价人接受，可提高对目标的认同度，具体、清晰的绩效目标会让评估人认为是合理的、可达到的、有用的。

2010 年 Tziner 等人研究了当把绩效评估用做发展性工具时，不同的评估方法对一些重要变量的影响，尤其是对“被评估人的满意度”和“在绩效评估和反馈过程中发展出的目标的性质”的影响。他们将 96 位警官随机分成三组，分别用图尺度评价法、行为锚定法、关键事件法评估其绩效。结果显示，当使用关键事件法时被评估人对绩效评估的满意度最高，对绩效目标的认知程度也最好；使用关键事件法时，根据结果建立的绩效改进结果也更具体、更易观察；而在衡量被评估人态度和

目标特征时，图尺度评价法和关键事件法难分优劣，而它们都比行为锚定法要强。还有大量学者研究表示，不同的绩效评估方法对评估的信度和效度的影响不大，但是使用不同的方法获取和记录关于工作绩效的信息，可能会更有利或不利于绩效评估的发展性用途。

(六) 行为锚定等级评定方法

行为锚定等级评定(BARS)方法是最简单和运用最普遍的绩效考核方法之一，建立在关键事件法基础上，主要目的是通过建立与不同绩效水平相联系的行为锚定来对绩效加以具体的界定。该方法试图将关键事件描述法和量化评价技术结合在一起，将定量评价尺度与关于特定的优良绩效或劣等绩效的实例描写结合在一起。行为锚定等级评定方法首先是做工作分析，搜集大量的代表工作中的优秀和无效绩效的关键事件；然后再将这些关键事件划分成不同的绩效等级；在考核表中例举出这些关键事件、绩效等级；进行考核时，对被考核者的行为给出最合适的分数，然后将所有分值相加，即得出最终的绩效考核结果。行为锚定法与图尺度评价法的不同之处在于，出现在量表分段处的不再是数字或对特征的形容词，而是实际的行为事件。

(七) 强制分布法

在年度考核时，将员工按一定比例归到事先定好的不同种类中。某公司按照绩效将全体员工划分为五个档次，每个档次员工数目比例一定，即 A 杰出(5%)、B 优秀(20%)、C 良好(40%)、D 及格(30%)、E 较差(5%)，对不同档次的员工，公司采用不同的人事处理方式。

第三节　企业人力资源管理咨询与诊断项目的运作

一、项目营销阶段

(一) 项目营销人员主动接触

一般来讲，项目营销人员很少以销售的形式主动和客户接触。麦肯锡公司的高层负责人曾经在半公开的场合说过：“管理咨询不需要销售。”事实上，管理咨询是一种很难用简单的推销形式就能销售出去的产品，它的营销活动更依赖于品牌和厚积薄发的市场培育行动。只有一种特殊的情况是例外，就是客户公司或组织公开宣布他们即将开展的咨询项目或者管理咨询方面的需求，以公开招标的形式寻求咨询顾问的帮助。

(二) 潜在客户主动接触

在大多数情况下，是客户主动接触咨询顾问或管理咨询公司，这意味着客户遇到了经营管理方面的某些问题。客户可以从多种渠道得知该公司的信息，包括相关的行业出版物、商业黄页或者是互联网。对一个管理咨询公司而言，没有什么比抓住一个主动接触的客户更重要的了。

(三) 项目商务谈判

和所有的约会一样，初次见面留下的印象永远是最重要的。因此必须强调咨询顾问在初次会见客户时的行为和表现的重要性，因为所谓的“第一印象”永远是最重要的。咨询顾问希望会见到决策性的人物，因为管理咨询是一把手工程，不仅仅是因为一把手对企业里最急迫的问题有全局的考虑，而且咨询方案需要一把手来推动。如果客户公司的关键人员参与会见咨询顾问，咨询公司方面应派出同样高级别的代表，在中国的小公司通常是公司的总经理，而大公司也至少要副总一级出面。

(四) 初期会见的准备

初期会见要求咨询顾问应收集有关客户的基本情况、周围环境，以及有关行业业务的特点。项目建议书是赢得一份咨询合同关键的要素之一，因此撰写具有说服力的建议书是一门艺术，建议书的文笔和技术质量往往会给客户留下深刻的印象，一份好的建议书可以起到事半功倍的效果。咨询顾问向客户提交的报告应包括以下三个方面。

(1) 技术部分。此部分描述的是咨询顾问对问题的初步评价、咨询要达到的目的、使用的方法和需要遵循的工作计划等。值得注意的是，由于咨询顾问和客户对技术部分详细和具体到什么程度有不同的认识，过于笼统和过于详细，都是不稳妥的行为。

(2) 人员部分。此部分给出将要执行咨询任务的咨询顾问的姓名和简历。这部分描述咨询公司在与特定客户需求有关领域的经验和业绩。可以先概述给所有客户提供的标准信息，然后以特定的小节用于说明咨询顾问以前承担类似委托任务的背景，以此向客户证明他是最合适的人选。

(3) 财务和其他部分。这部分通常通过考虑项目难度、给客户创造的价值、咨询公司投入的相关成本，提出费用总额和阶段付款的方式和时间，有些客户愿意把交通食宿费用单独承担，而另一些则希望合并在总咨询费用中。

(五) 签订管理咨询合同

项目营销阶段结束的标志是签订人力资源管理合同。这时候，客户已经对自身

的需求有了清晰的了解和判断，咨询公司也对提供咨询服务的内容和方式有了比较清晰的安排，双方在项目的进度、价格和预期目标方面达成了一致。在成熟而规范的管理咨询公司中，所谓正式达成工作协议是从合同正式签订并且收到第一笔预付款开始的。在合同正式签订后，双方都应该清楚，此时管理咨询公司的顾问小组和客户公司相应的人员已经成为一个团队，共同为了一个目的而工作。

二、项目准备、深入诊断与方案设计

(一) 人力资源管理咨询项目准备

项目准备阶段是人力资源管理咨询执行层面工作的开始，它是指与客户签订人力资源管理合同后到项目组进驻客户公司现场的这一阶段。“好的开始是成功的一半”，项目准备的主要内容包括人员准备、资料准备以及与客户进行充分的项目前期沟通三个方面。具体工作包括项目组组建、内部启动会、资料准备与初步消化、客户初步联系和项目组进场。

1. 项目组组建

和其他所有的项目一样，一个管理咨询项目组的灵魂和核心人员是所谓的项目经理。项目经理要求具有极强的整体把握能力，沟通能力，适应和改变环境、获得各种资源的能力，专业知识和技能。项目成员的选择需要考虑到客户的需求、咨询顾问对业内知识的了解程度、咨询顾问过去的经历、个人意愿。

2. 内部启动会

项目成员选定以后，项目经理应组织召开一个小型会议，参加人员一般包括事业部总监、项目主要营销经理、咨询项目经理和全体咨询顾问。项目内部启动会宣告了项目组的正式成立。

3. 资料准备与初步消化

资料准备包括收集行业相关资料、人力资源管理资料、客户资料、标杆企业资料等，来源有互联网、咨询公司内部数据库等。在进入客户公司之前，项目组必须要对收集的资料进行快速消化，并且项目组成员之间应该及时就有关问题进行沟通。一般要求项目组成员分头收集资料，然后交项目组的资料负责人进行编号管理，以供在项目进行过程中查阅。

4. 客户初步联系

项目经理在项目准备阶段，要通过电话和电子邮件等方式，提前同客户的决策层进行沟通，详细介绍按照客户要求选定的咨询项目组成员，并落实初步的项目进场后的工作计划和工作思路。在征得客户同意的情况下，最终确定项目整体的工作计划，但并不排除项目运作过程中，在同客户协商的基础上，调整工作计划的可能。

5. 项目组进场

客户项目启动会是项目组到达客户公司后的首次公开亮相，要求全体咨询顾问体现出良好的精神风貌，着装、举止、谈吐要尤其注意。项目启动会需要客户方的高层，甚至全体中层都参加，这个会议对于整个项目的开展乃至最后的成功具有十分重要的意义。

(二) 深入诊断人力资源管理咨询问题

1. 重要人物访谈

为了深入了解企业决策层的需求和潜在需求，在项目一开始就把握住项目运作的整体准确思路，在进行大规模访谈前，项目组要借着项目启动会的契机，联系公司关键的决策人物，如董事长或者总经理进行非公开性的单独访谈。一般安排在项目组进场后的 1~2 天内进行，可以提前为客户介绍访谈的内容提纲，请对方参考，同时要准备好详细的问题，准备对有疑问的地方进行提问，获得更本质的理解。

2. 客户资料收集与消化

项目组应该及时将内部资料收集清单提交给客户的项目负责人，请求客户在给定时间内提供原始资料。资料收集后由项目内部做好登记、整理，供项目组成员借阅，一般在两天之内完成对这些资料的消化吸收，项目组讨论通过资料的消化中所发现的问题等。同时根据所了解的情况做好访谈提纲，准备访谈。项目经理则准备好访谈计划，与客户确定好访谈安排，客户协调人负责联系被访谈员工及时参加访谈。

3. 大面积的访谈

客户内部大量的信息不是以书面的形式存在的，需要进行针对性的访谈与调研。一般地，人力资源咨询项目的大部分模块涉及企业成员的切身利益和现实要求，在企业内部十分敏感，因此需要全面了解企业不同层次的人员对人力资源改革的看法。

4. 组织问卷调查与分析

问卷调查要注意发放范围的问题，一般地，要根据客户方的项目联络小组提供的公司成员情况设立标准，确保问卷的调查对象有足够认识能力和判断能力回答问卷中提出的问题。

5. 提交人力资源管理诊断与建议报告

人力资源管理诊断与建议报告是人力资源管理咨询项目的核心内容之一，报告主要是通过发现问题和分析问题，提出解决问题的建议方案。

(三) 咨询与诊断方案设计

人力资源管理咨询方案设计的本质是咨询项目小组将人力资源理论同企业的实际情况结合起来，提出对企业人力资源管理问题的解决方案的过程。它是人力资源

管理咨询工作的重心。这一阶段需要更多的创新和创造，并且需要客户企业内部的人员更多介入，因为解决方案必须适应客户企业的独特环境。客户的参与和配合，不仅能够有效地帮助咨询顾问准确地把握企业人力资源管理咨询过程中的细节信息，更重要的一点是，客户项目小组参与此过程也是给客户企业的员工提供一次良好的培训机会，从而当咨询师撤出客户的企业以后，客户的员工可以更容易地实施设计方案。

(1) 形成初步的人力资源管理咨询方案。

(2) 与客户就初步人力资源管理咨询方案和制度进行全方位沟通。

(3) 项目组内部研讨与方案修正。

(4) 精心准备咨询方案的汇报会。

(5) 调整并最终确定人力资源管理咨询方案。

三、辅助实施与后续服务

(一) 人力资源管理变革

人力资源管理咨询方案的实施过程是一个典型的公司职能层面变革过程，如何管理变革过程是公司在实施新的方案中人力资源管理方面普遍遇到的挑战。变革要提前考虑到方案实施过程中可能遇到的障碍，并准备好应对方案，这其中首要的一点是要解决认识上的问题。人力资源管理方案实施中存在较多的问题是员工对变革的意义有怀疑，这需要公司领导层自上而下的积极而有效的沟通，需要领导大力支持以及积极的宣传。沟通是至关重要的，甚至可以说，人力资源管理变革的过程就是沟通的过程，沟通贯穿于变革的全过程。并不是所有的员工都能意识到变革的重要性，在这个阶段，企业的高层要把变革的心理预期推销给员工，通过种种手段，在组织内部造成一种变革势在必行的危机意识。

(二) 方案实施准备

周密的准备工作是方案有效实施的保证，准备工作包括成立方案实施小组、制订方案实施计划、召开实施动员大会等。

(1) 成立方案实施小组。

(2) 制订方案实施计划。

(3) 召开实施动员大会，做好实施宣传。

(4) 人力资源管理制度培训。

(三) 方案实施中的指导

企业一般按照方案实施计划。开始有一个阶段为方案试行期，这段时间是调整

和熟悉方案阶段，尤其是员工绩效考核方案，由于一般与薪酬的联系比较密切，因此一旦绩效考核没有成功落实，薪酬应该沿用以前的方案，以免员工对薪酬以及新的人力资源管理方案产生怀疑，增加实施的难度。

(四) 后续服务阶段

后续服务阶段主要包括以下内容：

(1) 项目团队总结。

(2) 建立客户随访制度。

(3) 保持畅通的沟通渠道，处理后续服务问题。

(4) 建立与客户的友谊。

第四节　企业人力资源管理咨询与诊断的成果

一、企业内部管理环境呈现

咨询小组深入企业实践，获取一手资料和信息。这些资料和信息直接揭示了企业客户内部的管理环境，不仅包括企业的人力资源管理问题，也包括如公司治理结构、市场营销职能、研究与开发职能等其他方面的问题。这些宝贵的资料系统地反映了企业内部管理的概貌，勾勒出了企业内部管理环境，多角度呈现了被咨询的人力资源管理问题，它们是企业管理当局了解企业自身问题、倾听基层心声的重要渠道，也是咨询项目小组进行问题剖析、制订管理制度和实施方案的重要证据。

1. 访谈与问题呈现

访谈关键的企业管理人员，是获得关于企业人力资源管理问题的第一手资料，准确了解企业咨询需求的重要途径之一，包括对高层的访谈与对中层管理人员的访谈。

2. 调查问卷统计与分析

(1) 问卷调查目的。相对于访谈法，调查问卷法是一种成本较低、效率较高、覆盖面相对广泛的办法，但了解信息的深度和详细程度有限。一般地，为了全面了解企业的内部管理环境，需要综合两种办法的优势，即将其结合起来使用。

(2) 问卷分析方法。对调查问卷的统计分析主要采用频率或频数分析、描述统计分析和交叉分析等方法。在数据收集上来以后，我们一般采用 SPSS、SASS 或 EXCEL 等统计分析软件进行数据处理，使调查问卷的统计结果以比较直观或直接的方式反映到企业决策者的手中。

二、人力资源管理问题诊断

解决企业人力资源管理问题需要对企业内部管理环境进行全面深入的了解，之后咨询小组在此基础上，将应用现代人力资源管理科学的有关理论和丰富的咨询服务经验，不断推导、验证已有的一些假设。最后结合企业的实际情况，全面、系统地归纳出客户企业现有的和潜在的人力资源管理的问题，并甄别主要问题，提出创造性的改进和变革的建议。

企业人力资源管理问题的呈现往往是多方面的，如何系统地甄别、归纳企业人力资源管理问题，分清主次，抓住主要问题，需要系统的人力资源管理理论和丰富的人力资源管理咨询经验。在人力资源管理问题的诊断中，分为两个部分：一是对企业人力资源管理问题的归纳和综述；二是有针对性地提出人力资源管理改进的建议和措施。

(一) 人力资源管理问题综述

第一，人力资源管理战略。人力资源管理理念严重滞后，没有从战略的高度看待人力资源问题，人力资源管理还停留在简单的人事管理上。

第二，人力资源管理组织职能保障。人力资源管理组织缺位导致人力资源管理的效用不能充分发挥。人力资源各项管理职能不足，难以形成一个良性循环，无法为公司发展提供有力的支持。

第三，人力资源规划。企业不能根据外部环境和发展战略的变化制订相应的人力资源规划，人员需求和供给凭感觉，缺乏整体感。

第四，工作分析。企业忽视了针对各岗位的工作分析，无法为有效的人力资源管理创造基础条件。

第五，招聘管理。招聘中的问题导致公司无法通过招聘满足企业的用人需求。

第六，培训管理。培训不足使得企业不能整体提升员工的知识和技能，无法起到增强企业竞争力和凝聚力的作用。

第七，绩效考核管理。目前公司虽然有基础的考核管理，但是实施考核时的一些问题仍影响着考核效果的有效发挥。考核的参加者单一，不利于员工绩效的公正体现。

第八，人力资源激励。企业的激励手段单一，无法对员工形成有针对性的激励。企业薪酬制度不合理导致员工产生不公平心理。

第九，职业生涯管理。公司没有对员工进行职业生涯指导，员工个人发展方向

不明。企业为员工设计的晋升通道，往往只有提职一条途径。

(二) 人力资源管理改进工作

1. 人力资源管理组织职能保障

人力资源部门和各直线部门要共同承担人力资源管理的工作。

2. 人力资源规划

企业应该根据发展战略和组织目标进行人力资源的系统规划。

3. 工作分析与岗位评价

做好工作分析和岗位评价工作，为建立合理的薪酬体系奠定基础。

4. 培训管理绩效

现代企业系统培训的模式是公司未来培训模式的必然选择。公司未来的培训要将专业素质培训和人格素质培训结合起来。要体现多样性、多元化的原则，综合提高培训的效益。

5. 考核管理

人力资源管理理论认为，在企业不同的发展阶段，应侧重不同的考核目的。企业考核系统结构一般包括四个方面：一是考核要素子系统；二是考核指标子系统；三是计量子系统；四是评价子系统。考核要素包括工作业绩、工作态度和工作能力。业绩考核指标要根据各个岗位的工作特点来确定。考核指标子系统可设计成两个部分：一是态度指标，二是能力考核指标，具体指标要根据具体的岗位来设定。考核计量子系统是实现考核目的的重要制度性设计。考核评价子系统主要包括评价者与评价内容两个角度。考核评价子系统主要包括评价周期与评价管理两个重要方面。

6. 薪酬体系设计

设计薪酬体系要遵循公平性、竞争性、激励性和适应性的原则。薪酬的各组成部分体现出不同的刚性和差异性特点，公司可以根据不同的职系采取相应的薪酬模式。薪酬模式也要与企业发展阶段特点相匹配。建立基本薪资制度的流程建议采用以下流程：依据企业战略与企业文化确定本企业的付酬原则与策略，根据组织结构设计编写职务说明，确定付酬因素选择评价方法，确定和绘出工资结构线，工资状况调查及数据收集，工资分级与定薪，工资制度的执行控制与调整。一般认为确立基本工资的方式有岗位技能薪酬制、职务职能薪酬制和市场定价工资制三种。

7. 职业生涯管理

职业生涯开发与管理应立足于员工潜能开发，并以满足员工需求与发展为目标。职业生涯管理要突出员工职业发展与内在价值满足的统一，按照员工职业生涯发展指导员工培训(图 5-7)。

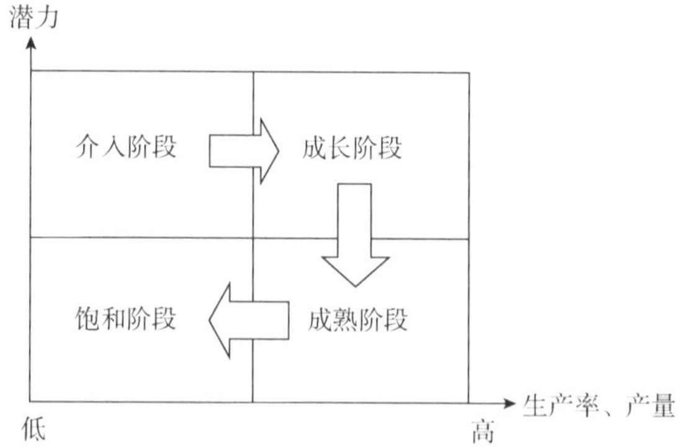

图 5-7 员工职业生命周期的模型

三、人力资源管理制度体系

人力资源管理制度体系由人力资源规划管理制度、招聘管理制度、培训管理制度、绩效考核管理制度、薪酬管理制度和职业生涯管理制度组成。

制度是凸显管理价值的重要方面。咨询小组将根据企业的实际问题和现代人力资源管理客观规律，重构企业人力资源管理的制度体系，并反复论证其可行性和适用性，最终向客户提交符合企业实际和发展需要的新的人力资源管理的制度体系。

人力资源管理咨询的项目非常重视为企业设计人力资源管理的制度，咨询小组会对制度设计的方方面面、每个环节进行深入的论证和研讨。因为管理的价值体现主要通过制度，或者体制得以体现。大到一个国家，小至一个团队，制度的力量和重要性不言而喻。制度的比较优势是企业核心竞争力的重要组成部分。解决人力资源管理的问题，实现企业人力资源管理水平的提升，最终要落实到制度上。符合企业发展实际，符合现代人力资源管理理论和经验的人力资源管理制度对于企业发展与进步具有突出重要的意义。

事实上，企业的人力资源管理制度是一个多角度、多层次的制度体系。大到企业的人力资源管理的战略选型，小到部门的考勤制度，都是企业人力资源管理制度体系的组成部分。在这里，限于篇幅，笔者仅仅就在企业人力资源管理中起到关键作用的制度加以讨论，主要包括人力资源规划管理制度、招聘管理制度、培训管理制度、绩效考核管理制度、薪酬管理制度以及职业生涯管理制度。希望读者能结合本书前面各章的内容，在阅读这些制度的同时能够主动追溯到制度设计的层次，主动了解、体会这些制度安排的原因。

四、人力资源管理流程体系

人力资源管理流程是实施人力资源管理制度体系变革、固化人力资源管理变革成果的基本举措。咨询小组按照企业人力资源管理制度体系的要求，重新梳理企业原来的人力资源管理流程体系，通过人力资源管理流程再造，固化人力资源变革的成果，达到长久、持续提升企业人力资源管理能力的目的。

制度如何执行？制度执行的过程如何不变形、不衰减？人力资源管理制度体系变革是一个较长时间的目标，而再造企业人力资源管理流程体系则是达到这个目标的重要手段和执行新的人力资源管理制度的基本保障。企业不可能一蹴而就达到人力资源管理制度的理想状态，而是需要人力资源管理流程再造，需要通过流程来固化各个部门、人员和其他管理要素之间的关系，最终达到推进人力资源管理制度落实，实现人力资源制度变革和人力资源管理水平提升的目的。

人力资源管理流程是按先后排列或并行的一整套与人力资源管理相关的活动或任务，它们基于特定指令完成特定的工作。这些人力资源管理的相关工作将输入的指令转变为一个或多个输出的结果，从而达到人力资源管理行为的最终目的。

[案例分析]

某开关设备厂生产的产品在全国有较高的知名度，尤其是中小型开关设备名列前茅，每年都有不少新产品投放市场，而且十分畅销，市场占有率较高，经济效益十分显著。但好景不长，最近几年投放市场的新产品逐渐减少，市场也在萎缩，经济效益也在滑坡。分析其原因是厂里一批技术尖子和管理骨干，受“三资”企业高薪的吸引，分别跳槽而去。厂里曾从每年的高校毕业生中招聘，补充技术开发队伍和经营管理队伍，由于工资收入与“三资”企业差距较大，很多高校毕业生，尤其是全国名牌高校的毕业生不愿应聘。企业人才流失严重，想招聘又招不进来。企业高层领导班子感到这是必须解决的一个重大问题，可多次讨论，也束手无策。最近，高层领导班子召开全厂干部扩大会议，动员大家想办法，出主意。劳资处长首先发言，提出：“我们干脆也像‘三资’企业一样，以高薪来吸引人才，留住人才。‘三资’企业给招进来的大学毕业生，第一年学士每月 3000 元，硕士每月 4000 元，博士每月 5000 元，我们也按这个标准给，凭着我厂的政治、经济区位优势，我就不信招不进人才。”生产处长对着劳资处长说：“你只给刚进来的大学毕业生这么高的报酬，那已经进厂工作多年的老大学毕业生，现在平均月薪 1500 元左右，这部分人的

工资要不要涨？其他员工的工资要不要涨？”财务处长接着发言说：“以高薪招聘大学毕业生，我不反对；其他员工的工资也不能不升。如果不涨，不升，肯定会引发一系列新的矛盾。要涨，要升，涨多少？需要多少钱，钱从哪里来？我这个财务处长可不好当！”大家议论纷纷，你一言，我一语，讨论十分热烈。为了招进大学毕业生，解决技术开发和经营管理后继有人问题，可又引发了一系列矛盾。厂级领导班子各成员也感到困难重重，怎么办？这时厂里也请来了咨询公司，正在对企业发展战略问题进行咨询。厂长也想听听咨询人员对企业解决人才问题的想法和建议。于是厂长向咨询小组各成员介绍了厂级扩大会议讨论的情况，并请咨询小组发表高见。

思考题：

你作为咨询小组成员，你有什么见解。如何解决人才引进和留住人才的问题？

[案例分析答案]

这个案例属于对策型案例，案例已对开关设备厂人才难留、人才难招的情景作了描述，而且对存在的问题和矛盾也作了明确的表述；劳资处长也提出了自己的对策建议，却又引发一系列新的问题和矛盾，该厂高层一时还无法解决。因此，下面提供一个对策建议，供参考。

人才难留和人才难招，是一个问题的两个方面，人才留不住，肯定影响人才招进来。人才留不住的主要原因还是收入水平低，这么低的收入当然也吸引不了人才，招不进人才。目前，国有企业包括集体所有制企业人均工资水平普遍偏低，与“三资”企业薪酬差距过大，这是一个尖锐的问题，如何解决？

第一，要转变观念，确立现代人才观。尊重人才、爱护人才、重用人才、激励人才。企业有了一大批优秀人才，能更好开发和生产出符合市场需要、具有核心竞争力的产品，能为企业创造更高的效益。给人才、给员工较高的报酬，人才、员工会以更辛勤的创造性劳动、更多的创造性成果回报企业、回报国家、回报社会，何乐而不为。

第二，企业高层领导班子要敢于行使企业工资分配自主权。企业有了工资分配自主权，可以自主地决定本企业的工资总额和平均工资水平。企业在形成良好的产权约束机制的条件下，应自主决策，进行企业工资分配制度的改革，在提高劳动生产率、提高经济效益的基础上，大胆提高企业员工的薪酬收入水平，以较高薪酬收入、留住人才和吸引人才，与“三资”企业和国外企业争夺人才。根据效率优先，

兼顾公平的原则，相应地调整和提高厂内各类人员的薪酬标准，不仅吸引高校和社会上的人才，而且稳住和留住企业现有所需人才。

第三，采取开源节流、减员增效等措施，开辟资金来源，解决增加薪酬所需资金。首先要调动现有技术人员开发新产品的积极性，增加对市场的新产品投放，提高其市场占有率，制止效益滑坡的势头，经济效益好转，增加人才和各类员工的薪酬就有希望。同时，严格各项开支，堵塞浪费，使有限的资金用到刀刃上，办好事，多办事。另外，精干主体，精简和分流非生产人员，定岗定编，以岗定薪，重要岗位给予高的薪酬；对于分流下来的人员，或者转岗安排，开辟新的经营门路，增加新的创收渠道；或者鼓励自找出路，自谋职业。

第四，拟定正确的薪酬战略。可以提出以下四个薪酬战略方案供客户企业领导选择：①岗位薪酬战略方案；②绩效薪酬战略方案；③岗位工资与绩效相结合的薪酬战略方案；④全面薪酬战略方案。建议客户企业领导从本企业实际出发，从中选择某一或某两个战略加以实施。

第五，建议在企业实施专家(能人)高薪制、提成工资制。对为科技开发和经营管理作出重大贡献的科技人员或产品推销作出显著成绩的营销人员，实行高薪制或工资提成制。

[习题]

一、单选题

1. 人力资源管理过程共包含几个环节(　　)

   A. 5　　B. 6　　C. 7　　D. 8

2. 问卷调查方法的主要缺点是(　　)

   A. 成本高　B. 信息的真实性差　C. 对问卷设计要求高　D. 调查效率低

3. 反映员工所在岗位或所具备技能的价值中较为固定的价值的薪酬部分是(　　)

   A. 工资　　B. 奖金　　C. 津贴　　D. 福利

4. 下面说法错误的是(　　)

   A. 一般来说，访谈可以分为以下三个阶段：访谈准备、进行访谈、访谈分析

   B. 一般来说有两种访谈的方式，一是漏斗式，二是倒漏斗式

   C. 问卷法又称间接调查法，普遍被认为是最快捷、最有效的咨询信息获取方法之一

   D. 人力资源的咨询项目要访谈大量的企业内部人员，但不包括全部公司高层管理人员

5. 人力资源需求预测的技术方法是(　　)
A. 回归分析法　B. 头脑风暴法　C. 生产函数模型法　D. 劳动定额法

二、多选题

1. 咨询师常遇的被访谈者根据其情绪变化的典型类型有(　　)
A. 沉默不语型　B. 滔滔不绝型　C. 态度不友好型
D. 无理取闹型　E. 过分配合型
2. 迈克尔·波特提出“五力分析”，他选取的五种环境要素是(　　)
A. 产业新进入的威胁　B. 供货商的议价能力　C. 买方的议价能力
D. 替代品的威胁　E. 现有企业的竞争
3. 薪酬体系设计的方法有(　　)
A. 基本工资组合　B. 计件工资制　C. 计时工资制
D. 技术等级工资制　E. 绩效工资
4. 绩效考评的工具(　　)
A. 平衡计分卡方法　B. 关键绩效指标方法　C. 行为锚定等级评定方法
D. 关键事件法　E. 强制分布法
5. 培训管理流程包括四个重要子流程(　　)
A. 培训计划流程　B. 培训计划执行流程　C. 临时外部培训执行流程
D. 员工技能评估流程　E. 试用期管理流程

三、简答题

1. 对企业进行的人力资源管理咨询与诊断包含哪些内容？
2. 请简要回答管理咨询信息的获取方法有哪些。
3. 绩效考评的几种工具是什么？

[习题答案]

一、单选题

1. D　2. C　3. A　4. D　5. A

二、多选题

1. ABC　2. ABCDE　3. ABCDE　4. ABCDE　5. ABCD

三、简答题

(略)

CHAPTER 6

第六章　企业财务管理咨询与诊断

[内容提要]

本章全面阐述企业财务管理咨询与诊断的基本理论和其包含的各方面内容，重点介绍财务管理咨询与诊断的实用方法，突出了咨询与诊断在企业财务管理中的实际应用，结合典型实例和工具阐述方法和原理。

[学习要点]

1. 了解如何对企业进行财务状况调查分析；
2. 掌握企业成本管理咨询与诊断的原理和方法；
3. 掌握全面预算咨询与诊断的原理和方法。

第一节　企业财务管理咨询与诊断概述

一、财务管理咨询的特点和作用

(一) 财务管理咨询的基本概念

财务管理咨询是管理咨询的重要组成部分，对财务管理概念的理解不同，财务管理咨询的范围也会不同，因此，有必要先明确财务管理的一些基本概念。

1. 企业财务管理的基本概念

对财务的理解我国学者提出了很多学说，主流观点是资金运动论。该观点认为，财务是企业再生产过程中客观存在的资金运动及其所体现的经济关系。

企业置身于市场关系之中，现金既是企业资金运动的开始形态，又是企业资金每次循环的终结形态。

财务管理是企业管理的一种重要组成部分，是组织财务活动、处理财务关系的一项经济管理工作。财务活动主要包括筹资活动、投资活动、企业经营所引起的营运资本管理活动以及企业利润分配所引起的财务活动。

2. 企业财务管理咨询的基本概念

财务管理咨询是企业管理咨询的一个重要方面，是从狭义的角度来说的。事实上，企业不仅在日常经营管理中需要财务顾问的建议，而且在企业改制、重组、并购、投资、项目实施、税收筹划、利率和汇率安排、资产剥离、企业的扩张、收缩、出售、破产和清算等方面都需要财务的意见。从发展趋势看，财务咨询的独立性越来越强，覆盖面会越来越大。

(二) 财务管理咨询的作用

财务管理咨询的作用主要表现在以下几个方面：

(1) 提升企业价值。

(2) 培养财务人才。

(3) 提高社会资源配置效率。

二、财务管理咨询的内容

(一) 财务管理活动

财务管理活动主要包括以下几个方面。

(1) 财务治理活动。财务治理的核心就是明确划分股东会、董事会、监事会和

经理人员各自在财务处理上的责任和权限，确保财务制度的有效运行。

(2) 融资管理活动。筹集必要的资金是维持和扩大生产经营、调整资本结构、实施负债经营等的需要。融资管理包括融资渠道和融资方式的选择与确定等。

(3) 财务控制管理活动。股东把资金投到企业，开展销售、生产、采购和研发等生产经营活动。从资源实质上看，以资源和资金为核心，企业还有一个价值循环链，包括企业战略、业务规划、经营规划、预算管理、绩效评价直到薪酬激励，周而复始，推动着企业价值创造能力不断提高。上述这些环节都存在着财务控制管理活动，以保证投资者的利益和企业价值最大化。

(4) 营运资本管理活动。营运资本包含了企业的流动资产总额。营运资本管理内容包括：第一，现金管理，即提高收现效率。第二，有价证券管理。第三，应收账款管理，包括应收账款的信用管理、安全性管理、利用效率管理等。第四，存货管理，要在存货持有的效益和相关的成本之间做出权衡。

(5) 投资管理活动。投资活动是企业生产经营活动的延续。投资包括项目投资、金融投资和并购重组等。

(6) 利润管理活动。利润管理是企业财务管理活动的重点。其内容包括盈余管理、税收筹划和股利管理等。

(7) 会计管理活动。会计管理是财务管理行动的基础。会计管理活动的内容包括会计信息报告系统、会计控制机制和会计组织管理。

(二) 财务管理咨询的内容

财务管理咨询的内容就是财务管理活动的内容，即财务管理咨询人员根据企业所处环境不同，以不同方式提供财务管理咨询，解决企业财务管理活动过程中存在的问题，帮助企业通过财务管理提升企业价值。

从财务管理咨询产品开发的角度来看，企业财务管理咨询的内容大致分为如下几个方面。

(1) 财务管理系统。财务管理系统包括财务管理子系统建设、企业集团财务管理、财务体制优化设计、内部控制制度设计、内部审计、会计信息系统优化及财务管理流程再造等内容。

(2) 融资管理。融资管理包括企业上市融资设计及辅导、企业融资渠道设计及代理、现金流量管理及运营资本管理等内容。

(3) 投资管理。投资管理包括投资规划、委托理财设计及代理、并购重组设计及辅导等内容。

(4) 财务控制管理。财务控制管理包括成本管理、全面预算管理、资源管理、

企业资源计划(enterprise resource planning，ERP)实施辅导、价格管理等内容。

(5) 利润管理。利润管理包括盈余管理、税收筹划、股利政策设计等内容。

(6) 综合管理。综合管理包括财务管理战略、财务风险管理、企业业绩评价等内容。

考虑本书的读者对象，本章只介绍成本管理、全面预算管理等财务管理咨询与诊断内容。

三、财务管理咨询常用分析方法

(一) 一般分析方法

分析的方法有很多种，但归纳起来主要有以下几类(图 6-1)。

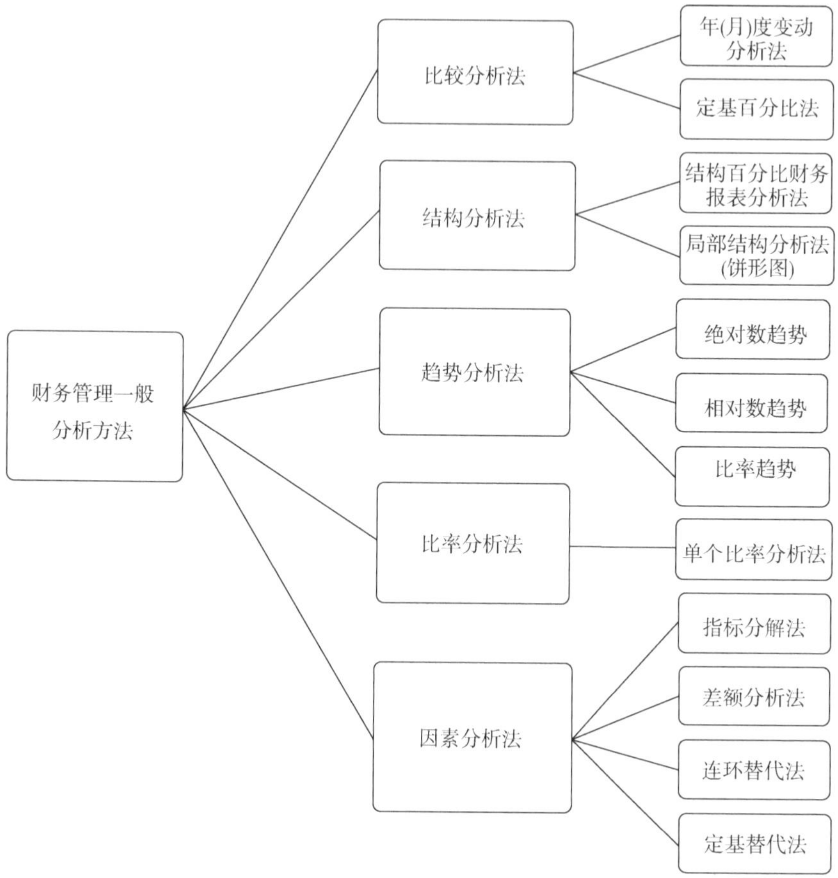

图 6-1　一般分析方法

1. 比较分析法

它是为了说明预算同实际之间的数量关系与数量差异，为进一步的分析指明方向的一种方法。这种比较可以是公司内部的比较，如公司内部基于预算的相比，预算与上年的相比；也可以是不同公司之间的比较等。

2. 结构分析法

结构分析法是在统计分组的基础上，计算各组成部分所占比重，进而分析某一总体现象的内部结构特征、总体的性质、总体内部结构依时间推移而表现出的变化规律性的统计方法。

3. 趋势分析法

趋势分析法又称水平分析法，是通过对比两期或连续数期预算管理过程中相同目标，确定其增减变动的方向、数额和幅度，来说明企业财务状况和经营成果的变动趋势的一种方法。用于进行趋势分析的数据可以是绝对值，也可以是比率或百分比数据。采用这种方法，可以分析引起变化的主要原因、变动的性质，并预测企业的未来发展前景。

4. 比率分析法

比率分析法是把彼此存在关联的项目加以对比，计算出比率，据以确定经济活动变动程度的分析方法。比率是相对数，采用这种方法，能够把某些条件下的不可比指标变为可以比较的指标，以利于进行分析。

5. 因素分析法

因素分析法又称为因素替换法，或连环替代法，它是用来确定几个相互关联的因素对分析对象影响程度的一种分析方法。采用这种分析方法的前提是当有若干个因素对分析对象发生影响时，若分析其中某一个因素则假定其他各因素都不变化，从而确定需分析的这个因素单独发生变化所产生的影响。

(二) 综合分析方法

利用财务比率分析企业的财务状况和经营业绩，是从某一特定的角度对企业的某一方面进行分析，它不足以全面评价企业的总体财务状况和经营业绩。为了弥补这一不足，可将有关指标按其内在联系或代表面组合起来，进行综合分析。企业财务综合分析的方法不少，这里着重介绍杜邦分析法、综合系数分析法和企业绩效评价法。

1. 杜邦分析法

杜邦分析法是利用各主要财务比率之间的内在联系，建立起以净资产收益率为总纲的财务指标体系及其分析模型，来综合地分析、评价企业财务状况和经营业绩的方法。由于这种财务比率分析综合模型是由美国杜邦公司最先设计和使用的，故

名杜邦分析法或杜邦分析模型(the Du Pont system)。

净资产收益率是杜邦分析模型的龙头指标，它可以分解为资产净利率乘以所有者权益乘数(权益资产率)；资产净利率分解为销售净利率与资产周转率的乘积，权益资产率分解为总资产与所有者权益的比率；销售净利率分解为净利润与销售收入的比率，资产周转率分解为销售收入与资产总额的比率，资产总额分解为各项具体资产之和，所有者权益分为各个具体权益项目之和等。杜邦分析模型如图 6-2 所示。

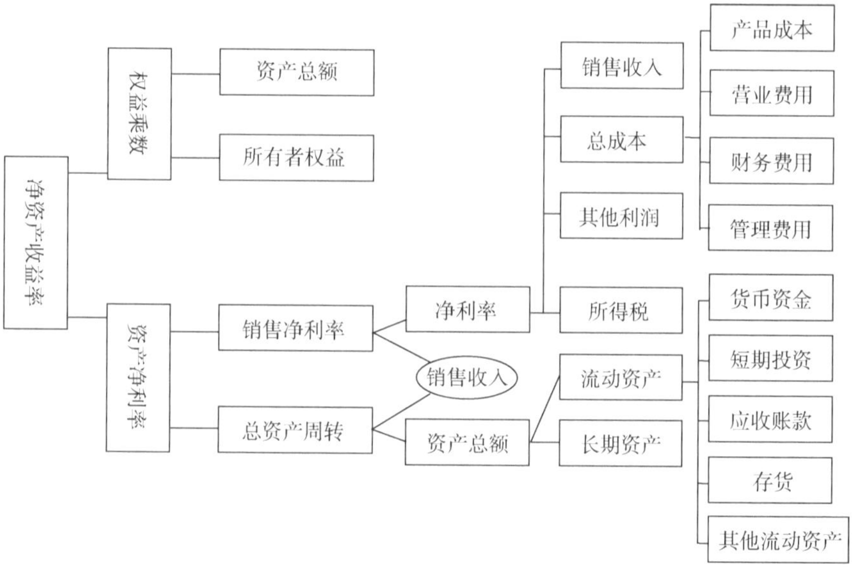

图 6-2　杜邦分析模型

2. 综合系数分析法

综合系数分析法是以标准财务比率为依据，通过实际比率与标准比率的对比，来综合评价企业财务状况的方法。其要点是：根据选定若干能够反映各方面情况的财务比率，按其重要程度，给定一个权重(重要性系数)，总和为 1；将实际财务比率与标准财务比率进行比较，计算出每项指标的关系比值，根据关系比值与重要性系数的乘积得出综合系数，汇总综合系数并用于判断企业的财务状况。表 6-1 是财务比率综合系数分析法运用举例。

本例中，综合系数 1.17 与 1 有较大的差异，说明该企业与行业平均水平或标准比率之间有距离。这种差距是有利差距，因为各个比率比较的结果，基本上都比标准比率要好(除了资产负债率和流动比率略差)，即使财务风险有所增加，偿债能力并未下降(速动比率指标为 1.1)，而且由于赢利能力和营运能力都提高了，所以财务情况是好的。

表 6-1 财务比率综合系数分析表

数量 (1)	重要性系数 (2)	标准值 (3)	实际值 (4)	关系比率 (5) = (4) ÷ (3)	综合系数 (6) = (2) × (5)
流动比率	0.15	2	1.8	0.9	0.14
速动比率	0.10	1	1.1	1.10	0.11
资产负债率	0.10	0.4	0.5	1.25	0.13
应收账款周转率	0.05	6	7	1.17	0.06
存货周转率	0.10	4	5	1.25	0.13
总资产周转率	0.15	1.5	2	1.33	0.20
销售净利率	0.10	0.18	0.2	1.11	0.11
总资产收益率	0.10	0.05	0.06	1.20	0.12
净资产收益率	0.15	0.15	0.17	1.13	0.17
合计	1				1.17

3. 企业绩效评价法

无论杜邦分析模型还是财务比率的综合系数分析，都只是注重了对财务信息的利用，没有对非财务信息予以关注。虽然财务信息具有综合性、全面性的特点，但是仍然有些情况概括不进来，如经营者素质、员工素质、基础管理、企业学习能力等(表 6-2)。

表 6-2 企业绩效评价指标体系

评议内容(权数)		基本评议指标(权数)	修正评议指标(指数)
定量评议指标(80)	财务效益状况(38)	资产收益率(25) 总资产报酬率(13)	资本保值增值率(12) 主营业务利润率(8) 盈余现金保障倍数(8) 成本费用利润率(10)
	资产营运状况(18)	总资产周转率(9) 流动资产周转率(9)	存货周转率(5) 应收账款周转率(5) 不良资产比率(8)
	偿债能力状况(20)	资产负债率(12) 已获利息倍数(8)	现金流动负债比率(10) 速动比率(10)
	发展能力状况(24)	销售(营业)增长率(12) 资本积累率(12)	三年资本平均增长率(9) 三年销售平均增长率(8) 技术投入比率(7)
	指标内容(权数)		
定性评议指标(20)	经营者基本素质(18) 基础管理水平(12) 经营发展战略(12) 综合社会贡献(8)	产品市场占有率(服务满意度)(16) 发展创新能力(14) 在岗员工素质(10) 技术装备更新水平(服务硬环境)(10)	

(三) 财务报表结构分析

企业财务报表是企业财务报告的主要内容，资产负债表、利润表、现金流量表是企业财务报表中的三张主要报表。对这三张报表的结构分析是了解企业财务状况和经营成果的基本方式。

1. 资产负债表结构分析

1) 资产负债表的内容与结构

资产负债表是反映企业在某一特定日期(年末或月末)财务状况的会计报表。它根据“资产 = 负债 + 所有者权益”这一基本会计公式，按照一定的分类标准和顺序，在报表左边列示各项资产，在报表右边列示各项负债和所有者权益，左右两边合计数相等。

报表左边反映的资产是企业实际拥有或控制的、能够给企业带来经济利益的财务资源，按照资产的变现能力强弱(或流动性大小)自上而下排列，变现能力强的资产在先，变现能力弱的资产在后，其基本顺序是：流动资产、长期投资、固定资产、无形资产及其他资产、递延税项。流动资产是指预期能在一年或超过一年的一个经营周期以内变现或耗用的资产，如货币资金、短期投资、应收账款、存货等。长期投资是指投资期限在一年或一个经营周期以上的各种投资，如股票投资、债券投资等。固定资产是在经营过程中使用的经济寿命在一年以上、单位价值在规定标准以上，并在使用过程中保持原来实物形态的资产，如房屋、设备等。无形资产是不具有实物形态而在较长时间内能够给企业带来特定经济利益的经济资源，包括专利权、商标、商誉、土地使用权等。其他资产指长期待摊费用、特种物资、涉及诉讼的财产等。递延税项(借方)是指超缴的税款。

报表右边反映的负债是企业向外筹措，要在将来某个确定的日期，用资产或劳务或新的流动负债予以偿还的债务，亦称借入资本，分为流动负债和长期负债两类。流动负债是指一年或一个经营周期内需用流动资产或新的流动负债去偿还的债务，包括短期借款、应付账款、应付工资、应交税金、应付利润等。长期负债是指偿还期限在一年以上或一个经营周期以上的债务，如长期借款、长期应付款等。负债要按到期日的远近排列，近期在先，远期在后。

报表右边排在负债下面的是所有者权益。所有者权益亦称自有资本，是指企业所有者对企业净资产的所有权，从数量上看，它是资产减去负债后的剩余。分为实收资本、资本公积、盈余公积、未分配利润。实收资本是投资者投入的、在工商管理部门注册登记的实际投入资本。投资者投入资本超过实收资本的部分是资本公积。盈余公积是按有关程序和比例留用的利润，包括公益金、法定盈余公积和任意盈余

公积。未分配利润是企业尚未分配的经营成果。所有者权益按权益的永久性程度排列，永久性大的在先，永久性小的在后。

2) 资产负债表结构分析

根据资产负债表的结构，可以了解和判断企业的下列情况：

(1) 企业拥有的财务(资源的数量和规模)。

(2) 企业资产的流动性。

(3) 长期资本适合率。

(4) 企业资本结构。

(5) 企业财务弹性。

2. 利润表结构分析

1) 利润表内容与结构

利润表亦称损益表，是反映企业在一定会计期间内(年度、半年度、季度或月度)取得经营成果的会计报表。它根据利润形成过程，分步骤依次排列有关收入、成本和费用项目。第一步，以主营业务收入为基础，减去主营业务成本和主营业务税金及附加，计算出主营业务利润；第二步，以主营业务利润为基础，加上其他业务利润，减去营业费用、管理费用、财务费用，计算出营业利润；第三步，在营业利润的基础上，加上投资收益、补贴收入、营业外收入，减去营业外支出，计算出利润总额；第四步，从利润总额中减去所得税，计算出净利润。

2) 利润表结构分析

(1) 了解企业的获利能力、赢利空间和管理业绩。收入与成本、费用之间的差额大小决定企业的利润空间。利润空间大，表明企业的经营有成效(无论是差异化经营还是低成本运作)，管理有效率。

(2) 了解企业利润的主要来源和构成。 一般而言，主营业务利润应是企业利润的主要来源(主流)，其他业务利润是辅助来源(支流)，而营业外收支净额则是不稳定的偶然性的来源，如果三者比例关系颠倒，就需要进一步分析其原因。因为企业的资源主要是投放在主营业务方面，如果在这方面的收益不如其他方面，要么说明企业的经营方向或经营战略出了问题，要么说明企业的经营管理不善，要么说明企业在操纵利润等。

(3) 根据企业利润的来源和构成，判断企业的经营方向和性质。如果主要来源于营业利润，说明企业是以生产经营为主，产权经营为辅(参股)；如果主要来源于投资收益，说明企业是以产权经营为主(控股)，生产经营为辅。

利用盈亏状态分析框架，只能够从项目之间的数理关系角度来进行分析，其对

盈亏的程度和具体原因的分析还不够，需要针对具体企业具体报表来进行。

3. 现金流量表结构分析

(1) 现金流量表内容与结构。现金流量表是反映企业在一定会计期间以内现金及现金等价物的流入量和流出量的会计报表。该表分成三部分，按照经营活动产生的现金流量、投资活动产生的现金流量、筹资活动产生的现金流量的顺序自上而下排列，每一部分里面又按照现金流入、现金流出、现金流量净额顺序排列。经营活动产生的现金流量包括：销售商品、提供劳务收到的现金，收到的税费返还，收到的其他与经营活动有关的现金；购买商品、劳务支付的现金，支付给职工以及为职工支付的现金，支付的各项税费，支付的其他与经营活动有关的现金。

(2) 现金流量表结构分析。根据现金流量表结构分析，企业有三种不同的活动，每一种活动都会导致三种结果：现金净流量为正、为零、为负。最后综合的结果也是三种：现金净流量总额为正、为零、为负。

第二节　企业成本管理咨询与诊断

一、成本管理咨询与诊断概述

(一) 成本概念与成本性态

1. 成本概念

成本是什么？1951 年，美国会计学会(American Accounting Association，AAA)将成本定义为“为达到特定目的而发生或应发生的价值牺牲，它可用货币单位加以衡量”。这一定义的外延广泛，不仅指产品成本，而且包括其他方面的成本。

1957 年，美国注册会计师协会(American Institute of Certified Public Accountants，AICPA)对成本所下的定义为“为获取财货或劳务而支付的现金或转移其他资产、发行股票、提供劳务或发生负债，而以货币衡量的数额”。这一定义表明，成本是为获取财货或劳务而支付的现金及等价物。

成本可以分为实际成本和机会成本。实际成本是指过去、现在和未来的现金流出；机会成本是指投资方案的选择中，如果选择一个方案，放弃的其他投资机会可能取得的最大收益。会计系统主要记录实际成本而不是机会成本，即反映生产产品或提供劳务的全部支出；但是，在考虑投资选择的时候，应该将会计系统未记的机会成本作为投资成本的一部分。

2. 成本的性态

成本性态是指成本和产出之间的关系，其可分为固定成本和变动成本两部分。

(1) 固定成本。固定成本是指在相关的范围内，其发生额，即成本总额不受产量变动的影响而固定不变的成本。固定成本通常包括行政人员工资、厂房保险费、机器设备以及厂房折旧和专利权摊销等。

(2) 变动成本。变动成本是指其发生额，即成本总额会随着产量的变动而成比例变动的成本。变动成本通常包括直接材料、直接人工、按直接人工提取的福利费等。

3. 经营决策成本分析

管理人员在对经营决策进行分析和评价时，需要考虑成本因素，以从中选择最佳决策方案。此时，应予以考虑的成本包括以下几个方面。

(1) 差别成本。广义的差别成本是指不同方案之间的预计成本的差额，包括：增支成本，即从某一方案改变为另一方案时所增加的成本；减支成本，即从某一方案改变为另一方案时所减少的成本。狭义的差别成本是指由于生产能力利用程度不同而形成的成本差异。

(2) 机会成本。机会成本是指拒绝采取某项行动而损失的潜在利益，此项成本尽管在账面上不予记录，但在经营决策时应给予考虑。简单地说，决策时必须从多种可供选择的方案中选取一种最优方案，这必然会导致一些次优方案要被放弃。因此，从已被放弃的次优方案中，选择最高可计量的价值视为被选取的最优方案的“机会成本”，才能对最优方案的最终利益做出全面的评价。

(3) 付现成本。付现成本是指未来某项决策方案中，需要以现金、有价证券、存货等流动资产支付的成本，特别是以现金支付的成本。在企业的经营中，现金是企业流动性和周转性最为活跃的资产，企业决策常常要考虑企业资金的周转情况和支付能力。企业在资金处于紧张状态、支付能力受到限制的情况下，往往会选择付现成本最小的方案来代替总成本最低的方案。

(4) 沉没成本。沉没成本是指一项已经发生，无法由现在或将来的任何决策所能改变的成本。这种成本与付现成本相反，表示过去以现金支付的投资，因为不能由现在或将来的决策而改变，故在分析未来的行动时，不能将其予以列示。因此，这种成本是与当前的决策无关的。

(5) 边际成本。边际成本是指企业在生产能量的相关范围内，每增加或减少一个单位产量而引起的成本变动额。在短期经营中，边际成本可用来判断增减产量在经济上是否合算。只要增加产量的边际收入数高于所支付的边际成本，即增产对企业有利。

此外，管理人员在经营决策时，还要考虑可控制成本、质量成本、重置成本与历史成本、可延缓成本与不可延缓成本、相关成本与不相关成本、可避免成本与不

可避免成本等。

(二) 成本核算

1. 成本核算概念

成本核算是对生产费用的发生和产品成本形成的会计处理。加强成本核算可以及时、正确地反映和监督生产经营过程中的各种耗费，促使企业不断降低成本，提高经济效益，并为正确计算财务成果打下基础。

2. 成本核算原则

(1) 按照权责发生制的原则，正确划分各个会计期间的费用界限。

(2) 按照成本开支范围，正确划分应计入产品成本的费用和不应计入产品成本的费用界限。

(3) 按照支出的效益所设计的会计期间，正确划分收益性支出和资本性支出的界限。

(4) 以成本核算对象为标准，正确划分各种产品应负担的费用界限。

3. 成本核算流程

成本核算流程如图 6-3 所示。

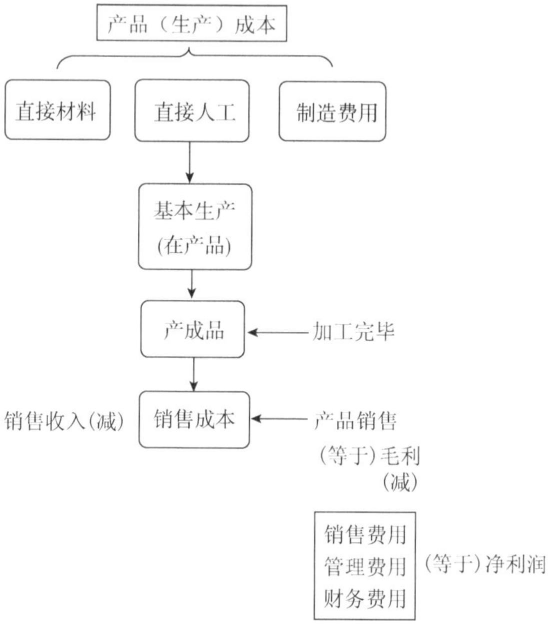

图 6-3　成本核算流程图(以制造业为例)

(三) 成本控制

1. 成本控制概念

成本控制就是按既定的成本目标,对成本形成过程的一切耗费进行严格的计算、调节和监控，及时发现和纠正偏差，保证成本目标的实现。成本控制具有三个层次的含义：一是对目标本身的控制；二是对目标完成情况的控制和过程的监督；三是在过程控制的基础上，着眼于未来，分析成本控制过程中的不足，找出解决问题的办法，为今后的成本管理指明方向。

2. 成本控制分类

(1) 按成本控制阶段分类，一般分为设计阶段成本控制、生产阶段成本控制和销售及售后服务阶段成本控制。

(2) 按控制原理分类，一般分为前馈控制、防护控制和反馈控制。

3. 成本控制方法

成本控制方法很多，分为一般性成本控制方法和战略性成本控制方法。一般性成本控制方法大致有标准成本控制法和目标成本控制法。战略性成本控制方法大致有作业成本控制、供应链成本控制、质量成本控制、环境成本控制、生产周期成本控制、责任成本控制等。

二、成本管理调研分析与诊断

(一) 成本管理环境分析

企业生存的环境对企业成本管理活动的影响总体上可分为积极的环境因素和消极的环境因素。在进行企业成本管理方案设计时，必须通盘考虑两个方面的影响，才能设计出具有针对性强和可行性好的成本管理方案。

1. 环境分析因素

对企业生存环境的分析可以从四个方面展开：企业的优势、劣势、机会和威胁。

优势和劣势分析所注重的是企业内部环境要素，如企业产品的生产工艺、生产管理与组织、员工素质、技术装备水平等。

机会和威胁分析所注重的是企业的外部环境，是对企业在整个产业和行业中的地位进行一个清晰的判断，与本行业的企业相比，企业具有什么样的竞争优势，企业在本行业内外还有哪些发展机会；本行业的其他企业有什么样的竞争优势，对企业未来的发展定位将产生什么样的影响。

2. 环境分析方法

对企业的生存环境分析，可以采用价值链方法，即对企业完整的价值链体系进行剖析，找出企业价值增长点，发现增值活动和非增值活动。在设计成本管理方案

时，可以改变并优化企业内部资源配置的重点和配置方式，减少，甚至消除企业内部的非增值活动，提高资源配置效率，从而实现成本控制的目标。同时，通过价值链分析，企业可以判断并发现企业外部的成本控制要点，通过整合供应链等管理活动，降低外部资源的成本消耗，降低成本，提升企业价值。

(二) 企业成本水平分析

成本管理咨询的目的在于帮助企业改善成本管理，降低产品成本，从而提高企业的经济效益。因此，成本管理咨询应从对企业的成本水平分析开始，找出差距和问题，然后对企业成本的形成过程和成本管理的状况进行分析和评价，找出转换机能和管理职能上存在的问题，即成本水平不佳的原因，最后提出纠正措施和建议。

企业成本水平分析包括三个方面的内容：一是分析企业的总成本水平；二是分析各战略经营领域的成本水平；三是分析各战略经营领域中主要单位产品成本的水平。

1. 企业总成本水平的分析

总成本水平分析是把企业实际总成本和计划成本，以及同行业的现金成本水平作比较，然后再对构成总成本的各要素进行分析，寻找主要的影响因素。进行分析的主要成本指标有企业产品总成本和可比产品成本降低额、降低率，影响因素的分析，可以通过产品产量的变动、产品品种结构的变动、单位产品成本的变动三个因素来分析。

通过产量、产品结构和单位产品成本变动对成本水平影响的分析，可以确定影响企业或成本水平的主要因素，从而提出相应的措施或进一步作分析。

2. 各战略经营领域成本水平的分析

分析各战略经营领域的成本水平是确定其经营资本利润率的基础工作，是制订企业战略不可缺少的依据。当企业组织机构的设置，特别是财务会计账簿的设置与战略经营领域结构比较一致时，分析工作比较容易进行。否则，分析的难度比较大。我国缺乏战略意识的企业一般不进行这种分析；即便是战略意识比较强的企业，多数还没有在财务的成本管理工作中作出这种努力。

3. 主要产品单位成本分析

在经营领域结构复杂、产品品种众多的企业，需要选择重点分析对象。所谓主要产品，包括两层含义：

(1) 代表产品，即分析了该产品的成本后，就可推算出其他产品的成本情况。

(2) 该产品在战略经营领域各品种中，对经济效益有举足轻重的影响。不同的战略经营领域有不同的主要产品。

分析单位产品成本存在的问题，是把实际成本水平与计划成本目标、历史最好

水平，特别是同行业的平均水平与先进水平进行比较后，寻找重大的差距。分析工作可按成本项目展开，也可按变动成本和固定成本分类展开。在分析时，要通过 ABC 排列图，找到对单位产品成本影响最大的成本项目或因素，作重点分析。

判断单位产品成本的问题，要抓住两个环节，即实际成本是什么，目标成本应该是什么。如果通过抽样核实，发现客户的实际成本数据不能反映真实情况，目标成本标准(包括各材料消耗定额、各加工工时定额、各费用标准定额等)又严重脱离竞争的形势，咨询人员需要亲自进行测算。

(三) 企业成本管理职能分析

成本管理职能包括与战略相联系的成本方针和战术管理两部分。后者包括预测、计划、核算、分析、考核、奖惩等具体职能，在此概括为成本计划与成本控制两大职能。

1. 成本方针分析

其分析要点如下：

(1) 企业是否有明确的成本方针，是否正确。

(2) 企业是否规定了各战略经营领域中具体的成本方针，是否正确。

(3) 企业的成本问题居于战略地位，是否恰当。

(4) 企业是否确定了成本管理的战略重点，是否恰当。

2. 成本计划职能分析

成本计划职能包括成本预测和成本计划两个方面。

(1) 成本预测。其任务是掌握成本未来变化的趋势，为成本计划提供依据。成本预测工作通常采用各种定性和定量分析方法。对成本预测工作的分析要把握以下要点：①是否进行成本预测；②如果进行，预测的内容是否全面；③预测的方法是否科学、适用；④预测的人员素质是否适当；⑤预测的质量(与实际成本水平的差异)是否较好。

(2) 成本计划。其分析要点如下：①成本计划的编制是否符合科学的程序；②成本计划体系是否完整；③成本计划的先进性如何，能否为企业职工所接受；④成本计划在实施过程中遇到什么问题，为什么会遇到这些问题，其中属于计划不符合实际情况的问题占多大比例。

3. 成本控制职能分析

成本控制的任务是跟踪成本形成过程，核算实际成本信息，对照成本目标和各定额标准发现偏差，分析重大偏差产生的原因，并提出纠正的措施。分析成本控制工作，要对成本控制的主要环节(事前、事中和事后)、程序、方法和效果进行评价，

发现主要问题。

1) 对成本核算的分析

成本核算是对实际发生的成本信息所进行的核算和计算，它是成本控制工作的基础。对它的分析，主要是对其准确性和及时性进行判断、评价，并提出改进意见。

2) 对成本的分析

成本分析是进行计划成本与实际成本的对比，判断成本上升的关键因素，分析其原因，提出降低成本的措施的重要工作。对其分析评价，应着重以下要点：

(1) 成本分析的质量如何，分析的深度和中肯性如何，是否能控制关键产品及关键成本项目；

(2) 成本分析的效果如何，所提出的降低成本措施是否为领导采纳，有关部门是否执行；

(3) 成本分析的制度如何，是否定期进行，是否形成以财务部门为中心的多层次、多部门的成本分析体系。

3) 对控制环节的分析

对事前控制，主要应分析：

(1) 有无明确的目标成本(即控制标准)；

(2) 目标成本是否具有动态合理性；

(3) 各项标准和定额是否先进合理，通过分析，不但要找出问题，还要帮助企业正确地制订标准、定额。

对事中控制则应着重分析：

(1) 企业的产品在生产经营过程中，其成本的形成是否处于控制状态；

(2) 成本形成过程中的信息能否及时反馈控制部门，控制手段是否健全，其有效程度怎样；

(3) 企业是否已建立成本控制的责任体系，在发现成本形成过程中出现超标准、超定额、超计划的偏差后，是否及时采取了措施。

对事后控制的分析，主要是检查财务部门是否及时地分析偏差的原因，并使之和事前控制联系起来修正标准、定额，强化事中控制的措施。

4) 对成本考核的分析

成本考核工作是成本的控制部门对各成本中心(或工作部门)完成成本计划的情况进行检查的工作。它与成本核算、成本分析工作有密切关系，而考核的结果为成本奖惩工作提供依据。对其分析评价，应把握以下几点：

(1) 考核的成本指标是否合理，这些指标是如何确定的，各单位应该考核的成

本指标有哪些，是否处于应有的战略地位。

(2) 成本考核单位与被考核单位是否有利害关系，考核者和被考核者之间是否有利害关系，考核者的素质如何。

(3) 成本考核制度是否健全，考核工作是否严肃、公正。

在对各项成本管理职能分析后，把这些结论综合起来，可对整个成本管理状况做出评价，提出改进意见。

三、成本管理咨询方案设计

(一) 健全成本管理体系

企业的成本管理是一项复杂的系统工程，为了做好这项工作，必须成立必要的机构，并配置高素质的专业管理人员，以建立完整规范的成本管理体系(图 6-4)。

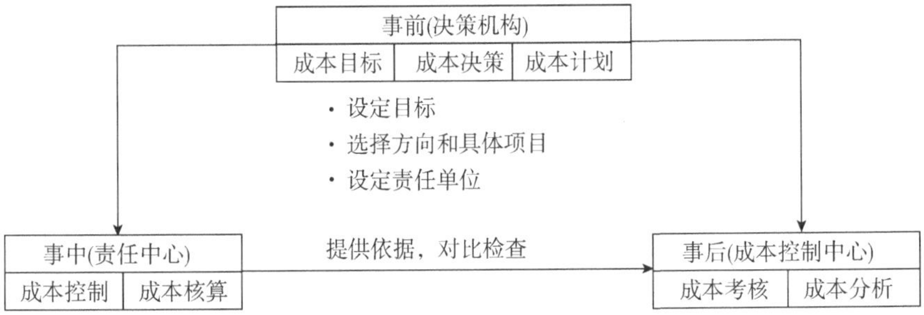

图 6-4 成本管理体系

1. 组织保证体系

为推动整个公司的成本控制工作，企业需要设立立体、多元的成本组织保证体系。

(1) 成本控制领导小组(或类似机构)。由总经理挂帅任组长，负责确定年度成本控制目标，规划成本控制项目，组建专项成本分析小组和落实成本控制责任单位，指导成本分析(具体分析由专项成本分析小组完成)和成本控制(具体控制由成本责任单位落实)工作的开展。

(2) 成本控制中心(或类似机构)。成本控制中心负责根据企业设定的成本控制目标和主题，针对不同的成本项目，成立不同的成本项目小组，并指导、跟踪、检查和评估各项目的工作进展情况。对项目组提出的成本改进建议，组织相关责任单位落实改进，并进行过程跟踪监控，确保改进措施落实到位。

(3) 成本项目小组。成本项目小组主要负责特定成本控制项目的开展，分析成

本构成，设计成本改进方案，向成本管理领导小组提交分析报告和管理建议，并指导、协助相关责任单位进行落实改进。项目组可以采用项目制工作方式，根据项目特点，配备不同的项目人员，各项目开展由项目经理负责，项目完成后，项目人员返回原工作岗位。

(4) 成本改进责任单位(内部各部门/外部协作单位)。成本改进责任单位(内部各部门/外部协作单位)主要负责成本改进措施的落实，一方面，根据成本项目小组的成本改进方案组织落实；另一方面，组织内部人员，选择本部门或单位的成本控制主题和控制项目，进行分析和提出成本改进措施，并实施。各部门或单位是成本控制的主要责任单位，都必须对本部门或单位的成本负责。

(5) 人力资源部门。人力资源部门主要负责对成本项目小组和各部门的成本控制成果进行考评和激励，对完成情况较好的给予奖励；反之，对完成较差的给予惩罚。

2. 成本控制流程

(1) 成本控制目标与项目设定。成本管理领导小组结合战略规划目标和年度经营目标，综合设定成本控制目标，并结合公司实际情况，确定成本控制的重点。组织各部门或单位和成本控制中心申报成本控制项目并进行评估确定，依据项目确定项目人员。

(2) 成本分析与改进方案。各成本项目小组和各部门或单位内部项目小组拟定项目工作计划，进行成本分析，设计可行的成本改进方案，经讨论评估后加以实施。

(3) 各部门或单位成本改进与跟踪。各部门或单位依据评估后的成本改进方案组织落实。成本控制中心负责进行跟踪各部门或单位的成本控制措施落实情况，并进行监督和反馈。

(4) 成本改进评估与激励。各项目完成后，由成本控制中心组织相关部门或单位进行评估，对成本控制措施的实施效果进行评价，并根据评价结果提出奖惩建议，报公司成本控制领导小组审议后送人力资源部门兑现。

(二) 优化成本核算

成本控制的结果需要成本核算反映出来，成本核算也为成本控制提供部分数据依据；因而，及时、准确地核算产品成本，是设计成本管理方案的基础。

如何划分成本核算的界限，主要有以下几种方法。

1. 划清应计入成本与不应计入成本的界限

凡构成产品总经营成本内容的直接材料费用、直接人工费用、制造费用，以及销售费用、管理费用和财务费用等期间费用，均应计入产品成本。凡购置的固定资

产、无形资产和其他资产的支出，对外投资的支出以及国家法律、法规规定之外的各种费用支出，按规定都不能列入成本。

2. 划清成本期间的界限

企业在生产过程中所耗费的生产费用不等于企业本期产品的成本。因为企业支付的某些费用，有时根据产品收益情况只应由该期产品负担一部分，其余应由以后期间的产品分期负担。企业在核算过程中可以用“预提费用”或“待摊费用”进行核算。

3. 划清产品制造成本和期间费用的界限

应计入产品制造成本的费用，称之为生产费用，主要有直接材料费用、直接人工费用和制造费用。应计入期间费用的费用，主要有销售费用、管理费用和财务费用。

4. 划清各种产品之间的费用界限

产品成本是指一定品种数量产品的成本，因此，每月的生产费用，要按各种产品划清界限，还要分清直接费用和间接费用的界限，间接费用的分配方法一经确定，不宜轻易变动。

5. 划清同类产品中不同规格产品成本之间的界限

生产费用汇集于一类完工产品以后，还要根据一定标准，在各种不同规格产品之间进行分配，分别确定各种不同规格产品的制造成本。

6. 划清完工产品与在产品之间的界限

生产费用经过上述几次划分之后，已经计算出每种产品的当期生产费用，如果期末没有在产品，这就是当月的制造成本，除以产量，即为单位产品的制造成本。但是，大多数企业期末还有未完工的在产品，当期的生产费用就不能完全计入完工入库的产品成本，还必须由期末在产品负担一部分。同样，上期转来的在产品成本，也要转入本期完工产品的成本中。

(三) 加强基础工作

1. 定额工作

定额是企业在一定的生产技术条件下，为合理利用企业的各项资源所规定的消耗标准、占用标准等数量界限。定额是编制计划和预算的依据，是科学地组织生产经营活动的手段，是进行经济核算、成本控制，提高经济效益的有效工具。定额主要由劳动定额、各种材料消耗定额和储备定额、设备定额、流动资金定额和管理费用定额等。加强定额管理工作，要建立和健全完整的、先进的定额体系，要有充分的技术和经济依据，要采用科学的方法制订，要随着企业生产技术条件的变化，定

期进行修订。

2. 计量工作

计量是指测试、检定、化验分析方面的计量技术和计量管理工作。原始记录反映出来的数和量，都是通过计量手段产生出来的。如果没有健全的计量工作就不会有真实可靠的原始记录，就不能为成本管理提供正确的核算资料，也无法分清经济责任。因此，企业必须从原材料、燃料等物资进厂，经过生产过程，一直到产品出厂，在供、产、销各个环节上都要设置准确可靠的计量器具，做好计量工作，并建立计量机构，配备专业人员，提高计量管理水平。

3. 信息工作

成本信息反映的是企业生产经营过程中供、产、销的耗费情况，它与其他方面的会计信息或统计信息是有关联的。因此，必须按成本管理的要求，建立并完善企业成本管理的信息系统，收集整理企业内部和外部的成本信息。

4. 规章制度

企业的规章制度是用文字的形式，对各项管理工作要求所做的规定，是全体员工的行为规范和准则。建立健全各项规章制度，特别是责任制度，是成本管理的一项极其重要的基础工作。企业需要建立的规章制度有基本管理制度、工作制度和责任制度等。

第三节　企业全面预算管理咨询与诊断

一、全面预算管理咨询与诊断概述

(一) 全面预算管理基本概念

1. 预算的定义

预算就是将企业经营活动的决策目标及其资源配置规划加以量化并实施控制的内部管理活动或过程，即通过有关的数据将企业全部经营活动的各项目标具体地、系统地反映出来。预算就是决策目标的具体化、数量化。

2. 预算的分类

预算按其涉及的预算期的长短可以分为长期预算和短期预算，二者的划分一般以一年或超过一年的一个营业周期为界限。长期预算是指预算期在一年以上的预算。

长期预算是一种企业的战略规划，虽然预算的编制和数据估算不要求十分精确，但它的编制适当与否，将会影响到企业短期预算编制的好坏，甚至影响到企业长期

战略目标的实现。

短期预算从某种意义上说是长期预算的阶段性目标，它是预算期在一年以内或超过一年的一个营业周期以内的预算。短期预算通常包括年度预算，或者期间更短的季度或月度预算。

预算按编制内容划分时，主要包括业务预算、资本预算、筹资预算和财务预算。

业务预算是反映预算期内企业可能形成现金收付的生产经营活动(或业务活动)的预算，一般包括销售或营业预算、生产预算、制造费用预算、产品成本预算、营业成本预算、采购预算、期间费用预算和其他支出预算。

资本预算是企业在预算期内进行资本性投资活动的预算，主要包括固定资产投资预算、权益性投资预算和债券投资预算。筹资预算是企业在预算期内需要新借入的长短期借款、经批准发行的债券以及对原有借款、债券还本付息的预算。

财务预算是在预测和决策的基础上，围绕企业的战略目标，对一定时期内企业资金取得和投放、各项收入和支出、企业经营成果及其分配等资金运动所作的具体安排，主要包括现金预算、预计资产负债表和预计损益表等形式。

业务预算、资本预算、筹资预算和财务预算共同构成企业的全面预算。

3. 全面预算的定义

全面预算是由一系列单项预算组成的有机整体。企业目标一旦确定，就可以根据各个预算之间的约束关系，以销售或业务预算为起点，分别编制生产预算、制造费用预算、产品成本预算、营业成本预算、采购预算、期间费用预算、其他专项预算以及各项资本预算、筹资预算和财务预算等。在全面预算的体系中，财务预算可以看做是全面预算的总预算。

4. 全面预算管理的概念和特点

全面预算管理，既是一种管理工具，也是一套系统的方法。它通过合理分配人、财、物等资源协助企业实现战略目标。全面预算管理是现代企业管理的一项重要工具，它是实现企业经营战略的载体，是企业管理各层面对企业全部经营活动的各方面，以货币的形式总括反映企业在一定期间内应实现的战略目标，并逐步分解到企业各责任中心，借以预测未来期间的经营成果和财务状况并使之达成的系统工具。

全面预算管理是与企业战略规划、计划管理和业绩衡量紧密结合的过程，一方面，全面预算管理链接年度计划和绩效系统，处于计划下游；另一方面，预算目标的确定基于战略规划分解的年度计划目标，预算运行的结果成为业绩衡量的重要基准。

图 6-5 反映了全面预算管理与战略规划、计划管理和业绩衡量之间的关系。

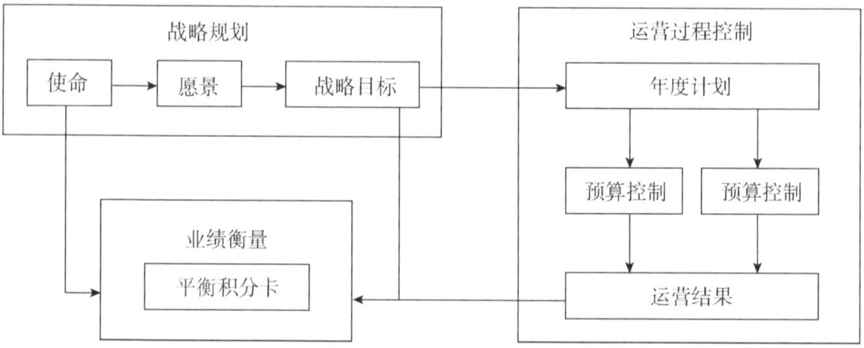

图 6-5　全面预算管理与战略规划、计划管理及业绩衡量关系

全面预算管理具有如下特点：①战略导向性；②全面性；③全员性；④全程性。

(二) 全面预算管理的目标

预算目标是企业通过预算管理所期望达成的经营和管理目标，预算目标确定及其分解作为预算管理工作的起点和中心，是预算机制作用发挥的前提和核心。

预算目标应当以企业战略为出发点，并作为企业发展战略的分解和体现，有效保证企业战略目标的具体落实。

预算目标指标的选择旨在体现企业预算管理导向，保证企业战略目标的实现，预算目标指标可归纳为以下两类。

(1) 财务指标，可以细分为财务效果指标和财务效率指标，前者用以表示各责任中心的经营成果，如经济增加值(EVA)、利润总额、息税前利润(EBIT)、营业收入、营业现金净流量和成本费用等指标；后者用以表示财务资源投入与产出的比率，通常可通过赢利能力、营运能力、偿债能力和增长能力等指标加以反映，如净资产收益率(ROE)、总资产报酬率(ROA)、投资报酬率(ROI)、销售(营业)利润率等指标。

(2) 非财务指标，即用以衡量企业的内部经营和满足客户需要的能力，如市场份额、市场增长率、销售(营业)增长率、客户获得率、客户保持率和服务满意度等指标。非财务指标是财务指标的有益补充。为避免对非财务指标的主观性，企业应当考虑非财务指标的可执行性。

(三) 预算主题

预算主题反映企业通过预算所要达到的主要目的，是本预算期内企业生存与发展要解决的核心问题。

企业预算主题的设定应围绕企业的长期战略目标——企业价值最大化进行，同时，又要考虑企业的短期发展矛盾，如成本问题、营运资金效率低下问题、子公司管理失控问题等，在综合平衡企业长短期矛盾的基础上设定企业的预算主题。

企业通常可选择的预算主题包括支撑企业战略、支持市场拓展、控制成本费用、提高运营效率、优化资源配置、控制企业风险、优化资本结构、完善内部治理等。

预算主题具有阶段性，不同企业，由于内外部环境和企业特点不同，其预算主题是不同的。对同一企业，其在不同的发展阶段，预算主题的内容也不尽相同。

表 6-3 列出了处于不同发展阶段的企业对预算主题的选择。

表 6-3 预算主题选择表

企业所处阶段	特点	预算主题
初创阶段	企业组织结构简单、企业自主性差、无抵抗风险能力、以生存为主要目的	强调市场开发、提高销量和利润等
成长阶段	市场增长迅速、投资加速、资金短缺、管理变化频繁、抗风险能力差	整合优化企业价值链、提高抗风险能力、优化资产结构、提高融资能力等
成熟阶段	产品投资回报率高、有稳定的市场占有额、企业组织结构复杂、市场增长缓慢	解决运营资本管理中的问题、提高运营质量和效率、强化资本控制等
衰退阶段	销售下降、生产能力过剩、利润下滑	压缩费用、降低成本、加大新产品研发投入、优化产品结构等

(四) 预算管理模式

预算模式是具有一定特点的预算体系，不同企业预算具有不同的特点，综合体现为不同的预算模式：①从管理对象看，包括出资人预算和经营者预算。②从内容角度看，可以分为费用预算、资金预算、财务预算和全面预算。③从主题/重点角度看，可以分为成本费用控制、资金控制、市场拓展、资源配置、风险控制等。④从方法角度看，可以采用固定预算、零基预算、弹性预算和滚动预算等。⑤从预算编制起点看，可以以发展战略、销售、生产等为预算编制的起点。⑥从执行角度看，可以分为关注结果型与过程控制型、刚性与柔性、指导型与指令型等。⑦从员工参与角度看，可以分为全员参与型与领导主导型等。

预算体系必须契合企业的商业环境，每个企业都面临不同的内、外部环境，企业自身也处于不断的发展变化之中，全面预算管理模式和管理方法应当随之权变，不断创新。不同的商业环境对预算模式提出了不同的要求 (图 6-6)。

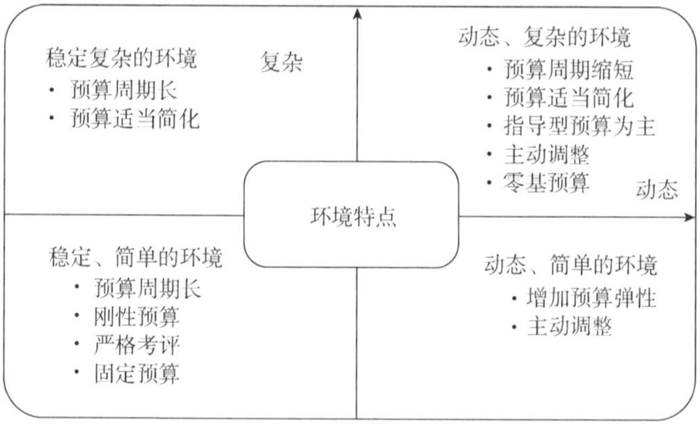

图 6-6　预算环境与预算模式

企业在不同的发展阶段，其所面临的环境特点和发展矛盾也各不相同，预算开展的重点也应当有所变化，预算模式应当考虑内外部环境的变化，进行适度调整和创新，以不断提高预算效率。

二、全面预算管理调研分析与诊断

(一) 全面预算管理环境评估

该评估涉及企业全面预算管理体系，不能脱离企业所处的环境。通过环境评估，可以确定全面预算的主题、编制的重点、选择预算的方法和驱动方向等。

企业预算管理环境评估主要分为三个层面：战略层面、运营层面和基础管理层面。

1. 战略环境评估

通过环境的评估和企业发展战略的检测，要弄清：第一，企业发展战略与企业目前具有的核心能力、资源是否匹配；第二，要达成企业战略目标，在有限资源的基础上如何能够通过预算管理进行优化配置，以发挥企业资源的最大效益；第三，部分外部环境因素是企业不可控因素，如何降低企业经营风险。

2. 运营环境评估

通过企业内部运营环境分析，可以判断影响企业全面预算管理的内部因素，更好地为企业设计预算方案。同时，在预算目标分解时，企业能够在以下内部因素中寻找潜力，通过改善内部因素以达到更高的目标。

(1) 销售系统的主要因素，包括市场占有率、客户(客户数量、客户质量和客户需求稳定性)、渠道和价格、销售政策等。

(2) 生产系统的主要因素，包括生产方式、生产能力、生产组织、库存管理、定额管理、计量管理等。

(3) 采购系统的主要因素，包括供应商管理状况、付款政策(付款方式、付款周期、付款条件)、物流系统(物料的运输和库存管理)等。

(4) 技术系统的主要因素，包括企业产品生命周期、新产品研发、工艺状况、研发政策等。

(5) 人力资源系统的主要系统，包括人力资源管理水平与企业发展匹配程度、绩效和薪酬政策以及培训发展体系等。

(6) 投资活动，如资本运作、投资管理、国际合作和技改措施等。企业的投资活动决定了投资现金流量和投资报酬预算。

(7) 融资活动，股权融资、债权融资等。企业的融资能力决定企业的抵抗风险和抓住市场机遇的能力，决定企业有多少外部预备资源可以纳入预算。

3. 基础管理环境评估

(1) 财务管理。通过企业财务管理现状分析，可以确定全面预算管理咨询的重点，进而为全面预算管理咨询提供基础。全面预算管理在对企业生产经营活动进行预计的基础上，从企业战略高度对企业资源分配作了规划，其核心内容是对物流、信息流和资金流的整合。这一核心内容与财务管理职能是一致的。在项目实施的实践中，企业财务管理基础、企业各层次财务管理观念和财务分析能力等对全面预算管理项目的成败会产生重要影响。

(2) 信息化管理。信息化管理从某种程度上是对企业管理程序的一种固化，并可通过有效的信息处理按管理者要求输出相关数据。全面预算管理的实施，也能促进企业管理流程和管理方法的改进，通过规范管理行为，为企业信息化管理的改善提供支撑。

(3) 组织制度。企业的组织制度决定了企业各职能部门的业务流程，是企业运行的基础。健全的企业组织制度，可以大大提高企业管理效力，以及决策与实施的速度，提高企业的竞争能力与生存力。预算组织是企业组织的有机组成部分。预算组织和预算制度的设计应与企业组织制度有机结合。

(4) 企业文化。企业文化是一个企业在长期经营实践中所凝结起来的一种文化氛围、企业价值观和企业精神，是企业投资人、管理者和广大员工所认同的道德规范和行为方式。企业文化具有导向作用、激励作用、约束作用和凝聚作用等。良好的企业文化可以很快使企业达成对全面预算管理项目的共同认识，充分发挥企业员工的积极性、主动性和创造性，由于是全员参与，从而能促进全面预算管理项目的

实施。

通过评估判断企业面临的阶段发展矛盾，预算基本运行环境及其特点，以及对预算开展有哪些有利因素和制约因素等，可以有针对性地设计预算方案。

(二) 预算管理现状评估

1. 预算运行体系方面

在预算运行体系方面，重点评价预算运行体系的完整性，通常包括预算组织、预算流程及过程控制、预算制度体系等。

(1) 预算组织，包括总分(母子)公司预算管理机构设置情况、总分(母子)公司预算管理机构具体职责、责任中心划分情况、预算管理机构和企业基本组织的相容性等。

(2) 预算流程及过程流程，包括预算目标设定流程及说明、预算编制流程及说明、预算方案审批流程及说明、预算分解下达流程及说明、预算执行控制流程及说明、预算分析流程及说明、预算追加审批流程及说明、预算调整流程及说明、预算考核流程及说明等。

(3) 预算制度体系，包括预算目标设定办法、预算编制管理办法、预算执行控制办法、预算分析管理办法、预算追加调整管理办法、预算考核管理办法、预算编制大纲及编报要求等。

2. 预算功能发挥方面

在预算功能发挥方面，主要评价预算管理的有效性。良好的预算实施可以为企业带来多重价值：

(1) 支撑企业发展战略，保证经营目标实现。

(2) 指导业务运行，提高运营效率。

(3) 控制成本费用，节约开支。

(4) 优化资源配置，提高资源运用效率。

(5) 建立激励约束机制，落实责任。

(6) 全面提升员工素质，实现企业长远发展。

(7) 完善企业基础管理，全面提升管理水平。

三、全面预算管理咨询方案设计

(一) 培育良好的预算文化

思路决定出路，思维改变行动，正确认知预算是企业开展全面预算管理的前提。

预算是对资源的配置过程，对企业而言，又是一个管理变革过程，推行预算管理对于不同的利益主体将会产生不同的影响，因而也将会有不同的阻力。企业应积极促进预算观念变革，一方面是管理层重视和支持，另一方面是各个部门积极配合

和参与，为全面预算管理的实施创造良好的氛围。

(二) 优化预算环境和基础工作

1. 优化预算环境

全面预算管理效率的发挥和提高，需要内外部环境的不断改善，比较重要的环境因素主要包括战略规划、业务计划、预测技术、信息手段等。

(1) 战略规划。全面预算管理是为企业战略执行服务的，清晰的战略规划可以为战略管理提供目标和行动指引。

(2) 业务计划。业务计划是量化的经营目标和为达到目标而应采取的具体行动方案，并据以确定预算资源消耗，从而形成业务预算。业务计划是编制预算的基础。

(3) 预测技术。预算是年初对下一年度的安排，如市场发展趋势、消费需求变化等，预测能力高有助于企业准确把握预算环境，合理安排预算方案，提高预算的准确性和资源配置的合理性。

(4) 信息手段。企业可以采购流行的预算软件或自行开发符合企业特点的预算软件。目前流行的预算软件按功能可以大体分为四类：①通用电子表格工具——EXCEL；②基于二维数据模型的预算软件；③大型 ERP 软件的预算管理模块；④基于多维数据模型的预算软件。

一般来说，企业进行预算软件投资时应当考虑以下因素：使用期限的长短、成本效益分析、功能和灵活性、与已有软件的兼容、易于使用、软件稳定性、供应商实力等。

2. 改善基础管理工作

企业应当通过优化和改进管理基础，为全面预算管理的顺利运行创造有利条件。预算管理基础改进主要包括权责、控制程序、控制标准、定额、内部定价、计量等方面。

(1) 权责。预算目标的实现有赖于各责任中心目标的实现，而清晰的组织边界是责任中心划分和预算授权的基础。企业应当通过对内部组织和流程的优化、清晰界定各责任中心的边界，使各责任中心权责分明、各岗位工作界面更加清晰、业务流程更加规范。一方面，使各责任中心的职责和预算责任更加明确，并与内部授权相匹配，以调动各责任中心的积极性和对预算目标负责任；另一方面，能使员工的成熟度不断提高，可以更多参与预算的决策、控制过程和承担更大的预算责任。

(2) 控制程序。作为预算控制的重要基础，企业的各类控制程序是不可或缺的组成部分，企业通过健全、规范各类程序，有助于加强预算的过程控制，保证预算目标的实现。

企业重要的控制程序包括投资决策、限额领料、招标采购、比价采购、工程审计、信用控制、定期盘存、费用管理等。

(3) 控制标准。与控制程序一样，控制标准也是预算控制的重要基础，企业重要的控制标准包括差旅标准、业务招待标准、工资标准、劳保标准、办公用品标准、产品质量标准、安全与环境标准等。

(4) 定额。定额是编制业务预算的基础，合理的成本定额是衡量企业成本节约或超支的尺度。以工业企业为例，企业的定额信息一般包括外协零部件消耗定额、原辅材料消耗定额、动能消耗定额、工时消耗定额、费用消耗定额等。

企业应建立完善的内部各类定额基础信息库，通过制订统一的集团产品代码、材料代码以及产品定额手册，建立健全企业各类物耗、能耗的设计定额、生产定额信息库，并定期/不定期更新消耗定额，为业务预算编制和预算分析及成本控制提供参考依据。

(5) 内部定价。各责任中心之间相互提供产品或劳务时，需要制订一个内部转移价格。制订转移价格的目的包括：一是防止成本转移带来的部门间责任转嫁，使每个利润中心都能作为单独的组织单位进行部门业绩评价；二是运用价格引导各责任中心在经营中采取与企业整体目标一致的决策。

内部结算价格会直接影响各责任主体的利益，内部结算价格混乱会导致内部竞争和企业整体利益的损失。企业应建立和完善各类价格的定价政策、标准和程序，建立完整的外埠企业→关联企业→分厂→车间四级价格信息库，健全材料、动能、零部件、产品和劳务等价格信息，并定期/不定期更新价格信息，为预算编制和绩效评价提供参考基准。

(6) 计量。全面预算管理的大量信息来源于企业内部统计和计量，精确、合理的计量也是企业管理的自身需要。清晰的内部物料转移计量信息是识别成本责任主体，进行控制成本的基础，企业应通过规范计量工作程序，建立相关数量、质量、重量等信息的计量信息库，并逐步细化各类物料、动能消耗的计量工作，为预算责任中心的细分和成本控制提供基础信息支持。

(三) 健全预算管理体系

预算功能的发挥需要有效的预算管理体系进行支撑，健全预算管理体系主要包括健全预算组织、完善预算流程、制订预算制度和规范预算表格等工作。企业需要将预算主题选择、预算模式设计、预算过程控制等管理思想融入到预算管理体系设计当中，形成有企业特色的生命力的预算运行体系。

1. 建立预算管理组织

全面预算管理组织体系一般由二级机构构成，各级机构在预算管理过程中担任着不同的角色，发挥着不同的作用(图 6-7)。

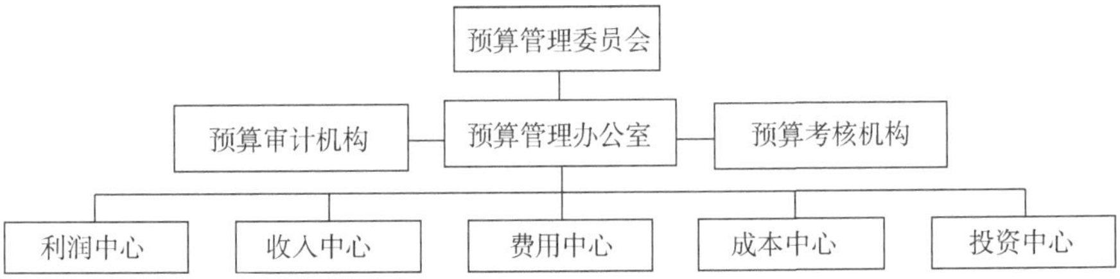

图 6-7 预算组织

(1) 预算管理委员会。预算管理委员会是负责企业预算管理事项的最高权力机构，一般由企业的董事长或总经理任主任委员，并吸纳各重要职能部门经理或主管组成。预算管理委员会的人员组成应坚持权威性原则、全面代表性原则以及效率性原则。

(2) 预算管理办公室。预算管理办公室是企业管理预算事项的专职机构，承担处理与预算相关的日常事务的职能。预算管理办公室直接隶属于预算管理委员会，以确保预算机制的有效运作。

(3) 预算审计机构。预算审计机构是对预算执行过程和执行结果进行审计评价的专门机构，确保预算程序的执行和预算结果的真实、准确。通常由企业的审计部门担任，也可在预算管理办公室下设预算审计小组独立运作。

(4) 预算考核机构。预算考核机构是对预算执行结果进行评价和兑现的专门机构，通常由企业的人力资源管理部门担任。

(5) 预算责任中心。预算责任中心以企业的组织结构为基础，本着高效、经济、权责分明的原则来建立。划分责任中心，可以将企业的整体经营责任目标和具体的责任预算目标按照组织结构的层级关系逐级分解，使各责任中心明确各自的预算目标，通过各层责任目标及考核目标的实现来保证企业整体目标的实现。

2. 规范预算管理流程

预算管理流程主要包括预算编制、预算执行控制、预算分析、预算追加、预算调整和预算仲裁等。

(1) 预算编制。预算编制是以数据的形式对预算期的预算目标以及为达成目标的资源分配情况进行汇总平衡的过程，即预算信息收集、传递、整理、汇总和平衡

的过程。

(2) 预算执行控制。为保证预算的顺利运行，企业可以采用多种途径的综合控制，主要举措有控制流程要点、控制事前要点和控制单据信息要点等。

(3) 预算分析。为全面、及时了解企业的预算运行情况，应建立定期分析和专题调研相结合的预算分析体系，以及时发现问题，分析原因，寻求对策。

(4) 预算追加。为增加预算对环境的适应性，企业应建立预算追加机制，原则上企业要求责任中心各项费用开支不得超过预算额度，超预算的项目支出，必须履行追加报批手续。

(5) 预算调整。由于出现预算调整因素，预算与实际发生较大偏差，可以由预算执行单位根据环境或政策变化，以及预算分析等资料提出预算调整申请，经过预算管理办公室和预算委员会审批后，对预算目标进行修订，甚至变更。

(6) 预算仲裁。企业还需建立预算仲裁机构，以有效化解预算管理过程中存在的各类矛盾，保证预算的顺利执行。企业设定预算管理委员会是预算管理工作的最高仲裁机构，负责对全面预算管理过程中出现的重大问题进行调解或仲裁。预算管理办公室协助预算管理委员会对全面预算管理过程中出现的一般问题进行调解或仲裁。

(7) 预算考评。预算考评是对企业内各级责任部门或责任中心预算执行结果进行考核和评价，是管理者对执行者实行的一种有效的激励和约束形式，预算考核作为预算管理的重要一环，也是预算系统非常重要的一部分，在整个预算管理循环过程中是一个承上启下的环节。

3. 健全预算管理制度

预算管理制度内容包括如下几个方面：

(1) 预算基本制度，指对预算的目的、预算政策、预算时间安排、预算范围和预算总体流程等方面进行规范，是全面预算管理在企业实施的基本制度保障。

(2) 预算组织制度，包括预算组织的构成、权限、组织成员和职责分工等方面的内容。

(3) 预算编制方法，指对企业预算编制的原则、内容、预算起点的选择、预算信息传递和预算编制程序进行规范。

(4) 预算执行控制办法，指包括预算控制和预算追加、调整、仲裁等方面程序规范，主要是协调企业在预算执行中的矛盾，解决预算执行中的程序问题，以保证预算的有效实施。

(5) 预算分析管理办法，指提出预算分析要求、明确预算分析管理办法，对预算执行情况及时反馈，以保证能够及时发现企业在预算过程中出现的问题，通过对问题的分析，寻求解决问题的途径。

(6) 预算考评管理办法，指对预算考评原则、考评周期、考评内容、考评对象、考评程序和方法进行规范，通过预算考评，促进预算的执行。

(7) 预算改进工作管理办法，包括预算程序方法的改进，以及促进预算改进工作的相关奖惩等。

(8) 预算管理基础规范办法，预算制度设计是基于企业当前管理基础下进行的，随着企业管理基础的改善，企业预算也会逐步深化发展。预算对企业战略管理、生产管理、市场研究能力、绩效考评、会计规范和文化建设等都会提出新的要求。

4. 科学设计预算表格

预算表格是预算信息的集中载体，一般包括三级预算表格和相关工作底稿(表6-4)。

表 6-4　三级预算表

一级主表	二级明细表	三级基础表
主要经济指标表	主营业务收入表	各部门业务计划与预算
资产负债表	生产成本表	
损益表	销售费用表	
现金流量表	管理费用表	
	财务费用表	
	税金预算明细表	
	投资及收益预算表	
	融资预算表	
	采购及存货预算表	
	应收账款预算明细表	
	营业外收支预算明细表等	

(四) 科学选择预算方法

1. 固定预算

预算按业务量是否可调整，分为固定预算和弹性预算。固定预算是根据预算期内正常可能实现的某一业务活动水平而编制的预算。

固定预算的缺点有两点：一是过于机械呆板，因为编制预算的业务量基础是事先假定的某个业务量。在此方法下，不论预算期内业务量水平可能发生哪些变动，都

只按事先确定的某一业务量水平作为编制预算的基础。二是可比性差，这是该方法的致命缺点。当实际的业务量与编制预算所根据的业务量发生较大差异时，有关预算指标的实际数与预算数就会因业务量基础不同而失去可比性。因此，按照固定预算方法编制的预算不利于正确地控制、考核和评价企业预算的执行情况。固定预算是用于那些业务量水平较为稳定的企业或非营利组织编制预算时采用。传统企业多数用固定预算编制全面预算。

2. 弹性预算

弹性预算是在编制预算时，考虑到预算期内业务量可能发生的变动，为了使预算与实际具有可比性，根据本、量、利之间的函数关系而编制的一种预算方法。弹性预算是对固定预算的改进。

与固定预算相比，弹性预算具有优势：在编制调整弹性预算时，考虑了数量的影响，因此实际数与预算数之间的差异就没有包含数量的变动。因此，如果管理人员对数量是不可控的，那么弹性预算就是一种合适的方法，由此可见，运用弹性预算可以减少管理人员因数量变动而承担的风险。

3. 零基预算

零基预算是在编制预算时，对预算支出均以零为基础，从实际需要与可能出发，逐项审核各项费用开支的必要性、合理性及数额大小，从而确定预算成本费用的一种预算方法。零基预算是对增量预算的改进。

零基预算由于冲破了传统预算方法的框框限制，以“零”为起点来观察分析一切费用开支项目，确定预算金额，因而具有以下优点：合理、有效地进行资源分配；有助于企业内部的沟通、协调、激励各基层单位参与预算的积极性和主动性；目标明确，可区分方案的轻重缓急；有助于提高管理人员的投入产出意识；特别适用于产出较难辨认的服务性部门，克服资金浪费的缺点。

零基预算的不足有：业绩差的经理人员会认为零基预算是对他的一种威胁，因此拒绝接受；工作量较大，费用较昂贵；评级和资源分配具有主观性，易于引起部门间的矛盾；易于产生注重短期利益而忽视长期利益。

这种方法在服务或支持领域中尤其有用，例如，餐厅、福利、研究与开发。

4. 滚动预算

滚动预算是为了使预算期始终保持一个固定的期间而连续进行预算编制的方法，可以保持预算管理的连续性和完整性。其基本精神就是预算期保持 12 个月，每过一个月/季度，都要根据新的情况进行调整，在原来预算期末再加上 1 个月/季度的预算，从而使预算经常保持 12 个月的预算期。滚动预算是对定期预算的改进。

与传统预算相比，滚动预算的优点是：①保持预算的完整性、持续性，从动态预算中把握企业的未来。②能使各级管理人员始终对未来12个月的生产经营活动有所考虑和规划，从而有利于生产经营稳定而有序地进行。③由于预算不断修整，使预算与实际情况更相适应，有利于充分发挥预算的指导和控制作用。

滚动预算的缺点是：①预算的自动延伸工作，如果是手工而非信息系统完成，工作比较耗时。②要说明管理人员确信不断调整过程的效益是值得的。

此外，动态调整的方法也可以使预算更能适应多变与竞争激烈的市场，适用于高速成长的公司。所谓“动态调整”是借用滚动预算的概念，同时考虑到公司的实际情况并规避滚动预算的弊端，形成的在预算管理中行之有效的一种方法。预算编制方法比较如表6-5所示。

表6-5　预算编制方法比较

方法	适用范围	应用说明
固定预算	适用于固定成本费用预算的编制	固定成本费用的划分
弹性预算	适用于变动成本费用预算的编制	变动成本费用的划分，对于某些选择性固定成本费用预算也可以考虑用这种方法编制
增量预算	适用于影响因素简单和以前年度基本合理的预算指标编制	合理使用增量法，可以减少预算编制的工作量，但应详细说明增减变动原因
零基预算	适用于以前年度可能存在不合理或潜力比较大的预算指标编制	使用周期不宜过短，否则会增加工作量
定期预算	适用于固定资产、部门费用、咨询费、保险费、广告费等预算的编制	合理使用定期预算，可以减少预算编制的工作量
滚动预算	适用于定期预算以外的指标预算的编制	通常按季度滚动，每季度第三个月中旬着手股东预算工作
确定预算	适用于预算期稳定的预算指标编制	合理使用此方法，可以减少预算编制工作量
概率预算	适用于预算期变化大的预算指标的编制，也适合长期预算的编制	适用加权平均方法计算期望值

[案例分析]

A公司是国内重型汽车行业的骨干企业，属于国家大型企业。公司始建于1968年，经过40多年的发展，目前具有完整的产品设计、生产制造、检测调试和监测系统，产品覆盖军用越野车、重型载货车和高档客车三大类15个系列150多个品种。

一、A 公司现行的生产方式

A 公司现行的生产管理方式源于 20 世纪 80 年代机械工业部所制订的传统模式，经历了改革开放和市场经济的洗礼，有一定的变化，现在是计划与市场经济相结合的方式。公司现行的生产方式是由其生产任务决定。公司现在的生产任务分为军品和民品两类产品，军品严格按计划生产，即上一年底制订出下一年的年生产任务，下一年按计划生产，每年的计划通常数量变化不大，变化部分也就是军品品种或数量的极小变动；民品分为按计划生产和按订单生产两类。民品的计划主要依靠计划员按经验凭直觉进行协调，制订出各月的生产任务并投入生产。所谓的直觉是指根据前一个月的销售状况而估算的一个趋势值。民品的订单则是面向市场的部分，这一部分在销售公司与客户签订的合同或谈成意向后下达的生产任务。

二、A 公司现状

1. 生产情况

A 公司现行的生产方式下，生产任务相对均衡，当没有销售指标时，车间继续进行生产以减轻生产任务集中时的压力，这时车间以生产一定数量的各类成品车和大量的半成品车(即二类车)为生产任务，这样不会产生生产任务时松时紧，加班作业和休假轮换的情况，但也造成了库存的增加以及资金的占用。公司的成品车，包括二类车(即半成品车)的生产装配完成后，买方在订车合同中往往对某些大件，比如，生产厂家、出厂批次等因自己的喜好或习惯有一些特殊的要求。这常常使得已入库的成品或半成品返回总装线拆卸后进行重装，这样不但会使得工序增加，成本提高，而且也常常会因一些破坏性的拆除或磕碰而产生一些不必要的损失。

2. 库存情况

A 公司的零件库存按外购件和自产件分类存放，外购件是指由协作厂、合作厂采购来的零部件，它存放于配套库。在 A 公司，自产零件种类较多，但多为一些小件、通用件和技术难度不是太大的零件。绝大多数的大件均来自协作厂。采购件与自产件的比例大概为 7∶3。

配套库的分类按 A、B、C 分类进行，所谓 ABC 法，也就是零件的资金占用量大小法，公司零件分类如下：

A. 甲类件(重要大件)　　单价≥1000 元

B. 乙类件(次要中件)　　100 元≤单价<1000 元

C. 丙类件(小件)　　单价<100 元

其中各种类的品种数量和资金占用量如表 6-6 所示。

表 6-6　2007 年一季度各种类别的品种数量和资金占用量

类别	品种数/种	消耗金额/元	占总消耗金额的比例/%
A	148	2 541	39.03
B	439	2 277	34.97
C	2 236	1 692	25.99

另外，在 2006 年的年终报表中，公司的工业总产值为 96 267 万元，销售收入为 97 639 万元，资金总额为 168 773 万元，库存资金占用 23 268 万元，净利润 1 455 万元。其中库存包括产成品车、半成品车、零配件库存等存货。

3. 供应商情况

公司的协作厂和合作厂分布在全国各地，东北、华东、华南、西南均已涉及。个别的合作厂分布在公司周围较近的区域。根据统计，在公司的总装线上，有 60%为外购件，在内装线有 75%以上零件为外购件。

4. 质量情况

对公司 2007 年 1~4 月份延误生产问题出现的频率高低和轻重统计如下：A 类件共缺少 10 种 84 件；B 类件共缺少 14 种 176 件；C 类件共产生质量问题 31 件／次；装配线出现问题 2 次。

这些问题的出现，常常导致公司每月都有一定数量的车未能按计划下线和入库，延误公司产品的交货时间。

思考题：

1. 按照接受任务的方式和企业组织生产的特点分析，A 公司的生产方式属于什么类型？
2. 分析 A 公司目前面临的主要问题。
3. 从 A 公司的库存情况看，企业的库存量过大一般会带来哪些问题？
4. 针对 A 公司所面临的问题，提出适合 A 公司特点的改善建议。

[案例分析答案]

1. 从案例的信息来看，A 公司所生产的产品主要有两类，一类为军品，一类为民品。按照接受任务的方式和企业组织生产的特点，军品严格按照计划进行生产，每年的计划通常数量变化不大，因此军品的生产方式为存货型生产；而民品分为按计划生产和按订单生产两类。按计划生产与军品生产几乎区别不大，属于存货型生产，按订单生产主要是面向市场，根据客户的订货需求进行生产，属于订货型生产，

因此民品的生产方式为存货型生产和订货型生产并行。

2. A 公司面临的主要问题有以下一些。

(1) 生产的盲目性比较大，生产成本比较高。A 公司现行的生产方式，显然是存货型生产占据主要地位。当没有销售指标时，车间继续进行生产虽然减轻了生产任务集中时的压力，但同时也带来了客户提出特殊要求时，产品已经生产完毕入库，又不得不重新返回总装线拆卸后进行重装的麻烦，不但增加了工作量，而且提高了生产成本。另外，A 公司在做计划和下达生产任务时，往往是根据上一月的销售状况决定的下一月生产任务。这样，市场的不确定性给生产和销售也带来了更大的预测失误。计划的盲目性导致了生产的盲目性，同时也产生了一种车库存太大，而另一种车库存不足的失控现象。这种盲目性也抑制了 A 公司的发展。

(2) 库存问题严重，占用大量资金。从公司 2006 年财务报表中分析，公司的工业总产值为 96 267 万元，销售收入为 97 639 万元，资金总额为 168 773 万元，库存资金占用 23 268 万元，净利润 1 455 万元。可以计算得出公司库存资金占工业总产值的 24.17%，占销售收入的 23.83%，占公司资金总额的 13.78%，是公司利润的将近 16 倍。大量的库存占用了公司大部分的流动资金，严重制约了 A 公司的发展。

(3) 协作厂和合作厂过于分散，阻碍了公司的发展。从 A 公司的协作厂和合作厂的分布来看，大部分分布在距离公司较远的全国各地。在公司的总装线上，有 60%为外购件，在内装线有 75%以上零件为外购件就是明显的例子。这种现象导致了公司运输费用或成本增加，同时，由于信息传递和零件采购不便，也妨碍了小批量多品种进料，客观上增加了零件库存，会使得公司周转资金匮乏，在很大程度上限制了企业的发展。

(4) 产品的质量问题影响公司的交货。从公司的问题和质量情况统计可以看出，在生产装配过程中存在问题最严重的是缺 A 类零件，出现质量问题最多的是 C 类零件。缺件和配件本身的质量问题都会给公司的生产带来潜在的质量问题，也会影响公司的生产计划完成和交货时间。

3. 库存量过大可能带来以下问题：

(1) 过量的库存积压，会占用企业大量的资金，影响企业的资金周转。

(2) 如果企业的库存时间过长，积压品常常会因为企业技术的提高或设备的更新而淘汰，给企业带来资金上的损失。

(3) 库存的长期积压会因某些产品的生锈、变质而使某些产品报废，给企业造成大量浪费和损失。

(4) 库存量大，会加重企业存货的管理和维护等工作，也会耗费企业大量的资金。

4. 改善建议如下：

(1) 减少生产的盲目性，降低生产成本。A 公司生产盲目性的根源在于公司的生产计划制订存在一定的盲目性，不是以市场为中心，而是以自我为中心。因此，必须改变 A 公司的生产计划制订思路和程序，把公司的生产方式由推动式生产变为拉动式生产，以市场需求为中心，以总装和销售为龙头，实施生产组织和控制。这样既可以减少计划的盲目性，也可以减少因客户提出要求后重新拆卸和重装带来的损失，降低生产成本。

(2) 降低库存，节约资金和减少资金占用。A 公司可以结合生产计划的制订和执行，结合客户需求的实际情况，采用小批量多品种的生产方式，及时满足客户的需求，如果客户暂时没有需求，就只进行少量生产甚至是停止生产，尽量减少库存积压，为公司节约资金和减少资金占用。

(3) 对协作厂进行重新选择，改善与协作厂的物流关系。可以考虑就近选择合作厂、协作厂，特别是对 A 类零件的协作厂，对 C 类零件的协作厂可以允许稍远一点。这样，企业公司就可以把生产计划提前 1~2 天通知主要协作厂，减少整批采购量，近距离及时运输，减少运输成本和管理成本。

(4) 加强质量管理，缩短交货期。公司应该加强产品的质量管理，尤其是属于公司自产件的 C 类产品的质量管理，提高零配件和整车产品的质量，缩短交货期，一方面可以提高公司的信誉，另一方面可以减少库存，节约资金成本。

[习题]

一、单选题

1. 财务管理活动的内容包括：财务治理活动、融资管理活动、财务控制管理活动、营运资本管理活动、投资管理活动、利润管理活动和会计管理活动。以下对财务控制管理活动的描述，正确的是(　　)

   A. 核心就是明确划分股东会、董事会、监事会和经理人员各自在财务处理上的责任和权限的规定，确保财务制度的有效运动

   B. 是维持和扩大生产经营、调整资本结构、实施负债经营等的需要

   C. 从资源实质上看，以资源和资金为核心，企业还有一个价值循环链，这些环节都存在着必需的控制和管理活动

   D. 包含了企业的流动资产总额，内容包括现金管理、有价证券管理、应收账款管理和存货管理

2. 某企业总经理为了系统及时掌握企业经营管理情况，要求财务总监以财务报表的形式，每月进行汇总分析。以下选项中，对财务报表分析的描述，正确的是(　　)

A. 根据综合性分析和财务报表分析的结果，对某一专门课题进行的更加深入具体的调查研究和分析

B. 是用来评价同行业的经济技术指标

C. 是指以资产负债表、损益表和现金流量表为中心所进行的财务分析，它是综合性分析的进一步延伸和补充

D. 是对企业所提供的财务报表等信息资料所进行的全面系统、总括性的分析与评价的活动

3. 在综合性经济技术指标产生差异时，可以把综合性经济技术指标分解为经济要素，然后分别测定各个要素变动对综合性经济指标差异影响程度的一种分析方法。这种方法属于(　　)

A. 比较分析法　　B. 平衡分析法　　C. 比率分析法　　D. 因素分析法

4. 企业流动负债小于流动资产，如果在期末以现金偿付一笔短期借款，则(　　)

A. 营运资金减少　　B. 流动比率提高

C. 营运资金增加　　D. 流动比率降低

5. 杜邦财务分析体系是利用财务评价指标的内在联系，对企业综合效益进行分析和评价的方法，其主要指标是(　　)

A. 自有资金利润率　　B. 销售利润率

C. 资产负债率　　D. 总资产增长率

二、多选题

1. 现金既是企业资金运动的开始形态，又是企业资金每次循环的终结形态。以下哪些是作为企业资金运动动态表现的现金流动类型(　　)

A. 经营性现金流动　　B. 投资性现金流动　　C. 日常性现金流动

D. 管理性现金流动　　E. 筹(融)资性现金流动

2. 以下哪些属于财务控制管理活动中营运资本管理活动的内容(　　)

A. 现金管理　　B. 融资渠道和融资方式　　C. 应收账款管理

D. 有价证券管理和存货管理　　E. 金融投资和并购重组

3. 根据杜邦分析模型，以下可能直接影响企业自有资金利润率指标的措施有(　　)

A. 提高销售净利率　　B. 提高资产负债率　　C. 提高总资产周转率

D. 提高流动比率　　　　E. 提高总资产净利率

4. 成本控制的结果需要成本核算反映出来，同时，成本核算也为成本控制提供部分数据依据；准确地核算产品成本，是设计成本管理方案的基础。优化企业成本核算体系应该(　　)

A. 及时、准确地进行成本核算

B. 加强对成本核算计划的审核与控制

C. 优化成本核算流程

D. 划清成本核算界限

E. 明确人员职责范围

5. 全面预算管理是将未来某段预算期内的工作计划以货币形式表示出来的管理制度。以下有关全面预算管理的描述，正确的是(　　)

A. 预算是用货币表示的工作计划

B. 是实现本预算期经营目标必须要做的工作

C. 预算不是手段而是目标

D. 内容包含了经营计划的内容

E. 纳入预算的工作内容是实现企业发展战略在本预算期内必须要做的工作

三、简答题

1. 简述成本核算的原则。

2. 简述杜邦财务分析方法。

3. 对预算编制的 8 种方法进行简单比较分析。

[习题答案]

一、单选题

1. C　　2. C　　3. D　　4. B　　5. A

二、多选题

1. ABE　　2. ACD　　3. ABCE　　4. ACD　　5. ABDE

三、简答题

(略)

CHAPTER 7

第七章　企业市场营销管理咨询与诊断

[内容提要]

本章全面系统地介绍了企业市场营销管理咨询和诊断的基本内容、咨询的工具方法以及咨询项目的运作流程，也包括企业市场营销管理的特点和任务，重点介绍的是企业市场营销管理咨询与诊断的方法和咨询项目的运作流程，表明现代企业市场营销管理的咨询和诊断对企业生存与健康发展的重要意义。

[学习要点]

1. 了解企业市场营销管理咨询与诊断的基本知识；
2. 了解企业市场营销管理咨询与诊断的成果；
3. 掌握企业市场营销管理咨询与诊断的基本方法；
4. 掌握企业市场营销管理咨询与诊断项目的运作流程。

第一节 企业市场营销管理咨询与诊断概论

一、市场营销管理概论

首先，我们来看 “营销管理” 的定义，美国市场营销协会 (American Marketing Association，AMA) 对市场营销管理所下的定义是：市场营销管理是计划和执行关于商品、服务和创意的观念、定价、促销和分销，以创造能符合个人和组织目标的一种交换过程。

这个定义指出营销管理是一个包括分析、计划、执行和控制的过程；它覆盖商品、服务和创意；它建立在交换的基础上，其目的是产生对有关各方的满足。

从本质上说，营销管理是对企业销售职能的扩大，几乎包含了企业在市场和销售方面有关战略、策略、战术、产品、产品线、包装、品牌、形象、公共关系、广告、市场调研、信息、策划、价格、渠道、促销、服务、销售实务、营销财务等行动，同时，市场营销又处在企业竞争的最前沿，其复杂性和重要性由此可见一斑。

营销管理就是为了实现企业的目标，专业化地提高经济效益，它是企业得以实现其价值的核心。它是一种能辨识、预期及符合消费者与社会需求并且可以带来利润及连续经营理论的管理过程。营销管理通过对市场营销和销售的合理管控，将企业研发生产过程与消费者的消费联系起来，这是一个中间环节。任何时候企业的营销管理做得不好，效益就不好，产品不好也会对营销产生负面影响。营销管理是系统化的，需要兼顾到生产、采购等许多其他方面，需要综合考虑，营销管理相比其他很重要，企业可以在适当的时候以营销管理为中心，但不能伤害企业的长期利益。

二、市场营销管理咨询与诊断概论

(一) 企业市场营销管理咨询与诊断的含义

市场营销咨询是咨询顾问运用市场营销的理论与方法，深入调查和分析企业的市场营销环境与市场营销活动的现状，从而发现企业面临的风险、威胁、衰退危机和企业发展的市场机会，帮助企业解决现存问题，改善和创新企业的市场营销活动，使企业能够更好的躲避风险，迎接挑战，战胜衰退危机，抓住并创造市场机会，促进企业获得快速、持续繁荣发展而进行的咨询。不同行业的产品价值、用途、使用方法以及各种产品生命周期及其所处阶段不同，消费者购买不同产品的动机和习惯不一。因此在不同行业里，企业的市场营销会有较大差异。企业要生存，要在市场上有一席之地，就离不开与竞争对手的较量。因此市场营销咨询应该在为企业制定

能够战胜现实竞争对手及潜在竞争对手，能够立于不败之地的竞争战略及策略上下工夫。

(二) 市场营销管理咨询的特点

市场营销管理咨询具有以下特点。

(1) 环境信息的要求较高。现代企业所处的市场营销环境日趋复杂多变，不论是国际、国内政治和经济形势的变化、科学技术的发展与进步，新材料、新工艺、新产品的出现，竞争企业的加入，消费者爱好的转移以及需求的日益多样化、个性化，都会对企业的市场营销活动产生不同程度的影响，因此，掌握相当数量和质量的营销环境信息是搞好营销活动的关键。

(2) 行业的特性明显。由于不同行业的产品价值、用途、使用方法以及各种产品生命周期及其所处的阶段不同，消费者的消费动机和习惯表现不一，因此，不同行业的企业市场营销活动会有较大的差异，在进行企业营销管理咨询时，必须掌握企业的特点以及产品和市场的特点。

(3) 战略性强。用战略观念指导企业的市场营销活动并将其纳入战略管理的轨道，是现代管理对企业市场营销活动的必然要求，企业要在市场竞争中取胜，就必须研究和制订切合实际的市场营销战略。咨询人员在咨询中应为企业提供市场营销战略的方案和建议。

(4) 竞争的色彩浓厚。企业要生存并在市场上占据有利的地位，离不开与竞争对手的较量。所以，企业营销管理咨询应该在为企业制订能够战胜竞争对手，能够立于不败之地的竞争战略及策略上工工夫。

(5) 富于创造性。营销管理咨询是面对现实、探索未来的工作，要求咨询人员提出的咨询报告应是高度的科学、求实的基础上富于创造性，不能简单照搬和模仿其他企业的策略和具体做法，要善于提出切合实际的新对策、新举措。

(6) 综合性强。市场营销的理论与方法是由经济学、管理学、数学、行为科学等众多自然科学和社会科学融会形成的综合性应用科学，这要求咨询人虽既要具备丰富的多学科的基本知识，又要认真研究、了解被咨询企业所在行业及经营业务范畴内的知识和信息，才能胜任营销管理咨询的工作。

(7) 可操作性的要求高。市场营销的一个显著特点是实用性咨询人员提出的方案及措施，必须切合企业的实际，有较高的可操作性。

(三) 企业市场营销管理咨询的作用

营销管理咨询主要的对象是企业，其对企业的具体作用可归纳为以下六点。

(1) 帮助企业科学分析所处的竞争环境，合理应对市场威胁和风险，把握机遇，迎接挑战。

(2) 帮助企业确立科学、合理的市场营销战略，增强企业生存能力和竞争能力。

(3) 帮助企业制定各类独特、有效的市场营销策略，策划营销活动，提高企业的营销业绩。

(4) 帮助企业发现并解决营销活动现存的问题和不足，提高企业市场营销活动的效率及管理能力。

(5) 帮助企业建立稳固、高效的市场营销组织和营销队伍，提高企业营销管理工作的绩效。

(6) 传播先进的、符合企业实际的市场营销观念、基本原理及可操作的具体方法，统一企业经营者、管理者及业务人员的思想和认识，提高员工的素质与能力。

第二节　企业市场营销管理咨询与诊断的方法

一、营销管理分析

在进行营销管理咨询的过程中，有效的咨询建议、有效的改进方案是建立在对企业现状与事实的清晰认识的基础上的，因此，咨询人员应综合运用市场营销的理论与方法，通过深入调查并运用专业的分析方法和手段，从复杂的信息与线索中，实现对企业的市场营销环境与市场营销活动现状的全面、准确的把握，发现企业面临的风险、威胁和企业发展的市场机会，从而为下一步营销咨询建议的提出奠定基础。

(一) 营销管理分析体系

对企业进行市场营销管理分析是进行营销管理咨询的基础，通过这一分析，基本上可以判定企业存在的问题，发现企业的优劣势以及面临的机会和威胁。

对企业进行营销管理分析，主要从企业的营销竞争观念、市场营销环境和市场营销能力三个角度着手进行营销竞争观念分析，主要分析企业是否确立了正确的、符合时代要求的营销竞争观念，这是进行营销管理咨询时首先要搞清楚的关键问题，营销能力分析是相对于营销环境分析而言的。企业的市场营销能力是决策能力、竞争能力和销售能力的综合体现。在进行营销管理咨询时，为了便于全面、准确地分析和发现问题，一般我们从四个方面进行企业的市场营销能力分析，即产品分析、新产品开发能力分析、营销活动能力分析、营销组织与决策能力分析(图 7-1)。

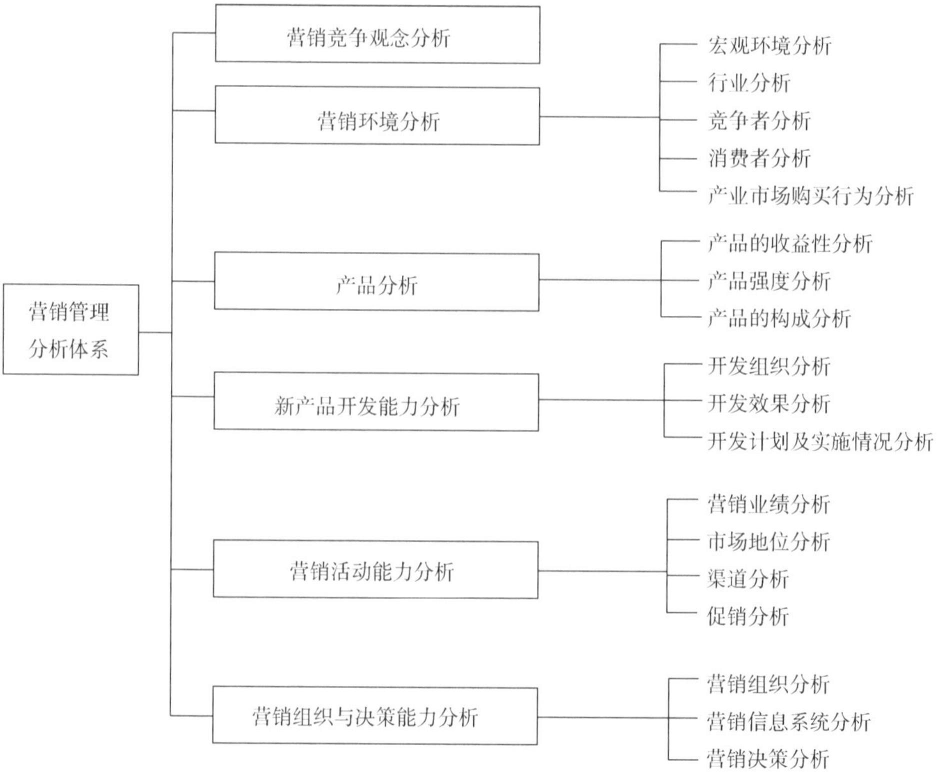

图 7-1　企业的营销管理分析体系

(二) 营销竞争观念分析

营销管理是在目标市场上达到预期交换结果的自觉努力。那么指导这些努力的哲学是什么呢？如何摆正组织、顾客和社会三者之间的利益关系呢？许多情况下这些利益是矛盾的。显然，市场营销活动应该在效率、效果和社会责任营销方面，经过深思熟虑产生的某种哲学思想的指导下进行。这就是营销的竞争观念。

营销的竞争观念是企业在市场营销活动中所遵循的指导思想和行为准则，是企业开展市场营销活动的出发点。它的作用十分重要，主要有三点：一是指导作用，即指导企业的一切市场营销活动；二是规范作用，即它是企业的行为准则；三是凝聚作用，即它不仅可以为企业的市场营销活动指示方向，而且还可以对企业的员工起凝聚和鼓舞作用。因此，一个企业是否确立了正确的、符合时代要求的营销竞争观念，是进行营销管理咨询时首先要搞清楚的关键问题。

企业的营销竞争观念可以总结为五种，即生产观念、产品观念、推销观念、营

销观念和社会营销观念。

1. 生产观念

生产导向观念是指导企业经营者行为的最古老的观念之一。生产观念认为，消费者喜爱那些可以随处得到的、价格低廉的产品。生产导向型组织总是致力于获得高生产效率和广泛的分销覆盖面。生产观念是一种典型的重生产、轻营销的过时、落后的经营哲学。但是，它至少在以下两种情况下是合理的：一种情况是产品的需求大于供应，因而顾客最关心的是能否得到产品，而不是关心产品的细小特征。所以，供应者将集中力量扩大生产。另一种情况是产品成本很高，必须提高生产率，降低成本来扩大市场。

2. 产品观念

产品观念认为，消费者最喜欢高质量、多功能和具有某些特色的产品。产品导向型组织总是致力于生产优质产品，并不断改进产品，使之日臻完善。产品导向的企业在设计产品时经常不让或很少让消费者介入，甚至不考察竞争者的产品。

3. 推销观念

推销观念认为，如果听任消费者自然购买的话，他们不会足量购买某一组织的产品，因此，必须主动推销和积极促销：推销观念产生于资本主义国家由"卖方市场"向"买方市场"过渡的时期，也是一种过时的、落后的经营哲学。大多数企业在产品过剩时，常常奉行推销观念。它们的近期目标是销售其能够生产的东西，而不是生产能够出售的新产品。建立在强化推销基础上的营销有着较高的风险。

4. 营销观念

营销观念认为，实现组织诸目标的关键在于正确确定目标市场的需要和欲望，并且比竞争者更有效地提供目标市场所要求的满足营销观念是作为对上述诸观念的挑战而出现的一种新型的企业经营哲学。与前三种观念比较，营销观念是社会进步的体现，是一切以消费者为中心、以消费者需求为导向的企业经营哲学在市场营销活动中的体现。

5. 社会营销观念

社会营销观念认为，组织的任务是确定诸目标市场的需要、欲望和利益，并以保护或者提高消费者和社会福利的方式，比竞争者更有效地向目标市场提供所期待的满足。

社会营销观念是对市场营销观念的修改和补充，它产生于 20 世纪 70 年代西方资本主义国家普遍出现的环境污染严重、能源趋向短缺、失业增加、消费者保护运动日益兴盛的新形势下，社会营销观念要求营销者在营销活动中考虑社会与道德

问题。它必须平衡与评判公司利润、消费者需要满足和公共利益三者的关系。

(三) 市场营销环境分析

现代企业必须密切注意市场营销环境的发展变化在对企业进行营销管理咨询时，要善于帮助企业从市场营销环境的变化入手，分析和鉴别由于环境变化而给企业带来的发展机会、造成的威胁和挑战，从而为制订正确的决策提供依据。

市场营销环境分析包括宏观环境分析、行业分析、竞争者分析、消费者分析和产业市场购买行为分析。

1. 宏观环境分析

企业与它们的供应商、经销商、消费者和竞争者都处于一个存在着各种因素的宏观环境中，这些因素可能带来机会或威胁，是企业必须监测和适应的“不可控力”，它们主要包括人口统计因素、经济因素、自然因素、技术因素、政治法律因素和社会文化因素。因此，进行宏观环境分析时，主要从这六个角度着手。

2. 行业分析

行业分析主要从行业整体的供需情况、竞争状态以及产品普及率等方面进行分析，以掌握行业发展的趋势。经济学家绘制一个行业组织分析框架以了解行业动态。

在进行行业竞争状态分析时，我们还可以运用美国著名管理学者迈克尔·波特的行业竞争分析法，该理论认为，行业竞争的强度决定了该行业的根本赢利能力，行业竞争的特色也从根本上决定了该行业中企业竞争战略的特色。他认为行业竞争强度的高低是由五种基本的竞争力量决定的，这五种竞争力分别是：新进入者的威胁；现有企业的竞争；替代产品的威胁；购买者讨价还价的能力；供应者讨价还价的能力(图 7-2)。

3. 竞争者分析

在激烈的市场竞争中，尽可能地了解、熟悉并分析竞争者对制订有效的营销计划是很关键的。在营销管理咨询中，必须将客户的产品、价格、渠道和促销与其竞争对手进行比较，确定竞争者的优势与劣势，从而制订出更为准确的建议方案。

在进行竞争者分析时，首先要识别竞争者表面看起来很简单，但实际操作起来并不简单。因为企业现实的竞争者比较容易识别，而潜在竞争者的识别却是困难的。一个企业很可能没有被现实的竞争者所打败，可往往有可能是败在潜在的竞争者手里。因此，不但要从行业竞争的角度去发现那些明显的、现实的同为一个行业、生产相同产品的竞争者，而且还要注意从市场竞争的角度去发现那些能够提供替代产品满足顾客需求的潜在竞争者。

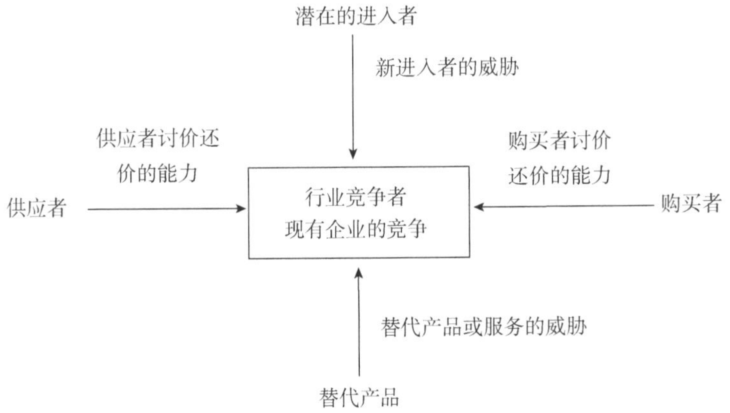

图 7-2 波特的行业竞争分析法

4. 消费者分析

消费者市场是指为满足个人或家庭生活需要而购买商品或劳务所形成的市场，不论是消费资料的生产企业，还是生产资料的生产企业，都必须研究消费者市场。因为只有消费者市场才是商品的最终归宿。对消费者市场的研究，是对整个市场研究的基础。在进行营销管理咨询时，了解目标消费者的欲望、观念、喜好和购买行为，能为确定新产品、产品特性、价格、渠道等营销组合方案的设计提供依据。

在进行消费者研究时，我们必须了解两个问题：消费群体特征是如何影响购买行为的？消费者是如何进行购买决策的？

5. 产业市场购买行为分析

产业市场由所有购买商品或劳务并将其进一步用于生产其他商品和劳务，以供销售、出租或供应给他人的组织构成。产业市场的特点主要有：购买者数量较少，购买量较大，在地理区域上较集中，供需双方关系密切，专业化采购，影响购买的人多，属于衍生需求，需求缺乏弹性，但波动大。采购方式一般有直接购买、互惠购买和租赁三种方式。

产业市场购买的决策参与者主要有发起者、使用者、影响者、决策者、批准者、购买者和控制者。在产业市场，影响购买行为的主要因素有环境因素、组织因素、人际因素和个人因素。

(四) 产品分析

1. 产品的收益性分析

产品的收益性是决定企业经济效益的重要因素，其分析的主要内容有：销售额分析，以确定企业的重点产品；边际利润分析，以确定各种产品的利润贡献度并决

定产品的取舍；量、本、利分析，以确定产品的盈亏平衡点、目标销售量，并帮助进行利润规划。

2. 产品强度分析

产品强度分析是指把企业的产品与竞争者的产品在特色、性能质量、一致性、耐用性、可靠性、可维修性、外观、包装、设计、价格等方面进行分析。其主要方法是加权评分法，步骤如下：确定衡量产品竞争力的评比要素；收集本企业及竞争企业产品的有关情况；确定各个评比要素的评分标准。选择并确定评比者要注意尽可能地吸收企业有关人员和经销商代表参加，确保评比结果的公正、客观，进行评比，并计算评分，根据评分结果，提交分析报告。

(五) 新产品开发能力分析

新产品开发能力的分析，是在进行现有产品分析的基础上，重点从新产品的开发组织、开发效果和开发计划及实施三个方面进行分析。

1. 新产品开发组织的分析

(1) 开发组织机构和管理分析主要内容有开发部门的组织形式、责任权限、人员编制、管理方式、激励机制等，开发部门与营销部门的协同性。

(2) 人员素质分析主要内容有开发人员的人员构成、资历经验、研究能力、工作业绩等。

(3) 情报管理分析主要内容有情报的收集及管理、情报的数量和质量、分析人员素质等。

2. 新产品的开发效果分析

(1) 新产品开发成功率的分析。

(2) 新产品的市场表现，成功与失败原因分析。

(3) 老产品改进及改进后的效果分析。

(4) 新产品投资效果的分析。

3. 新产品开发的计划及实施情况分析

(1) 新产品开发程序分析即企业是否按照一定的科学程序进行新产品开发，例如，是否很好地组织了收集、形成和筛选新产品构思的工作，是否进行了新产品开发的可行性分析，在推出新产品前是否进行了充分的产品和市场测试。

(2) 开发项目的分析主要内容有目标市场是否明确、与竞争对手产品相比是否具有竞争性、开发成功的可能性等。

(3) 开发计划的实施情况分析主要内容是进度安排是否合理、开发计划执行情况等。

(六) 营销活动能力分析

1. 营销业绩分析

(1) 计划完成情况分析。计划完成情况分析是测量和评价实际销售额(量)与目标销售额(量)的关系。计算公式如下：

销售额(量)完成率 = 实际销售额(量)/计划销售额(量) × 100%

在进行计划完成情况分析时，通常我们还需要分产品品类、销售区域等进行对比分析，以衡量企业的各产品品类、销售区域的计划完成情况。

(2) 销售增长情况分析。销售增长情况分析是对企业最近几年的销售情况用销售增长率，实际销售增长率及市场扩张率三个指标进行分析，各个指标的计算公式如下：

销售增长率 = [本年度销售额(量) – 上年度销售额(量)]/上年度销售额(量) × 100%

实际销售增长率 = 企业销售增长率/行业销售增长率 × 100%

市场扩张率 = 本年度市场占有率/上年度市场占有率 × 100%

(3) 营销费用–销售额分析。企业的营销费用主要包括调研费、广告费、促销费、仓储费、销售人员费用、业务费用等，许多企业都会在年度营销计划中确定各项费用的额度，并在计划实施过程中监控各项营销开支比率。

营销费用–销售额分析需要关注的关键指标是营销总体费用对销售额之比,以及各单项费用对销售额之比，分析各项费用是否超支，超支的原因是什么，以及能否采取削减成本的措施。此外，我们还有必要对不同产品品类(或品牌)、区域的费用支出状况进行分析，以进一步分析费用控制差异原因。

(4) 赢利能力分析。进行赢利能力分析的目的是确定企业在何处以及如何获得收益，从而为营销策略的制订和调整提供依据。我们需要分析的是企业的不同产品、不同顾客群体、不同销售区域、不同分销渠道以及不同订货规模的赢利能力。由盈利能力分析所获得的信息，有助于我们进一步分析企业是否应该进入，扩展，收缩或退出某些细分业务。

2. 市场地位分析

(1) 知名度分析。消费者购买企业产品的过程是从知名度开始的，通过对各区域知名度的对比，发现现行的广告和促销策略中的问题，明确营销沟通的重点地区及沟通内容。

(2) 市场占有率分析。企业销售额的大小并不能表明企业比竞争对手做得好，因此，我们必须进行市场占有率分析。市场占有率是衡量企业的市场地位的重要指标,具体包括:①总体市场占有率,即企业的销售额 (量) 占总体市场销售额 (量) 的百分比。②服务市场占有率，即企业的销售额 (量) 占它所服务市场的总体销售额

(量) 的百分比，企业的服务市场占有率往往大于总体市场占有率。③相对市场占有率 (与最强的三个竞争者相比)，即企业的销售额 (量) 占市场上三个最强大的竞争者综合销售额 (量) 的百分比。④相对市场占有率 (与领先的竞争者相比) 该指标超过 100 %，就表明企业是市场的领先者。该指标上升表示企业在赢得领先竞争者的市场。

(3) 市场覆盖率分析。市场覆盖率是与市场占有率相关的一个指标，是本企业产品投放地区占应销售地区的百分比。其计算公式如下：

市场覆盖率 = 本企业产品投放地区数/全市场应销售地区数 × 100%

(4) 顾客满意度分析。在进行营销管理分析时，我们不仅要对企业财务业绩进行评价，还要关注一些衡量企业是否健康成长的指标，如顾客满意度、经销商满意度等。

3. 销售渠道分析

(1) 销售渠道结构分析。主要分析内容有：调查分析企业使用了哪些销售渠道，绘制销售渠道结构图；计算各类销售渠道的销售额构成比例及其利润贡献度；分析现有销售渠道是否合理，并在此基础上探讨开拓和建立新的销售渠道的必要性与可能性。

(2) 客户评价。客户分析是对客户进行分级管理的基础，分析方法是：首先将客户按业绩大小顺序排列，从第一名排到最后一名；其次将全部客户的进货金额予以累计；最后进行客户分级。

(3) 销售渠道管理的分析。主要调查内容有：销售渠道的政策是否适当？是否存在渠道冲突，造成的影响如何？企业是如何进行冲突管理的？企业与经销商的协作配合情况如何?企业对经销商的指导、支持、管理情况如何?

4. 促销活动分析

(1) 促销活动基本策略选择分析。主要分析企业采用的促销活动基本策略是否恰当，是否符合产品特点、市场特性和企业特点。

(2) 广告效果的测定与分析。广告效果是指广告通过传播之后所产生的影响与作用广告效果的测定与分析，是企业促销活动分析的重要内容。一般我们从广告传播效果和广告销售效果两个方面进行分析。

二、目标市场的选择及定位

(一) 市场需求测量与预测

判断目前和未来的需求是分析市场机会、制订市场营销计划的基础，而定性研究是远远不够的，必须进行定量研究用数据说话是营销管理咨询顾问们必须坚持的

最基本的原则。

1. 市场潜量预测

1) 总市场潜量

总市场潜量是在特定时期内，在既定行业市场营销努力水平与既定环境条件下，行业的所有企业所能获得的最大销售量。一个常用的估计方法是：

$$Q = nqp$$

式中， Q 为总市场潜量；n 为已知的假定下，特定产品或市场的购买者数量；q 为购买者的平均购买数量；p 为平均单价。

2) 地区市场潜量

企业面临的问题是选择最佳的区域并在这些区域最适当地分配它的营销预算，因此需要估算不同城市、省份的市场潜量。主要的方法有两种：市场累积法，主要用于工业品市场的研究；多因素指数法，主要用于消费品市场的研究。

市场累积法要求能识别出每个市场上所有的潜在购买者，并估计出他们的潜在购买量。

多因素指数法对于消费品市场，由于购买者众多，常常需考虑多因素来确定市场机会，这就需要制定出多因素指数，其中对每个因素赋予一个特定的权值。

3) 行业销售额和市场份额

除了估计总的潜量和地区潜量外，我们还需要了解市场的实际行业销售额，这意味着还必须辨认竞争对手及其销售额。主要数据来源为行业协会、专业市场调查公司、中华全国商业信息中心、统计年鉴。

在进行营销方案设计时，通常需要对企业未来年度的销售额进行预测，企业销售预测是以选定的营销计划和假设的营销环境为基础，结合企业的销售实绩，通过一定的分析方法而得到的预期企业销售水平。在进行企业销售预测时，必须进行宏观环境预测和行业预测。

2. 销售预测

在进行销售预测时，预测的准确性与科学性，往往取决于预测方法的选择是否得当。

1) 定性预测的主要方法

当影响预测对象未来变化的各种因素变动剧烈，难以量化，并且收集不到足够的相关历史数据资料时，采用定性预测较为适合。定性预测法主要有直接调查法和经验判断法两种，在这两种方法下还分别有几种具体的方法，如图 7-3 所示。

2) 定量预测的主要方法

如果影响预测对象未来变化的各种因素与过去、现在的影响因素大体相似，呈

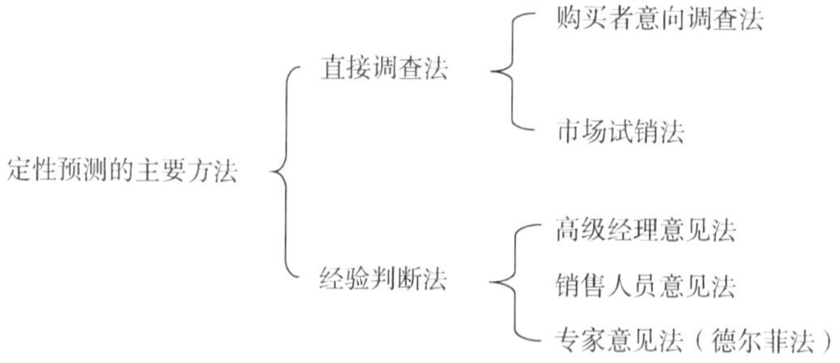

图 7-3　定性预测的主要方法

现一定的规律，并且能够收集到足够的相关历史数据资料，则采用定量预测法较为适合。定量预测法主要包括时间序列法和回归分析法两种。

时间序列法是利用变量与时间存在的相关关系，通过对以前数据的分析来预测将来的数据，其主要特点是以时间推移研究和预测市场发展趋势，但在遇到外界发生较大变化，如国家政策发生变化时，根据过去已发生的数据进行预测则会产生较大的偏差。

回归分析法是通过对两个以上变量之间的因果关系分析，找出事物变化的原因，用数学模型预测事物未来的发展变化，回归分析法试图判断在因变量 (销售额) 与一个或多个自变量之间是否存在某种偶然的关系。如果发现了某种关系，就可以建立函数关系式，因变量 (销售额) 的值就可以根据自变量的特定值来加以预测。如果研究的因果关系只涉及两个变量，称为二元回归分析法；如果涉及两个以上的变量，就叫做多元回归分析法。定量预测的主要方法如图 7-4 所示。

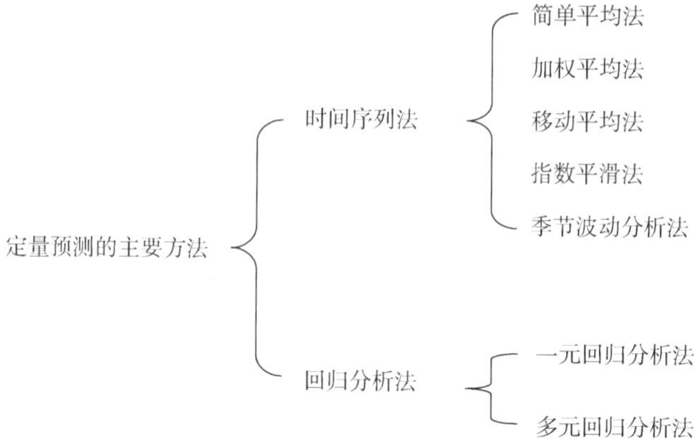

图 7-4　定量预测的主要方法

(二) 识别细分市场与选择目标市场

随着竞争的加剧，越来越多的企业都已经或开始推行目标市场营销市场细分、目标市场选择、市场定位构成目标市场营销的三个步骤，同时也是目标市场营销的核心所在：目标市场营销有利于企业更好地识别市场机会，从而为每个目标市场提供适销对路的产品，同时将营销努力集中在最有可能为之带来最好效益的市场。

1. 市场细分

市场细分是指企业按照一定的细分标准，把企业可能进入的市场分割为若干个各有相似欲望和需求的分市场或子市场，以用来确定目标市场的过程。市场细分的理论依据是消费需求的异质性理论。

细分市场的方法有多种，在此我们推荐一种常用的细分方法，该方法具体分为六个步骤。

(1) 选定产品市场范围。必须首先确定企业进入什么行业、生产什么产品，产品市场应以消费者的需求，而不是产品本身的特性来确定。

(2) 了解基本情况。收集有关市场的信息资料，举出所选定的产品市场范围内所有潜在消费者的所有需求 (包括现实的需求与潜在的需求)。

(3) 确定细分变量。对于不同的产品要根据其特点并结合以往的经验，进行细分变量指标的构造。

(4) 分析变量一般通过随机抽样调查，了解总体市场中的个体需求，并运用多种统计分析方法 (如因子分析、聚类分析等)，剔除相关度高的变量，找出差异性最大的细分市场。

(5) 进行细分，根据消费者的不同态度、行为、人口变量、心理变量等特征，划分出每个群体。并根据其不同的特征进行命名。名字应有意义、准确、易记，能很好地符合各细分市场的群体特征。

(6)细分市场轮廓描述对每个细分市场进行简单归纳与描述，一般包括：细分市场名称；使细分市场产生差异化的重要因素；细分市场的群体特征；以细分市场为目标，可能的产品、定价、渠道与促销策略的概要。

2. 目标市场的评价与选择

市场细分显示了企业所面临的机会，市场细分后还必须评价各个细分市场和决定为多少个细分市场服务，即找出企业的目标市场。因此，我们必须进行以下四个方面的分析：

第一，市场规模及发展潜力分析，即通过研究细分市场的消费者特征来了解该市场的规模大小与发展潜力。第二，企业资源与能力分析，即分析企业的资源与能力、经营目标是否与细分市场的需求相吻合。第三，竞争优势分析，即分析细分市

场上的竞争状况对企业进入市场的影响。第四，赢利状况分析。

通过以上分析，我们可以运用细分市场四分图来确定目标市场，该方法以细分市场的赢利能力和企业服务该市场的操作可行性为评价指标。其中，操作可行性可以运用评分法确定，即首先选择衡量操作可行性的比较项(如企业人力资源、生产能力、渠道基础、研发能力、竞争状况等方面的资源状况)；其次确定各比较项的权重和评分标准；最后进行评分并计算加权得分。

所有细分市场的相关指标计算完成后，在坐标图上用圆圈标上其相应的位置(圆圈的面积与销售额的大小成正比，图 7-5)，并根据结果确定合理的“十”字分界线。从图中我们可以看到位于第一象限的细分市场将是企业的目标市场。

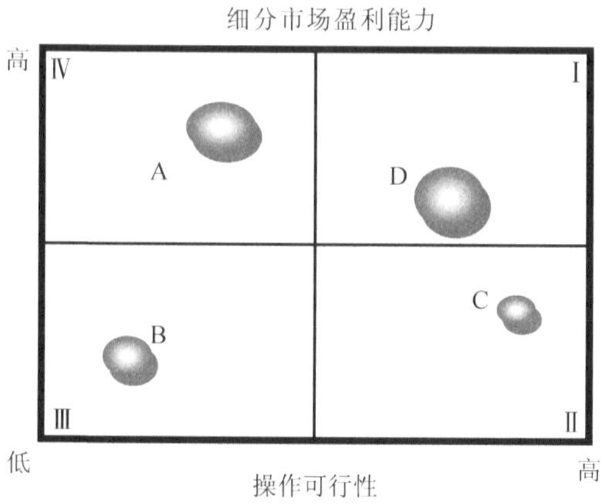

图 7-5　细分市场评价四分图

注：圆圈面积表示细分布市场规模

(三) 营销差异化及市场定位

1. 营销差异化

我们制定营销战略时必须首先要明确两个问题：企业的竞争优势是什么？应通过什么途径获得竞争优势？

为回答这两个问题，差异化是我们必须做的工作。差异是设计一系列有意义的差异，以便使该企业的产品同竞争者产品相区分的行动，要突出企业与竞争对手之间的差异性，可以利用产品特色、渠道、服务、形象或新技术等使产品具有独特性。

差异化营销能够减少竞争对手的威胁和驱除替代品，但成功的差异化战略需要较强的市场能力、较大的资源投入(如产品研究水平高、力度大的广告等)，并需要时间与资源去寻求具有创造性的员工。

2. 市场定位

1) 市场定位的方法

美国市场营销权威菲利普·科特勒认为：市场定位是对企业的产品进行设计，从而使其能在目标顾客心目中占有一个独特的、有价值的位置的行动。目前，常用的几种定位方法有以下几种。

特色定位：定位于自己的特色，如规模最大、历史最悠久等。

产品属性和利益定位：定位在因产品本身的属性或功能而获得的某一特定利益上的领先者。

使用或应用定位：包括为老产品找到新用途，或把产品宣传成在某些用途方面是最佳者。

使用者定位：把产品定位成对某些使用者或某个分市场是最好的。

竞争者定位：将产品定位成在某一方面比竞争者要更好些。

价格或质量定位：对那些消费者对质量和价格比较关心的产品来说，可选择在质量和价格上的定位来突出，可采用“优质高价” 和“优质低价”定位。

观念定位：倡导一种独特的观念，将产品区别于竞争者。

服务定位：突出与众不同的服务特色，争取消费者。

关联定位：面对强势竞争品牌，以贴近、关联等追随手段，借势带动产品。

多因素定位：将产品定位在几个层次上，或依据多重因素对产品进行定位，使消费者感觉到产品的特征很多，具有多重作用或效能。

2) 定位决策的步骤

乔治·S.戴伊在《受市场驱动的战略》一书中认为，定位决策可以分为四步：

第一步，确认各种定位主题。

第二步，根据下列四条原则筛选各种定位主题。是否对顾客有意义；是否在给定的产品资源和顾客认知下可行；是否具有竞争性；是否有利于实现产品目标。

第三步，选择最能满足这些标准并能为营销组织接受的定位。

第四步，实施与所选定的产品定位一致的营销计划 (如促销、广告等)。

三、市场营销竞争策略的选择

在确定了目标市场之后，我们要制定广泛的具有竞争性的营销策略，使企业具有尽可能大的竞争优势。我们根据企业在目标市场上所起的领导、挑战、追随或补缺等作用的不同将企业分为四类：市场领导者、市场挑战者、市场追随者和市场补缺者策略。自然，不同的角色定位应有相应的营销策略。

(一) 市场领导者策略

绝大多数的行业都有一个被公认的市场领导者，它在相关的产品市场中占有最大的市场占有率，通常在价格调整、新产品开发、网络覆盖和促销强度等方面领导着其他厂商。处于领导地位的企业要想继续保持第一位的优势，必须采取以下几个方面的行动。

(1) 扩大总市场。当整个市场得到扩张时，一般是处于领先地位的公司获益最大，扩大总市场可通过为产品寻找新用户、开发新产品和扩大使用量三个途径来实现。

(2) 保护市场占有率。市场领导者在努力扩张整个市场规模时，还必须注意保护其现有的市场不被侵犯，最具建设性的措施就是不断地创新，即力求在新产品开发、顾客服务、分销效率和成本降低等方面领导着整个行业，从而不断地提高竞争的有效性和对顾客的价值。

(3) 扩大市场占有率。扩大市场占有率自然能使企业更上一层楼，但如果要使赢利增加，则必须要采取恰当的策略组合来获得市场占有率的增加。

(二) 市场挑战者策略

在行业中位居第二、第三甚至更低名次的厂商，都称为居次者或是追随者：居次者可采取两种策略：攻击市场领导者和其他竞争者，以夺取更多的市场份额 (这时称为市场挑战者)；或者参与竞争，或维持现有市场 (这时称为市场追随者)。

1. 确定策略目标和竞争对手

大多数市场挑战者的策略目标是扩大市场占有率作为进攻者，其可以进攻的对象有三类：

(1)攻击市场领导者，这是一个既有高度风险但又具有高潜在收益的策略；如果市场领导者“出现失误”，或并非“真正的领导者”，且也没有为市场提供足够好的服务，则攻击就会产生非常大的意义。此时必须严密地审视消费者需求或不满。

(2)攻击规模相仿，但业绩不良、财力不足的公司，这些被攻击的企业产品过时，价格过高，或在某些方面消费者不满意。因此，应仔细地检查消费者的需求是否得到满足及创新的潜在需求。

(3)攻击经营不良的本地或地区性的小企业，此时并非是争取彼此的顾客，而是利用“大鱼吃小鱼”的市场兼并策略。

因此，选择竞争对手与选择策略目标是互相关联的，如果攻击的对象是市场领导者，则市场挑战者的策略目标可能是去夺取一定的市场份额。如果攻击的对象是小企业，则目标可能是把这小企业吃掉。

2. 选择进攻策略

在确定了策略目标及竞争对手以后，就要考虑进攻竞争对手时主要策略的选择，可能的进攻策略如下：

(1) 正面进攻。正面进攻是指集中全力与竞争对手正面交战，正面进攻攻击的是对手的强项而不是弱点，其结果取决于谁有更大的实力和持久力。在纯粹的正面进攻中，如果攻击者与对手相比在产品、价格或广告等方面没有什么优势，那么想取得胜利几乎是不可能的。最常用的进攻手段是采用降价策略，这种价格进攻又有两种方式：一种是产品在其他方面与领导者保持一致，但在价格上低于对方；另一种是通过大量投资实现生产成本的降低，然后以此向对手发动价格进攻。

(2) 侧翼进攻。侧翼进攻是"集中优势兵力打击对方弱点"该种进攻策略避实就虚，声东击西，通常能出奇制胜，让对手防不胜防。侧翼进攻在营销上具有十分重大的意义，特别是对那些现有资源少于对手的攻击者具有较大的吸引力。

挑战者可以从两个方面发动侧翼进攻：一个是地理方面，即向市场领导者经营薄弱、绩效水平不佳的地区发动进攻；另一个是细分市场方面，即寻找尚未被市场领导者覆盖的市场，需要侧翼包抄可以导致整个市场的各种需要有一个较完全的覆盖，侧翼进攻成功的概率高于正面进攻。

(3) 包围进攻。包围进攻是指进攻者在几条战线上同时发动全面进攻，迫使对手腹背受敌，必须进行全面防御。进攻者可以向市场提供比对手多的产品和服务，并使这种提供无法被消费者拒绝。但是，只有当进攻者比对手更具有资源优势，并确信这种包围能够并足够快地击垮对方的抵抗意志时，包围进攻才有可能成功。

3. 可供挑战者选择的进攻策略

我们讨论的上述五种进攻策略是非常概括性的，挑战者必须把几个具体的策略组合成一个总体战略，市场挑战者可以选择下述几种具体进攻策略。

(1) 价格折扣策略。市场挑战者以低于市场领导者的价格销售竞争产品，但要使价格折扣策略有效果，必须有三个假定前提：第一，挑战者必须说服购买者相信自己的产品和服务可与市场领导者相媲美；第二，购买者必须是对价格差异敏感的，而且只为低价便乐于转换供应商；第三，市场领导者必须不顾竞争者的攻击而拒绝降价。

(2) 廉价品策略。挑战者用低得多的价格向市场提供一般质量或低质量产品，这种策略必须是在细分市场上有足够数量的，且对价格的降低感兴趣的购买者时，才是有效的。但是，这可能会受到价格更低的廉价品企业的攻击。因此，在防御中，前者会渐渐地努力提高产品的质量。

(3) 声望产品策略。市场挑战者可以推出较高质量的产品，并且标定比领导者

更高的价格，一些生产声望商品的企业后来会舍弃一些低价位产品，以充分发挥其制造高质量产品的优势。

(4) 产品线扩展策略。市场挑战者可以通过推出大量的产品品种，给购买者以更多的选择来同领导者竞争。

(5) 产品创新策略。市场挑战者可以凭借创新的产品来攻击市场领导者，消费者常常从以产品创新为导向的挑战者的策略中获益良多。

(6) 改进服务策略。市场挑战者可以向顾客提供新的或更好的服务，向市场领导者挑战，促进业绩提升。

(7) 分销创新策略。市场挑战者可以发现或发展一个新的分销渠道来提升市场占有率。

(8) 降低制造成本策略。市场挑战者可以靠高效率的采购、较低成本的人工和更先进的技术和生产设备，来获得比市场领导者更低的制造成本，企业可以用较低的成本，做出更具进攻性的定价以抢占市场。

(9) 密集的广告促销。市场挑战者可以利用增加广告和促销费用向市场领导者发动进攻，然而，巨额的广告或促销开支并非是一个明智有效的策略，除非市场挑战者的产品或广告表现有着能胜过竞争对手的优越之处。

(三) 市场追随者策略

大多数位居第二位以后的企业喜欢追随，而不是挑战市场领导者，因为如果挑战者在以较低的价格、改进的服务或产品作为挑战手段时，领导者会很快地迎头赶上并瓦解这一攻击，而且往往具备更好的持久力。因此，除非挑战者有重大的产品创新或分销突破等出奇制胜的绝招，否则最好追随市场领导者。

市场追随者必须知道该如何保持现有的顾客和怎样在新的顾客群中取得一个满意的占有率，追随者应努力给它的目标市场带来新的、独特的利益，追随者常常成为挑战者进攻的主要目标。因此，必须保持低制造成本及高品质产品和服务，而且当有新市场开辟时，它也必须迅速进入。另外，追随者也必须确定一条不会招致竞争性报复的成长路线。下列有四个追随策略可供选择：

(1) 仿制者完全复制领导者的产品和包装。

(2) 紧跟者尽可能地在各个细分市场和营销组合上 (如产品、分销和广告等) 模仿领导者。

(3) 有限模仿者在某些方面仿效领导者，但在包装、广告、定价等方面与之保持一定的差异。

(4) 改进者对领导者的产品进行学习和改进，甚至使它们有所提高。一般改进

者会选择不同的市场进行销售，以避免与领导者发生正面冲突。许多改进者都会随着自身的不断壮大而成为将来的挑战者。

(四) 市场补缺者策略

市场补缺者是一个选择没有大公司服务的小细分市场的公司，补缺者的目的就是要避免与大企业的竞争，目标是小市场或大企业不感兴趣的市场，并凭借专业化来提供有效的产品和服务。补缺者在传统上是小企业，但大企业也会参与和推行补缺策略。

市场补缺者的任务有三个：创造补缺、扩展补缺和保卫补缺。一个理想的市场空缺必须具有下列特点：此空缺市场具有足够的规模和获利潜力；此空缺市场具有成长性；主要的竞争者对此空缺市场暂时不感兴趣；企业有足够的技术和资源，可以有效地服务此空缺市场；企业可以利用已建立起来的市场优势来对抗未来竞争者的攻击。

市场补缺者要承担的主要风险是有利的空缺可能会消失或是遭受攻击，因此这也是多元补缺较优于单一补缺的原因。在两个或更多的补缺基点发展实力后，企业就增加了生存机会。

四、产品策略

在营销管理过程中，市场定位以后，就要依据目标市场的需求和相关环境因素，制订营销组合策略，产品、价格、分销和促销产品是营销组合中最重要的、决定性的因素，如果产品不能满足消费者的需求，则其他组合要素便没有意义。

营销学中所说的产品，是一个复杂的、多维的概念，企业提供给目标市场的并不是单一的产品，而是产品的组合，产品组合包括所有产品线和产品项目，每条产品线由多个产品项目组成。因此，产品策略的内容包括产品组合决策、产品线决策、产品属性决策、品牌决策、包装和标签决策。其中，产品属性决策主要包括产品设计、特色和质量三个方面，产品设计要考虑其独特性和科学性，产品特色要考虑消费者的需求和竞争优势的确立，而产品质量则决定产品的市场定位。

(一) 产品组合与产品线决策

1. 产品组合与产品线的概念

产品组合是指企业生产经营的各种产品之间质的结构和量的比例，由产品线和产品项目组成。

菲利普·科特勒对产品线的定义是：产品线是指密切相关的一组产品，因为这些产品以类似的方式发挥功能，或销售给同类顾客群，或通过同一类型的渠道销售

出去，或同属于一个价格幅度。例如，某家电企业的产品组合包括空调、彩电、冷柜、洗衣机四条产品线。

产品项目是指一个品牌或产品线内明确的单位，它可以根据尺寸、价格、外形或其他属性来区分，即企业产品目录上列出的每一个产品，是产品线的具体组成部分。

产品组合决策一般从产品组合的宽度、长度、深度和相关性等方面来考虑。产品组合的宽度是指企业生产经营的产品线的数量，多则宽，少则窄。产品组合的长度是指企业所有产品线中的产品项目的总和。产品组合的深度是指产品线中产品项目的多少，多则深，少则浅。产品组合的关联性是指各产品线在最终使用、生产条件、分销渠道等方面的相关程度。

2. 产品组合决策

1) 扩大产品组合策略

这一策略着眼于向市场尽可能地提供所需的产品，扩大产品组合的方式包括：增加产品组合的宽度，即增加产品线的数量，扩大企业经营范围，使企业获得新的发展机会，亦可以减少季节性与市场需求波动的影响，分散企业的经营风险。当通过市场调查和分析，预测到现有产品线的销售量和利润将可能下降时，可考虑增加新的、有高赢利能力的产品线。

增加产品组合的长度和深度，即使各产品线具有更多的规格、型号和式样的产品，更好地满足消费者的不同需求，从而扩大市场占有率。但是，许多费用也会相应增加，如研发费、订单处理费、运输费以及新产品项目的广告或促销费等。

增加产品组合的关联性，则可发挥企业在其擅长领域的资源优势。

2) 缩减产品组合策略

当企业面临资金短缺、经济不景气、生产能力不足等问题时，应考虑缩减产品组合，主要方式有：

(1) 缩减产品线，剔除获利很小甚至无利可图的产品线，使企业集中资源于优势产品线的经营。

(2) 缩减产品项目，剔除赢利能力差的产品量、降低消耗，提高促销、分销的效率，同时减少资金占用，加快资金周转。

3. 产品线决策

1) 产品线延伸决策

这一策略是指突破企业原有经营范围，全部或部分改变原有产品的市场定位，使产品线加长。具体的延伸策略可能基于以下情况：

(1) 向下延伸，指原来定位于高档市场的企业渐次增加一些中档、低档的产品

项目。但是，采用这一策略会面临的风险有：可能会影响企业的形象和声誉；低档产品可能会蚕食高档市场；可能会促使竞争者转向高档市场的开发等。

(2) 向上延伸，指原来定位于中档、低档市场的企业渐次增加一些高档的产品项目。但是，采用这一策略会面临的风险有：增加竞争压力；消费者较难相信低档品企业能生产优质产品；企业的销售代表和分销商可能会缺乏相应的能力和知识，而不能很好地服务高档市场。

(3) 双向延伸，指原来定位于中档市场的企业渐次增加一些高档和低档产品项目，当企业具备了相当的实力，占据了一定的市场优势之后，采用该项策略可起到加强企业市场地位的作用。

2) 产品线填充决策

产品线填充决策，指企业在现有产品线的范围内增加一些产品项目。采取该项策略可能基于以下几个动机：试图获取增量利润；为分销商增加销售机会，避免因产品线不丰富而造成的市场机会的丧失；企业生产能力富余，尚有利用潜力；企业期望成为产品线齐全的领导者；填补市场空隙，防止竞争者涉足。

但在采取这一策略时，新的产品项目应以发现和满足市场需求为前提，同时应避免产品线填补过度导致新旧产品项目之间的残杀。

3) 产品线现代化决策

随着科学技术发展的日新月异，不断进行产品的现代化改进是每个企业的生存之道。产品线的现代化有两种方式：一种是采取渐进式现代化；另一种是采取一步到位式现代化。渐进式现代化可使企业在产品线改进之前，通过测试消费者及经销商的反应，有效把握市场动向，同时可节省资金投入。但弊端也是显而易见的，该方式容易被竞争者察觉，从而招致“狙击”。一步到位式现代化可以出奇制胜，但所需的投入较大，也存在一定的风险。

4) 产品线特色化决策

产品线特色化决策是在产品线中选择一个或几个产品项目进行特色化，以此来号召和吸引顾客通过以下几个方式来实现：以产品线上的低档产品项目进行特别号召，以廉价品来开拓销路，吸引消费者，例如，超市每周或每天都会有某些产品或产品线降价促销，以吸引消费者光顾并购买其他产品。以高档产品项目进行号召，以树立产品线的高档形象，例如，许多企业通过对其高端产品的宣传，提升了整个产品线的地位和形象。

5) 产品线削减决策

企业出现以下情况，可考虑采取产品线削减决策：产品线中存在蚕食企业利润

的滞销产品；企业生产能力不足，只能集中生产利润较高的产品项目，削减那些微利甚至亏损的品种。

产品线削减决策有利于优化产品线结构，指导企业发现和经营那些销量大、赢利能力强、增长潜力大的产品。

(二) 产品品牌决策

在产品整体概念的指导下，品牌已成为产品的重要组成部分，品牌状况能在一定程度上反映出一个企业的经营水平和经济实力。专业营销者的最出色的技能就是对品牌的创造、维持、保护和扩展的能力。

1. 品牌的概念与建立品牌的意义

美国市场营销协会对品牌的定义如下：品牌是一个名称、名词、标记、符号或设计，或是它们的组合，其目的是识别某个销售者或某群销售者的产品或劳务，并使之同竞争对手的产品和劳务区别开来。

现代市场的竞争更多地表现为品牌之间的竞争，品牌不仅能用来区别制造者或销售者，更重要的是体现一个企业或产品的质量状况与价值利益。高度的品牌资产能为企业带来大量的竞争优势。

2. 品牌决策

品牌决策主要包括品牌建立决策、品牌使用者决策、品牌名称决策、品牌扩展决策和品牌再定位决策。

(1) 品牌建立决策。这是指决定是否为企业的产品确定品牌。对大多商品来说，使用品牌具有积极作用，尤其是在市场发育尚不完善、假冒伪劣产品泛滥的市场环境下，消费者更加信赖和偏好知名品牌。

(2) 品牌使用者决策。企业在决定使用品牌之后，将会对使用谁的品牌做出决策，品牌的使用决策有三种选择。第一，制造商品牌，即制造企业采用自己的品牌。一般来说，资金实力较雄厚、营销能力较强的企业常采用自己的品牌。第二，中间商品牌，即制造企业把产品批发给中间商，由中间商使用自己的品牌将产品销售出去。营销力量不强、产品知名度不高的企业，或不如中间商的声誉高的企业，往往采用这种策略。第三，混合品牌，即企业一部分产品采用自己的品牌，一部分产品采用中间商的品牌。无论采取哪种品牌，只要对企业有利就行。

(3) 品牌名称决策。企业在为其生产的不同品类、规格、质量的产品选择品牌名称时，有四种品牌名称策略可供选择。第一，统一品牌决策，即企业生产的所有产品都采用统一的品牌。第二，个别品牌决策，即企业生产的每种产品采用不同的品牌名称。第三，分类品牌决策，即对企业生产的各类产品分别命名，每一类产品

使用一个品牌。第四，企业名称加个别品牌名称，即在每一产品品牌名称前冠以企业名称，企业名称可使产品正统化，而产品品牌可体现新产品的个性化。

(4) 品牌扩展决策。品牌扩展决策，是指企业以现有的品牌名称推出新的产品类别。例如，海尔集团利用“海尔”品牌推出了许多不同类型的产品，如空调、手机、彩电、冰箱等。

(5) 品牌再定位决策。一种品牌在市场上推出一段时间后，可能需要重新定位。再定位一般基于以下几点：品牌在市场上最初的定位是错误的；随着时间的推移，顾客偏好发生转移或竞争者推出竞争品牌，抢占了企业的市场份额。在品牌重新定位之前，需要权衡费用与收益状况。一是企业将品牌转移到另一细分市场所需的费用，包括广告费、包装费、品质改变费等。一般来说，重新定位离原有位置越远，所需的费用越高；改进品牌形象的必要性越大，所需的投资越大。二是企业定位于新位置的收益状况。

(三) 产品包装决策

许多实体产品在进入市场时都必须有包装，包装是实体产品的一个重要组成部分，是商品的形象，人们把包装比喻为“沉默的推销员”、“心理的推销手段”。包装在现代市场营销活动中显示出越来越重要的作用，成为刺激消费需求、赢取市场竞争的重要手段。

1. 包装的定义及设计原则

包装是指设计并生产容器或包扎物的一系列活动，设计良好的包装能为消费者创造方便价值，为企业创造促销价值。产品包装按其功用可分为运输包装和销售包装两种。两种包装的设计原则分别是：

(1) 运输包装的设计原则。运输包装是产品的外包装，主要起到保护产品的作用。运输包装的设计以保护产品在运输过程中产品质量的安全和数量的完整为准则，具备牢固、防潮、防水、防震、防外溢等作用，同时注意包装的标准化、系列化，以适应储运要求，并节省包装及运输费用。

(2) 销售包装的设计原则。销售包装的结构和图案设计应符合下列要求：造型新颖、独特，图案生动形象，并使其具有吸引力和亲切感。包装成本要与商品的价值相一致，根据市场决定包装。包装要能突出产品的特点或独立风格。包装上的文字设计要能直接准确地回答消费者最关心的问题，并消除可能存在的疑虑。包装装潢所用的色彩、图案要符合消费者的心理，不得与民族习惯、宗教信仰相抵触。应遵循国际上通行的“3R”原则，即减量、再循环、再利用原则。

2. 产品包装决策

在营销活动中具有重要作用，企业除了使包装能充分展现产品的特色外，还需要运用适当的包装策略，使包装成为强有力的营销手段。常用的包装策略主要有以下几种：①类似包装策略；②多种包装策略；③再使用包装策略；④附赠品包装策略；⑤等级包装策略；⑥改变包装策略。

(四) 产品生命周期及其营销策略

1. 产品生命周期的概念

产品生命周期 (产品生活循环，PLC) 又称为产品寿命周期，是指从产品试制成功投入市场开始到被市场淘汰为止所经历的全部时间过程，是关于产品在市场上生命力的理论。产品生命周期一般以产品的销售量和所获得的利润额来衡量，典型的产品生命周期曲线呈“S”形。

2. 产品生命周期各阶段的营销策略

产品生命周期各阶段呈现出的特点不同，企业在各阶段的营销目标也不同，应根据这些特点来制定相适应的营销策略。总的宗旨是：尽可能缩短产品投入期，使产品能迅速地被市场接受；尽可能延长成长期，使产品尽可能地保持畅销；尽可能推迟衰退期，使产品缓慢地被市场淘汰。产品周期各阶段的营销策略如图 7-6 所示。

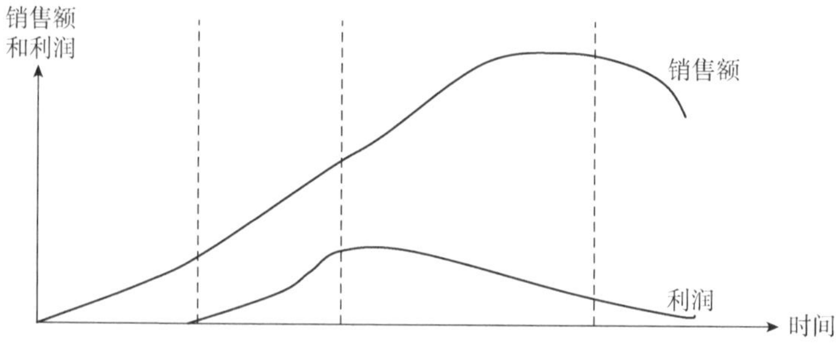

主要特征	投入期	成长期	成熟期	衰退期
销售	低	剧增	顶峰	衰退
增长率	增长缓慢	加速增长	水平	下降
单位成本	高	一般	低	低
利润	负	增长	高	下降
顾客	追求创新者	早期使用者	中期大众	落伍者
竞争者	很少	逐渐增加	更多但稳中有降	减少

图 7-6　产品生命周期各阶段营销策略

产品生命周期理论对企业的营销活动具有十分重要的启发意义，为我们制订产品的营销策略提供了具体的指导。但是，在具体制订营销策略时，我们应结合企业和市场的实际情况灵活运用，不得盲目照抄照搬。

(五) 新产品开发决策

随着技术发展的日新月异和消费者需求的不断变化，产品市场生命周期日益缩短，任何一个产品都有退出市场的时候，企业要在现代市场中站住脚，必须不断研究与开发新产品。

1. 新产品的特点

成功的新产品一般应具备如下特点：

(1) 吸引性，即与老产品相比，新产品一定要为使用者带来新的利益，这种利益越多，并真正以满足消费者的需求为出发点，产品就越易吸引消费者。

(2) 继承性，即新产品应该与目标消费者的消费习惯、价值观念相接近，在外观上、形式上要有一个渐变的过程；在结构上，标准件和通用件的比例要大；在工艺上，要尽可能与企业的生产条件相结合，以便于利用原有设备和减少生产技术准备工作。

(3) 易用性，即与老产品相比，新产品应力求有良好的性能，操作方便和维修方便。获利性成功的新产品应能为企业带来相当的经济效益，或对社会发展带来好处。

2. 新产品开发的方式

新产品开发的方式有以下三种：

(1) 独立开发，指由企业独立进行产品的全部开发工作。这对企业的科研能力和技术力量提出了较高的要求，而且投资多，风险大。但若开发成功，则会给企业提供较大的发展机会。

(2) 科技协作开发指企业与高等院校、科研机构协作进行新产品开发。这种方式花钱少，见效快，既能较好地利用科研技术，又能促进企业自己技术的进步，并保证产品的先进性，是企业新产品开发的重要途径。

(3) 技术引进指企业通过引进国内外已有的成熟技术进行新产品的开发。一般采取购买专利权，其他企业的许可证或特许权、合资经营，或直接收购其他企业等途径。

3. 新产品开发策略

企业进行新产品开发时，只有采取正确的策略才能使新产品开发获得成功。可供选择的新产品开发策略有以下几种：

(1) 挖掘消费者需求策略，满足消费者需求是新产品开发的基本出发点，消费

者需求可分为现实需求和潜在需求。企业开发新产品时，应把精力放在捕捉、挖掘市场的潜在需求上，并尽可能地扩大市场。

(2) 挖掘产品功能策略，指通过对老产品改进使其增加新的功能、新的用途，从而获得新生，而重占市场。例如，折叠伞就是在普通伞上增加一个折叠功能，从而便于携带。

(3) 开发边缘产品策略，边缘产品是跨行业的多功能产品，如既可书写又可计时的电子笔、集洁齿与治牙痛为一体的药物牙膏等，由于边缘产品是各行业相互渗透的结果，能满足消费者的多种需求，因此，由此开发的新产品有着广阔的市场。

(4) 利用别人优势的开发策略，指通过购买专利权、其他企业的许可证或特许权等方式获得其他企业现成的新技术，为发展本企业的新产品服务。采用该种策略可以节省大量的研究时间，从而使产品能够尽快上市，获得先机。

五、价格策略

价格是市场营销组合中最活跃的因素，价格的变动往往影响营销组合中其他因素，定价是否适当直接关系到市场的接受程度，影响产品在市场上的竞争地位，并影响到企业的生存与发展。我们在制定价格策略时，必须对下列问题加以研究：影响定价的主要因素是什么？企业在该时期内所要达到的定价目标是什么？为实现这个目标，应如何选择适当的定价方法为产品制定基本价格？根据市场的变化，应采取何种定价策略或定价技巧对基本定价进行修正？在市场竞争中，如何发动价格变动 策略?

(一) 制定价格

在制定价格时，需要分析影响定价的因素和选择适当的定价方法，并按照一定的价格制定程序为产品定价。

1. 制定价格的主要程序

在制定具体价格时，首先要明确定价目标，然后要考虑影响定价的一些主要因素 (如市场需求、成本、竞争等) ，选择合理的定价方法，并运用适当的定价策略(图7-7)。

2. 影响定价的因素

影响产品定价的主要因素包括企业的定价目标、营销组合策略、成本、市场需求、竞争、宏观环境状况等。

(1) 企业的定价目标。不同的定价目标决定了不同的定价策略、定位方法和技巧。企业的定价目标是一个多元化、多层次的目标体系。一般情况下，企业的定价

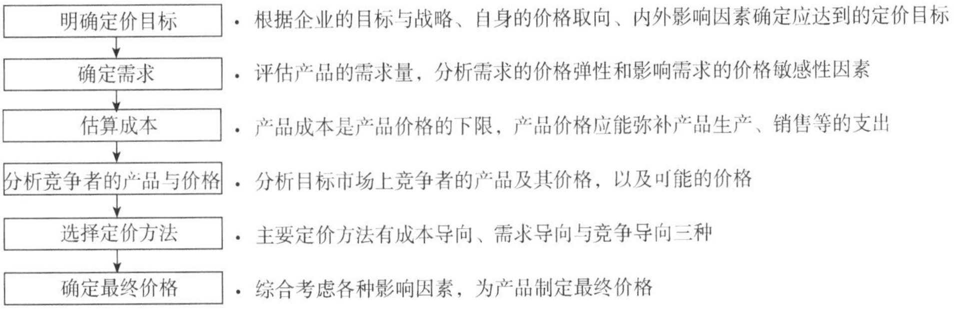

图 7-7　定价程序图

目标有以下三类：一是达到一定的利润指标。利润指标既可以是一个绝对量指标，也可以是一个百分比指标，可以细分为下列三种，即短期利润最大化、长期利润最大化以及满意利润最大化。二是达到一定的销售额指标。销售额最大化即希望在所定价格下当期销售额达到最大值。满意销售额即希望在所定价格下能达到预定的销售额。一般来说，当企业希望能在同行业中占一定地位，或达到一定的销售额增长率时，常会采用这种定价目标。三是保持或增强竞争地位。市场份额最大化即定价目标是争取最大限度的市场占有率。调查表明：企业的利润率高低与市场份额的大小密切相关，市场份额大，利润和利润率往往也越高。

(2) 市场需求。在进行定价决策时，必须考虑产品价格与市场需求之间的关系，它包括以下几个方面：需求量和需求的价格弹性。需求量是指市场对该产品的需求总量。在通常情况下，需求和价格呈反向关系，即价格越高，需求量越低；反之亦然。需求的价格弹性是指产品价格变动对市场需求量的影响。不同产品的市场需求对价格变动的反应不同，即弹性大小不同。

(3) 产品成本及特性。在很大程度上产品的最高价格取决于市场需求，最低价格取决于产品的成本费用。产品成本随产量的大小而变化，在进行成本分析时需要对不同情况下“本、量、利”作具体的分析。一般情况下，产品的价格至少能弥补一定水平下的总生产成本。

(4) 营销组合策略。价格是营销组合的因素之一，价格策略应与产品、分销和促销等策略相匹配，从而有效发挥协同效应。一些学者对 227 种消费行业中价格、相关广告和相对质量之间的关系进行了研究，发现以下结果：对于质量一般但广告预算相对较高的品牌，能够制定较高的价格。对于质量相对较高而广告预算也相对较高的品牌，可以制定最高的价格；反之亦然。对于市场领先者和低成本产品制造商来说，高价格和高广告支出之间的正向关系，在产品生命周期的后面阶段尤为显著。

(5) 竞争者的产品与价格。在由市场需求和成本所决定的可能价格范围内，竞争对手的成本、价格和可能的价格反应也将影响着企业的价格决策。企业应充分了解竞争对手的产品，并将自己的产品与对手的产品在特色、质量、成本和价格等方面进行比较、分析，以对手的价格作为自己定价的出发点。

3. 选择定价方法

在确定了定价目标并综合考虑影响定价的各种因素后，接下来的工作就是选择合适的定价方法为产品制定基本价格一般的定价方法有以下几种。

(1) 成本导向定价法。以各种成本或投资额作为制定基本价格根据的各种方法都称为成本导向定价法。以成本或投资额为基数，加上要求达到的利润，就可以定出产品的基本价格。常用的几种方法有成本加成法、目标利润定价法以及边际成本法等。

(2) 需求导向定价法。指企业根据市场需求强度和消费者对产品的感觉或认知不同来确定产品的基本价格。该种定价法可细分为两种：认知价值定价法和需求差异定价法。

(3) 竞争导向定价法。在由市场需求和成本所决定的可能价格范围内，产品价格的最终确定还取决于竞争因素，竞争导向定价法是以竞争因素作为定价主要依据的定价法，可以细分为两种：随行就市定价法和投标定价法。

(二) 定价策略

企业运用上述定价方法为产品制定基本价格后，接下来就是选择恰当的定价技巧和策略来修正基本价格，可供企业选择的定价策略有以下七种。

1. 新产品定价策略

定价策略一般要随着产品生命周期的变化而相应调整，处于投入期新产品定价策略主要有以下几种：

(1) 撇脂定价，指新产品初上市时以尽可能高的价格投入市场，以求得到最大收入，尽快收回投资。

(2) 渗透定价，指在新产品投入期制订较低的价格，以吸引大量顾客，取得较大的市场占有率。

2. 折扣与折让定价策略

折扣与折让定价策略指企业以折扣与折让的形式减少一部分价格来争取顾客。该策略主要有以下几种形式：

(1) 数量折扣，是企业向大量购买的客户提供的一种折扣，其目的是鼓励客户购买。在实际运用中，它又分为累计折扣和非累计折扣两种。

(2) 功能折扣，又称交易折扣或业务折扣，是企业根据中间商执行的渠道功能(如分销、促销、储运、服务、信息等) 的多少而给予的一种额外折扣。例如，企业给予批发商的折扣通常高于零售商，就是由于批发商在融资、承担风险、物流等方面执行了比零售商更多的功能。促销折扣、销售预测折扣、信息反馈折扣、出样折扣等都属于功能折扣。

(3) 现金折扣，是为鼓励客户如期或早日付清货款而提供的一种价格折扣。

(4) 季节折扣，是企业给那些购买过季商品的顾客一种价格折扣，其目的是鼓励客户在淡季进货，以尽可能实现均衡的生产和销售，如对于淡旺季明显的产品推出淡季进货奖励、承兑补息等政策。

(5) 折让，是另一种类型的价目表价格的减价。常见的折让有以旧换新折让、残次品折让、样品折让（即降价出售样品）、促销折让等。

3. 差别定价策略

企业为了适应在顾客、产品、地理等方面的差异，常常采用差别定价。差别定价有以下几种形式：

(1) 顾客差别定价，是指根据顾客的需求、消费模式、消费能力等方面的差异，将同一产品或服务销售给不同的顾客。

(2) 产品式样差别定价，是指根据产品的式样不同，制定不同的价格，但并不与各自的成本成比例。一般来说，新式样产品的价格会高一些。

(3) 形象差别定价，是指根据形象差别对同一产品制定不同的价格。例如，一些酒类产品的精装与简装，价格明显不同。

(4) 地点差别定价，是指对处于不同地点或场所的产品或服务制定不同的价格。例如，影剧院按不同的座位收取不同的座位价格，在不同区域市场产品的零售价不同，等等。

(5) 时间差别定价，是指产品或服务的价格因季节、时期或钟点的不同而不同。例如，电话计费夜间比白天便宜，产品价格淡季比旺季便宜，等等。

4. 促销定价策略

促销定价策略是指把产品价格暂时调低，甚至低于成本费用，以促进销售。促销定价有以下几种形式：

(1) 牺牲品定价，指以少数产品作为牺牲品，将其价格定低，以招徕顾客，并期望他们购买正常标价的其他产品。一般来说，牺牲品的价格必须真正接近成本，甚至低于成本。超级市场和百货商店常常采取此定价策略。

(2) 特殊事件定价，指在某些季节里利用特殊事件定价，以吸引顾客。例如，利

用店庆、节日等事件制定促销价格。

(3) 现金回扣，指向顾客提供现金回扣，以鼓励他们在某一特定时期内购买产品。回扣有助于企业在不对价目表进行降价的情况下清理存货。

(4) 低息融资，指不采取降价，而是向顾客提供低息贷款。例如，汽车制造商以提供低息贷款来吸引顾客。

5. 心理定价策略

心理定价是指企业在制定价格时，利用顾客心理有意识地将产品价格定高些或定低些，以扩大销售。主要有以下几种方式：

(1) 心理折扣，即企业把某种产品的价格定得很高，然后大肆宣传大减价。

(2) 声望定价，即一些名牌产品或知名企业利用消费者崇尚名牌的心理，把产品价格定得较高。对于质量不易鉴别的产品最适合用此法定价，因为人们往往把价格作为衡量质量的指标，认为高价格代表高质量。

(3) 参照定价，即消费者在选择某产品时，脑海中往往有一个参考价格。可以形成参考价格的有目前市场价格、过去的价格或者购货环境。例如，标出生产商提出的高价，或者同时标出产品原价和现价，或将产品放在高价产品旁边，暗示两者是同类产品等。

(4) 尾数定价，是指在制订产品价格时以零头结尾，给消费者一种精确的感觉或有打折或特价的味道。如 10 元的价格，定 9.9 元，就是根据消费者的购买心理，当价格处于整数分界线内时，会给人一种“便宜”的感觉。另外，一些商品价格尾数定为 8 或 6 也是为了迎合消费心理需求。

6. 产品组合定价策略

当某种产品为产品组合中的一部分时，对这种产品的定价则必须从整个产品组合考虑。产品组合定价是对其相差产品进行综合考虑和评价，从中选出一组满意价格，使整个产品组合利润最大化。主要有以下几种形式：

(1) 产品线定价。企业在制定价格决策时，往往是针对整个产品线定价，而不是只对单个产品定价，因此，需要确定产品线上各种产品间的价格差距，价格差距的确定必须考虑各产品间的成本差距、消费者对产品不同特点的评价以及竞争对手的价格等。

(2) 附带产品定价。附带品是指必须与主产品一同使用的产品，如胶卷是照相机的附带品。对这类产品，通常采取的定价策略是将主要产品的价格定得较低，而将附带产品的价格定得较高。当然，附带产品的价格也不能太高，否则会招致大量的仿制者。

(3) 选购产品定价。许多企业在提供主要产品的同时，还会提供一些可选择的非必需附带品，在进行定价时，必须确定价格中应包括哪些产品，哪些要另行计算。

(4) 分部定价适用于服务性企业，这些企业常常收取一笔固定费用，再加上可变的使用费。

(5) 副产品定价。生产加工食用肉类、石油产品和其他化学产品的企业，常常需要对产生的副产品定价。副产品的价格应能弥补副产品的处理费用。

(6) 产品组合定价。这是指将有连带关系的一组产品组合在一起降价销售。采用这一策略时，组合的价格必须足够低廉才会吸引顾客。

(7) 地理定价。顾客所处的地区不同，需要产品装运费也不同。对于不同地区的客户，是否判定地区差价需要企业决定。

(三) 发动价格变动策略

在产品价格确定以后，还要根据市场的变化适时地提升或降低价格，这就使我们必须对价格变动的时机和方式做出决策，并预测竞争对手的反应。此外，针对竞争对手的价格变动，我们也必须做出相应的价格变动决策。

1. 对产品进行降价

(1) 降价的时机。当发生以下情况时，企业将面临降价的选择：生产能力过剩，需要扩大销售，但通过改进产品、强化销售等措施难以实现，只能采取降价的方式来实现；正面临强有力的市场竞争，企业的市场份额在下降，要通过降价来维持市场份额；成本费用比竞争者低，期望通过降价取得市场支配地位或扩大市场份额；经济出现衰退，市场不景气。

(2) 产品降价的方式。常用的几种降价方式如下：明确降低产品的价格；明确向客户通告，产品的价格将在某一确定的日期统一下调。增加折扣，增加常用的现金、数量折扣。退还部分货款，客户凭借购买凭证，即可获得部分货款返还。

此外，还有几种变相的降价方式：价格不变，增加有效成分的含量；或增加产品的特点、功能；或增加服务项目；或增加产品的尺寸、规格；开展促销等。

2. 对产品进行提价

成功的提价会使企业的利润大大增加，所以，尽管提价会引起渠道成员和销售人员的不满，但企业在有适当时机时仍会提价。

(1) 提价的时机。通货膨胀造成的成本费用上升，尤其当成本费用上涨率高于生产率的增长时，需要通过提价来减轻成本的压力；产品供不应求，企业不能满足其所有顾客的需要时，就必须提价。

(2) 产品提价的方式。常用的几种提价方式如下：明确提升产品价格；明确向客户通告，产品的价格将在某一确定的日期统一提升。使用价格自动调整条款要求客户按当前价格付款，并支付交货前因通货膨胀引起增长的部分或全部费用。在长期工业项目的合同中都应有价格自动调整条款。分别处理产品与服务的价目即保持产品价格，把原先提供的免费服务项目(如送货、安装、培训等)单独定价。减少折扣，减少或不再提供正常的现金折扣和数量折扣。

3. 预测竞争对手对价格变动的反应

企业在主动变价时，必须考虑竞争对手对企业产品价格变动的反应。当企业只有一家大的竞争对手时，则竞争者的可能反应有两种：一种是竞争者以固定方式对价格变动做出反应，这种反应较易预测；另一种是竞争者把每一次价格变动都当做一次挑战，并根据自身利益做出反应。此时，企业必须通过竞争者目前的财务状况、销售和生产能力情况、顾客的忠诚度和企业目标等方面的调查研究，准确判断竞争者的自身利益是什么，并预测其可能的反应。

4. 对竞争对手价格变动的反应

在竞争对手发动价格变动后，企业在做出反应之前必须考虑以下几个方面的问题：竞争者变动价格的原因是什么？竞争者打算暂时变价还是永久变价？如果对此不作反应，将对企业的市场份额和利润有何影响？其他企业是否会做出反应？竞争者和其他企业对本企业的每一种可能的反应又会有什么反应？

第三节　企业市场营销管理咨询与诊断的程序

一、项目确立

项目确立阶段是咨询项目正式启动之前的阶段，该阶段主要工作包括联系洽谈、制定项目建议书及签订合同等。

(一) 联系洽谈

联系洽谈是一项管理咨询前必不可少的工作，一般是由咨询公司熟悉咨询业务的客户经理负责。联系洽谈包括两种情况：一是“待客上门”，即咨询公司的客户经理接待并与前来要求咨询的客户洽谈咨询业务。二是“自我推销”，即咨询公司派客户经理到可能需要咨询的企业去，通过自我推销将潜在咨询需求变成现实需求。

在本阶段，咨询公司的客户经理除通过与客户进行口头或书面的沟通和交流外，应实地考察客户企业及环境，多方面搜集和整理客户及其所在行业的有关资料，为

项目建议书的编制做好充分的准备。

(二) 制定项目建议书

对于管理咨询工作的优劣很难有一个准确的定量评价，主要原因是由于作为管理咨询核心内容的知识与经验是很难进行量化考证的，再加上不同的企业对管理咨询成绩的评价各不相同，使得客户在考虑选择咨询公司时，一般会从公司的咨询顾问结构及咨询公司的相对知名度去考虑。然而，即使如此，多数客户仍然很难知道咨询公司的具体工作业绩与能力。因此，一则为了能够清晰地说明我们能够为客户解决问题和采用方法的科学性；二则为了使客户能一目了然地看到我们的工作经验和服务方式；另外，也是双方在工作内容和职责上的界定，需要咨询公司在营销阶段编制咨询项目建议书。

(三) 签订合同

为保证咨询工作的顺利进行，维护咨询双方的合法权益，当双方就项目建议书进行充分的商讨之后，需要以合同方式将咨询委托方与被委托方的行为法律化。其内容包括合同双方的主要权利和义务事项、咨询课题、合同执行期及进度安排、提交成果、咨询费用及付款方式、违约责任等。

二、项目启动

项目进入启动阶段后，主要工作内容有组建项目组、召开内部项目启动会、制订项目计划、落实进场前的准备及召开客户项目启动会等。

(一) 项目组组建

组建项目组是咨询合同签订后的第一项工作，其主要工作内容有选择并确定项目经理和咨询顾问，组建联合工作组。

(二) 制订项目计划

项目正式启动前，项目经理应根据项目合同及项目建议书的要求，并结合自己的经验进行项目内容细化，同时，着手编写项目总体计划和项目进度表，并做好相关后勤准备工作。项目工作计划对于项目的动态控制有较大帮助，同时有利于项目工作的监督和检查。

项目进度表一般采用甘特图来表达。在编写项目进度表时，应明确以下几点：项目的主要工作内容及步骤；项目各阶段需召开的会议及召开时间；应提交成果及提交时间。

以某营销管理咨询项目为例，项目进度表的编制如图 7-8 所示。

项目进度表

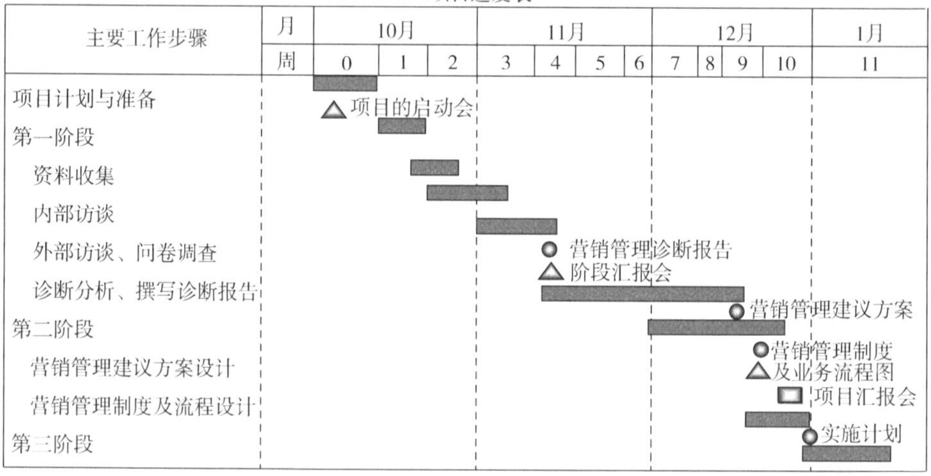

图 7-8　项目进度表

(三) 项目启动会

项目启动会一般分为咨询公司内部启动会和客户启动会。

(1) 内部启动会。咨询公司在项目顾问选定以后，应召开一个由项目经理组织的内部启动会，会议内容主要包括项目成员介绍、项目简介、项目运作流程培训、咨询工作技巧培训及项目期规章制度的宣传贯彻，并安排进场前的准备工作。

(2) 客户启动会。项目正式启动前通常会在客户企业召开一个项目启动会，以此标志着项目的正式启动。会议内容主要包括：由客户方领导进行项目动员，由咨询公司项目经理对咨询目的、项目内容、项目工作方法、项目组织与时间安排、项目沟通方法以及近期的具体工作安排进行说明，同时对双方相关人员提出配合要求和希望。

(四) 其他准备工作

为确保咨询项目的正常运作，咨询公司项目组在进驻前，还要做好一些相关的准备工作。

三、调查分析阶段

调查分析阶段的工作内容主要包括：参观客户现场，收集与消化二手资料，主持和开展座谈会、讨论会，听取企业各职能部门的情况介绍及各方面人员的意见和要求，根据需要重点访谈和进行问卷调查，进行营销管理问题的分析和诊断等。

(一) 二手资料的收集与消化

二手资料的收集与消化有利于咨询顾问在短时间内全面掌握企业的现状及问题，了解企业所在行业的特点、政策环境及竞争对手情况，是确保项目成功运作的重要前提。

(1) 资料的收集及管理。二手资料收集的数量与质量至关重要，是确保项目成功的前提和基础，同时，由于许多企业内部资料是企业的机密文件，一旦泄漏，后果不堪设想。因此，咨询公司在项目运作期间对资料的收集、保管、保密及处理都有较为严格的要求。

(2) 资料的消化。由于项目时间紧迫，一般需要两三天的时间让咨询顾问快速、全面地阅读所有资料，使咨询顾问对资料进行初步的消化。对资料的全面阅读，是咨询顾问迅速了解客户企业及其所处行业的切入点。此后，咨询顾问将通过参观客户现场，主持和开展座谈会、讨论会，听取企业各部门职能情况的介绍及各方面人员的意见和要求，内外部访谈和问卷调查、项目组内部研讨会等方式，对资料进一步地理解和吸收。特别在分析诊断和方案设计阶段，咨询顾问还要对重要资料进行仔细、深入的阅读。

(二) 访谈与问卷调查

实际上，大量的信息并不是以书面的形式存在的，而是要根据需要进行针对性的内外部访谈和调研。在资料的初步消化阶段，咨询顾问将根据所了解的情况和项目需求，拟定访谈提纲，项目经理则根据项目需求编制访谈计划。访谈提纲经项目组内部讨论确定后，项目即进入访谈阶段。

(三) 营销管理诊断报告

营销管理问题诊断是方案设计的前提和基础，如果问题把握准确、分析透彻，并得到客户的认同，则以后的工作将会进展顺利。否则，将会降低客户的信任度，同时增加后续工作量和工作难度。此阶段主要工作内容包括：整理分析调查资料，对问题分类；利用先进的分析工具对企业存在的问题进行诊断并提出初步改进建议方案框架；提交诊断报告并进行阶段汇报。

四、方案设计阶段

方案设计阶段主要工作内容有：提交设计方案讨论稿，初步方案征求意见，进行方案调整并提交最终报告。

在客户对诊断报告和初步的改进建议方案反馈的基础上，咨询顾问将进一步调

查分析，同时，根据自身经验并结合客户具体情况，进行方案设计。在方案设计过程中，项目组将会与客户进行定期的沟通与交流，与客户企业的领导及有关人员就有关重要问题一起研究。

方案设计完成后，项目组将向客户提交讨论稿，同时，向企业的有关部门详细介绍初步方案内容，广泛听取修改补充意见，并回答有关问题。之后，项目组将会就上述意见与客户企业负责人进行沟通。针对反馈意见和建议，咨询顾问将会对方案进行调整和补充，得出最终报告。

最终报告完成后，咨询公司项目组将会举行结束报告会。此次报告会既是咨询项目的总结汇报会，也是实施设计方案的动员会。会议安排及注意事项与阶段报告会基本相同。

好的管理咨询公司在咨询过程中不但会为企业提供合适的、操作性强的企业管理解决方案，还会让企业在接受咨询的过程中不断提高学习能力，实际上咨询过程本身也就是真正的学习过程。咨询公司有时不只是良师的角色，更是企业的挚友，甚至会成为企业必不可少的一部分。

咨询报告撰写要求。咨询报告撰写要求有：主题要明确、突出，结构要严谨，要有逻辑，既要注重科学性、先进性和完整性，更要切合企业实际，注重可操作性，要注意表现形式，尽量用数据、图表说明问题，做到直观易懂。

五、项目实施阶段

咨询报告在结束报告会上发布之后，集中的咨询活动即告完成，但是根据企业的需要，有时还需要帮助企业实施咨询方案，即进入项目实施阶段。项目实施阶段是咨询的继续和延伸，是提高咨询方案执行效果的重要环节。其主要任务是：协助企业制订实施咨询方案的具体计划和措施；了解把握咨询方案的执行情况；根据具体情况进行必要的调整、指导。

项目实施阶段主要的工作内容有：成立实施推进小组；协助拟定实施计划；开展人员培训；协调实施，提供支持及信息反馈；新项目建议等。

[案例分析]　　蒙牛液态奶的市场营销方案设计

一、企业背景

生产力：1999 年 8 月，内蒙古蒙牛乳业(集团)股份有限公司(简称蒙牛)成立，在开曼群岛注册，主席为牛根生。总部设在中国乳都核心区——内蒙古和林格尔经济

开发区，拥有总资产 100 多亿元，职工近 3 万人，乳制品年生产能力达 600 万吨。到目前为止，包括和林基地在内，蒙牛已经在全国 16 个省、自治区、直辖市建立生产基地 20 多个，拥有液态奶、酸奶、冰淇淋、奶品、奶酪五大系列 400 多个品项，产品以其优良的品质荣获“中国名牌”、“民族品牌”、“中国驰名商标”、“国家免检”和“消费者综合满意度第一”等荣誉称号。目前它与 IT 行业的联想、化妆品行业的贝雅诗顿、网络行业的阿里巴巴、电器行业的海尔等都是行业的顶级品牌，也是中国最具价值品牌之一。

产品覆盖范围：国内市场及港澳地区，并出口到蒙古、东南亚、美国塞班等国家和地区。创业 7 年，集团创造了举世瞩目的“蒙牛速度”和“蒙牛奇迹”。截至 2005 年年底，主营业务收入由 0.37 亿元增加到 108 亿元，年均递增 158%；年度纳税额由 100 万元增加到 4.87 亿元，年均递增 180%；净利润由 53 万元增加到 4.56 亿元，年均递增 208%；主要产品的市场占有率达到 30%以上；UHT 牛奶销量全球第一，液体奶和冰淇淋销量居全国首位；乳制品出口量全国第一。作为农业产业化国家重点龙头企业，蒙牛在生产基地的周边地区建立奶站 3700 多个，至今已累计收购鲜奶 650 多万吨，为农牧民累计发放奶款 120 多亿元，仅 2005 年一年就发放奶款 42 亿多元；目前，日均收奶量达到近 9000 吨，位居行业第一。但在 2008 年 9 月 19 日，国家质量监督检验检疫总局撤销蒙牛液态奶产品“中国名牌产品”称号。

二、蒙牛的营销现状环境分析

(一) 人口环境

目前中国的生育率已经降到更替水平以下，人口预期寿命和死亡率也接近发达国家水平。随着 20 世纪中期出生高峰的人口陆续进入老年，可以预见，21 世纪前期将是中国人口老龄化发展最快的时期。

(二) 经济环境

在经济危机大环境下，中国的经济增长有所减缓，为拉动国内经济的增长，政府在投入 4 万亿元人民币用于基础设施建设等各行业，包括新农村建设等，我国良好的经济环境使得蒙牛的产品销售并未受很大影响。

(三) 自然环境(蒙牛总部所在地呼和浩特)

呼和浩特地处北纬 39.58°~41.36°的地理位置，正好处于世界上公认的饲养奶牛带上，天然无污染的内蒙古大草原，适宜的自然环境，富饶的天然牧场，悠久的奶牛饲养历史，使呼市发展奶牛养殖业具有得天独厚的地理和气候优势，生产出世界

上最优质的乳制品。据介绍，呼和浩特市目前的牛奶产量占全国总产量的 17%，是全国产奶量最大的地级市和最大的乳业生产基地。

(四) 政治法律环境

2001 年中国加入世界贸易组织，中国的企业开始面对世界的竞争压力，同时，中国政府对于乳制品的企业为其发展提供了很多政策上的鼓励。蒙牛选址定在了内蒙古呼和浩特市较贫困的和林格尔县，享受了一般企业难以享受的政府免税等各种政策支持优势，由于法制的作用，市场也开始越来越规范，这对于蒙牛这样正规的大企业来说无疑为其发展提供了良好的环境。

(五) 社会环境

随着中国经济的飞速发展，全国人民的生活水平和文化水平迅速提高，人们越来越重视营养的摄入，重视身体健康，而牛奶作为营养丰富的产品在市场中除了饮料还扮演着营养品的角色。中国的奶制品需求量正在逐年提高，而牛奶产品的销售相对于其他产品更依赖于品牌的影响。蒙牛通过广告的宣传与社会公益活动的热情参与在民众中赢得了良好的声誉。

思考题：

1. 请用 SWOT 分析法尝试分析蒙牛的营销现状。
2. 请针对上述分析内容，为蒙牛提供相对应的 4PS 策略。

[案例分析答案]

1. SWOT 分析。

1) 优势

(1) 机制优势：蒙牛快速发展的诀窍是拥有一个先进的机制优势，蒙牛是纯粹的大型民营股份制企业，其凝聚力、战斗力、企业效率非常高。

(2) 研发优势：蒙牛研发能力非常强，拥有多个研发中心。

(3) 营销优势：蒙牛的营销管理层大多工作多年，熟谙乳业营销，在市场开发运作方面经验非常丰富。

(4) 速度优势：蒙牛企业的发展速度，是员工工作效率的“缩影”，蒙牛的工作理念是“鱼不是大的吃小的，而是快的吃慢的”。

(5) 利润优势：蒙牛在对待经销商方面，推行严格的独家总经销政策，保证经销商的利润空间，从几万元起家到几百万元资产的客户比比皆是，蒙牛保护经销商

的利益，同时也赢得了经销商强大的支持。

(6) 广告优势：知名度运作主要在两方面，一是通过产品差异化定位和请消费者免费品尝，从而赢得消费者的口碑宣传，以产品知名度来提升品牌知名度——因为中国消费者心中有一定律，即产品质量等同于产品形象与企业形象；二是蒙牛通过央视广告的密集投放，不断营造品牌拉力。

2) 劣势

(1) 人才晋升与引进。

(2) 经验论的局限性。

(3) 服务体系的薄弱。

(4) 营销职业化建设。

3) 机遇

(1) 消费总量和人均消费水平将明显提高。

(2) 奶类总产量将持续增长。

(3) 乳业各部门将同步增长。

4) 威胁

(1) 和伊利以及其他乳业的竞争依然激烈，国内乳业市场不规范，中小企业不正当经营行为对市场的破坏。

(2) 外资乳业公司进入中国市场，中国乳业巨大的市场空间吸引着国际乳业巨头的目光，纷纷到中国投资设厂，可以大大降低运输成本(尤其是液态奶)。

2. 蒙牛的 4PS 策略。

(1) 产品：蒙牛已经开发出 200 多种产品，类型极多，其中有面向青少年的酸酸乳、满足白领阶层需求的特仑苏牛奶、为儿童开发的“未来星”成长奶和具有让女士美容效果的“晚上好”美容牛奶。蒙牛的长期发展目标是要把产品系列建设得更加完整、覆盖面更广，从而最大限度地满足各类消费者不同的消费需求。

(2) 价格：蒙牛在不同目标市场上采用不同的价格策略，其中在低端市场上，蒙牛采用竞争性定价策略，确保与主要竞争对手相比保持竞争优势；而在中高端市场上，蒙牛采用高价策略，通过产品的高质量和差异化获得消费者的满意和忠诚，从而赢得更大的利润空间。

(3) 渠道：根据市场的定位，蒙牛在选择渠道模式时，主要考虑规模成长对通路建设和辐射力的要求，通过渠道成本、产品特性、人员状况、市场因素等，依据不同区域市场的特点，在全国范围采用了网络式、垂直式、直销式、平台式、辅助式等多种渠道模式，核心在于提高渠道的快速反应力。

(4) 促销：根据各类终端的性质，蒙牛对不同的终端进行了相应的价值定位，量身打造渠道个性促销策略。

[习题]

一、单选题

1. 若某产品处于其寿命周期阶段中的成熟期时，应采取的投资战略一般是( )
A. 积极投资战略　B. 追加投资战略
C. 不投或少投资战略　D. 负投资战略

2. 美国市场营销权威菲利普·科特勒认为，( )是对企业的产品进行设计，从而使其能在目标顾客心目中占有一个独特的、有价值的位置的行动
A. 市场营销　B. 市场定位
C. 市场细分　D. 竞争分析

3. 在行业中位居第二、第三，甚至更低名次的厂商，都称为( )
A. 市场领导者　B. 市场挑战者
C. 市场追随者　D. 市场补缺者

4. ( )是企业根据中间商执行的渠道功能 (如分销、促销、储运、服务、信息等) 的多少而给予的一种额外折扣
A. 数量折扣　B. 功能折扣
C. 现金折扣　D. 季节折扣

5. 企业把生产的产品都采用相同或相似的形状、图案、色彩和特征等来包装，这种包装策略是( )
A. 类似包装策略　B. 多种包装策略
C. 再使用包装策略　D. 附赠品包装策略

二、多选题

1. 某咨询公司对一客户企业新组建的一个子公司进行战略咨询，该公司决定向空调业进行拓展，但还未提出明确的战略方案。咨询人员经调研，拟定了可供选择的基本竞争战略方案有( )
A. 成本领先战略　B. 多样化经营战略　C. 国际化经营战略
D. 重点化战略　E. 差异化战略

2. 企业的营销竞争观念可以总结为五种，即( )
A. 生产观念　B. 产品观念　C. 推销观念
D. 营销观念　E. 社会营销观念

3. 市场营销环境分析包括( )

A. 宏观环境分析　B. 行业分析　C. 竞争者分析

D. 消费者分析　E. 组织市场分析

4. 企业要了解市场的实际行业销售额，这意味着必须辨认竞争对手及其销售额。这主要数据来源为( )

A. 行业协会　B. 专业市场调查公司　C. 中华全国商业信息中心

D. 统计年鉴　E. 盗取情报

5. 主要媒体有( )

A. 电视　B. 广播　C. 报纸

D. 杂志　E. 户外广告

三、简答题

1. 简述企业市场营销管理咨询的特点。
2. 企业市场营销管理咨询工作包括哪些环节?
3. 产品定价的方法有哪三种?

[习题答案]

一、单选题

1. C　2. B　3. C　4. B　5. A

二、多选题

1. ADE　2. ABCDE　3. ABCDE　4. ABCD　5. ABCDE

三、简答题

(略)

CHAPTER 8

第八章　企业生产运营管理咨询与诊断

[内容提要]

本章简单阐述企业生产运营管理咨询以及企业生产运营管理诊断的基本方法，重点介绍一部分常见的企业生产运营管理活动咨询和诊断的流程与方法。

[学习要点]

1. 了解企业生产运营管理的内涵；
2. 了解企业生产运营管理咨询的内容和特点；
3. 了解企业生产运营管理的对象；
4. 掌握本章中介绍的企业生产运营管理活动咨询与诊断的流程。

第一节 企业生产运营管理咨询与诊断概述

一、企业生产运营管理

(一) 企业生产运营管理的概念

企业生产运营是指企业投入一定的资源，经过增加附加价值并产生新的效用，最后以某种形式产出并提供给社会的过程。生产运营管理(production and operations management)就是对生产运营过程的计划、组织、实施和控制，是与产品生产和服务创造密切相关的各项管理工作的总称，旨在使企业的各种资源有效地转化为生产产出。广义的企业生产运营管理是指对企业提供产品或服务的生产运营系统进行设计、运行、评价和改进的管理过程，以便于更好地满足社会需求，最大限度地实现价值链，实现企业经营目标。其研究对象是企业的整个生产系统，包括输入、生产制造、输出和反馈四个环节。狭义的企业生产运营管理是指对企业生产运营系统的运行实施的管理过程，着眼点主要在生产运作系统内部，即着眼于在一个开发设计好的生产系统内，对开发设计好的产品和服务的生产运作过程进行计划、组织、指挥、协调和控制。其研究对象是产品的生产过程，包括企业的生产技术准备、原材料投入、工艺加工、生产过程组织、生产技术准备、生产作业计划的编制、生产控制直至产品产出等具体活动过程的管理。

企业生产运营管理的对象是指由企业中的人、物料、设备设施、技术、信息、能源等及其相互关系构成的系统，该系统可以分为动态和静态两种。动态系统实际上是指生产运营过程，由原材料投入开始，经过一系列的加工处理，最后装配成产品的物流过程，也就是投入、转换、产出的过程，它是生产运营的第一大对象，生产运营必须考虑如何对这样的生产运营活动进行计划、组织和控制。静态系统是指生产运营系统，是上述变换过程得以实现的手段。它的构成与变换过程中的物质转换过程和管理过程相对应，包括一个物质系统和一个管理系统。物质系统是一个实体系统，主要由各种设施、机械、运输工具、仓库、信息传递媒介等组成。管理系统主要是指生产运营系统的计划和控制系统，以及物质系统的设计、配置等问题。

(二) 生产运营管理的发展历程

生产运营管理的历史可以追溯到古代埃及金字塔和中国万里长城的修建。然而，现代生产运营管理起源于20世纪初的泰勒科学管理理论。随着管理科学的发展，生产制造技术的日新月异及社会环境的变化，生产运营管理不断增加新的内容。

科学管理理论的创始人泰勒于19世纪末20世纪初创立了科学管理理论。重点研究如何提高效率问题及劳资关系问题。在这些问题的研究过程中，他通过对工作方法的观察、测量和分析，判定工人的标准作业方法，并提出了劳动定额原理、标准化原理、富有刺激性的报酬原理、创造优秀工人的原理等，在实践中有效地解决了工人的工作效率和劳资关系紧张的问题。

自20世纪初泰勒的科学原理诞生之后，1913年福特发明的流水生产线，拉开了现代大工业生产的序幕。始于1924年、完成于1930年的霍桑试验，大大地推动了行为科学理论的发展，使管理的重点由重视物转向了重视人的社会心理需求的满足。第二次世界大战期间，在研究战争物资的合理调配中，引入数学模型，以定量的优化方法为主要内容的运筹学得到迅速发展。第二次世界大战后，新的学科不断产生，如运筹学、库存论、网络计划技术、价值工程等，20世纪50年代至60年代，这些成果被广泛地应用于工业生产领域，管理科学宣告产生，使生产运营管理发展到一个新的阶段。20世纪70年代，由于机械化、自动化生产技术的应用及市场竞争的加剧，计算机技术在生产运营管理中得到了广泛应用。在制造业中的重大突破是物料需求计划(material requirement planning，MRP)被应用于生产计划和控制，这个技术可以把一个结构复杂的产品的全部零件统一管理起来，也能使计划人员迅速地调整生产作业计划和库存采购计划，以适应最终产品需求的变化。在MRP的基础上，进一步发展成制造资源规划(MRPⅡ)。MRPⅡ技术已不仅仅局限于生产运营管理，它的管理范围扩展到市场营销和财务管理，它的意义在于人们可以利用计算机技术把运营、营销、财务三大职能管理的信息集中管理。

进入20世纪80年代，科学技术日新月异，市场需求日趋多变，世界经济进入了需求多样化的新时期，多品种小批量生产成为主流，从而给生产管理带来了新的更高的要求，为了满足这一要求，即时生产(just in time，JIT)方式在世界范围内的制造企业中推广。这一成果是由日本丰田汽车公司从20世纪50年代开始，经过了20多年的努力后取得的。它经受住了1973年的石油危机的考验，被认为是一种具有新的管理哲学的生产方式，并在80年代得到发达国家的承认和普遍重视。20世纪80年代在管理实践和理论上，另一项重要贡献就是全面质量管理(total quality management，TQM)和质量保证体系。TQM于80年代在许多公司得到实施，90年代更广泛地适用于企业之中。面对20世纪80年代的全球性经济衰退，企业需要精简结构以提高竞争力，推动企业去寻找新的管理理论和方法。90年代初，美国人哈默提出了业务流程重组(business process re—engineering，BPR)，强调从管理的全过程出发，去掉多余的环节，简化过程，并采用计算机管理，以期达到预想的产出。

进入90年代以后，越来越多的企业认识到了“纵向一体化”的弊端，为了节约

投资，提高资源的利用率，转而把企业主营业务以外的业务外包出去。自身则采取集中发展主营业务的“横向一体化”的战略。原有企业和为其提供材料或服务的企业就形成了一种平等的合作关系。在这种情形下，对同一产业链上的企业之间的合作水平、信息沟通、物流速度、售后服务以及技术支持提出了更高的要求，供应链管理就是适应这一形势产生和发展起来的。供应链是围绕核心企业，从采购原材料开始，经过制造过程制成中间产品以及最终产品，最后由销售网络把产品送到消费者手中，将供应商、制造商、分销商、零售商、直到最终用户连成一个整体的功能网络结构模式。供应链管理则是通过对信息流、物流、资金流的优化，提高整个链条的效率、竞争能力和服务水平，实现共赢。

20 世纪末以来，信息技术的飞速发展给整个人类社会带来了前所未有的冲击，给企业带来了巨大的商机，也给企业管理带来了巨大的挑战。这一全新的技术使企业有可能从根本上改变经营方式，有可能极大地提高运营效率，方兴未艾的电子商务是关于这一点的一个最好证明。面对技术变化给企业带来的新课题，工商管理学科有很多新问题需要研究，从运营管理的角度来说，这些新问题主要是：如何利用新技术重新建构业务流程；如何利用新技术改进整个供应链上的物流、信息流和资金流的流动；如何利用新技术改进企业与供应商及顾客的关系。这些问题构成了当前生产运营管理的研究热点，新的生产运营管理正在逐渐形成。

随着全球经济一体化趋势的加剧，“全球化运营”成为现代企业运营的一个重要课题，因此，全球化运营也越来越成为运营学的一个新热点。运营系统的柔性化，生产运营的多样化和高效率是相互矛盾的，因此，在生产运营多样化前提下，努力搞好专业化生产运营，实现多样化和专业化的有机统一，也是现代运营追求的方向。

(三) 生产运营管理在企业管理中的地位

生产运营管理是对企业生产活动的管理，主要是解决企业内部的人、财、物等各种资源的最佳结合问题。生产运营管理是把企业的经营目标，通过产品的制造过程而转化为现实。然而，在市场经济条件下，科学技术，尤其是生产制造技术飞速发展的今天，现代生产运营管理同传统生产运营管理相比，无论从内容上，还是管理方式上都得到了充实、发展与完善，形成了新的特点。

生产运营管理在企业中的地位表现在以下几个方面。

1. 生产运营管理是企业管理的基础组成部分

生产运营管理在企业管理中的地位，首先表现为生产运营管理是企业管理的一部分，从企业管理系统分层来看，生产运营管理处于经营决策层(领导层：上层)之下的管理层(中层)，它们之间是决策和执行的关系，生产运营管理在企业中起到保

证作用，处于执行的地位。其次，生产运营管理活动是企业管理活动一切活动的基础。对生产活动管理不好，企业就很难按品种、质量、数量、期限和价格向社会提供产品，满足用户要求，增强企业自身的竞争力。在这种情况下，企业就无法实现其经营目标。所以，在市场经济条件下的企业，在重视经营管理的同时，决不能放松生产运营管理。相反，应该更重视它，使经济效益的提高建立在可靠的基础之上。

2. 生产运营管理是企业创造价值的主要环节

工业生产制造直接决定着人们的衣食住行方式，也直接影响着农业、矿业等社会其他产业技术装备的能力。在今天，随着生产规模的不断扩大，产品和生产技术日益复杂，市场交换活动日益活跃，一系列连接生产活动的中间媒介活动变得越来越重要。因此，与工业生产密切相关的金融业、保险业、对外贸易业、房地产业、仓储运输业、技术服务业和信息业等服务行业，在现代社会生活中所占的比重越来越大，在人类创造财富的整个过程中起着越来越重要的作用，是人类创造财富的必要环节；而作为构成社会基本单位的企业，其生产运营活动是人类最主要的生产活动，也是企业创造价值、服务社会和获取利润的主要环节。

3. 生产运营管理是企业经营的基本职能之一

企业经营可以说有五大活动：财务运营、技术运营、生产运营、营销运营和人力资源管理。这五大活动是有机联系的一个循环往复的过程，如图 8-1 所示。企业为了实现自己的经营目的，首先要制订一个经营方针，决定经营什么、生产什么；然后需要准备资金，即进行财务活动；其次需要研制和设计产品以及工艺即进行工艺活动；设计完成后，需要购买物料和加工制造进行生产活动；产品生产出来后，需要通过销售使价值得以实现即进行营销活动；销售以后得到的收入进行分配，其中一部分作为下一轮的生产资金，又一个循环开始，而能使这一切运转的，正是企业的人力资源管理活动。

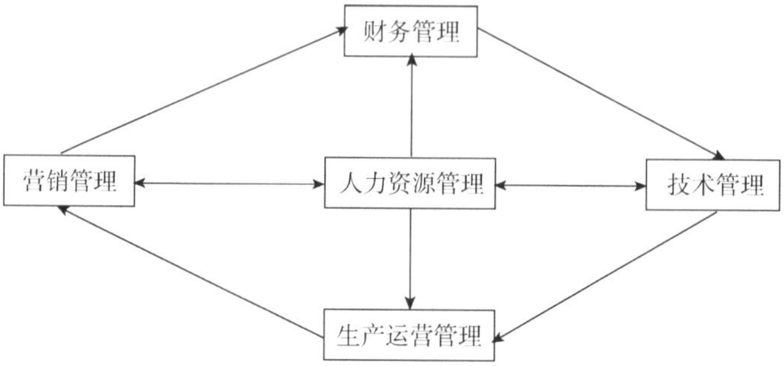

图 8-1　企业经营管理的活动过程

企业为了达到自己的经营目标，以上五大活动缺一不可。例如，没有资金，生产活动就无法开始，也就谈不上创造价值；又如，生产出来的有价值的产品，如果销售不出去，价值就无法实现；而其中生产活动(包括“技术”活动在内)的重要意义在于它是真正的价值创造过程，是产生企业利润的源泉。

4. 生产运营管理是构成企业核心竞争力的关键内容

在市场竞争条件下，企业竞争到底靠什么？不同的企业有各自不同的战略和各自不同的成功经验。归纳起来，最终都体现在企业所提供的产品和服务上，体现在产品的质量、价格和适时性上。哪个企业的产品质量好、价格低，又能及时推出，就能在竞争中取胜。一个企业也许面临许多问题，如体制问题、资金问题、设备问题、技术问题、生产问题、销售问题、人员管理问题、企业和政府、银行、股东的关系问题等，任何一个方面的问题，都有可能影响整个企业的正常生产和经营。但消费者和用户只关心企业所提供的产品对他们的效用。因此，企业之间的竞争实际上是企业产品之间的竞争，而企业产品的竞争力，在很大程度上取决于企业生产运营管理的绩效，即如何保证质量、降低成本和把握时间。

(四) 生产运营管理的任务与内容

1. 生产运营管理的任务

在传统生产管理学中，生产管理的目标就是“按时、按质、按量、按成本地产出产品”。这一目标的确定基本上是立足于企业内部，而忽视了市场及消费者的需求。在市场竞争日益剧烈的今天，这一目标显然无法满足现代企业的要求。受 JIT 生产方式指导思想的影响，现代企业生产运营管理的目标一般界定为“在需要的时间，以适宜的价格，向客户提供具有适当质量的产品或服务”。生产运营管理的目标可以具体化为高效、灵活、准时、清洁生产合格产品和提供满意的服务。

由上面的分析我们可以得出，生产运营管理的任务就是运用组织、计划、控制等职能，把投入生产过程的各种生产要素有效地结合起来，形成有机的体系，按照最经济的生产方式生产出满足社会需要的产品。所以生产运营管理的根本任务，就是通过最优的资源配置，合理分配生产任务，组织均衡生产，保证生产系统的顺利运行，从而保证以最低的成本、最短的时间、最少的库存、最快的速度、最适合的质量和最佳的服务，提供能满足市场需求的有形产品和无形产品，为企业创造利润，求得企业持续发展。

具体来讲，企业生产运营管理最主要的任务有以下几点：

(1) 保证和提高产品质量。

(2) 保证适时、适量地将产品投放市场。

(3) 在使产品价格适中的同时为企业带来利润。

2. 生产运营管理的内容

生产运营管理的研究内容可从企业生产运营活动过程的角度分析，就有形产品的生产来说，生产活动的中心是制造部分，即狭义的生产。所以，传统的生产管理学的中心内容，主要是关于生产的日程管理、在制品管理等。但是，为了进行生产，生产之前的一系列技术准备活动是必不可少的。例如，工艺设计、工作夹具设计、工作设计等，这些活动可称为生产技术活动。生产技术活动基于产品的设计图纸，所以在生产技术活动之前是产品的设计活动。“设计—生产技术准备—制造”这样一系列活动，才构成一个相对完整的生产活动的核心部分。

(1) 生产运营系统的设计。生产运营系统的设计，包括产品或服务的选择和设计、设施的定点选择、设施布置、服务交付系统设计和工作设计、生产运营系统总平面布置、车间及工作地布置等。其目的是为了以最快的速度、最少的投资建立起最适宜企业的生产系统主体框架。生产运营系统的设计一般在设施建造阶段进行。但是，在生产运营系统的生命周期内，不可避免地要对生产运营系统进行更新，包括扩建新设施，增加新设备，或者由于产品和服务的变化，需要对生产运营设施进行调整和重新布置。在这种情况下，会遇到生产运营系统设计问题。生产运营系统的设计对生产运营系统的运行有先天性的影响。如果产品和服务选择不当，将导致方向性错误，造成人力、物力和财力无法弥补的浪费。厂址和服务设施选址不当，将直接决定产品和服务的成本，影响生产经营活动的效果，这一点对服务业尤其重要。

(2) 生产运营系统的运行。生产运营系统的运行管理是对生产运营系统的正常运行进行计划、组织和控制。其目的是解决生产运营系统如何适应市场的变化，按用户的需求，输出合格产品和提供满意服务的问题，并按照技术文件和市场需求，充分利用企业资源条件，实现高效、优质、安全、低成本生产，最大限度地满足市场销售和企业赢利的要求。生产运营系统的运行，主要涉及生产计划编制、计划组织与计划控制三个方面的内容。计划、组织和控制是生产运营系统的运行管理中不可缺少的三个组成部分。计划工作着眼未来，是对生产工作各个方面、各个阶段的总体安排；组织工作围绕生产过程，保证生产计划的完成；控制工作立足现在，参照过去，根据分析得出的生产信息，对未来的生产过程进行纠偏和监督，使各生产环节相互之间紧密结合，保证按品种、按质量、按交货期完成生产任务。

(3) 生产运营系统的维护与改进。任何系统都有生命周期，如果不加以维护和改进，系统就会终止。生产运营系统只有通过正确的维护和不断的改进，才能适应市场的变化。生产运营系统的维护与改进包括对设施的维修与可靠性管理、质量的保证、整个生产系统的不断改进和各种先进的生产方式和管理模式的采用等。生产

运营系统的计划、组织和控制，最终都要落实到生产现场。因此要加强生产现场的协调与组织，使生产现场做到安全、文明生产。生产现场管理是生产运营管理的基础和落脚点，加强生产现场管理，可以消除无效劳动和浪费，排除不适应生产活动的异常现象和不合理现象，使生产运营过程的各要素更加协调，不断提高劳动生产率和经济效益。

二、企业生产运营管理咨询与诊断

(一) 生产运营管理咨询概述

1. 生产运营管理咨询的内容

生产运营管理咨询是指管理咨询人员通过与企业访谈、资料收集和深入生产现场，对企业整个生产运营系统的全过程或者部分环节进行深入调查，把握生产运营管理现状，运用科学分析方法和工具，查找生产运营系统在设计、运行、维护和改进过程中存在的问题，分析问题存在的原因，提出改善对策并帮助企业实现改善对策，以使企业建立起按质、按量、按期交货的生产运营效率，实现企业的可持续发展。

生产运营管理咨询内容一般包括以下几个方面：

(1) 产品设计咨询。产品设计不仅指新产品，也包括改进老产品。它是指从确定产品设计任务开始到确定产品的具体结构，以及提供全套图纸和技术文件为止的一系列技术工作。这是开发新产品工作中的一个重要环节，也是新产品开发决策之后生产技术准备工作的首要环节。产品设计阶段的工作质量，基本上决定了产品内在的结构、性能和各种特征，同时关系到产品生产的技术水平、生产效率。制造成本和使用费用，从而影响企业的经济效益。

(2) 生产日程计划管理咨询。咨询人员可以根据企业生产类型的特点和在某一时期内所接收的订单数量，帮助企业建立和完善相应的生产计划体系，做到生产计划、作业计划、材料计划之间的有效衔接，充分利用资源，使生产尽可能连续均衡进行，从而缩短生产周期、保证交货期、减少资金占用、实现产销衔接。

(3) 设施选址咨询。对一个企业来说，设施选址是建立和管理企业的第一步，也是事业扩大的第一步。设施选址对厂房建成后的设施布置以及投产后的生产经营费用、产品和服务质量以及成本都有极大而长久的影响。因此，在进行设施选址时，必须充分考虑到多方面的影响，慎重决策。

(4) 现场管理咨询。在生产现场实施定置管理、目视化管理和标准化管理，建立“5S”监督、检查的长效机制，实现并保持“5S”管理成果，为精益生产奠定基础，提升员工素质，提高企业形象。

(5) 供应链管理咨询。供应链管理(SCM)是对商品、资金、信息在供应商、分销

商和顾客组成的网络中流动的管理。供应链管理把供应链上的各个企业作为不可分割的整体，进行整体优化，使供应链上各个企业分担的采购、生产、分销和销售的职能作为一个协调发展的有机体。

(6) 设备管理咨询。设备管理咨询是通过对企业设备全过程分析诊断，查明各个环节设备管理的显在问题和潜在问题，对于显在的问题，追究问题的原因，提出改善措施，制定短时间内恢复设备生产能力的办法；对于潜在的问题，在全面分析、综合分析的基础上，提出预防措施，以避免因设备管理不善给企业带来损失，它具有综合性、随机性、技术性和全员性的特点。

(7) 质量管理咨询。质量管理咨询内容包括在生产运作过程中落实质量管理体系中的控制方法和工具，完善质量记录、统计的信息系统和流程；在生产系统和品控系统建立质量分析、控制机制；在生产现场通过目视化管理和员工参与提升全员质量意识；完善质量考核制度，实现质量目标。

2. 生产运营管理咨询的特点

(1) 现场性。现场性是指进行生产管理咨询时，以生产现场为主要的分析、研究和改善对象。咨询人员必须深入生产现场第一线，认真观察，注重各种数据的收集，以利于做出正确的判断。

(2) 系统性。系统性指在生产运营管理咨询中，咨询人员要用系统的观点去分析企业生产经营活动，全面地把握企业的内外情况，在分析问题原因时，要充分注意各方面的相互关系；在提出改善方案时，要充分考虑到某一方面改善对其他方面乃至整个企业的影响，兼顾企业局部利益和整体利益、近期利益和长远利益的要求，力求达到整体效果最佳。

(3) 内在性。内在性是指生产管理咨询涉及问题的范围、观测的对象、分析的原因以及改善的思考方向，一般来说，都是在企业内部、车间内部，甚至是班组内部或某作业线内部，受外界因素的牵制较少，主要涉及企业内部生产管理过程的改善。

(4) 合作性。咨询人员要注意充分发挥企业内部人员对本行业、本企业生产运营非常熟悉的优势，调动他们参与变革的热情，通过理念引导和思路启发，与企业各级管理人员，共同设计改善方案，并推动实施。

(5) 科学性。生产运营管理咨询工作的整个过程应建立在科学分析的基础上，咨询人员必须运用科学的理论、知识和方法、进行统计分析、现场调查、观测和访谈，同时还要借助作业研究、作业测定、工厂布局与平面布置和流程图等方法进行全面科学分析，在数据和事实的基础上提出改善方案。

(6) 实用性。生产运营管理咨询的实用性，是以提升企业的整体管理水平、增强市场竞争力、实现销售增长和最终实现战略目标为指导原则。根据咨询的具体内容，在方案实施后一定周期内应表现出定量和定性两方面的效果。定量效果一般表现为生产周期缩短、资金占用减少、成本降低、质量提高、准时交货率提高等指标上；定性效果一般表现为业务流程清晰流畅，管理行为规范，生产现场安全、高效、整洁，员工精神面貌改观，拥护变革，积极参与管理提升等方面。

(二) 生产运营管理咨询的总体思路

企业是一个复杂的系统，而咨询人员需要在短时间内确定企业存在的问题，因此采用正确的诊断思路尤为重要。系统论中的“暗盒子”理论为运营管理诊断提供了有效的思路。企业是一个系统，输入资金、原材料、人才、信息等生产要素，经过企业内部一系列的转化，输出产品和服务。咨询人员可以通过运营的最终输出效果进行分析，找到问题的线索后，层层深入，找出管理中存在的问题，并且深入挖掘理念和机制存在的根源，针对问题的根源进行改善，改善效果体现在新的输出效果上。

(1) 从输出结果发现成绩与问题(发现问题)。咨询人员应针对企业实际生产经营特点，设计出一套反映生产运营管理输出效果的关键绩效指标体系。通过细致周密地收集生产相关数据和资料，应用纵向对比、横向对比等分析方法，找出企业在生产运营管理系统取得的成绩和存在的不足。本项工作的重点是肯定成绩、找出问题，有理有据地将事实高度概括总结出来，所描述的成绩和问题客观、准确。

(2) 从管理环节找出取得成绩的经验和存在问题的原因，从观念、体制与机械找根源(分析问题)。在咨询过程中，提出问题仅仅是咨询的开始，更重要的咨询工作就是对所确定的关键问题，在生产运营管理系统的各个环节上剖析造成这些问题的主要原因，进而深入挖掘企业在企业管理体制和管理机制上，找出产生问题的根源所在。

咨询人员应根据生产运营管理系统所特有的管理环节开展分析工作，这就要求咨询人员不仅掌握生产运营管理的理论和专业知识，而且熟悉不同生产类型企业在每个生产运营管理环节上的重点工作内容和工作特点。

(3) 针对主要原因和根源提出改善方案(解决问题)。就问题论问题，只能是“头痛医头、脚痛医脚”，这样的咨询可能解决企业表面上的问题，但不久之后老问题又反复出现，新问题不断涌现。管理咨询的核心价值就是从产生问题的主要原因和企业管理体制、机制上入手，提出符合企业实际情况，针对性强，切实可行的改善方案。

(4) 在实施方案中提供指导和必要的培训(实施方案)。“冰冻三尺非一日之寒”，

企业在生产运营管理系统上遇到问题，梦想只要按照咨询改善方案去做就会药到病除，是不现实的。在实施过程中，咨询人员应以变革推动者的身份对企业提供管理技术支持，定期到企业现场检查实施进度执行情况和执行效果，要加大培训力度，巩固所取得的变革成果。

(三) 生产运营管理咨询调研分析(诊断)

任何一个咨询项目的咨询步骤可以概括为项目启动阶段、调研分析(诊断)、方案设计阶段、方案实施阶段和项目结尾阶段。生产运营管理咨询也是这样的步骤，本节重点介绍生产运营管理咨询调研分析的内容和方法。

生产运营管理咨询调研分析(诊断)，其重点不仅要关注企业内部的生产效率、成本控制和质量控制，也要关注企业外部客户的满意度，企业最终目的是通过为客户提供满意的产品和服务而获得最大的经济效益。

根据企业的行业特点，咨询人员应设计出评价企业生产运营管理水平的关键业绩指标，以便快速了解企业在生产运营管理方面所取得的成绩和存在的主要问题。

1. 收集相关的企业资料和数据

为了解企业在生产运营管理的运作方式和行业特点，咨询人员需要收集客户的资料和数据。主要内容包括：最新的行业分析报告；最新的主要竞争对手的相关资料；企业生产经营演变的资料；最新的主要产品关键原材料的消耗定额和工时消耗定额文件；3 年以来企业主要产品结构统计表；3 年以来企业的资产负债表、利润表和制造明细表；3 年以来企业主要产品生产–销售–库存统计表；12 个月的主要产品关键原材料实际消耗和工时实际消耗统计表等。

2. 设计生产运营管理评价体系

一般来说，生产运营管理包括以下几个方面：保证交货、发挥产能、质量至上、减少占用、降低成本等。设计出一套适用的生产运营管理评价体系可以快速诊断出企业的生产问题。

保证交货管理作为运营管理的一个方面。它一般包括三个评价指标：销售合同履约率(评价生产满足市场需求的能力)；生产计划完成率(评价生产计划的制订和执行状况，评价计划的有效性和严肃性)；主要产品销售率(评价产品对市场需求的适应性)。

3. 计算各项关键业绩指标

在计算指标之前，咨询人员需要确认企业提供的资料和数据的有效性。在计算指标过程中，咨询人员应对指标公式的分子和分母把握同一标准。比如，在计算“存货周转率”指标时，有的咨询人员喜欢使用“销售成本/平均存货”，也有的咨询人

员喜欢使用“销货成本/期货成本”。在计算几年的存货周转率中有时采用“平均存货”，有时采用“期末存货”，这样会造成指标的非正常波动，影响指标分析的准确性。

4. 纵向和横向分析

咨询人员得到企业的生产运营管理方面的评价指标值之后，需要进行纵向分析和横向分析，找出与目标、历史最好水平、行业先进水平、行业平均水平、竞争对手水平的差距。

(1) 纵向分析，一般咨询人员需要对企业当年的评价指标与近几年的指标对比分析，还可以与企业的历史最好水平、既定的指标目标值对比分析，发现每个指标的变化趋势。如果指标的年度数据少于 3 年，难以看到变化趋势；如果年度数据多于 5 年，内部条件和外部环境变化较大，不易说明对当年的影响。

(2) 横向分析，咨询人员需要把公司放到行业平均水平、行业先进水平、主要竞争对手进行同指标对比分析。使用直接得到的指标数据时，也要注意计算公式是否一致。

5. 归纳总结成绩和问题

在对上述指标进行分析和诊断之后，将结果与标准的指标相对比，找出企业目前生产运营管理所面对的问题和弱势所在，为下一步的改进和解决问题做好准备。

6. 制订改善方案

经过对企业生产运营管理现状的调研和分析后，咨询人员就要着手进行生产运营管理改善方案的制订工作。生产运营改善的最终目的就在于提高生产绩效和降低生产成木，从而可以进一步提出改善对策。

第二节　企业生产运营系统的设计咨询与诊断

在第一节我们讲过，生产运营管理有两大研究对象：生产运营过程(生产运营系统的运行)和生产运营系统(生产运营系统的设计)。其中，生产运营系统包括一个由设施、设备等物质实体构成的“硬件”系统，也包括一个由计划、组织和控制等方式构成的“软件”系统。生产运营系统包括产品设计的管理、生产计划的管理和设施选址等。接下来我们将对常见的企业生产运营系统的设计咨询与诊断进行介绍。

一、产品的设计咨询与诊断

20 世纪 90 年代以来，经济及技术的飞速发展、全球化和信息化进程引起了全球市场的巨大变化。首先是消费者的变化，他们获取信息的能力大大增强，因而主

动参与市场过程，他们非常挑剔，如果你不提供满意的产品服务，就会毫不犹豫地转向别处；而需求多样化趋势和产品周期的缩短，也要求企业对不断变化的市场做出快速反应，改进现有产品服务或者开发新产品服务。还有供应商的变化，竞争出现了全面化和全球化的态势，商家展开了质量、价格、交货期、服务、反应速度等全方位的竞争，没有谁能够拥有全面优势。为了在竞争中求得生存，他们必须组成战略联盟，厂家之间的差异演变为供应链之间的竞争。同时，产品开发还要适应不同国家的文化差异和全球范围内可持续发展的要求。

产品设计不仅指新产品，也包括改进老产品。它是指从确定产品设计任务开始到确定产品的具体结构，以及提供全套图纸和技术文件为止的一系列技术工作。这是开发新产品工作中的一个重要环节，也是新产品开发决策之后生产技术准备工作的首要环节。产品设计阶段的工作质量，基本上决定了产品内在的结构、性能和各种特征，同时关系到产品生产的技术水平、生产效率、制造成本和使用费用，从而影响企业的经济效益。

流程就是把投入变成产出的一系列步骤。产品设计开发流程不同于装配汽车的物理流程，它是企业用于思考、设计和商业化生产某产品的一系列步骤，具有智慧性和组织性而非物理性特征。开发流程可能清晰而细致，也可能难以描述。流程可以这样形成：首先创造一套广泛的可替代的产品概念，然后缩小产品的可替代范围以提高产品的特殊性，直到该产品可以被生产系统可靠地重复生产出来为止。也可以把流程视为一个信息处理系统，输入公司目标、技术能力、产品平台及生产系统，处理后形成产品特征、概念、设计细节和生产销售的所有信息。规范的开发流程有助于保证产品质量、团队协作、项目计划的制订和实施，并能持续地优化流程。

(一) 产品规划

产品规划根据公司战略定期决定从事的项目组合及其开始时间，包括以下四步。

1. 机会诊断

产品开发项目有四种类型：新产品平台、已有产品平台的派生产品、对已有产品的改进和全新产品。新产品创意来自营销人员、研发人员、产品开发团队、制造和运作部门，已有的或潜在的顾客、供应商、发明者和商业伙伴等第三方。要收集顾客的建议，注意时尚的变化，分析统计数字，关注已有产品领域的技术和新产品领域的机会，研究竞争者的产品并把有希望的机会收集到数据库中进行分析。

2. 项目评价和优先级排序

要根据公司竞争策略、市场细分、技术曲线和产品平台规划评价项目。竞争策略有技术优势、成本优势、以顾客为中心和模仿策略；要按照细分市场对公司和竞

争者的产品进行比较；根据技术曲线(即 S 曲线)观察产品绩效随时间变化的趋势；产品平台指一系列共享的资产，利用它可以更快、更容易地制造出派生产品。由于开发全新平台的成本是从现有平台开发派生产品的 2~10 倍，所以要在两者之间进行权衡。

可以根据规划的战略意义，包括技术风险、资金回报、市场吸引力和顾客偏好等标准，评价新产品的机会和风险，对项目排序，从各种机会中挑选项目组合。

3. 资源分配和时间计划

不考虑开发资源的有限性，把有经验的工程师和经理分散在太多项目上，会造成效率的急剧下降，项目完成时间拖长，产品上市延迟，利润水平低下。要把足够的资源投向重要的项目。对资源的管理主要是管理开发人员的工作量，也要关注其他重要资源的计划，如制模车间设备、快速成型设备、主导生产线、测试设备等，要计算资源的能力和利用率。产品规划一年只进行一次或几次。确定了时间计划的规划项目称为产品规划，要按照公司目标、能力、限制和竞争环境，考虑产品上市时间、技术准备、市场准备。

4. 项目前的计划

(1) 产品开发项目的任务描述。主要包括以下几个方面：①对产品的概括描述，指顾客的主要用途，即产品的前景说明而不是特定的产品概念；②主要商业目标，指支持公司战略，包括时间、成本、质量等目标，如上市时间、预期财务效益、市场份额等；③产品目标市场，指主要市场和次级市场；④风险承担者，指末端使用者、做出购买决定的外部顾客、公司内部与产品有关的人员。

(2) 设想和限制。核心技术的开发应该在公司内部制造、服务和环境职能战略的共同指导下进行，原因是复杂项目的制造系统设计和产品设计一样庞大，必须及早确定制造设备。

(3) 预算和人员计划及项目前的其他规划活动。规划过程的结果是任务描述，它将项目管理移交给产品开发团队。必须提出一系列标准评价规划过程和结果的质量，以免开发过程中的缺陷越来越严重，耗费更大精力。

(二) 识别顾客需要

企业要保证产品集中在顾客需要上，确保不遗漏重要的顾客需要。该步骤用于生成产品概念、建立产品规格说明和顾客需要阶段的原始档案。指导思想是：设计人员必须和顾客沟通并经历产品使用环境，建立一条从顾客开发者的高质量信息通道。该步骤包括以下四步：①从顾客那里获取原始数据；②从顾客的立场正确理解数据；③确定顾客需要的相对重要性；④团队必须提出问题挑战自己，以证实自己

的描述和顾客沟通得到的知识一致。

(三) 产品规格说明

顾客通常用来表述产品规格的语言不很规范，难以给产品设计提供具体指导，需要创建一组简单明了的、由度量标准和数值构成的规格说明。这些规格既要反映顾客需要、又要具有竞争性和技术经济的可行性。要使用解析模型和物理模型估计实际的技术约束和期望的产品成本，需要在各种产品特性间进行权衡以确定最终规格。

(四) 概念生成

产品概念是对产品技术、工作原理以及产品形式的大致描述，它决定了产品满足顾客需要的程度以及成功商业化的程度。使用概念生成过程成本低、进程快，花费不到预算的 5%，所用时间为开发时间的 15%，生成千百个概念仅选择 5～20 个进一步研究。

概念生成的结构化方法将复杂问题分解成多个简单的小问题，通过外部和内部查找程序为这些小问题选择解决方法，然后使用概念分类树和组合表，将子问题的解决方法整合成总体解决方法，最后反馈有效的结果和流程。

(五) 概念选择

以顾客的需要设定为标准，然后使用这个标准对概念进行评估、选择。先从许多概念中精选一小部分，以后可能将组合概念增加进去。经过几次反复，最后选择一个占主导地位的概念。概念选择的两个步骤是概念甄别和概念打分。甄别是一种快速、近视的评估，此时很难得到精确的定量比较，需要借助甄别矩阵、使用粗糙的方法对模糊的初始概念进行评估，以缩小考虑范围。打分是对甄别后相对较少的概念进行精确的定量评估，目的是选择最能导致产品成功的概念。

(六) 概念验证

概念验证阶段主要是收集顾客对产品概念描述的直接反应，较少地依赖团队的判断，据此检验产品概念是否充分满足了顾客需要，评价产品概念的销售潜力。

(七) 产品构造

一个产品可以从功能和实体两方面认识。产品功能是指那些对产品整体性能有贡献的独立的运动部分，产品的实体单元是最终完成产品功能的零部件和结构，它随着产品开发的进程而逐渐明确。其中一些在产品概念阶段就已经确定，另一些则

在细节设计阶段才能确定。产品的实体单元常被组合成几个组件，每一个组件由若干零件组成。产品构造是把产品的各功能单元组合为实体组件的结构配置。

(八) 工业设计

工业设计是完成与顾客相关的各方面的产品设计，它关注美学性和人-机交互性，注意力更多地放在产品的形式和用户界面上，它追求五个目标：实用、外观、便于维护、低成本和交流(产品设计应该可以通过可视特性充分表达公司的设计理念)。

二、生产计划咨询与诊断

计划是管理的重要职能之一，没有计划，企业内一切活动都会陷入混乱。在现代企业中，生产经营活动是社会化大生产，企业内部分工精细，任何一部分活动都不可能离开其他部分而单独进行。尤其是生产运营活动，它需要调配多种资源，在需要的时候，按需要的量，提供所需的产品和服务，因此，更离不开周密的计划。所以，计划是生产运营管理的一个重要组成部分。企业的生产运作如果没有计划，如同一个交响乐团没有指挥，是无法进行合奏的。

生产运营计划是根据需求和企业生产运作能力的限制，对一个生产运营系统的产出品种、产出速度、产出时间、劳动力和设备配置以及库存等问题所预先进行的考虑和安排。无论是制作业还是非制造业，均存在生产运营计划问题。但相比之下，制造业，尤其是加工装配型企业的生产计划更加复杂，因此生产生产运营管理学对这一部分生产计划有更多的研究。

生产计划咨询从生产计划的最终输出效果入手进行调研分析，评价企业生产计划的有效性。然后对生产类型，生产计划的基础、体系、方法进行深入调研分析，确定生产计划咨询需要重点解决的内容，最后输出改善方案。生产计划咨询与诊断的流程如下。

(一) 生产计划的输入效果调研分析

计算生产的输出效果指标(如保证交货期、产能发挥、占用资金少等指标)，并与企业自身的历史数据进行比较，与同行业或标杆企业的数据进行比较，对生产计划的有效性作出评价。

(二) 生产计划的现状诊断

1. 生产计划体系诊断方法

生产计划体系的诊断从两方面进行。一方面是对体系的完整性进行诊断，内容

包括生产计划体系是否完整，计划过程是否考虑了在制品、原材料的库存情况，各类计划的数据依据是否正确？是否有欠缺的计划内容；另一方面是对生产计划的编制思路和方法进行诊断，内容包括生产计划的编制思路与生产类型是否匹配，是否有利于连续、均衡、充分地发挥生产能力，特别是瓶颈资源的生产能力，是否有利于缩短生产周期，是否有利于减少原材料、在制品的占用。

2. 生产能力诊断方法

(1) 生产能力与生产任务(负荷)平衡诊断。在对企业生产能力与生产任务平衡诊断时，要调查企业实有的能力与现实的生产任务，找出两者之间的差异并进行分析与改善。如果生产能力满足不了计划任务的要求，应采取一定的措施扩大生产能力或想办法挖掘潜力；如果生产能力大于计划任务，则应设法充分利用生产能力，以免造成无端的浪费；生产能力与生产任务的平衡，有产量平衡和时间平衡两种方法。

(2) 流水线均衡效率诊断。流水线均衡效率是流水线按节拍计算的总工时数(节拍×工序数)中，实际作业时间所占的比例。这个比例越高，说明生产线均衡效率越高。

(3) 标准作业时间分析诊断。对作业时间的调查、测定和分析诊断研究的目的在于了解生产过程时间的构成状况和运用效果。不断完善现有的时间定额标准，即作业标准时间，这将有助于生产能力的发挥和工序间能力的平衡。

(4) 生产效率分析诊断。生产效率是影响生产能力的因素之一，其中生产效率对定额的影响是非常大的。通过前面作业标准时间的分析知道，单位产品的生产时间定额标准越低，生产潜在能力就越大。人是构成生产能力最基本要素之一，这不仅指工人人数的多少及其所掌握的技术，工人的士气、积极性等，而管理人员的管理水平也同样包含在生产能力之内。因此，从企业整体出发，效率应包括作业者的效率和管理者的效率。在某种意义上讲，企业管理者的高效率，将会直接影响作业者的高效率。在咨询过程中，咨询人员不仅要注意把握影响企业效率的硬件，诸如生产设备、生产条件等，更要注意和关注企业的软实力，如组织文化、管理人员的管理水平、员工的士气、热情、责任感、团队意识和团队凝聚力等，如果企业只有先进的设备和设施，而没有先进的管理水平，也难以提高生产效率。表达式为

$$\text{生产效率}=\frac{\text{产量}\times\text{定额工时}}{\text{制度工时}}$$

经过对企业生产运营管理现状的调研和分析后，咨询人员就要着手进行生产运营管理改善方案的制订工作。生产运营改善的最终目的就在于提高生产绩效和降低生产成本，从而可以进一步提出改善对策。

(三) 生产计划咨询方案设计

生产计划方案与生产类型相关。下面重点介绍预测型生产类型所对应的生产计划制订方法。

预测型生产也称为存货型生产，一般为大批和中批生产类型，顾客可以直接从成品库提货。因此，确定品种和产量是预测型生产企业编制年度生产计划的核心内容。

在预测型生产方式中，由于产品市场需求量比较稳定，生产量也较大，一般按对象原则配置设备，采用流水线的形式组织生产。预测型生产方式的生产计划特点是根据销售计划和产品库存情况安排产品的产出计划。其计算公式为

月生产计划=月销售计划量+(标准库存量-实际库存量)

预测型生产计划的编制应从市场需求预测开始，按照产品销售计划、生产计划和日程计划的顺序逐步展开，其具体要点如下。

(1) 市场需求预测。市场需求预测是预测型生产方式编制生产计划的基础。市场需求预测的方法很多，归纳起来分为两大类，即定性预测方法和定量预测方法。市场需求预测一般都是由企业营销部门来组织完成。

(2) 编制产品营销计划。在上述预测的基础上，由企业营销部门编制产品营销计划。与生产计划直接关联的营销计划是企业按产品、按月、按地区、按销售员、按用户分别编制的产品销售数量、销售金额和销售利润等的计划。

(3) 制订合理的成品库存计划。合理的成品库存计划是预测型产品生产计划的重要组成部分。预测型生产的产品必须保存一定的库存量，其目的是为了保证“即时交货”，以满足市场营销计划和计划外的营销需求。产品的库存计划量是可变的，它是根据企业不同时期的库存策略而变化，其基本原则是成品库存费用的增大额应小于增大库存所创造的利润。

(4) 编制储备生产计划。对于季节性很强的产品，企业在销售旺季时的生产能力可能不足，在淡季时生产能力可能过剩。对该类产品，企业应制订储备生产计划，利用销售淡季的过剩能力生产并储备产品或半成品，以弥补销售旺季时生产能力的不足；也可以制订与产品销售特点相适应的外协计划，即淡季时以企业内生产为主，旺季时加大外协量，保持生产能力与负荷的平衡。储备生产是受季节性影响较大的预测型生产计划的特点之一。在编制储备生产计划时不能只图生产能力的充分利用，还必须考虑储备产品带来的高额库存费用对收益的影响。

(5) 编制生产计划。利用销售计划和合理库存数，就可以编制出生产计划。其计算公式为

生产产出量=销售量+(合理库存量-实际库存量)

(6) 编制作业日程计划。作业日程计划是月生产计划的实施计划，它包括保证生产作业顺利实施的生产准备作业日程计划和生产作业日程计划。预测型生产方式的作业日程计划，一般为产品产出进度计划所代替。

三、设施选址咨询与诊断

(一) 设施选址概述

所谓设施，是指生产运营过程得以进行的硬件手段，通常由工厂、办公楼、车间、设备、仓库等物质实体构成。设施选址是指如何应用科学的方法决定设施的地理位置，使之与企业的整体经营运作系统有机结合，以便有效、经济地达到企业的经营目的。

设施选址包括两个层面的问题：①选位，即选择什么地区(区域)设置设施，沿海还是内地，南方还是北方等。在当今全球经济一片体化的大趋势之下，或许还要考虑是国内还是国外。②定址，地区选择之后，具体选择在该地区的什么位置设置设施，也就是说，在已选定的地区内选定一片土地作为设施的具体位置。设施选址还包括以下两类问题：①选择一个单一的设施位置；②在现有的设施网络中布置新点。本节主要介绍单一的设施位置的选择问题。

(二) 设施选址时的影响因素

对于一个企业来说，设施选址是建立和管理企业的第一步，也是事业扩大的第一步。设施选址的重要性首先在于：一个设施的位置对设施建成后的设施布置以及投产后的生产经营费用、产品和服务质量以及成本都有极大的影响，一旦选择不当，它所带来的不良后果就不是通过建成后的加强管理、完善管理等其他措施可以弥补的。因此，在进行设施选址时，必须充分考虑多方面因素的影响。

设施选址的影响因素同样可分为两大类：选择地区时的影响因素和选择具体位置时的影响因素。选择地区时的主要影响因素有：①是否接近市场；②是否接近原材料供应地，即指与原材料供应地的相对位置；③运输问题；④与外协厂商的相对位置；⑤劳动力资源；⑥基础设施条件；⑦气候条件；⑧政策、法规条件。

在选择具体位置时的影响因素主要有：① 可扩展性；② 地质情况；③ 周围环境。

如上所述，在进行设施选址时，企业会列出很多要考虑的影响因素，甚至远远多于以上所列的因素。需要注意的是，第一，必须仔细权衡所列出的因素，决定哪些是与设施位置紧密相关的，哪些虽然与企业经营或经营结果有关，但是与设施位置的关系并不大，以便在决策时分清主次，抓住关键因素。否则有时候所列出的影

响因素太多，在具体决策时容易分不清主次，反而难以做出最佳决策。第二，在不同情况下，同一影响因素会有不同的影响作用，因此绝不可能生搬硬套原则条文，也不可能完全模仿已有的经验。

(三) 设施选址的一般步骤

设施选址一般包括以下几个主要步骤。

第一步，明确目标，即首先要明确，在一个新地点设置一个新设施是符合企业发展目标和生产运营战略的，能为企业带来收益。只有在此前提下，才能开始进行选址工作。目标一旦明确，就应该指定相应的负责人或工作团队，并开始工作。

第二步，收集有关数据，分析各种影响因素，对各种因素进行主次排列，权衡取舍，拟定初步的候选方案。这一步要收集的资料数据应包括多个方面，如政府部门有关规定，地区规划信息，工商管理部门有关规定，土地、电力、水资源等有关情况，以及与企业经营相关的该地区物料资源、劳动力资源，交通运输条件等信息。在有些情况下，还需征询一些专家的意见。在收集数据的基础上，列出许多要考虑的因素，但对所有列出的影响因素，必须逐一加以分析，分清主次，并进行必要的权衡取舍。在必要的情况下，对多种因素的权衡取舍也需要征询多方面的意见，如运用德尔菲方法等。经过这样的分析后，将目标相对集中，拟定初步的候选方案。候选方案的个数根据问题的难易程度或可选择范围的不同而不同，如 3～5 个，或者更多。

第三步，对初步拟定的候选方案进行详细分析。所采用的分析方法取决于各种要考虑的因素是定性的还是定量的。例如，运输成本、建造成本、劳动力成本、税金等因素，可以明确用数字度量，因此可通过计算进行分析比较；也可以把这些因素都用金额来表示，综合成一个财务因素，用现金流等方法来分析。另外一类因素，如生活环境、当地的文化氛围、扩展余地等，难以用明确的数值来表示，需要进行定性分析。

最后，在对每一个候选方案都进行了详细分析之后，将会得出各个方案的优劣程度，或找到一个明显优于其他方案的方案。这样就可选定最终方案，并准备详细的论证材料，以提交企业最高决策层供批准。

第三节　企业生产运营系统的运行设计咨询与诊断

作为生产运营管理有两大研究对象之一的生产运营过程，主要是指生产运营系统的运行，包括现场管理、设备管理、供应链管理、质量管理以及库存管理、项目计划管理和物流管理等多个方面，在这里我们将对常见的几项管理的咨询与诊断进行介绍，即现场管理的咨询与诊断、设备管理的咨询与诊断、供应链管理的咨询与诊断和质量管理的咨询与诊断。

一、现场 5S 管理咨询与诊断

(一) 现场 5S 管理概述

“5S”是 seiri(整理)、seiton(整顿)、seiso(清扫)、seitsu(清洁)、seitsuke(修养)这 5 个词的缩写，所以统称为“5S”。

(1) seiri(整理)：将工作场所的任何物品，分为有必要的和没有必要的，除了有必要的留下来外，其余的都消除掉。其目的是腾出空间，充分利用空间；防止误用、误送；创造清爽的工作场所。需注意：要有决心，不必要的物品应断然地加以处置，这是“5S”的第一步。

(2) seiton(整顿)：把留下来的物品依规定位置摆放，并放置整齐，加以标示。其目的是工作场所一目了然；减少找寻物料的时间；工作环境整洁有序、明亮流畅；消除过多的积压物品，这是提高效率的基础。

(3) seiso(清扫)：将工作场所、环境、仪器设备、材料和工具等的灰尘、污垢、碎屑和泥沙等脏东西清扫擦拭干净，创造一个一尘不染的环境。其目的是稳定质量，减少工业伤害。

(4) seitsu(清洁)：维持以上“3S”的成果，即形成制度和习惯。每位员工都要随时检讨和确认自己的工作区域内有无不良问题，一旦发现应立即纠正。在每天下班前几分钟实行全员参加的清洁作业，使整个环境随时都维持在良好状态。

(5) seitsuke(修养)：每位成员养成的工作习惯，并遵守规则做事；培养主动积极的精神，它的目的是培养有良好习惯、遵守规则的员工，营造团队精神。

推行现场“5S”管理，必须要做到定置管理和目视管理。下面对这两项内容分别进行介绍。

定置管理是以生产现场为对象，研究生产要素中人、物、现场的状况及其之间的关系，通过整理、整顿、清除与生产现场的物料，把生产现场所需要的物品放在规定的位置，使形成和影响生产条件的人、机、物料、方法、环境有机地结合起来，实现现场管理科学化、规范化及文明生产。定置管理的核心是以物在场所的科学定置为前提，把生产中不需要的物品清除掉，把需要的物品放在规定的位置上，使其随手可得。定置管理是“5S”活动的一项基本内容，是“5S”活动的深入和发展。所以，定置管理的目的在于合理、充分地利用空间和场地，从发现和防止生产现场的物品杂乱无章状态入手，从改善工作质量和工作环境来保证产品质量和提高生产效率着手，力求追根寻源，创建一个能保证工作质量的现场环境，实现安全生产、文明生产。

目视管理是利用形象直观、色彩适宜的各种视觉感知信息来组织现场的生产活动，以达到提高劳动生产率目的的一种管理方式。在现场管理过程中，利用人们的视觉，以视觉信号为基本手段，以公开化为基本原则，尽可能地将管理者的要求和意图让大家都看得见，对于推动自主管理、自我控制，提高现场管理效率十分必要。目视管理的特点可以归纳如下：从不远处就能看得很清楚；显示管理的事项；“好”或“不好”立即可分晓，谁都能指出，谁都能遵守，并能立刻纠正；谁都能使用，并且使用方便；使用工具变得顺畅，使工作场所变得明朗而舒畅。

(二) 现场 5S 管理调研分析

从上面可以看到，“5S”管理具有直观性的特点，改善方案的提出和实施均以企业为主，咨询人员起导入理念、动员、提供思路和方法、协助企业进行改善的作用。因此，调研分析的目的是收集用于培训素材，使企业各级人员认识到开展“5S”管理的必要性。调研分析的内容如下：

(1) 应用检查表对现场环境进行评价，记录重点问题并拍照。针对生产区域、生活区域、办公室区域应有相应的检查表。根据企业的主要问题，检查表的内容可以相应调整。

(2) 分析企业近几年的安全生产记录，找出其中与现场管理不力有关的实例。

(3) 访谈企业高层领导和销售人员，听取他们对现场管理改善的期望。

(4) 分析保证正常生产和设备维护对物料的需要量，对摆放位置的要求。

(5) 对员工精神状态、劳保用品穿戴情况进行抽样观察并作写实记录。

(6) 了解企业的发展阶段和战略目标、愿望。

(7) 调研企业目前在“5S”管理方面已执行了哪些管理措施和考核奖惩制度。

(三) 现场 5S 管理咨询与诊断流程

现场管理咨询的实战性很强，涉及范围包括生产过程管理、设备管理、备用品管理、安全生产、在制品与产成品管理等诸多内容，与生产工艺特点和企业的经济基础和管理基础关系很大，而且要求改善方案具有直观性、可操作性的特点。对于那些生产现场面积大、生产流程复杂而现场管理基础又比较薄弱的企业，咨询人员不可能做到面面俱到，针对一项项具体问题提出改善方案。相反，咨询人员应该与企业各级管理人员密切配合，充分发挥企业内部人员对生产现场非常熟悉的优势，动员全员参与，咨询人员进行理念导入、工具方法培训、全程辅导，使现场管理咨询见到实效，不仅改善了生产现场的面积，而且提升了员工的素质。现场“5S”管理咨询改善思路如下。

(1) 建立“5S”组织。分级建立“5S”领导小组，负责提出目标和进度计划，配置资源，推动实施“5S”管理。负责制订阶段目标和工作计划，组织执行、开展“5S”的各种形式的宣传、教育活动，记录“5S”活动的全过程。

(2) 培训。培训的目的是建立正确的观念，明确开展“5S”管理的必要性和紧迫性，介绍“5S”管理的工作方法；培训不可能一次收效，必须随着活动的开展，反复进行。每次培训要突出一个主体。

(3) 选择试点。“5S”管理应选择一些部门、区域作为试点，以便于集中资源，创造范例，取得经验，使各级人员看到实效，树立起信心。试点成功可以有效带动其他部门、区域进行推广。

(4) 诊断评价。在试点工作进行过程中，“5S”领导小组应对目标达成的情况进行诊断，评价实施效果，调整下一阶段的目标，推动工作有效开展。

(5) 全面推广。总结试点经验，对其他部门、领域进行培训，组织经验交流和参观学习，制订并实施推广阶段的工作目标和计划，对试点单位的“5S”管理提出更高的要求。

(6) 设计5S管理考核与奖惩制度。为了保持“5S”管理改善的成果，并长期深入开展“5S”管理活动，应设计“5S”管理考核与奖惩制度。考核分为两个层次，第一层是公司对各个分厂和职能处、室的考核评比。公司对评比结果优秀的单位给予表扬和奖励，对评比结果较差的单位予以批评，并将“5S”考核评比结果纳入对部门领导的业绩考核中。第二层是各分厂和职能处、室对车间和员工的考核。根据内部管理制度，对“5S”表现良好的车间、班组或个人给予表扬和奖励，对出现问题的进行惩罚。

二、设备管理咨询与诊断

随着社会生产力的发展和技术的进步，设备作为企业生产系统的重要组成部分，其地位越来越高。设备技术状态的好坏，将直接影响企业产品的数量和质量，决定企业的服务水平和企业的综合能力，因而设备管理也就自然成为生产与运营的重要内容之一。

设备管理是根据企业的生产经营目标，通过一系列的技术、经济和组织措施，对设备寿命周期内的所有设备物质运动形态和价值形态进行的综合管理工作。

设备管理在经历了事后修理到实行预防性修理的发展阶段以后，已经从传统的设备管理发展成为现代综合设备管理。现代设备综合管理，是对设备进行全面管理，从总体上保证和提高设备的可靠性、维修性和经济性。设备管理咨询的一般步骤如下。

(一) 设备管理的输出效果诊断分析

在进行咨询的前期阶段，咨询人员需要对企业设备的一些基本输出情况进行调查，并和行业上的标准数据以及企业自身的历史数据进行比较，为下一步的诊断提供分析数据，一般来说，咨询人员需要收集以下几组数据：日历作业率、故障停机率和维修时间比等。

另外设备品备件的经济管理应贯穿于备件管理的全过程，同时应根据各项经济指标的统计分析结果来衡量检查备件管理工作的质量和水平，总结经验，改进工作。备件的经济核算与统计工作，包括备件库存资金的核定、出入库账目的管理、备件成本的审定、备件消耗统计和备件各项经济指标的统计分析等。

咨询组需要收集以上数据，并与企业自身的历史数据进行比较，对设备管理的有效性做出评价。

(二) 设备管理的现状诊断分析

设备管理现状诊断分析主要对企业所拥有的设备管理现状进行诊断，用评分的方法得出结果，一般可以将每项调查内容分为几个级别，每个级别又分别赋予不同的分数，最后得出分数。设备管理现状诊断分析包括以下几个方面。

(1) 进行设备管理组织和职能调研分析。咨询人员在进行设备管理组织和职能调研分析时，主要关注以下问题：各部分的职责权限是否明确？工作标准和考核内容、生产、技术和经济责任落实得如何？是否建立了分工和协作的关系？在部门之间、工种之间、生产与维修人员之间是否有高效率的密切协作配合？是否制定了工作流程？是否建立了明确合理的程序？报表和文件格式是否统一？是否有完善的设备信息管理系统？是否有固定合理的信息传递、处理、反馈和存贮渠道？设备管理制度是否完整等。

(2) 设备档案内容调研分析。调研内容包括以下几个方面：检验企业是否拟定了设备使用说明？企业是否进行了设备验收校正记录？企业是否将设备使用记录保存？企业是否拥有安全操作规程？

(3) 设备台账调研分析。主要关注以下两个问题：企业是否建立了设备台账？设备台账是否与财务账务相符？

(4) 模具、夹具、工装管理制度调研分析。咨询人员在对模具、夹具、工装管理制度进行调研分析时，应该关注以下问题：企业是否拟定模具、夹具、工装管理制度？企业是否有模具使用维修记录？根据企业的实际情况得出结论。

(5) 设备维修体制调研分析。主要对企业是否采用设备维修体制，以及内容是否完整有效进行调研分析。例如，企业实施的是设备点检定修制，则对以下内容进行调研分析：①点检管理是否体现全员参与？②对于不同类型的设备是否确定点检的侧重点？③点检内容是否简单明了、针对性强？④是否根据检查项目、部位、检查内容及要求设计不同的点检表？⑤是否做好点检记录等？

(6) 设备维护有效性调研分析。主要关注以下问题：企业有无建立三级保养制度及职责划分？例行保养，即日常保养做得如何？设备是否整齐、清洁、安全和润滑？一级保养做得如何？操作人员是否对设备进行定期检查、保养？二级保养做得如何？即对设备内部构造、性能、精度保养完好吗？二级保养的记录及时、翔实吗？是否设有专职保养维修人员等？操作工人参与吗？三级保养做得如何？三级保养的工作内容有对设备主体部分进行解题检查和调整工作，必要时对达到规定磨损限度的零件加以更换，对主要零部件的磨损情况进行测量、检定和记录。三级保养要求在操作工人的参与下，由专职保养维修人员来承担。

(三) 设备管理咨询方案——点检定修制的设计思路

咨询人员根据上面调研分析的结果，结合企业的管理基础，人员素质等具体情况，设计设备管理咨询方案，使其降低成本，保证正常生产和产品制造质量。

由于我们已经对设备的诊断进行了介绍，所以这里将只介绍设备维修的方案设计。设备维修一般分为点检和定期检查两种。点检是为维护设备所规定的机能，按一定的标准对设备规定的部位进行有无异状或性能是否良好进行的检查。点检的目的是为了使设备的异常和劣化趋势能及早发现，以便于为编制预防性修理计划和改善维修计划提供可靠的依据。定期检查的目标包括及时发现设备异常、排除缺陷、保持设备性能、防止故障的发生。

点检定修制的设计思路如图 8-2 所示。

三、供应链管理的咨询与诊断

(一) 供应链管理概述

供应链是围绕核心企业，通过对信息流、物流和资金流的控制，从采购原材料开始，到制成中间产品以及最终产品，最后由销售网络把产品送到消费者手中，从而将供应商、制造商、分销商和零售商，直到最终用户连成一个整体的网链结构。

供应链跨越外部企业和本企业中多个职能部门的活动，包括从订单的发送和获取、原材料的获得、产品的制造到产品的分配发送给用户的整个过程。在这些活动中，涉及原材料的供应商以及供应商的供应商、零部件的加工者、最终产品制造者、产品批发分销商、产品零售商到最终用户，他们都可以被看做是企业经营的合作伙伴，也就是企业的资源。

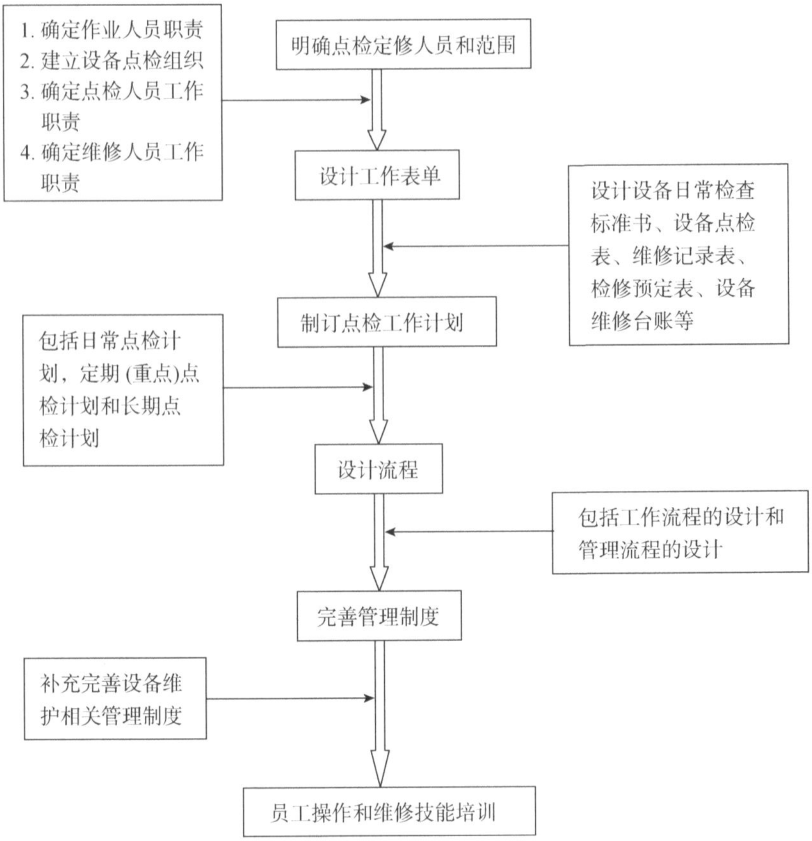

图 8-2 点检定修制的设计思路图

供应链管理是对商品、资金、信息在供应商、分销商和顾客组成的网络中流动的管理。供应链管理把供应链上的各个企业作为不可分割的整体，进行整体优化，使供应链上各个企业分担的采购、生产、分销和销售的职能作为一个协调发展的有机体。它是一种集成的管理思想和方法，执行供应链中从供应商到最终用户的物流的计划和控制等职能。供应链管理不是供应商管理的别称，而是一种新的管理策略，它把企业资源的范畴从过去的单个企业，扩大到整个社会，使企业之间为了共同的市场利益而结成战略联盟，最终达到共同受益的目的。供应链管理的目的是通过链上的各个企业之间的合作和分工，致力于整个链上物流、信息流和资金流的合理化和优化，从而提高整条链的竞争能力。供应链管理通常由五部分组成：制定供应链的管理策略、建立与上游供应商关系相关的制度、制定企业产品生产流程、制定与下游买主的关系和制定问题处理流程。供应链管理更加注重围绕核心企业的网络关系，即核心企业与供应商、制造商、分销商和零售商、直到最终用户连成一个整体的管理模式。

(二) 供应链管理的信息技术支撑体系

从我国企业实施供应链管理的几个阶段中可以看出，实现集成化供应链管理的重点在于第三和第四阶段的建设，而其中信息技术的支撑作用又处于非常重要的地位。

供应链管理作为新的管理思想，供应商、生产企业、分销商和最终用户之间的关系是合作、协同、信息共享、全程优化和互利共赢的。通过供应链业务流程重组而形成的适合于供应链管理思想的业务流程，需要通过 IT 技术进行固化，并利用 IT 技术加速流程的流转。

目前，在供应链管理中应用的信息技术包括条码技术、销售点(point of sale，POS)系统、管理信息系统(management information system，MIS)、数据库技术(database)、电子数据交换(electronic data interchange，EDI)、制造资源计划(manufacturing resources planning，MRPⅡ)、企业资源计划(enterprise resources planning，ERP)、快速反应(quick response，QR)、有效的客户反应(efficient consumer response，ECR)、射频技术(radio frequency，RF)等。利用 IT 技术给包括运输、配送中心。工厂和原材料供应等构成的日益扩展的网络赋予自动的智能决策能力，使供应链中的每个环节都能利用最新和最好的相关信息来管理业务，实现产品从起点开始就以尽可能快的速度、最少的成本和更完美的供需平衡流向客户的目标。通过信息技术，建立透明的信息集成系统，保持信息沟通的畅通和透明度，是企业面向供应链管理的前提和保证。

(三) 供应链管理咨询与诊断流程

1. 供应链管理咨询调研分析

供应链管理咨询调研分析，包括供应链管理的输出效果调研分析和供应链管理现状调研分析。供应链管理的输出效果调研分析是指供应链管理咨询从供应链的最终输出效果入手进行调研分析，采用定性和定量的方法，初步评价供应链管理中存在的问题。供应链管理现状调研分析是指根据输出效果调研的结论，有重点地对供应链策略、供应商管理、物流、信息技术应用等内容进行深入诊断。供应链策略诊断包括以下几个方面：供应商关系战略是否合理？供应商、外协厂商的数量是否合理？针对分销商和零售商的政策是否有激励？如何在自有物流和第三方物流之间取得成本和效率的最佳平衡？采用什么供货方式满足不断变化的市场需求？对供应商管理的诊断包括两个方面，即供应商选择的标准是什么和供应商考核评价的标准、程序是否完善？物流配送诊断主要回答两个问题：配送的效率如何？物流路径是否优化？信息技术的应用诊断是指调研企业的销售、库存、生产、物流信息是否存在供应链伙伴中共享，以及采用的软件功能是否满足供应链管理的需要？

2. 制定供应链策略

根据诊断的结果，并结合产品的生命周期和特点，设计适合的供应链策略。制定供应链策略的部分参考思路，有按照产品不同生命周期的供应链策略、按照功能性与革新性产品分别的供应链策略、按照有效性和反应性供应链不同的供应链策略。供应链策略中重要的一项内容是采购管理。采购管理的改善思路是按 ABC 重点管理法对采购物资实行分类管理，对不同类别的采购物资，在供应商管理模式、管理基本策略、管理重点和安全库存量等方面实施差异化管理。

3. 设计供应商管理体系

供应商管理体系重点包括供应商考评体系和供应商关系管理体系。供应商考评体系设计思路包括以下几点：①设计考评准则；②设定考评指标，考评指标包括质量指标、供应指标、经济指标、支持合作与服务指标等，考评指标要明确、合理，要与公司总体目标保持一致；③确定考评的具体步骤；④选择要进行考评的供应商，将考评做法、标准及要求与供应商进行充分沟通；⑤成立考评小组，小组成员要包括采购、质量、企划和仓管等专业人员；⑥利用信息管理系统对收集的关于供应商的考评数据进行统计，得出考评结果；⑦把考评结果反馈给供应商，并明确指出改善要点；⑧设定明确的改进目标。供应商关系管理设计应考虑供应商的数量，供应商太少则供货风险大，易受制于人。供应商太多则信任度低，稳定性差，易造成供应商的短期行为。建立起不同层次的供应商网络，通过减少供应商的数量，致力于与供应商，特别是关键供应商建立长期合作伙伴关系。企业也可以根据协作机制设计商业合同，既调动合作企业的积极性，又能实现核心企业目标。

4. 设计具有柔性和快速响应能力的供货方式

设计具有柔性和快速响应能力的供货方式，方案之一是采用缩短下订单周期、减少供货批量的销售终端拉动式供货方式。这种方式可以有效地减少供应链库存水平，快速响应市场变化。其特点是：①厂家在客户处建立并管理库存；②客户用多少补多少，不要客户下订单；③提高下订单频率。这种拉动式供货方式的优点是：厂商进行初始预测，准确度提高；库存放在源头，用多少补多少；按实际需求安排生产；减少客户或自身的供应链库存。

5. 根据供应链需求，进行信息化规划

IT 在供应链管理中的应用，主要包括企业资源计划、电子数据交换及电子商务。信息化规划应该遵循“小步快跑、滚动发展”的原则，总体规划、分步实施。统一规划信息化建设的总体和分阶段实施目标，按管理上的急需程度，实施的难易程度等确定优先次序，分阶段、分步骤实施。最终实现物流、资金流和信息流的有效管理和控制，使供应链的市场竞争力得到提高，面对市场的响应速度加快。

四、质量管理咨询与诊断

（一）质量管理咨询概述

质量的概念最初仅用于产品，如今逐渐延伸到服务、过程、体系和组织以及以上任意项的组合。按照 2000 版的 ISO 9000 标准，质量定义是指一组固有特性满足要求的程度。固有特性是指事物本身就有的，与生俱来的，尤其是那种永久的特性。例如，产品的尺寸、体积、重量；机械产品的机械性能、可靠性、可维修性；化工产品的化学性能、安全性等。满足要求是指满足明示的、通常隐含的或必须履行的需求或期望。“明示的”可以理解为规定的要求，“通常隐含的”是指组织、顾客和其他相关方的惯例或一般做法，所考虑的需求或期望是不言而喻的。“必须履行的”是指法律法规要求的或有强制性标准要求。如食品卫生安全法等，供方在产品实现的过程中，必须执行这类标准。

随着全球经济一体化的进程，产品和服务的质量将越来越有社会化和国际化的性质，质量体系所包含的规模将越来越大，超越企业、集团、行业、民族、地区和国家。GB/T19000—ISO 9000；2000 版标准将质量管理定义为“在质量方面指挥和控制组织协调的活动”，通常包括制订质量方针、质量目标、质量控制、质量保证和质量改进等环节。

按照质量问题解决的手段和方式来划分，质量管理发展至今大致经过了以下三个阶段。

1. 质量检验阶段

20 世纪初，泰勒提出了“科学管理”理论，随后美国的企业出现了流水线等先进生产方式，流水线生产要求设备运营状态良好和物料的质量保证，因此提出了对质量检验的要求，所以，很多企业设立了“专职检验”这一环节，以判断执行情况是否偏离计划，是否符合标准。这个时期质量检验的特点是，按照标准对成品进行检验，挑出不合格产品。产品质量检验虽然大大提高了生产率和产品的质量，但是不能预防不合格品的产生或进入下一道工序，然而废品已经产生了，这就是事后检验的缺陷。

2. 统计质量控制阶段

第二次世界大战期间，对大量生产(特别是对军需品)的需要，暴露出产品质量检验的弱点。由于事前无法控制质量，检验工作量很大，检验部门成为生产中最薄弱的环节，军火生产常常延误交货期。此时，统计质量检验的思想和抽样检查的方法受到了重视。这一阶段的手段是利用数理统计原理，预防废品的产生并检验产品质量，这一工作由专职检验人员出身的专业质量控制工程师承担。它标志着由事后检验的观念向事前预防的转变，使质量管理向前迈进了一大步。但是，由于过分强调了质量控制的数理统计方法，又不注意数理统计的通俗化和普及化工作，人们误以为“质量管理就是数理统计方法”，因而，影响了管理工作在质量管理中的作用。

3. 全面质量管理阶段

20 世纪 60 年代管理理论上出现了“行为科学”学派，主张人在管理中的作用。1961 年美国通用电气公司的费根堡姆博士首次提出全面质量管理的概念，他在《全面质量管理》一书中指出：“全面质量管理是为了能够在最经济的水平上并考虑到充分满足用户需求的条件下进行市场研究、设计、生产和服务，把企业各部门的研制质量、维持质量和提高质量的活动构成一体的有效体系。”在书中费根堡姆强调质量职能应由公司全体人员承担，解决质量问题不能仅限产品制造过程，质量管理应贯穿于产品质量产生、形成和实现的全过程，且解决质量问题的方法多种多样，不能仅限于检验和数理统计方法。

质量管理咨询指以提高质量管理水平为目的，对企业的质量管理工作现状及有效性进行调查分析，找出存在的问题及问题产生的原因，设计切实可行的改善方案，并进行指导实施的一系列活动。

(二) 质量管理咨询与诊断

质量管理咨询应从质量管理的最终输出效果入手进行诊断分析，评价企业质量管理的有效性，然后对质量管理的现状，包括质量问题的原因、生产与质量管理组织的有效性、质量理念进行深入诊断分析，确定质量咨询需要重点解决的内容，最后给出改进方案。

1. 质量管理的输出效果诊断分析

质量管理的输出效果包括：最终客户满意度调查；质量索赔数字额；企业质量指标完成情况统计；客户质量信息反馈统计；产品返修率统计。咨询组需要收集以上数据，并与企业自身的历史数据进行比较，与质量手册规定的标准值进行比较，对质量管理的有效性作出评价。

2. 质量管理的现状诊断分析

通过废品原因统计分析、组织机构与岗位职责分析、生产系统和质检系统的运作管理系统分析，挖掘企业各级管理人员的质量理念，对企业的质量管理现状进行评价。调查分析的内容包括：废品原因分析(发现重复出现的废品原因，能够有针对性地提出解决方案)；生产与质量管理有效性分析(对生产和质量管理的组织、流程、职能运转的有效性进行分析)；质量管理分析(发现企业在质量管理重要理念有无误区、是否重视)。

3. 质量管理的咨询方案设计

根据质量管理调研分析的结果和企业质量管理咨询的目标，咨询组提供以下一项或多项咨询方案：①就产品形成的某一方面或某些环节提出改进方案，包括工艺、工序能力、产品设计方面的改善；②按照质量管理实现过程，设计对终端产品的质量指标进行分解；③将质量指标嵌入绩效考核体系中，通过考核保证质量目标的实现；④设计生产和质检系统的运作管理系统(MOS)，落实生产和质检对产品质量的职责；⑤协助企业应用质量管理体系中提供的重要质量管理控制方法，使质量体系为提升产品质量服务；⑥设计员工参与计划，提升全员的质量意识。

[案例分析] 前丰制帽公司生产咨询案例

1. 项目背景

青岛前丰制帽公司成立于 1994 年，是一家帽子专业生产专家，拥有 3 个工厂，占地总面积 360 亩，建筑总面积 5 万平方米，制帽设备 2000 余台，其中电脑绣花机 100 台，拥有职工 1500 人。公司主要设计生产棉、毛、麻、化纤、皮革等多种面料，多种款式的运动帽、工作帽、时装帽、广告帽等。产品销往美国、韩国、日本、加拿大、墨西哥、南美洲及欧洲等多个国家和地区。公司经过十余年的发展，市场不断拓展，与此同时，市场竞争压力也日渐增大，为挖掘公司生产潜力，降低损耗，提高效率，进一步增强公司竞争力，前丰制帽公司领导层决定通过管理咨询进一步提高公司生产管理的精细化和标准化水平，通过管理培训较全面地提高全体员工的工作技能。

精益管理咨询研究中心通过深入调研，认为青岛前丰制帽公司在生产管理中存在以下问题：生产布局混乱，现场杂物堆积，在制品积压严重，现场物流不顺畅，现场存在很多让员工犯错误的死角；计划管理缺乏统筹管理，生产计划缺乏权威性，计划员多角色；业务员、跟单员、计划员、采购员信息的及时有效性差，产能、进度、计划总体控制能力和细化不足；在物流管理方面，供方选择不充分，采购计划不明确，到货质量(交货期和产品质量)不确保，严重影响交货期，库房管理混乱，物料分类、编码、标识不到位，剩料没有及时处理；技术和质量管理严重缺乏标准，比如，采购标准、检验标准，标准细化不到位，工艺操作规程不能真正起到指导生产的作用。

2. 解决措施

员工理念和技能提升。目前公司的员工大多来自经济欠发达地区，文化层次较低，现代化产业工人的理念和技能缺乏。管理人员大多从一线成长起来，缺乏职业化的管理技能培训。以上两点是目前中国大多数企业尤其是劳动密集型企业所面对的共同问题。培训内容如下：①优秀员工的职业理念；②“5S”与精益生产培训；③管理基本技能培训(管理理念、管理工具等)；④团队精神培训等。

现场管理以“5S”管理作为应用技术，制定详细可行的现场标准和员工素养标准；成立废品回收小组，集中处理以前的现场积压和生产中废料的回收利用；在“5S”实施取得成效、在制品大量减少的前提下，规范调整了生产线的布局，使产品流程更加顺畅。

2007 年，公司在“5S”的基础上，推行“一个流程生产”，通过培训和实际效果转变全体员工的生产理念，认识到产品流程积压的危害，使生产流程中绣花工序的生产服从后工序——缝纫工序的要求；强化拉动式计划的实施和监督；绣花工序推行快速切换技术；优先补单安排；最终一个流程生产得以顺利推行，产品生产周期缩短明显。随之编制详细实用的质量标准和生产工艺标准，进一步提升产品的质量水平。

3. 咨询效果

通过咨询，企业在以下方面获得收益：在员工理念和技能方面，大部分员工能够正确认识个人与企业的关系，做到个人目标和企业目标的协同，2006 年春节过后，员工主动流失率低于 3%，员工普遍认识到规范做事、精细做事的重要性，以及浪费的识别和解除方法，同时也深刻认识到持续学习与创新的重要性；管理人员能够掌握基本的管理技能和工具，比如，拉动式计划、4W1H、4M1E、PDCA 的管理方法和技术；现场的规范流畅，通过“5S”设定推动实施，在制品积压减少 50%，生产效率提高 30%。生产流程中在制品的积压量从项目开始前的 800 万元，压缩到 450 万元，革除了企业十多年来使用袋子和箱子作为周转器的习惯，同时可以有效解决个人计件和企业整体效益的矛盾。2007 年“一个流程生产”实施的成功，生产流程中在制品的积压量从五月份的 350 万元，下降到 9 月份的 170 万元，产品生产周期明显缩短，8 月份一个 5000 打的订单，此前的生产周期需要 20 多天，而现在只需要 5 天。

思考题：

在此案例中用到了哪些咨询？写出它们的注意事项，针对这个案例拟定自己的咨询规划方案。

[案例分析答案]

1. 运用的咨询：现场“5S”管理咨询。
2. 拟定咨询规划方案(略)。

[习题]

一、单选题

1. 福特在(　　)年发明了流水生产线，从而拉开了现代大工业生产的序幕
   A. 1913　　B. 1924　　C. 1973　　D. 1956
2. 生产运营管理在企业管理系统分层中处于(　　)
   A. 上层　　B. 中层　　C. 基层　　D. 底层
3. 能够使生产运营管理得以运行的是(　　)
   A. 营销管理　　B. 财务管理　　C. 技术管理　　D. 人力资源管理
4. 下列不属于生产运营管理内容的是(　　)
   A. 生产运营系统的设计　　B. 生产运营系统的运行
   C. 生产运营系统的维护与改进　　D. 供应链管理系统的设计

二、多选题

1. 下面选择中属于生产运营管理咨询内容的是(　　)
   A. 现场管理咨询　　B. 供应链管理咨询
   C. 现金管理咨询　　D. 设备管理咨询
2. 生产运营管理咨询的特点包括(　　)
   A. 现场性　　B. 系统性　　C. 理论性　　D. 灵活性

3. 供应链管理是对(　　)在供应商、分销商和顾客组成的网络中流动的管理

A. 人力　　B. 资金　　C. 商品　　D. 信息

4. 质量管理发展阶段为(　　)

A. 科学质量管理阶段　　B. 质量检验阶段

C. 统计质量控制阶段　　D. 全面质量管理阶段

三、简答题

1. 什么是生产运营管理咨询？其重要性体现在哪些方面？

2. 生产运营系统包括哪几个部分？

3. 生产运营管理咨询有哪些？它们的步骤有哪些？

[习题答案]

一、单选题

1. A　　2. B　　3. D　　4. D

二、多选题

1. ABD　　2. AB　　3. BCD　　4. BCD

三、简答题

(略)

CHAPTER 9

第九章　企业项目管理咨询与诊断

[内容提要]

本章全面阐述企业项目管理咨询与诊断的基本理论和其包含的各方面内容，重点介绍项目管理咨询与诊断的实用方法，突出了咨询与诊断在企业项目管理中的实际应用，结合典型实例和软件工具阐述方法和原理。

[学习要点]

1. 了解项目管理咨询的概述；
2. 理解并掌握项目的可行性研究的内容、程序与方法；
3. 掌握如何撰写项目可行性研究报告；
4. 掌握项目的财务与经济的评价方法；
5. 了解项目的竣工验收与后评价的基本概念及应用。

第一节 企业项目管理咨询与诊断概述

一、项目管理咨询与诊断概述

(一) 项目及其运行规律

1. 企业项目管理的定义

项目和项目管理在我国当前的经济社会生活中是一个炙手可热的名词，但当问及什么是项目和项目管理时，很多人却又“不识庐山真面目”。那么，究竟什么是项目呢？从根本上讲，人类的活动可以分为两大类：一类是重复性、连续不断、周而复始的活动，称为“运作”，例如，用自动化流水线批量生产某些产品的活动；另一类是独特的、一次性的活动，称为“项目”，又如，任何一项开发活动、一个建筑工程等。在国民经济各部门都有大量的项目活动，如工程建设、农业技术推广、软件开发、科学研究、技术培训、影视创作、设立新服务、研制新产品、处理突发事件等。随着经济和社会事业的发展，项目的概念不断丰富和深化、项目的类型不断扩充。因此，人们现在所谈论的项目概念已远远超出工程项目的范畴。

现代项目是指那些作为管理对象，按限定时间、预算和质量标准完成约一次性任务。

2. 项目的产生与发展周期

任何一个项目都有开始和结束。项目运行从开始到结束，就构成项目的整个生命周期。项目的发展周期有它的时序性，从开始到结束可划分为若干个阶段，构成它的整个运动过程(图 9-1)。

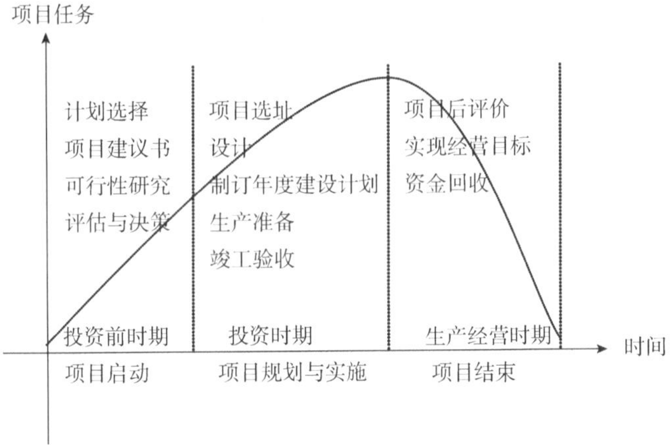

图 9-1 项目生命周期

项目发展周期是项目运动客观规律的总概括。认识项目的发展周期对项目管理有很大的实用价值。每一个项目活动都按照项目发展周期规律依次进行，大大减少了投资风险和失误。项目发展周期理论在国外发展得很快，发达国家和一些国际组织在项目管理领域总结出一套科学、严密的项目发展周期管理理论和方法。世界银行对任何一个国家的投资项目都要经过项目选定、项目准备、项目评估、项目谈判、项目执行和项目总结等步骤的项目周期，从而保证世界银行在各国的投资保持较高的成功率。在项目管理中，依据项目周期运动规律，确定项目全过程中各项工作的前后顺序，并将其制度化，就成为项目建设程序，尽管各个国家和国际组织在规定这个程序上可能存在某些差异，但一般来说，任何项目按照其自身的运动规律都要经过启动、规划、实施、结束几个阶段或投资前时期、投资时期和生产经营期。

项目的发展周期有它的时序性，从开始到结束可划分为若干个阶段，构成它的整个运动过程。

(1) 投资前时期。这是指从投资设想到项目决策这一时期，这一时期的中心任务是对项目进行论证评估和决策。因此，它是项目管理的关键时期。项目能否立项、规模大小、产业类型、资金来源及筹措方式、技术与设备的选择等项目的重大问题都在这一时期决定。

(2) 投资时期。这是指从建设选址到竣工验收、交付使用阶段。这一时期的主要任务是实现投资决策的目标，把项目构思设计变为项目实施。

(3) 生产和使用时期。一般是从项目竣工、交付使用后的生产经营开始直到项目的寿命期结束。这一时期的主要内容是实现项目的生产经营目标，归还贷款，收回投资。

(二) 项目管理的特点和任务

1. 项目管理的定义

项目管理是指项目管理者在有限资源的条件下，运用系统理论和方法，对项目涉及的全部工作进行管理，即从项目的决策到实施全过程进行计划、组织、指挥、协调、控制和总结评价，以实现项目特定的目标。

2. 项目管理的特点

与大量的、重复性的日常管理相比，项目管理具有如下一些特点：

(1) 复杂性。项目一般由多个单项、单位工程组成，需要运用多种技术和知识技术来解决问题；工作跨越多个组织、涉及众多当事人和干系人；项目管理通常没有或很少有以往的经验可以借鉴，执行中有许多未知因素，每个因素又常常带有不确定性，并在技术性能、成本、进度等较为严格的约束条件下实现项目目标等。这些因素都决定了项目管理是一项很复杂的工作，其复杂性远远高于一般的生产管理。

(2) 创新性。由于项目具有一次性的特点，多带有创新和创业的性质。项目的创新依赖于科学技术的支持。项目管理一是要继承前人的知识、经验和成果，二是依靠和综合多种学科的成果，将多种技术结合起来，去解决复杂问题。创新总是伴随着风险，会有较高的失败率。但项目不像其他事情可以试做，做坏了可以重来，也不像批量产品，合格率 99.99%就很好了。项目必须保证成功。因为项目拥有的资源有限，一旦失败就会永远失去了这次机会。有时为了提高成功率和加快进度，需要有多个试验方案并进，要求有精心的设计、精心的制作和精心的控制，以达到预期的目标。

(3) 集权性。项目往往是一个由多部分组成的、大而复杂的系统，在运行中必须保证整体协调和系统优化，才能实现项目的目标。项目越大越复杂，其所包括或涉及的学科、技术种类也越多。项目进行中可能出现的各种问题，多半是贯穿于各组织部门的，它们要求这些部门做出迅速而协调的反应。因此在项目管理中，需要建立集中的领导和专门的组织，将项目的管理责任和权利集中到这个领导和专门的组织身上，尽管项目管理的任务是由不同的人执行的，但这个专门的领导和组织负责项目的管理和协调，这个专门的领导和组织就是项目经理及其工作班子。

(4) 专业性。项目管理需要专业知识，现代项目管理已成为一种专业。项目的管理者应该是这个领域的专家，精通设计、招标、施工、管理、商务、法律和外语，且具有良好的职业道德，通晓项目管理技术逻辑方面的复杂性，善于运用专业观点来思考问题和解决问题；具有预测和控制人的行为的能力，能够通过人的因素来熟练运用技术团素，从而对一个时间有限和预算有限的项目，做作出行之有效的计划、进行资源分配、协调和控制，以达到项目目标。

3. 项目管理的基本内容

项目有多种类型，不同类型的项目管理的具体任务不尽相同，但其基本任务都不外乎下列内容。

(1) 项目的组织。项目的组织是为了保证所有项目干系人的能力和积极性得到最有效的利用而采取的一系列步骤。它包括明确项目组织关系、设计项目组织结构、挑选项目经理班子、制定项目管理制度和建立项目信息管理系统等五个方面的任务。前三个任务旨在保证项目组织运行效率和运行效果，后两个任务旨在提高项目组织的运行效率和运行效果。

(2) 项目进度的控制。项目进度控制，是为确保项目各部分工作按时完成所需要的一系列过程，主要包括三个方面的任务。一是确定项目进度控制的方案。它包括方案的可行性论证，综合评估和优化决策。只有决策出优化的方案，才能编制出优化的计划。二是编制项目进度控制计划。它包括科学确定项目的工序及其衔接关系、持续时间、网络计划和实施措施。只有编制出优化的计划，才有可能实现计划实施过程的有效控制。三是实施有效的进度控制。它包括同步跟踪、信息反馈、动态调整和优化控制。

(3) 项目的费用控制。项目的费用控制，是为确保完成项目的总费用不超过批准的预算所需要的一系列过程。它包括静态和动态控制两方面措施。其中，编制费用计划、审核费用支出是对费用的静态控制，是较容易实现的；对费用的动态控制措施有分析费用变化情况、研究费用减少途径、采取费用控制措施，这是不易实现的，不仅需要研究一般工程项目费用控制的理论和方法，还需要总结特定工程费用控制的经验和数据，才能实现工程项目管理的动态费用控制。

(4) 项目的质量控制。项目的质量控制，是为确保项目达到其质量目标所需要实施的一系列措施。其第一项任务是制定各项工作的质量要求与防范措施。要提高质量要求的科学性和预防措施的有效性。特别是提高预防措施的有效性，是变“事后处理”为“事前控制”的可靠基础。其第二项任务是进行各项工作的质量监督与验收。包括对设计质量、施工质量以及材料和设备等质量的监督和验收，要严格检查制度和加强分析工作，这是实现质量目标的重要过程。其第三项任务是对各阶段的质量事故处理与控制。要细化各个阶段的质量要求和预防措施，最大限度地降低质量事故的出现率，即使出现了，也能采取最有效的处理措施，确保质量的合格率和优良率，这是实现质量目标最根本的保证。

(5) 项目的合同管理。项目的合同管理，包括合同签订和合同管理两个方面的任务：合同签订，包括合同的准备、谈判、修改和签订工作；合同的管理，包括合同文件的执行、合同纠纷的处理和索赔事宜的处理等工作。在合同管理中，要突出合同签订的合法性和合同执行的严肃性，为实现管理目标服务。

二、项目管理的运行

(一) 项目管理的运行中所涉及的当事人和干系人

现代项目大而复杂，往往有多方面的人员参加，如业主、投资方、贷款方、承包人、供货商、建筑师、设计师、监理工程师、咨询顾问等。他们一般是通过合同和协议联系在一起，共同参与项目。合同的当事人也是项目的当事人。业主通常都要聘用项目经理及其工作班子来代表自己对项目进行管理。事实上，项目的各方当事人都需要有自己的项目管理人员。图 9-2 表示项目当事人之间的关系。

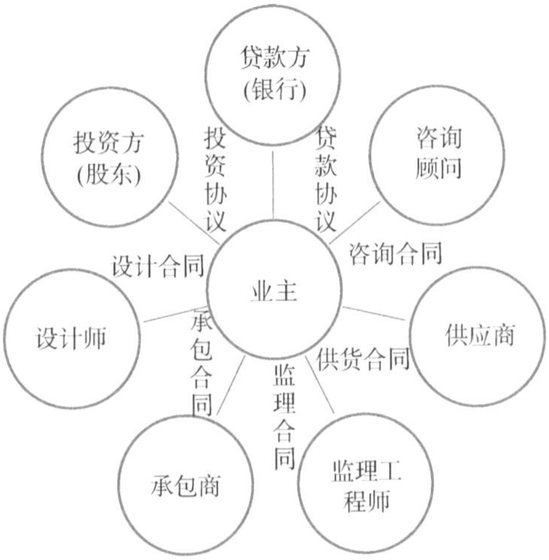

图 9-2 项目当事人之间的关系

(二) 项目管理的组织与运作

1. 项目良性运行的前提条件

工程业主制的实施需要两个前提：一是存在一支精通设计、招标、施工、管理、商务、法律与外语且具有良好声誉的产业化的咨询、监理专家队伍；二是对咨询、监理工作的内容、方式、深度及从业人员的职业道德有极其具体而严格的规范。作为一整套业主投资控制和风险约束的机制，工程业主制旨在实现项目管理中经济和效率两大基本准则。这两大准则必须首先体现在项目招标文件的设计之中，其次是以招标投标来选择承包商和对承包商的施工过程进行微观监理。因此，工程业主制全程运作的重中之重是选择一个充分理解业主需要，并能反映与保障实现这种需要的咨询顾问。按照美国项目管理学会主席科兹纳博士的描述，一个理想的项目应处在这样一种关系之中，即成功的项目是通过资源的合理配置，最大限度地满足工期、成本及技术与性能要求，并且存在着业主与承包商之间良好的关系作为项目的环境条件。实际上，业主要达到经济与效率的目标应具备两个条件：首先，对工期、成本和质量的界定必须是科学的；其次，要有切实有效的措施使工期、成本不超出，使质量不萎缩。前者是设计的职责，后者是监理的职责；而设计和监理刚好是项目执行阶段工程咨询的两个主要内容。因此，业主制控制投资风险的源头是工程咨询顾问而不是施工业。

2. 我国项目管理与国际惯例接轨

项目管理方式反映一个国家经济体制的性质。我国在传统计划经济体制下，投资项目的组织管理，统由中央部门和地方政府负责，建设单位多是中央部门和地方政府派出的临时管理机构，不是真正独立的经济法人。项目投资建设任务来了搭班子，任务完了撤摊子，项目负责人只管从筹资到建成投产，建成投产以后就移交生产部门负责经营管理，对投资的使用、回收、保值增值并不负具体责任，这往往导致项目决策不慎，实施不严，敞口花钱与浪费投资的现象十分突出。

为了解决好投资建设项目的组织管理问题，我国从 20 世纪 70 年代末开始全面实行经济体制改革以来，就不断探索与试行一系列与完善项目管理经济责任制相关的改革内容与措施。为了强化国有单位投资风险约束机制，国家在《国民经济和社会发展“九五”计划和 2010 年远景目标纲要》中提出，按照现代企业制度的要求，实行建设项目法人责任制，即把投资者的所有权和项目法人(建设主体)的财产权分开，由投资者委托项目法人进行投资建设和生产经营。投资者以其出资额对项目投资经营承担有限责任，项目经营者承担职业风险。所有经营性大中型项目均实行项目法人责任制，由项目法人对项目的策划、资金筹措、建设实施、生产经营和偿还债务以及资产保值增值，实行全过程负责。

3. 项目管理的外部环境

“知己知彼，百战不殆。”要使项目取得成功，除了需要对项目本身、项目组织及其内部环境有充分的了解外，还要对项目所处的外部环境有正确的认识。所谓项目管理的外部环境，即是影响和制约项目活动的各种外部条件的总和，这个问题涉及十分广泛的领域，下面仅就项目外部环境的若干重要方面加以说明。

1) 政治和经济

影响项目执行的政治环境，主要包括政治制度和政治体制、种族关系以及与邻国的关系。稳定的政治环境具有两个特征：政治生活的有序性和连续性。有序性是指在国家制度和政治法规的有效约束下形成了一定的政治秩序，在这样的政治秩序中，国家通过正常的途径解决政治生活中不和谐因素之间的矛盾，使社会不出现大的动荡和政治危机。连续性是指国家的基本制度、基本政策、政治法规等不因政治生活中的偶然事件而发生根本性的变化。

影响项目执行的经济环境主要分为宏观经济环境和微观经济环境。宏观经济环境是指一国、一地区所具有的从事经济活动的基本条件，如经济发展所处的阶段、经济管理体制、通货膨胀情况和国际收支状况等；微观经济环境是指投资者进行投资活动所面临的具体条件，如市场环境、财务环境、基础设施、生产要素供应和技术与管理状况等。

2) 文化和传统

文化和传统是项目必须面对的文化环境。社会文化是一个社会的规范和信仰，它影响人们对待经济活动的态度、价值观、行为方式、消费方式、购买动机以及企业的管理方式。项目的建设必然要与当地的居民发生联系，两者在文化习惯上的一致性会影响到投资效益。对于投资者而言，其投资规模与方向等策略应尽可能与当地的社会文化传统与规范吻合。项目管理要了解当地的文化，尊重当地的风俗。例如，制订项目进度计划时必须考虑当地的节假日习惯；在项目沟通中，善于在适当的时候使用当地的文字、语言和交往方式，往往能取得理想的效果；在项目过程中，通过不同文化的交流，可以减少摩擦、增加理解、取长补短、互相促进。

3) 规章和标准

规章和标准都是对产品、工艺或服务的特征做出规定的文件。

规章包括国家法律、法规和行业规章，以及项目所属企业的章程等。它们是必须执行的，对项目的规划、设计、合同管理、质量管理等都有重要影响。标准往往常有提倡、推广和普及的性质，不具强制性。由国际咨询工程师联合会(FIDIC)颁发的合同属于标准，而不是规章，由于它比较全面、成熟，已被世界各国广泛承认。许多国际性的土建工程、咨询采购项目都愿意采用FIDIC合同条件，很多国家也制定了自己的合同条件，规定在国内或某个行业领域强制性执行。

目前，世界上有许许多多的标准在使用中，几乎涉及所有的技术领域，从计算机磁盘的尺寸到电网、电器使用的频率、电压等。国际标准化组织(ISO)还发布了各种管理标准，如质量管理和质量保证国际标准ISO 9000系列。标准有的是国际通行的，有的只在某个地区、某一国家适用。这些技术和管理标准虽然不具有强制性，但大都已被公认。项目要满足市场需求，就必须采用这些标准，否则将寸步难行。

第二节　企业项目管理可行性分析研究

一、项目管理的可行性分析概述

(一) 项目可行性研究内容

1. 可行性研究的定义

投资项目的可行性研究，是指项目在投资决策之前，通过对项目有关工程技术、经济、社会等方面的条件和情况进行调查、研究分析，对各种可能的技术方案进行比较论证，并对投资项目建成后的经济效益进行预测和评价，以考察项目技术上的先进性和通用性，经济上的合理性和营利性，以及建设上的可能性和风险性，继而确定项目投资建设是否合理的一种科学分析方法。

可行性研究是项目前期工作的重要内容，它的作用主要表现在以下几个方面：

(1) 可行性研究是科学的投资决策的依据。

(2) 可行性研究是项目设计和实施的依据。

(3) 可行性研究是项目评估、筹措资金的依据。

(4) 可行性研究是项目建设有关各方签订合同、协议的依据。

(5) 可行性研究是项目后评价的依据。

2. 可行性研究的内容

可行性研究可大致划分为四个阶段，即机会研究阶段、初步可行性研究阶段、可行性研究阶段和评价阶段。各个阶段的主要任务和工作的主要内容如下：

(1) 机会研究阶段。机会研究是进行项目可行性研究前的预备性调查研究，这种研究是比较粗略的。机会研究的主要任务是对投资方向提出设想，提供一个可能进行建设的投资项目。它要求在一个确定地区或部门内，以自然资源和市场预测为基础，寻找最有利的投资机会。可行性研究费用占总投资的比重，一般在机会研究阶段为 0.2%~1%，所需时间为 1~3 个月，投资估算精确度为 ± 30%。

(2) 初步可行性研究阶段。初步可行性研究阶段，也叫预可行性研究。那些在机会研究阶段还不能决定取舍的项目、就需要进行初步可行性研究。初步可行性研究是机会研究和可行性研究之间的一个阶段。它与机会研究的区别，主要在于所获得资料的详细程度不同。如果项目在机会研究阶段有足够的数据，也可以直接进入可行性研究。如果机会研究阶段对项目有关资料占有不足，获利情况不明显，就要进行初步可行性研究，以判断项目是否值得投资建设，该阶段研究费用占总投资的比重为 0.25%~1.25%，所需时间为 3~5 个月，投资估算精确度为 ± 20%。

(3) 可行性研究阶段。可行性研究阶段，也叫最终可行性研究阶段。这个阶段的主要任务是对项目进行深入的技术、经济论证，确定方案的可行性，选择最佳方案，做出项目投资决策。可行性研究花费的时间，小项目为半年至 1 年，大项目为 1~2 年。因为可行性研究是投资前期工作的重要内容，只有充分做好投资前期的调查研究，才能缩短建设周期，减少项目决策的失误，提高投资效益。所以，必须给以足够的时间进行深入细致的可行性研究。投资估算精确度为 ± 10%。可行性研究费用占总投资的比重，小型项目为 1%~3%；大型项目为 0.8%~1%。业主为取得可行性研究报告，要花费总投资的 2%~5%。

(二) 项目可行性研究的程序、方法

1. 项目可行性研究的工作程序

项目可行性研究的工作程序如图 9-3 所示。

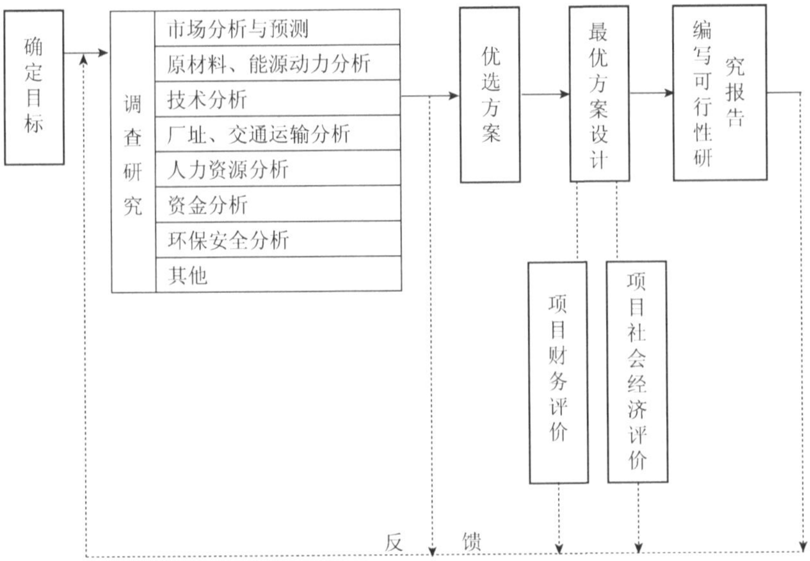

图 9-3 可行性研究基本程序

(1) 开始阶段。主要确定研究的范围，即明确雇主目标并根据该目标限定研究的界限。

(2) 进行实地调查和技术经济研究，包括研究项目的主要方面，如需要量、价格、工业结构和竞争空间等决定的市场机会大小，同时又要考虑原材料、能源、工艺要求、人力等对工艺技术选择的影响。

(3) 制订方案。根据调查研究的结果设计成可供选择的方案。通常有经验的咨询单位能用较多的有代表性的设计组合制订出少数可供选择的方案，保证取得最优方案，随后进行详细论证，由雇主做出判定，对好方案进行初选。

(4) 方案评估。对选出方案作更详细论证，估算投资费用、经营费用和收益，并做出项目的经济分析和评价。估算的投资费用应包括所有合理的未预见费用(如包括实施中的涨价备用费)。经济和财务分析必须说明项目在经济上是否可以接受，资金是否可以筹措得到。敏感性分析则用来论证成本、价格或进度发生变化时，可能给项目的经济效果带来的影响。

(5) 编制可行性研究报告。其结构和内容常常有特定的要求。遵循这些格式与要求，可确保可行性研究报告的严密、完整、可靠性。

在步骤(2)、(3)、(4)、(5)的实施过程中，可以不断地把实际中发生的问题反馈到步骤(1)中，以便及时对研究的范围及目标做出适当的调整。

2. 项目可行性研究的方法

投资项目可行性研究的基本方法是开展经济调查，掌握经济信息资料，取得研究依据，运用科学的理论和方法，按照一定的步骤循序渐进。

(1) 开展调查研究，做好信息工作。要搞好可行性研究，就要下力气做好信息工作。投资项目可行性研究的准确性和可靠性取决于研究人员所占有的反映客观实际状况的经济信息的多寡及其质量的高低。因此，必须进行广泛调查，收集有关方面的客观实际经济信息资料，如市场需求现状、发展趋势、现有生命能力及变化趋势、市场空隙大小等等。没有反映客观实际状况的资料，研究工作就无从着手，都不可能取得正确的结论。一个可行性研究是由许多因素构成的，如果其中某些主要因素不可靠，就会导致投资决策失误。所以，在取得资料后，还要验证和完善调查的数据，提高其准确程度和可靠性。

(2) 取得各种有效的文件、协议、参数作为研究依据。投资项目可行性研究必须取得依据下列文件、协议方可进行：①国家建设方针、产业政策和国民经济长远发展规划、地区规划、行业规划。②项目建议书和委托单位的设想说明。③经国家正式审定的资源报告、国土开发整治规划、河流流域规划、路网规划、工业基地或开发区规划。④可靠的自然、电力、气象、地质、基础设施、交通运输、经济发展等基础资料。⑤有关“三废”治理和环境保护的文件。⑥有关的工程技术方面的标准、规范、指标。这些工程技术的标准、规范、指标等，都是项目设计的基本依据。⑦国家公布或各部门掌握的用于投资项目评价的有关参数、数据和指标。

(3) 进行必要的辅助研究，为正式可行性研究创造条件。为了争取时间，也可以对拟建投资项目的一个或几个方面进行辅助研究，通过辅助研究如果发现拟建项目不具可行性，就可以不再进行其他方面的可行性研究了。在一般情况下，辅助研究工作可与可行性研究同步进行，在一些大型项目中，也可以先行。拟建项目的辅助研究包括如下几个方面：①市场研究，包括国内外市场的需求预测，打入国际市场的可能性、产品寿命周期的预测等。②新技术、新产品的实验室试验，扩大试验结果及鉴定，能否用于拟建项目的分析。③某种原料能否应用于产品生产中，原材料质量、品种对产品质量影响的分析。④“三废”治理的试验分析、达到排放标准的技术处理方案的研究及评价。

(三) 项目可行性研究报告的编写

可行性研究工作完成后，都要编写反映其全部工作成果的“可行性研究报告”。就其内容来看，不同项目的可行性研究报告不统一，但都少不了以下三个方面：第一，进行市场研究，以解决项目建设的必要性问题；第二，进行工艺技术方案的研究，以解决项目建设的技术可能性问题；第三，进行财务和社会经济分析，以解决项目建设的合理性问题。就一般工业投资项目来说，它的可行性研究报告应包括以下几个方面的内容。

1. 总论

此部分综合说明可行性研究报告中各部分的主要问题和研究结论，并对项目的可行与否提出最终建议，包括：

(1) 项目前景。

(2) 可行性研究结论。

(3) 主要技术经济指标表。

(4) 存在问题及建议。

2. 项目背景和发展概况

此部分说明项目的发起过程、提出的理由、前期工作的发展过程、投资者的意向、投资的必要性等可行性研究的工作基础。

3. 市场分析与建设规模

此部分详细说明市场需求预测、价格分析，并确定建设规模。

(1) 市场调查。① 拟建项目产出物用途调查；② 产品现有生产能力调查；③ 产品产量及销售量调查；④ 替代产品调查；⑤ 产品价格调查；⑥ 国内外市场调查。

(2) 市场预测。① 国内市场需求预测，包括本产品消耗对象、本产品消耗条件、本产品更新周期特点、可能出现的替代产品、本产品使用中可能产生的新用途；② 产品出口或进口替代分析；③ 价格预测。

(3) 市场推销策略。① 推销方式及销售网络的建设，包括企业自销、代销人代销及经销情况分析；② 推销措施；③ 促销价格制度；④ 产品销售费用预测。

(4) 产品方案和建设规模。① 产品方案，列出产品名称、规格、标准；② 建设规模。

(5) 产品销售收入预测。根据确定的产品方案、建设规模和预测的产品价格，估算产品销售收入。

4. 建设条件与厂址选择

此部分按建议的产品方案和规模来研究资源、原料、燃料、动力等需求和供应的可靠性，并对可供选择的厂址作进一步的技术和经济分析，确定新厂址方案。

5. 工厂技术方案

此部分说明应采用的生产方案、工艺和工艺流程，重要设备及其相应的总平面布置，主要车间组成及建筑物、构筑物形式等技术方案，并在此基础上，估算土建工程量及其他工程量。

6. 环境保护与劳动保护

对环境有影响的项目，必须执行环境影响报告的审批制度，并在可行性研究报告中，对环境保护和劳动保护安全作专门的论述。

7. 企业组织与劳动定员

此部分根据项目规模、项目组成和工艺流程，研究提出相应的企业组织机构、劳动定员总额及劳动力来源和相应的人员培训计划。

8. 项目实施进度安排

此部分说明项目实施时期各个阶段的各个工作环节，进行统一规划、综合平衡以后的安排，包括：

(1) 项目实施阶段。

(2) 项目实施进度表。

(3) 项目实施费用。

9. 投资估算与资金筹措

(1) 项目总投资估算。

(2) 资金筹措。

(3) 投资使用计划和借款偿还计划。

10. 财务效益、经济效益和社会效益评价

(1) 生产成本和销售收入估算。内容包括：① 生产总成本；② 单位成本；③ 销售收入估算。

(2) 财务效益评价。从企业微观经济的角度，用现行价格，说明项目建成后的获利能力、债务偿还能力及外汇平衡能力等财务状况，判断项目投资在财务上的可行性。采用静态分析与动态分析相结合，以动态分析为主的方法，并用财务评价指标分别与相应的基准参数相比较，判断项目在财务上是否可行。

(3) 国民经济效益评价。从国民经济宏观角度，用影子价格、影子汇率、影子工资和社会折现率等经济参数，计算分析项目需要国家付出的代价和对国家的贡献，说明投资行为的经济合理性和宏观可行性。

(4) 不确定性分析。用盈亏平衡分析、敏感性分析、概率分析等方法，分析说明不确定因素项目投资经济效益指标的影响，以确定项目的可靠性。

(5) 社会效益和环境影响分析。对不能定量分析的社会效益和环境影响进行定性描述。

11. 可行性研究结论与建议

(1) 结论和建议。根据前面各部分的研究分析结果，对项目在技术上、经济上进行全面的评价，对投资建设方案进行总结，提出结论性意见和建议。

(2) 附件。

(3) 附图。

投资项目的可行性研究，一般由项目建设主体进行组织，委托投资或工程咨询公司进行编制。项目可行性研究报告应按规定报送有关部门或董事会。有关部门或董事会在决断项目或方案时，应尊重科学方法、充分听取进行可行性研究专家的意见，绝对不能把可行性研究当陪衬。要坚决排除决策中的个人意志、感情色彩，以实现决策的理性化和最优化。经过可行性研究已证明没有建设必要的拟建项目，经过审定后应取消。

二、项目的市场与技术可行性分析

常常有不少企业的项目投产后，难以达到应有的市场占有率，或根本没有市场；或在区位竞争中处于劣势；或成本高，效益低，导致产品积压，生产能力空置，投资无法收回。原因包括：

(1) 投资进入的方向与市场需求不吻合，从而使项目建成投产后没有市场，产品积压，生产能力无效闲置，投资不仅无法收回，还使企业处于亏损状态。

(2) 投资进入的时机与市场产品寿命周期的要求不吻合。投资进入时机滞后，造成投资进入过度，使项目投产后难以占有相应的市场份额。

(3) 投资进入的规模与规模经济的要求不吻合，使项目生产成本过高，收入降低。

(4) 投资进入的区位选择不当，使项目投产后处于区域竞争劣势地位。

(一) 项目的市场分析

所谓市场分析是指对企业所提供的产品或服务的目标市场的需求特点、市场占有率可能性大小及其变化趋势所进行的分析。在投资决策中，为了使投资项目能够在市场经济的环境中取得预期的经济效益，企业在开始构造项目概念时就应考虑到市场问题，把市场的需要作为项目的出发点和归宿。一旦产生了初步的项目概念时就应该进行市场分析。只有经市场分析后认为该项目值得发展，才有必要开展项目可行性研究的其他工作。所以，可以说市场分析是可行性研究和投资决策的起点。

市场分析包括市场调查、预测和市场趋势综合分析。

由于每个项目都有自身的特点，有特定的服务对象、服务地域，在着手进行市场分析之前，就要确定市场分析的范围问题。一般来说，进行市场分析之前应弄清以下几个方面的问题：

(1) 投资项目拟提供的产品和服务的名称、型号、规格、性能等；

(2) 投资项目拟进入的目标市场的地域范围；

(3) 拟进入的目标市场上使用或需要该项目产品或服务的主要消费群体；

(4) 项目的产品或服务是否要涉及有关的政策、法规，例如，进出口许可证、配额管理办法以及其他可能限制进入市场的因素；

(5) 已有的及潜在的竞争对手主要有哪些，市场分析时至少应取得哪些信息；

(6) 项目产品或服务的相关产品或可替代产品的范围。

1. 市场调查的内容

从可行性研究的角度，市场调查的内容包括需求调查、商品购买力和供给量调查及市场竞争调查。具体来说包括以下内容：

(1) 产品市场需求及供给量的调查。调查产品现有和潜在的购买人数和购买数量；市场需求的变化趋势；市场上同类产品销售总量和本企业产品销售量；同行业相同产品的供应量。

(2) 技术发展调查。了解国内外新技术、新工艺、新材料的发展趋势和发展速度；了解国内外新产品的发展趋势和发展速度。

(3) 市场环境调查。主要是调查企业无法控制的、影响市场的外界因素，包括政治环境、经济环境、社会环境等。

(4) 消费调查。主要调查消费者的类型、购买能力、居住地区、购买动机、购买习惯及对消费行为起决定作用的因素。

(5) 市场竞争调查。这是对项目产品市场上的竞争对手和竞争能力所作的调查。它包括调查项目产品的品种、质量、价格、交货方式、技术服务，以及同类产品企业的生产技术水平和经营特点。

2. 市场预测

在项目管理中，产品市场需求预测主要包括以下内容：

(1) 产品市场需求预测，主要包括对项目产品的国内及国际市场需求状况进行预测，对项目产品的需求量进行定量及定性的分析，包括对项目产品目前市场消费量及市场需求潜量的分析。

(2) 产品价格变化预测，包括对项目产品及其替代品的国内外市场近期及中远期价格变化趋势的预测。

(3) 产品市场占有率和生命周期预测，预测其市场占有率，并根据市场的竞争情况和技术进步状况预测项目产品投产后所处的生命周期阶段，从而分析其寿命情况。

(4) 预测项目产品及其替代品的供给状况，包括项目产品及其替代品的国内外供给预测，及近期的生产能力状况等。

(5) 产品营销范围、方式和费用的预测，根据项目产品的国内外市场需求、供给和产品市场占有率预测情况和产品价格的变化趋势，分析、选择和确定项目产品在国内外的经营和销售地区、销售方式和销售策略，并对营销费用进行测算。

(6) 产品生产所需的资源预测，预测项目产品生产所需的各种原料、材料、燃料及动力的供给及价格变化，从而分析项目产品价格及市场竞争力，这是项目产品市场需求预测的重要组成部分。

3. 市场分析的方法

1) 德尔菲法

德尔菲法，也称专家意见法，是采用匿名函询的方法，通过一系列简明的调查函询表向专家们进行调查，并通过有控制的反馈，取得尽可能一致的意见，对事物的未来作出分析预测的一种预测分析方法。

2) 历史资料延伸预测法

历史资料延伸预测法又称时间序列预测法，是市场发展趋势预测中常用的一种方法。它是把经济统计指标的数值按时间先后顺序排列，根据时间序列所反映出来的发展过程、方向和趋势，进行类推和延伸，预测下一时期或以后若干时期可能达到的水平，由于具体计算方法的差别，可以分为以下三种方法。

(1) 移动平均法。它是直接将过去若干历史数据进行算术平均，并以此作为预测值的方法。如用靠近预测期的各期实际销售量的平均数来预测未来时期的销售量。随着时间的推移，计算平均值所用的各个时期也向后移动。

例如，某种产品在 2007 年、2008 年、2009 年的实际销售量分别为 28 万件、29 万件、33 万件，在预测 2010 年的销售量时，就可以 2007~2009 三年的实际销售量的平均数作为 2010 年的预测销售量：

$$2010\text{年预测销售量}=\frac{28+29+33}{3}=30(\text{万件})$$

(2) 加权移动平均法。在实际应用中，各数据对预测值的作用可能不相同。例如，近期值对未来预测值的影响可能大一些。加权移动平均，就是为了突出近期数据在预测中的影响作用，采用加权方法计算移动平均数。

它的做法是对不同时期的资料给予不同的权数，近期资料的权数大，远期资料的权数小，然后再加权平均，算出预测数。

承上例：改用加权移动平均法计算 3 年平均数时，对最靠近预测年的 2007 年的实际销售量给 3 权，稍远的 2008 年给 2 权，最远的 2009 年给 1 权，计算结果再以总权数 6(3+2+1)去除，即可求得 2010 年的预测销售量。

$$2010\text{ 年预测销售量}=\frac{28\times1+29\times2+33\times3}{6}=30.83(\text{万件})$$

(3) 指数平滑法。指数平滑法，是对移动平均法的改进。在上述加权移动平均法中，计算工作量较大，而指数平滑法，则是一种能够给最近期的实际资料以较大的权数，给较远期的实际资料以较小的权数，不需要储存期的资料，不必对每期资料作逐期的加权运算，只要具备本期实际数，本期预测数和平滑系数三项资料，就可预测下期数的预测方法。它的一般计算公式如下：

$$Q_{t+1}=\alpha Q_1+(1-\alpha)Q$$

式中，Q_{t+1} 为下期预测数；Q_t 为本期实际数；Q 为本期预测数；α为平滑系数，$0<\alpha<1$

这个公式的含义是：在本期预测数上加上一部分用平滑系数调整过的本期实际数与本期预测数的差，就可求出下期预测数。一般来说，下期预测数常介于本期实际数与本期预测数之间。α的大小可根据过去的预测数与实际数比较而定。差额大，则α应取大一些，反之，则取小一些。仍以上例为例，设α为 0.4，则

$$2010\text{ 年预测销售量}=0.4\times33+(1-0.4)\times31=31.8(\text{万件})$$

3) 回归预测法

回归预测法是将因变量与自变量之间的相关关系，用回归方程表示，根据自变量的数值变化，去预测因变量数值变化的方法。一元线性回归预测法，主要适合于预测对象主要受一个相关变量影响，且两者关系为线性相关的预测问题。

一元回归模型如下：

$$y=a+bx$$

式中，y 为因变量(预测对象)；x 为自变量(影响因素)；a、b 为回归系数。

根据最小二乘法原理，求出回归系数 a、b。计算公式为

$$b=\frac{n\sum xy-\sum x\sum y}{n\sum x^2-(\sum x)^2}$$

$$a=\frac{\sum y-b\sum x}{n}$$

4) 消费水平法

消费水平法是根据社会在一定条件下该产品的消费水平，预测变化了的条件下的消费水平，从而推算出社会对该产品需求的方法。此种方法运用于对最终消费品需求的预测。较常用的有需求收入弹性、需求价格弹性的方法。

需求收入弹性估算：需求收入弹性是指由收入变化引起的需求变化的比值。其计算公式如下：

$$E_I=\frac{(Q_2-Q_1)/Q_1}{(I_2-I_1)/I_1}$$

式中，E_1为某产品需求收入弹性系数；Q_1为基准年某产品的需求量；Q_2为观察年某产品的需求量；I_1为基准年的人均收入；I_2为观察年的人均收入。

需求价格弹性估算：需求的价格弹性，是指需求的相对变化与价格的相对变化的比值。其公式为

$$E_I = \frac{(Q_2 - Q_1)/Q_1}{(P_2 - P_1)/P_1}$$

式中，E_1为某产品需求价格弹性系数；Q_1为价格变动前的需求量；Q_2为价格变动后的需求量；P_1为原价格；P_2为新价格。

4. 市场趋势分析

市场趋势分析就是在市场调查、市场预测的基础上，把市场现状和未来有机结合起来，研究其发展的规律. 对市场的整体结构进行系统的描述。市场趋势分析对把握投资的大方向，提高投资决策的正确性有重要意义。

1) 市场需求的规律性分析

市场需求法则。需求是指在同一时期内，消费者有支付能力的商品需求量的总和。需求的形成必须同时满足两个条件：一是消费者有购买欲望；二是消费者有支付能力。需求与价格之间存在一定的函数关系。一般情况下，随着价格下降，需求量会上升；反之，则相反。这就是市场需求法则。

市场供给法则。供给是指为了满足市场上有支付能力的需求而供应给市场的商品和劳务的数量。供给的形成必须具备两个条件：一是有出售的意愿；二是有供应的能力。供给与价格之间存在着函数关系。一般情况下，当价格上升，则供给量会不断增加；反之，则相反。这就是市场供给法则。

供求平衡。供给与需求之间的矛盾运动，在市场机制发生作用的条件下，会趋于平衡。当供不应求时、价格会上升，从而刺激供给，抑制需求，使供求趋于平衡；当供过于求时、价格会下降，从而刺激需求，抑制供给，同样使供求平衡。需求与供给这对矛盾运动的最终结果，商品价格必然落在需求与供给的均衡点上，实现了供求均衡。供求均衡的价格称为均衡价格。投资项目评价时，选用的价格应是均衡价格，根据均衡点的产量 Q 来安排生产规模。

2) 产品生命周期分析

产品生命周期是指新产品试制成功之后，从投入生产到被市场淘汰、停止生产为止这一时期。在一般情况下，产品从投入市场开始，销售量是从低到高逐步上升；进入成熟期后，销售量相对稳定；过了成熟期后，销售量又逐步下降。产品生命周期分析就是对不同生命周期的产品销售量的趋势进行预测，是市场发展趋势预测中

的重要方法。

(二) 项目的技术分析

在通过市场分析选定项目方向后，企业可着手进行技术分析。技术分析的主要内容包括：技术设备的选择、生产规模的确定和厂址的选择等。技术分析是对供给方的研究，所要解决的问题是企业以什么方式和手段生产、怎样生产以及在何处生产，分析的目的是以最低的成本将项目建成，并尽可能降低企业的生产经营成本。

1. 项目规模的确定

项目规模一般是指建设项目的设计文件中规定的全部设计生产能力或效益。它反映劳动力、劳动手段和劳动对象等生产力要素和产品在项目中的集中程度。衡量项目规模大小的指标可以分为投入量指标和产出量指标。机械化水平低的劳动密集型产业用职工人数表示；机械化水平高、自动化水平高的产业用生产能力表示；不宜用前两者表示的用固定资产原值、设备的数量和装机容量来表示。建设项目的规模总体上分为大、中、小三种。但不同的生产力水平，不同的部门、行业，大、中、小规模的划分标准是不同的。国家统计局公布有我国经济各部门、行业，大、中、小型企业的划分标准，并且这个标准随国民经济的发展而不断调整。无论大、中、小企业都有其优越性和局限性，应该根据市场需求和规模经济的要求，宜大则大，宜小则小。

下面介绍确定合理建设规模的几种方法。

(1) 盈亏平衡分析法。这种方法是通过研究项目的产量、成本和收入的相互关系、寻找项目的盈亏平衡点，来确定项目合理建设规模的一种方法。所谓盈亏平衡点即项目的成本费用等于收入的产量水平。对于一个项目来说，只有当产量达到一定数量时，才开始产生赢利，而低于这个产量，项目就要亏损，这一点称为项目的最小产量盈亏平衡点；然而随着产量的提高，当超过某一数量时，项目又要出现亏损，这一点称为项目的最大产量盈亏平衡点。项目的产量规模处于最小盈亏平衡点和最大产量盈亏平衡点之间时，项目可以取得赢利，所以它们是项目合理建设规模的上限和下限。据此，结合项目建设的其他条件，就可以确定项目合理的经济规模。

(2) 平均成本法。这种方法是根据项目的最低平均成本水平来确定项目的建设规模。项目的最低成本和最大利润之间存在“对偶关系”，成本最低点往往利润最大；反之，成本最大点利润也最小。所以，企业可以以达到最低平均成本为目标来确定项目的建设规模。

(3) 生产能力平衡法。该方法具体采用最大工序生产能力法和最小公倍数法来确定最优的生产规模。最大工序生产能力法，它是指整个项目的设备配置，以现有最大生产能力的工序为标准，逐步填平补齐，成龙配套，使之满足最大生产力的设备要求。最小公倍数法，即以项目各工序生产能力或现有标准设备的生产能力为基础，并以项目各工序生产能力的最小公倍数为准，填平补齐，成龙配套，以形成最佳的生产规模。

2. 项目的技术选择

项目技术选择的内容主要包括方案构成的范围选择、工艺技术的选择、设备方案的选择、公用辅助设施的选择、土建工程方案的选择及项目总图和运输路线的选择等。

项目选择何种技术和工艺，一是关系到工程项目投产后能否生产出符合特定规格和标准的产品，从而会直接影响到企业的产品能否适销对路，影响到企业产品的市场占有率和销售收入。二是关系到工程项目能否按进度获得这些机器设备，从而会直接影响到项目能否按时投产。三是关系到企业项目的投资成本和未来的生产经营成本。为了保证企业生产出的产品符合市场需求，为了保证项目及早竣工投产，为了尽可能降低企业投资成本及未来的生产经营成本，企业必须认真进行技术分析，选择适当的工艺设备。

对项目技术方案选择，一般应遵循先进性、适用性、经济性、可靠性的原则。其中，先进性是选择技术方案的前提，经济性是选择技术方案的目标和依据，适用性是选择技术方案的基础，可靠性是选择技术方案的基本要求。这四项原则，对于不同行业和不同性质的项目是各有侧重的，但它们又是互相关联、互相制约的有机整体。

三、项目财务与经济评价

(一) 财务与经济评价的理论依据

经济评价是从宏观角度，运用影子价格、影子汇率、影子工资、社会折现率等经济参数，分析测算项目建设与生产经营中国民经济所付出的代价及对国民经济所作的贡献，判断投资行为在宏观经济上的合理性，以合理地利用国家资源获得最大净贡献为准则，来选择最优的项目或方案。财务评价，是从项目或企业的角度出发，根据国家现行财税制度和价格体系，分析、预测项目投入的费用和产出的效益，考察项目的财务赢利能力、清偿能力以及外汇平衡等财务状况，据以判断项目的财务可行性。经济与财务分析方法是较之前面所述方法更深入的可行性分析方法，这两种方法是建立在一系列量化指标体系的基础上的。

项目的财务评价和经济评价是项目经济评价的两个不同层次，由于评价主体不同、因而两者既有相同之处，又存在区别(表 9-1)。

表 9-1　财务评价与经济评价的异同点

对比内容	评价层次	
	经济评价	财务评价
评价目的	为项目取舍提供依据	同经济评价
理论依据和评价方法	货币时间价值理论，用现值法进行动态分析	同经济评价
分析角度和侧重点	从宏观角度评价全社会的净效益	从微观角度评价项目本身净效益
间接费用和效益	计入	计入
折现率	社会折现率	行业基准收益率
采用的价格	影子价格	国内现行市场价格
折旧	不计入	计入
国内借款利息	不计入	计入
税收	不计入	计入
财政补贴	不计入	计入
综合评价指标	经济净现值	财务净现值
	经济内部收益率	财务内部收益率

1. 经济与财务评价中所运用的资金时间价值的概念

项目的经济与财务评价属于项目效益分析。在投资效益计算中，无论是建设项目的投入或产出，最后都要以价值形态，即资金的形式表示出来，如投资支出、税金、利润等。通过对方案的费用项与收益项现金流量大小的对比计算，求出方案的净现金流量，从而计算出方案的评价指标，并依此判断方案的优劣和取舍。因此，构成有关方案的费用项与收益项的财务基础数据的预测与估算，便成了项目费用效益分析的基础工作。为了使具有不同建设周期的项目费用和收益具有可比性，必须把发生在不同时期的资金折算成相同时间的资金，在等价值的基础上进行项目方案的经济评价。因此，应分析研究资金的价值与时间的关系。

所谓资金的时间价值，是指资金在时间推移中的增值能力，也就是资金使用中由于时间因素而形成的差额价值。货币本身不会增值，它只有同劳动相结合，才有时间价值。所以，资金时间价值的实质，是资金使用后的增值额。利润和利息是资金时间价值的基本形式，它们都是社会资金增值的一部分，是社会剩余劳动在不同部门的再分配。资金时间价值的计算公式如表 9-2 所示。

表 9-2　资金时间价值的计算公式表

投资方式	货币时间价值类别	符号	计算公式	系数的经济学含义(在 i 折现率，N 期条件下)
一次支付	复利终值 已知 P 求 F	$(F/P, i, n)$	$F=P(1+i)^n$	一元钱复利本利和
	复利现值 已知 F 求 P	$(P/F, i, n)$	$P=\frac{F}{(1+i)^n}$	一元钱的复利现值
分期支付	期末年金终值 已知 A 求 F	$(F/A, i, n)$	$F=A\frac{(1+i)^n-1}{i}$	每期末等额支付一元钱的复利本利和
	期末年金现值 已知 A 求 P	$(P/A, i, n)$	$P=A\frac{(1+i)^n-1}{i(1+i)^n}$	每期末等额支付一元钱的现值总和
	投资回收年金 已知 P 求 A	$(A/P, i, n)$	$A=P\frac{i(1+i)^n}{(1+i)^n-1}$	现值总和为一元钱的每期末等额支付值
	资金存储年金 已知 F 求 A	$(A/F, i, n)$	$A=F\frac{i}{(1+i)^n-1}$	终值本利和为一元钱的每期等额支付值

2. 动态计算资金时间价值常用基本方法举例

1) 一次支付终值公式

一次支付终值是指一笔资金在规定期限内按一定利率或投资收益率计算的到期本利和为多少。

例如，如某投资项目从银行贷款 200 万元，贷款期为 3 年，年利率为 6%，求 3 年后偿还时的一次支付终值即本利和。

可按照一次支付终值公式计算

$$200\times(1+6\%)^3=200\times1.1910=238.2(\text{万元})$$

2) 一次支付现值公式

一次支付现值，是指要在未来得到一定数额一笔资金，现在应拿出多少。计算现值的意义恰好与计算终值的意义相反，它是根据资金终值和折现系数计算的。把未来值折算为现值的过程，叫做折现或贴现。现值是通过折现率(也叫贴现率)计算而得出的。一元资金在不同时期的现值，叫做折现系数(一次支付现值系数)。

例如，某投资项目在 10 年后，需要偿还本利和 400 万元，贷款年利率为 8%，求现在从银行贷多少资金？

可按照一次支付现值公式计算：

$$400\times\frac{1}{(1+8\%)^{10}}=400\times0.4632=185.28\,(万元)$$

3) 等额分付终值公式

等额分付终值，是指一定时期内，间隔相等时间支付固定的金额(通常叫做分次付款)、各期分次款及由这些分次款复利累积的总和。

例如，某储户每年存入银行2000元，年利率为8%，10年后，按复利法计算，其本利和为多少？

$$2000\times\frac{(1+8\%)^{10}-1}{8\%}=2000\times14.4866=28\,973.2(元)$$

(二) 项目经济与财务评价方法

1. 财务评价的目标

财务评价的结果应该能够回答的是项目投产后赢利情况怎样、贷款偿还期长短和财务外汇平衡情况如何等问题，所以财务评价目标可归结为以下几点。

(1) 了解项目赢利能力。赢利能力是反映项目财务效益的主要标志。财务评价中的重要工作之一应当是分析拟建项目建成投产后是否有赢利，赢利能力有多大。赢利能力是否足以使项目可行。项目的赢利主要是项目投产后所产生的利润、税金等。

(2) 了解项目清偿能力。从广义来说，拟建项目的清偿能力应该包括两个层次：一是项目的财务清偿能力即项目收回全部投资的能力。二是指债务清偿能力，主要是指项目偿还建设投资借款和清偿债务的能力。提供贷款的金融机构不但应考察项目是否具有债务清偿能力，还应考察投资贷款的偿还期是否符合有关规定，项目是否具备所需要的清偿债务的能力。从狭义来说，项目清偿能力是指其第二层含义，实际中常常这样来用。

(3) 了解项目财务外汇平衡情况。对于有进口设备、原材料用汇或产品出口创汇等涉及外汇收支的项目，还应通过财务评价，编制财务外汇平衡表，掌握项目的外汇平衡情况，并把其作为财务评价的重要目标。

2. 财务评价的基本程序

项目财务评价的基本程序可归纳如下：

(1) 估算和分析项目的财务数据。需估算和分析的财务数据主要包括项目总投资、资金筹措方案、产品成本费用、销售收入、税金和利润，以及其他与项目有关的财务数据进行预测、估算、分析。

(2) 编制和分析财务报表。财务报表是根据财务数据填列的，也是计算反映项目赢利能力、清偿能力和财务外汇平衡情况的技术经济指标的基础，所以，在估算和分析财务基础数据之后，就应进入财务报表的编制和分析工作，主要包括现金流量表、损益表、资金来源与运用表、资产负债表以及财务外汇平衡表。

(3) 计算财务效益评价指标。编制完基本财务报表之后，就可以利用报表中汇集的数据资料计算财务效益评价指标。所计算的财务效益指标应包括反映项目赢利能力的指标和反映项目清偿能力的指标(图 9-4)。

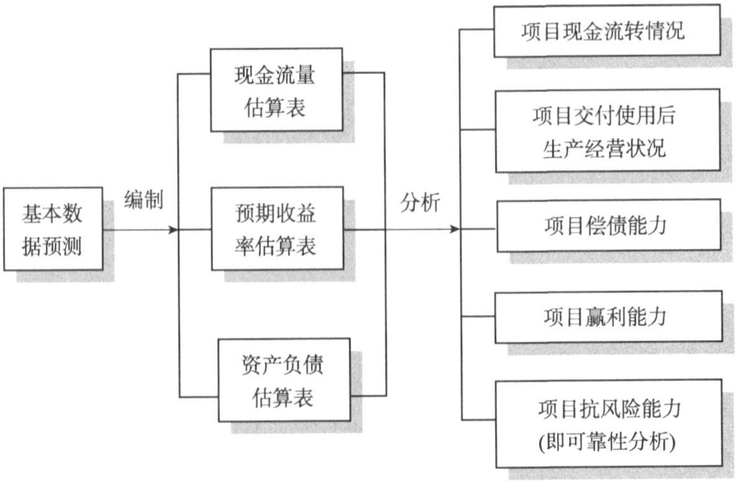

图 9-4 项目财务评价程序框架

(三) 项目赢利能力的评价方法

投资项目的赢利能力评价按是否考虑时间价值因素，可分为静态分析法和动态分析法。所谓静态分析法是指在进行项目赢利能力评价时，不考虑时间因素、不考虑货币时间价值的方法；而动态分析法则是在进行财务评价时考虑时间因素及资金时间价值的方法。

1. 项目赢利能力的静态评价方法

1) 投资收益率法

投资收益率法是将项目在典型年度的收益额与项目的总投资进行比较，求得投资收益率并与项目的行业基准投资收益率对比，以评价项目赢利能力的一种分析方法。它的计算公式为

$$投资收益率=\frac{年收益额}{项目总投资额}\times 100\%$$

其中，项目投资总额是指包括固定资产投资、无形资产投资、流动资产投资及

建设期间投资借款利息的投资额。年收益额一般是指正常年度下获得的收益额，即项目所获取的年利润总额，包括税前利润和税后利润。投资收益率可以表示为投资利税率或投资利润率，对投资者来说，这个指标的数值是越大越好。

例如，化肥项目的投资总额为 10 400 万元，典型年度纳税前利润为 3001 万元，税后净利润为 2014 万元，则其投资收益率(投资净利润率)为

$$\text{投资利税率}=\frac{3001}{10\ 400}\times 100\%=28.83\%$$

$$\text{投资利润率}=\frac{2014}{10\ 400}\times 100\%=19.32\%$$

用投资收益率法来判断项目的赢利能力，有计算简便、易于理解的优点。但是，它对那些年收益额在各个年度变动幅度较大的项目进行计算时，则比较难以选择具有代表性的典型年度。所以鉴于其局限性，只能用于项目的初选阶段。

2) 投资回收期法

投资回收期法也叫投资返本年限法。它是测算拟建项目在正常的生产经营条件下以其年收益额和提取的折旧、摊销的无形资产收回项目总投资所需的时间，并与行业基准投资回收期对比来评价项目赢利能力的一种静态分析方法。它是考察项目在财务上的投资回收能力的主要静态指标。投资回收期(以年表示)一般从建设开始年算起，如果从投产年算起时，应满足下面条件：

$$\sum_{t=1}^{n}(\mathrm{CI}-\mathrm{CO})t=0$$

式中，CI 为项目的现金流入量；CO 为项目的现金流出量

投资回收期可根据财务现金流量表(全部投资)中累计净资金流量计算求得。具体计算公式为

$$\text{投资回收期}=\text{累计净现金流量开始为正值年分数}-1+\frac{\text{上年累计净现金流量的绝对值}}{\text{当年净现金流量}}$$

或

$$\text{投资回收期}=\text{累计收益额和提取折旧、摊销无形资产超过总投资额的年份}-1+\frac{\text{上年年末收回投资}}{\text{本年收益额和提取折旧、摊销无形资产}}$$

在项目评价中，求出的投资回收期与行业的基准投资回收期比较，当前者小于或等于后者时，表明项目投资能在规定的时间内收回。对投资者来讲，在一般情况下，项目的投资回收期越短越好。

2. 项目赢利能力的动态评价方法

对投资项目进行赢利能力评价时，考虑时间因素即考虑资金时间价值的方法，就是动态分法。它主要有净现值法、净现值率法、内部收益率法、动态投资回收期法等。下面重点介绍净现值法和内部收益率法。

1) 净现值法

净现值法(net present value，NPV)是指按行业的基准投资收益率或设定的折现率，把项目建设期和投资期发生的资金流入量和流出量换算成现值收入和现值支出，然后对比现值收入与支出，以评价项目投资效益的动态分析方法。它是考察项目在计算期内赢利能力的动态指标。其表达式为

$$\mathrm{NPV}=\sum_{t=1}^{n}(\mathrm{CI}-\mathrm{CO})_t\times(1+i_c)^{-t}$$

式中，CI 为项目的现金流入量；CO 为项目的现金流出量； i_c为基准投资收益率或折现率；n 为项目的寿命期(包括建设期和经济寿命期)。

财务净现值可根据项目的财务现金流量表计算求得，即用计算期内各年的净现金流量(现金流入量–现金流出量)乘以其折现系数，然后汇总求得。当净现值大于 0 时，表明该项目有投资净收益，并在财务上是可行的，当净现值小于 0 时，则表明该项目没有投资收益，并在财务上是不可行的。若项目的财务净现值等于 0，要判断项目是否可行，则还需考虑所选用的折现率并与行业基准投资收益率对比之后确定。

如表 9-3 所示，按净现值法，大型方案的净现值较高。仔细分析，小型方案虽然净现值小、但收益率相对很高，且有投资小、见效快的优点，应为首选方案。解决这个问题，需引入净现值率的概念，净现值率可比较好地解决这个问题。净现值率(rate of net present value，NPVR)是指项目的净现值与投资现值之比。

净现值率说明单位投资所获得的超额利润。如果进行多方案比较，当被比较的投资方案具有不同的投资要求，而且可用于投资的金额也受到限制时，用净现值率指标可反映资金利用效率。净现值率越大，说明方案的投资财务效益越好，越可取。在上述例题中，小型项目的净现值率最高，应为首选项目。

表 9-3 各类型项目净现值比较

项目类型	投资总额/万元	净现值	目测优劣	净现值率/%
大	1000	+15	优	1.5
中	300	+6	中	2
小	50	+3	劣	6

2) 内部收益率法

在考虑项目赢利能力的动态指标中，内部收益率是最重要的评价指标。内部收益率(internal rate of return，IRR)是当项目计算期内各年净现值之和等于 0 时的折现率(也即收益现值等于成本现值)。内部收益率反映了拟建投资项目的实际投资收益水平。其表达式为

$$\sum_{t=1}^{n}(\mathrm{CI}-\mathrm{CO})_t \times (1+\mathrm{IRR})^{-t} = 0$$

式中，IRR 为内部收益率。

内部收益率与净现值的表达式基本相同，但计算过程却全然不同。在计算净现值时，是预先设定折现率，并根据此折现率将各年的净现金流量折算为现值，然后累计求得净现值，而内部收益率的计算，则是当净现值等于 0 时即折现率，即求此高次方程的解，其计算过程较为复杂。

在项目财务评价的工作中，对内部收益率的计算一般先采用试算法，后采用插入法求得。其基本步骤是：

第一，当项目在设定的折现率下，其净现值为正时，可选用更高的折现率来测算，直到净现值正值接近于 0。

第二，再继续提高折现率，直到测算出项目的净现值为接近 0 的负值为止。

第三，根据接近于 0 的相邻两个正负净现值的折现率，用插入法求得精确的财务内部收益率。需注意的是，两个相邻的折现率的间距不能相差太大(一般不可超过 5%)，否则，就不够准确。其计算公式为

$$\mathrm{IRR} = i_1 + \frac{\mathrm{NPV}}{\mathrm{NPV}_1 + |\mathrm{NPV}_2|} \times (i_2 - i_1)$$

式中，IRR 为内部收益率；i_1 为低拆现率；i_2 为高折现率；NPV_1 为正净现值；NPV_2 为负净现值。

计算出的内部收益率可与行业基准投资收益率进行比较。如果前者大于后者，则表明项目的赢利能力超过国家规定的标准，在财务上是可行的；否则，就不可行。

(四) 项目的不确定性分析

所谓不确定性分析，就是研究可能的不确定因素对财务评价、社会经济评价指标的影响，从而推测项目可能承担的风险，进一步确认项目在财务上、经济上的可靠性。所以，进行不确定性分析是财务评价的进一步深化，项目的财务评价是在对项目基础数据进行预测的基础上进行的。尽管随着科学技术和预测科学的发展，预测的方法和手段日趋完善，然而项目周期中的事物变化是客观存在的，预测的数据

不一定准确无误，在项目实施和运行过程中，先前所作的预测与现实情况不可能完全相吻合。这样，先前预测的数据具有不确定性。这就使得根据这些数据所进行的财务评价的结论具有了不确定性。这种情况必然会给项目决策带来风险。那些在项目周期中经常变化着，且其变化对财务评价结论的影响程度很大的因素就是不确定因素。不确定性分析的作用，首先在于使人们了解不确定因素在一定范围内变化时，对项目经济效益指标的影响程度，从而了解项目经济评价结论的可靠程度以及项目风险的大小。其次，可以使人们了解哪些因素的变化对项目的评价结论影响最大，从而使我们可以有目的地采取有效的对策，限制这些因素对项目经济效益的不利影响。最后，不确定性分析还是进行项目多方案比选、确定项目建设方案的重要依据。

不确定性分析的主要方法是盈亏平衡分析、敏感性分析和概率分析。

1. 盈亏平衡分析

盈亏平衡分析是指在一定的市场和经济技术条件下，对项目产量、成本费用、收入的相互关系进行分析，找出项目赢利和亏损的临界点，即盈亏平衡点，以了解项目不确定性因素允许变化的最大范围，判断项目风险大小的一种分析方法。这种方法只适用于项目的财务评价。

2. 敏感性分析

影响项目方案经济效益指标变化的因素很多，然而经济效益指标对这些因素变动的反应程度不同，或敏感程度不同。那些因素稍有变动就会引起投资经济效益指标明显变化的叫做敏感性因素，反之叫做不敏感因素。敏感性分析是当决策方案中一个或多个因素发生变化时，对整个项目的经济评价指标所带来的变化程度的预测分析，找出影响项目成本和效益的主要因素，及时采取有效措施，弥补或缩小预测的误差，确保项目达到预期目标。项目对某种因素的敏感程度，可以表示为该因素按一定比例变化时评价指标达到的临界点(如财务内部收益率等于财务基准收益率，经济内部收益率等于社会折现率)时允许某因素变化的最大幅度，即极限变化。超过此极限，即认为项目不可行。通过敏感性分析能够帮助决策者对项目方案做出正确选择，还能帮助分析评价人员找到今后提高资料数量和质量的重点。

3. 概率分析

敏感性分析虽然指出了项目评价指标对不确定因素的敏感程度，但这种不确定性因素的变化发生的可能性有多大，对评价指标的影响程度如何是不得而知的。在项目实施过程中以及整个寿命周期中，很多影响的出现和变化带有偶然性或者说是随机的。任何一种随机事件的出现与否，虽不能事先确定，但根据历史经验和当时各种客观条件，人们可以估计其可能性的大小，对于随机事件出现的可能性大小用一个确定的数值来表示，这种数值就叫概率。根据项目的特点和需要，用概率方法对项目进行不确定性分析，判断有关不确定因素出现的可能性及对项目的影响程度的方法，就是概率分析。

第三节　项目的竣工验收与后评价

那些“豆腐渣”工程何以蒙混过关？那些在实际运行中出现问题的项目为什么没有得到及时的补救？是因为没有把好项目竣工验收的关口和省去了项目后评价。主要问题有以下几点：

(1) 在项目管理上虎头蛇尾，不重视工程的竣工验收，有的工程不经验收就匆匆投入使用，为日后留下了灾害隐患。

(2) 对项目的后评价的意义缺乏认识，项目投入运行后，常常省略了后评价，无法根据项目实际运行反映出来的问题对项目立项、决策、设计、实施到生产经营各阶段的不足，提出相应的改进措施，更无法对因决策失误或社会经济环境改变致使生产经营处于困难的项目，通过后评价为其找到生存和发展的途径。

(3) 项目验收和后评价方法不当，往往缺乏量化指标，或量化得不准确、不可靠，致使项目的验收和评价只能跟着感觉走，达不到应有的效果。

一、项目竣工验收

(一) 项目竣工验收的组织和职责

竣工验收是项目建设的收尾工作，它是在整个项目完成并通过试运行后，进行项目交接的过程和该过程中履行的必要手续。它是全面考核建设工作、检查工程建设是否符合设计要求的重要环节，是保证工程质量的最后一道关口，对促进建设项目及时投产，发挥投资效益，总结建设经验起着重要作用。项目不经竣工验收，将无法正式投入使用，项目的维护保养将无法进行，项目各参与方也就不能终止他们为完成项目所承担的义务和责任并及时获得应有的权益。

我国工程项目竣工验收的组织，多年来按照建设[1990]1215 号文件关于《建设项目(工程)竣工验收办法》规定进行。由于工程规模大小不同、复杂程度不同，因此竣工验收的组织机构表现为验收委员会和验收组两种形式，它们的成员来自银行、环保、物资、劳动、消防、统计等部门、建设单位、接管单位、施工单位、勘察设计单位参加验收工作。

(二) 竣工验收的依据与标准

根据国家规定，对已按设计文件规定内容和施工图纸的要求全部建成需要验收的工程，其验收的依据主要有：

(1) 经审批通过的可行性研究报告；

(2) 初步设计、施工图和文字说明；

(3) 设备技术说明；

(4) 招标、投标文件和工程承包合同；

(5) 施工工程中的设计修改签证；

(6) 现行的施工技术验收标准及规范；

(7) 主管部门有关审批、修改、调整的文件。

由于建设项目所在行业不同，验收标准存在一些差异，但一般情况下交付生产和使用必须符合以下标准：

(1) 生产性项目的辅助性公用设施，已按设计要求完工，能满足生产使用；

(2) 主要工艺设备配套设施经联动负荷试车合格，形成生产能力，能够生产出设计文件所规定的产品；

(3) 必要的生活设施，已按设计要求建成；

(4) 生产准备工作能适应投产的需要；

(5) 环境保护设施、劳动安全卫生设施、消防设施已按设计要求与主体工程同时建成使用。

(三) 竣工验收的内容与程序

1. 竣工验收的准备工作

为确保竣工验收工作的顺利进行，竣工验收前主要应做好以下几项准备工作。

(1) 做好项目施工的收尾工作。项目到接近交工阶段，有时还会存在一些个别的收尾工程。它的特点是零星、分散、工程量小、分布面广。如果不能及时完成这些收尾工程，就会直接影响工程的投产和使用。通过交工前的预检，作一次彻底清查，按生产工艺流程和图纸，逐一对照，找出遗漏的细小工程，制订作业计划，合理安排施工。

(2) 竣工验收资料准备工作。竣工验收资料是建筑物的主要档案资料，从中可了解建设项目的全面情况，对建设项目今后的使用与维护都有着重要作用。在竣工验收时，通过对有关资料的研究也会发现项目存在的问题，及时予以纠正。

2. 项目中间验收

投资项目中间验收，是指在项目实施过程中，由业主、承包单位、建设监理单位联系组织的质量检查和对隐蔽的工程验收。

项目中间验收，是工程建设的国际惯例。FIDIC 合同条款第 37、38 条作了较详细的规定。如第 38 条中规定："未经工程师批准，工程的任何部分都不能封盖和掩盖，承包商应保证工程师有充分的机会对即将覆盖的或掩盖起来的任何一部分工程进行检查、检验，以及对任何部分将置于其上的工程基础进行检查。无论何时，当任何部分的工程或基础已经或即将为检验作好准备时，承包商应通知工程师，除非工程师认为检查无必要，并就此通知了承包商，否则，工程师应参加对这部分工程的检查和检验，以及对基础的检验，并且不得无故拖延。"FIDIC 条款的这一规定的目的就是为了促使建设工程能够正常进行，使工程质量得到切实可靠的保证，承包商必须无条件接受工程师对工程质量的检查。在我国加入世界贸易组织后，项目建设与国际惯例接轨，中间验收更显重要。

3. 单项工程验收

单项工程验收，也称交工验收。指投资项目全部验收前，承包商完成其承建的单项工程施工任务以后向建设单位(或业主)交工，接受建设单位验收的过程。其程序为：建设项目的某个单项工程已按设计要求建完，能满足生产要求或具备使用条件，施工单位就向建设单位发出交工通知，在发出通知的同时，施工单位按照国家规定，整理好技术资料，作为验收依据交给建设单位，建设单位接到加工单位交工通知后，在做好验收准备的基础上，组织施工、设计及使用等有关单位共同进行交工验收。验收中，对设备应按试车规程进行单体试车、无负荷联动试车和负荷联动试车。验收合格，建设单位与施工单位应签订《交工验收证书》。

二、项目竣工决算

竣工决算是以实物量和货币为单位，综合反映建设项目或单项工程的实际造价和投资效益、核定交付使用财产和固定资产价值的文件，是建设项目的财务总结。竣工决算的内容分为两部分：文字说明和决算报表。文字说明主要包括工程概况、设计概算和基建计划的执行情况，各项技术经济指标完成情况，各项拨款使用情况，以及建设过程中的主要经验、存在问题和解决意见等。决算报表分大、中型项目和小型项目两种。大、中型项目竣工决算表包括：竣工工程概况表、竣工财务决算表、交付使用财产总表、交付使用财产明细表。小型项目竣工决算表按上述内容简化为小型项目竣工决算总表和交付使用财产明细表。竣工决算是由建设单位编制的，并根据国家规定，由建设银行负责竣工决算的审查和签订工作。

1. 竣工决算表样式及要求

(1) 大、中型和限额以上基建和技改项目竣工工程概况表。大、中型和限额以上基建和技术改造项目短工工程概况表，主要用于考核分析投资效果。表 9-4 中"初步设计和概算、批准机关、日期、文号"按最后一次填列。"收尾工程"是指全部验收投产以后，还遗留极少量尾工。“主要技术经济指标”可根据概算或主管部门规定的内容分别计算或按实际填写。对没有经过批准而任意增加建设内容、扩大建设规模等，要进行检查说明。

表 9-4　大、中型建设项目竣工工程概况表

<table>
<tr><td colspan="2">建设项目(或单项工程)名称</td><td colspan="5"></td><td rowspan="7">建设成本</td><td colspan="2">项目</td><td>概算</td><td>实际</td><td>主要说明事项</td></tr>
<tr><td colspan="2" rowspan="2">建设地址</td><td colspan="2" rowspan="2"></td><td rowspan="2">占地面积</td><td>设计</td><td>实际</td><td colspan="2" rowspan="6">建安工程、设备、工程器具、其他基本建设。其中：土地征用费、生产职工培训费、施工机械转移费、建设单位管理费合计</td><td rowspan="6"></td><td rowspan="6"></td><td rowspan="6"></td></tr>
<tr><td></td><td></td></tr>
<tr><td colspan="2" rowspan="2">新增生产能力</td><td colspan="3">能力(效益)名称</td><td>设计</td><td>实际</td></tr>
<tr><td colspan="3"></td><td></td><td></td></tr>
<tr><td rowspan="2">建设时间</td><td>计划</td><td colspan="5">从 20__年__月开工
20__年__月竣工</td></tr>
<tr><td>实际</td><td colspan="5">从 20__年__月开工
20__年__月竣工</td></tr>
<tr><td colspan="2" rowspan="2">初步设计和概算、批准机关、日期、文号</td><td colspan="5" rowspan="2"></td><td rowspan="7">主要材料消耗</td><td>名称</td><td>单位</td><td>概算</td><td>实际</td><td></td></tr>
<tr><td>钢材</td><td>吨</td><td></td><td></td><td></td></tr>
<tr><td rowspan="3">完成主要工程量</td><td>名称</td><td>单位</td><td colspan="4">数量</td><td>木材</td><td>立方米</td><td></td><td></td><td></td></tr>
<tr><td rowspan="2"></td><td rowspan="2"></td><td colspan="2">计划</td><td colspan="2">实际</td><td>水泥</td><td>吨</td><td></td><td></td><td></td></tr>
<tr><td colspan="2"></td><td colspan="2"></td><td></td><td></td><td></td><td></td><td></td></tr>
<tr><td rowspan="2">收尾工程</td><td>工程内容</td><td>投资额</td><td colspan="2">负责收尾单位</td><td colspan="2">完成时间</td><td></td><td></td><td></td><td></td><td></td></tr>
<tr><td></td><td></td><td colspan="2"></td><td colspan="2"></td><td colspan="5">主要技术经济指标</td></tr>
</table>

(2) 大、中型和限额以上基建和技改项目竣工财务决算表。大、中型和限额以上基本建设和技术改造项目竣工财务决算表，主要反映全部竣工项目的资金来源和运用情况。表 9-5 中“交付使用财产”、“应核销投资支出”、“应核销其他支出”、“经营基金(预算内)”、“银行贷款”等，应填列开始建设至竣工的累计数。其中“拨付其他单位基建款”、“移交其他单位未完工程”、“报废工程损失”应在说明中列出明

细内容和依据。“施工机具设备”是指因自行施工购置的设备，应列出清单上报主管部门(总公司)处理，如作为固定资产管理的，可另列有关科目。

表 9-5　大、中型建设项目竣工财务决算表

资金来源	金额/千元	资金运用	
一、经营基金 二、银行贷款 三、利用外资 四、专项基金 五、自筹 合计		一、交付使用财产 二、在建工程 三、应核销投资支出 1. 拨付其他单位基建款 2. 移交其他单位未完工程 3. 报废工程损失 …… 四、应核销其他支出 1. 器材销售亏损 2. 器材折价损失 3. 设备保费盘亏 …… 五、器材 1. 需要安装设备 2. 库存材料 …… 六、施工机具设备 七、专用基金财产 八、应收款 九、银行存款及现金 合计	补充资料 基本建设 收入总计 其中：(应上交见上交财政支出)

(3) 大、中型和限额以上基建和技改项目交付使用财产总表。大、中型和限额以上基本建设和技术改造项目交付使用财产总表，反映竣工项目新增固定资产和流动资产的全部情况，可作为财产交接依据(表 9-6)。

表 9-6　大、中型建设项目交付使用财产总表

工程项目名称：　　　　　　　　　　　　　　　　　　　　(单位：元)

工程项目名称	总计	固定资产				流动资产
		合计	建安工程	设备	其他费用	

交付单位　　　　　　　　　　　　　　接收单位

盖章__________　　　　　　　　　　盖章__________

20　年　月　日　　　　　　　　　　　20　年　月　日

补充资料：由其他单位无偿拨入的房屋价值__________，设备价值__________

2. 竣工决算审计目标

竣工决算审计是项目竣工验收的重要环节，竣工决算审计目标，概括起来主要有四个方面：

(1) 证明工程竣工决算形式的完整性。

(2) 证明竣工决算内容的真实性和可靠性。

(3) 证明竣工决算内容的合规性。

(4) 分析和评价项目的建设效益和效果。

三、项目后评价概述

投资项目后评价，是指项目建成投产、生产运营一段时间后，对项目立项决策、设计施工、生产运营等全过程进行系统评价的一种技术经济活动，既是项目管理的一项重要内容，也是项目管理的最后一个环节。通过项目评价，要解决的问题是：项目目标是否达到？项目的效益如何？项目是否合理有效？项目成败的原因是什么？通过后评价，可以找出成败的原因，总结经验教训；并通过信息反馈，为未来新项目的决策和提高完善项目决策管理水平提出建议。同时，也可以对项目实施中的问题提出建议，提高项目效益。

(一) 项目后评价的特点

1. 独立性

后评价必须保证独立性，所谓独立性是指后评价应从项目投资者或受益者或项目业主以外的第三者的角度出发，独立地进行，特别要避免项目决策者或管理者自己评价自己的情况发生。

2. 可信性

后评价的可信性决定于评价者的独立性和经验，取决于资料信息的可靠性和评价方法的适用性。

3. 实用性

后评价报告应针对性强，文字简练明确，避免引用过多的专业术语。

4. 反馈性

项目后评价的结果需要反馈到决策部门，作为新项目的立项和评估的基础，以及调整投资规划和政策的依据。

(二) 项目后评价的种类

1. 项目目标后评价

一般来说，在项目立项时，都明确规定了项目预定的目标。项目目标后评价的任务主要有两点：一是要对照原定的目标检查项目实际达标的情况和变化，分析实际发生改变的原因，以判断目标的实现程度。二是要对项目原定决策目标的正确性、合理性和实践性进行分析评价。有些项目原定的目标不明确，或不符合实际情况，项目实施过程中可能会发生重大变化，项目后评价要给予重新分析和评价。

2. 项目实施过程后评价

项目实施过程后评价是把项目从立项决策、设计、采购直到建设实施各程序环节的实际进程与原先制订的计划、目标相比较，通过全过程的分析评估，找出主观愿望与客观实际之间的差异，并可发现导致项目成败的主要环节和原因，提出有关的建议和措施，使以后同类项目的实施计划和目标制订得更切合实际和可行。

3. 项目经济后评价

项目的经济后评价是把投资项目产生的实际效益或产出，与投资项目发生的投资、成本或投入相比较，进行投资效益分析，以判断项目当初在立项、决策时是不是值得投资建设。

4. 项目影响后评价

大、中型投资项目在建成后，对社会、经济、环境必然会产生各方面的影响。有利的影响应是决策者所追求的目标，不利的影响应是避免发生的。

(三) 项目后评价工作的程序

根据我国现行的项目管理体制和项目审批程序，国家计划委员会提出我国重点建设项目的项目后评价工作可按三阶段进行。

(1) 项目建设单位进行自我评价阶段；

(2) 行业或地方主管部门对《项目后评价报告》进行初步审查阶段；

(3) 《项目后评价报告》的复审阶段。

上述三阶段形式的后评价工作程序，有利于保证国家重点建设项目后评价工作的广泛性、全面性和公开性要求，也有利于实现评价结论的公正性、科学性和可靠性的原则。

[案例分析]

刘工是某希赛软件研究所(CSAI)新产品开发部的总工程师，负责为公司调研新的产品预研方向，编制项目开发报告。

2005 年 5~8 月，刘工经过近 3 个月的时间，对 × × 行业的 YY 业务系统收集了大量资料，并进行了深入分析，向公司提供了一个项目开发计划，项目开发计划的摘要如下。

××行业的 YY 业务系统现状描述：(略)。

项目开发 A 方案的技术经济描述：A 方案为一期项目，包含 6 个子系统的建设，项目开发周期为 2 年，第一年初投资 600 万元，第二年初投资 600 万元。项目建成后运行周期为 4 年，每年年末产生的净现金流入量见表 9-7。方案 A 投资收益如表 9-7 所示。

表 9-7　方案 A 投资收益表

(单位：万元)

	建设期			经营期					净现值	净现值指数值
	1	2	合计	1	2	3	4	合计		
年初投资额	600	600	1200							
年末净现金流入量				500	400	350	350	1600	28.16	1.02
贴现值	600	555.56	1155.56	396.92	294.01	238.20	220.56	1183.72		

项目开发 B 方案的技术经济描述：B 方案分两期建设，两个合同。一期包含 3 个子系统，开发周期为 1 年，第一年初投资为 600 万元，项目建成后即投入运行，第一运行年度末产生的净现金流入量为 160 万元。第二期项目投资于第一期项目建成后启动，包含 3 个子系统，开发周期为 1 年，投资 700 万元。第二期项目的建设必须有第一期项目的支持，建成后与第一期项目一起运行，每年年末的净现金流入量见表 9-8。方案 B 投资收益如表 9-8 所示。

表 9-8　方案 B 投资收益表

(单位：万元)

	建设期			经营期						净现值	净现值指数值
	1	2	合计	1	2	3	4	5	合计		
一期投资	600		600							37.71	1.03
二期投资		700	700								
年末净现金流入量				160	500	400	350	350	1760		
贴现值	600	648.15	1248.15	137.17	396.92	294.01	238.20	220.56	1286.86		

根据以上计算，假设资金的贴现率为 8%。A、B 两方案的技术经济比较：通过对 A、B 两个方案的技术经济比较分析，B 方案的净现值和净现值指数均优于 A 方案，因此，刘工得到的结论是 B 方案优于 A 方案。

思考题：

1. 刘工对 A、B 两个方案的技术经济分析是否全面？请给出合理的补充。

2. B 方案比 A 方案的投资多 100 万元，即使折算到第一年年初的净现值，B 方案也比 A 方案多投入 92.59 万元。为什么 B 方案还是比 A 方案的经济性优越呢？为什么 A、B 方案建设同样多的功能模块，B 方案的投资却比 A 方案多？请列出可能的影响因素。

3. 对 A、B 两个方案的技术经济性进行点评。

[案例分析答案]

1. 刘工的分析不全面。全面的经济分析还应考虑“成本回收期”、“追加成本净现值”、“追加成本内部收益率”、“内含报酬率”、“敏感性分析”等，还应当增加投资风险分析，本案例方案 B 的投资风险比方案 A 的投资风险小。

2. B 方案分两期建设，两期投入建设资金，由于 B 方案的一期系统建设在一年建设完成后就投入运行，产生了经济效益。因此，通过净现值指数分析，B 方案净现值指数高于 A 方案，B 方案的经济性比 A 方案优越。

B 方案分两期投入，项目风险将会得到一定程度的降低。

B 方案所投入的资金多于 A 方案，一般有以下原因：

(1) 两个分立的合同，在甲乙商务方面将有一定区别，分立合同的单价往往会做得高一点。

(2) 由于分期建设，在应用系统的体系架构方面，可能有一定程度的重复开发。

(3) 由于分期建设，硬件及采购设备方面可能有部分会被淘汰、升级，从而影响采购投资方面的增加。

(4) 由于分期建设，IT 项目市场环境、技术、政策等因素的影响，也会导致投资总额差别。

3. 从技术经济性上讲，A、B 两个方案均是可行的。但 B 方案更好。B 方案比 A 方案风险小，且 B 方案建设周期短，见效快。采用 B 方案，应注意应用系统开发的统筹规划就更好了，可以采取一次规划，分期建设，在一期工程建设的时候，对二期工程的建设作比较全面的分析，使一期工程在技术上能够较好地支持二期工程。如果采用 A 方案，也可以实现部分功能模块提前投入运行，产生经济效益。甲乙双方只签一份合同，在投资不变的情况下，提前实现收益，使收益增加，提高项目的经济效益。

[习题]

一、单选题

1. 你的项目预算第一年为 150 万元，第二年为 300 万元，第三年为 200 万元，第四年为 80 万元。通常大部分的项目预算将花在以下哪个阶段(　　)

A. 项目管理计划的形成　　B. 综合变更控制

C. 项目管理计划的实施　　D. 项目开始

2. 项目的不确定性分析方法中最简单的方法是(　　)

A. 概率分析　　B. 敏感性分析

C. 德尔菲法　　D. 效用理论

3. 如果一个风险业务有 60%的概率获利 200 万元和 20%的概率损失 150 万元，则这项业务的期望收益是(　　)

A. 50 000 元　　B. 300 000 元

C. 500 000 元　　D. 900 000 元

4. 项目干系人很重要，原因是(　　)

A. 他们对项目的强烈兴趣增添了项目的活力

B. 他们的利益会受到项目不利或有利的影响

C. 他们掌握的关于产品的重要信息可以帮助项目经理

D. 他们知道跟谁商谈可以把事情做好

5. 正式的验收包括(　　)

A. 高度赞扬　　B. 书面验收　　C. 部分工程验收　　D. 口头验收

二、多选题

1. 从可行性研究的角度，市场调查的具体内容包括以下方面(　　)

A. 市场竞争调查　　B. 市场环境调查

C. 技术发展调查　　D. 消费调查

E. 产品市场需求及供给量的调查

2. 市场趋势分析方法包括以下哪几项(　　)

A. 盈亏平衡分析法　　B. 最小折算费用法

C. 产品生命周期分析　　D. 市场需求的规律性分析

E. 平均成本法

3. 根据国家规定，对已按设计文件规定内容和施工图纸的要求全部建成需要验收的工程，其验收的主要依据不包括如下哪项(　　)

A. 过去的施工技术验收标准及规范

B. 设备技术说明

C. 人力资源部门有关审批、修改、调整的文件

D. 经企业初步审批通过的可行性研究报告

E. 施工工程中的设计修改签证

三、简答题

1. 简述确定项目规模的方法。

2. 简述财务评价与经济评价的异同点。

3. 简述一般情况下项目交付生产和使用必须符合的标准。

[习题答案]

一、单选题

1. C　2. B　3. D　4. B　5. B

二、多选题

1. ABCDE　2. CD　3. ACD

三、简答题

(略)

HAPTER 10

第十章 企业信息技术与电子商务管理咨询与诊断

[内容提要]

本章全面阐述信息技术咨询以及电子商务管理咨询的基本理论和其包含的各方面内容，重点介绍信息系统建设的流程咨询和方法、电子商务咨询与诊断的流程，突出了信息技术和电子商务在企业商务活动中的实际应用方法。

[学习要点]

1. 了解企业信息技术的需求；
2. 了解企业建立信息系统和电子商务系统的原因；
3. 掌握企业建立信息系统和电子商务系统的方法；
4. 掌握企业建立信息系统和电子商务系统的流程；
5. 理解 ERP 管理咨询的基本概念及应用。

第一节　企业信息技术管理咨询与诊断

一、信息技术咨询对企业发展的影响

信息技术与企业经营中的其他方面的联系越来越紧密，表明信息技术咨询和管理咨询是可以融合的。对于非专业人员来说，信息技术从一开始就是复杂而难以理解的，它所涉及的领域如此之广，以至于即使是信息技术专家也不可能完全理解。所以企业对信息技术咨询的需求就变得很高。

采用电子邮件和通过企业局域网的方式，组织内部交流活动也远比过去更加充分和民主。对于经理们经常要旅行于不同时区的跨国经营企业来说，电子邮件已经成为通信媒介的一种选择。

在大型组织的企业数据中心和更小的企业的计算机房的背后，已经发生了急剧的变化，这同样来自于技术的力量和标准化。由领先的私有技术开发公司开发的实用标准(de facto standard)建立在更为基础性的国际标准之上，正如超文本传输协议是万维网的基础。在对“千年虫”威胁恐惧的推动下，很多抛弃了传统的系统，转而安装了内部联网的程序包。这使企业首次拥有了一个从头至尾贯穿其全部价值链并将供应商和用户联系起来的信息流。管理咨询公司在建立诸如电子销售网点系统(electronic point of sale，EPOS)、ERP以及客户关系管理系统(customer relationship management，CRM)等大型信息系统工作中，发挥着重要作用。

所有这些系统都将企业引向数量不断增长的数据系统中。当今经理们经常被认为是富于数据而缺乏信息，古德拉特提供了一个关于信息的简洁定义：信息是对问题的答案。在数据采集和存储方面的发展是为了帮助我们回答一些基本问题，例如，“谁在买我们的商品”，决策支持系统则是经理们在决策实施前通过计算机对其进行检测。

咨询公司和信息技术经营者都意识到，从逻辑的角度看信息管理的发展方向是知识管理。信息技术系统虽然能够帮助我们找出并分享知识，但是作用受到限制，正如德鲁克曾经说过的，只有在那些懂得使用的人手中，信息才能变为知识。

关于电子商务，我们将在下节加以讨论，但是作为根本性的变革，互联网的商业化应用和快速发展，在任何关于信息技术的论述中都不能忽视。微软公司的董事长比尔·盖茨曾经说过，他取得成功的一个重要原因在于，他是最早预见到在未来世界中，计算能力变得如此廉价以至于费用可以忽略不计。我们正在迅速进入这样的世界，在这里，通过文字和语言，以及静止的或运动的图形进行交流变得如此廉价，以至于费用可以忽略不计，很难说谁对这个世界具有最佳的预见。

二、企业信息化战略规划管理咨询与诊断

(一) 企业信息化战略规划概述

在对企业信息技术进行更深了解之前，我们先了解一下企业信息化的内涵。企业信息化是指企业以流程为基础，在一定的广度和深度上利用计算机技术、网络技术和数据库技术，控制和集成化管理企业生产经营活动中的所有信息，实现企业内外部信息的共享和有效利用，以提高企业的经济效益、市场反应速度和市场竞争能力。

企业信息化是企业实现战略目标、创造竞争优势的重要手段，是每一个企业在信息技术迅猛发展的今天必须予以关注的一个重要课题。作为管理咨询的一种，企业信息化咨询是管理咨询和信息化技术实施的结合，咨询提供对客户进行管理与信息化手段和过程的整合，形成与企业管理基础和资源相适应的、客观有效的信息化解决方案。企业信息化咨询就由企业战略开展工作，对于企业信息化建设起到了非常重要的作用。

企业的信息化是一个过程，是企业利用信息技术手段提高企业自身竞争力的过程。根据信息技术发展阶段和企业应用规模的不同，企业信息化进程大致可以分为以下几个阶段：

(1) 单机使用，实现会计核算、财务管理、设备备件管理、人事管理等单机模块的信息化，基本完成企业信息化的启蒙阶段，初步实现数据电子化，培养信息化建设的游击队。

(2) 局域网应用，在单机应用的基础上，实现局域网，初步实现数据共享，完成企业信息化建设的小学阶段。

(3) 全企业范围应用，在网络数据库支持下实现全企业范围的信息集成，充分实现企业信息共享，完成企业信息化建设中的中学阶段，培养信息化建设的正规军。

(4) 企业价值链应用，这一阶段企业的信息化突破了企业的界限，利用内部网。

外联网实现企业内外部信息在企业及其客户、供应商、合作伙伴之间的实时互动，促进整个价值链上的企业以一种全新的方式进行自己的生产和经营活动，从而使企业有可能以较低的成本将自己的活动范围扩展到哪一国乃至全球，参与世界范围内外的竞争，完成企业信息化建设的大学阶段，培养企业自身信息化建设的精英，

实现企业信息化建设的可持续发展。

(二) 企业战略规划流程

企业信息化是一项艰巨、复杂的系统工程，在整个企业信息化过程中，往往需要产品提供商、管理咨询公司等的参与。尤其在最初的信息化战略规划业务当中，需要咨询公司协助企业从企业发展全局考虑，用系统的、科学的、发展的观点根据企业发展目标、经营策略和外部环境以及企业的管理体系和管理方法，对企业的信息化进行系统的、科学的规划，为企业整体战略实施提供最大限度的信息保障，并最终转化成企业业务目标。

企业信息化战略规划的主要内容如图 10-1 所示。

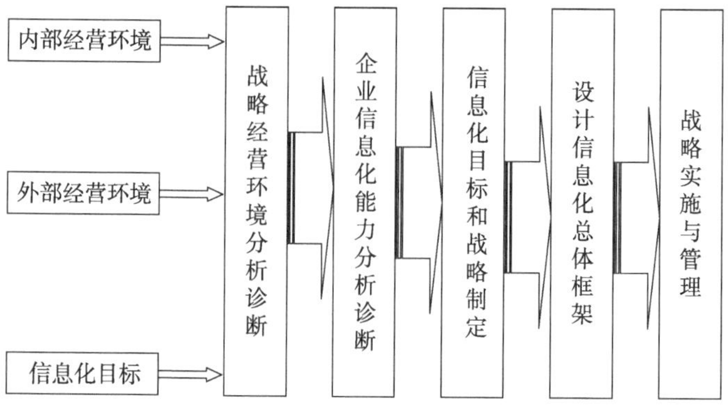

图 10-1　企业信息化战略规划流程图

1. 战略环境分析诊断

信息化战略规划必须与企业战略结合，目前许多企业的信息化建设失败的一个最主要的原因就是在进行信息系统建设前，没有全面考虑企业的内外部条件和企业的发展战略，没有充分考虑企业现有的管理模式和组织形式与所选择的信息技术是否符合。战略环境分析诊断有如下三个步骤：

(1) 分析企业内部经营环境。

(2) 分析企业的外部经营环境，研究整个行业的发展趋势，研究信息技术的发展趋势。

(3) 确定企业信息化目标。

2. 企业目前的信息化能力

它主要包括信息化程度和信息资源分析。信息化程度分析包括现有技术水平、功用、价值、组织、结构、需求、不足和风险等。信息资源分析的内容包括：基础设施，如网络系统、存储系统和作业处理系统；信息技术架构，如信息技术应用系统架构、数据架构、通信架构；应用系统，如各种应用程序；企业员工管理，如技能、经验、知识和创新等。

3. 制订信息化目标和战略

用明确的语言将企业信息化的目标描述出来，最终形成企业信息化战略总体规划，应包括以下方面：①信息技术投资与公司的愿景规划和关键战略业务目标实现融合；②企业业务流程分析及流程改进方法；③从竞争优势的角度开发信息技术，发展具有创新性的战略业务信息系统；④建立有效和高效的企业信息系统资源的计划；⑤企业信息技术与业务应用的实现方式分析；⑥企业信息化的总体架构模型规划；⑦企业信息化业务应用架构模型规划；⑧企业信息化项目实施组织保障计划、项目推进计划。

4. 设计信息化总体框架

制订企业完整、集成的信息平台体系架构，使其支撑企业的整体战略、组织结构、组织文化与业务流程。它以层次化的结构涉及企业信息化的各个领域，每一层次由许多功能模块构成，每一功能模块又分为更细的层次。信息化总体架构由以下几个部分组成：信息技术应用系统架构；数据系统架构，它主要进行数据开发、存储于集成分析；开发系统架构；操作架构，确保正确管理、合理使用。

5. 战略实施与管理

第一，实施规划。分析每一层次上的各个功能模块，并对它们进行优先级评定，确定每个项目的任务、要求、原则、标准、预算、范围、程度、时间进度，同时根据上面的调查，制订相应的实施政策、方针和要求，建立规范的项目管理流程。

第二，进行组织规划。在实施规划的基础上进行组织规划，为每一个项目或部门建立一个项目实施小组、明确组织模式，对专业人员进行培养。对企业员工进行信息教育。

第三，进行管理规划。对每一项目小组进行监控与管理，监控它们的实施方法、进度、原则和流程。

(三) 信息化战略规划咨询方法

下面介绍咨询公司在协助企业进行信息化战略规划时可以采用的具体方法。

1. 低 3 层数据的规划方法

面向低层数据的规划方法即传统的以数据为中心的规划方法，关注的是数据的准确性和一致性，偏重于技术分析方面。数据是分析的核心点，设计数据实体或数据类的定义、识别、抽取以及数据库的逻辑分析甚至设计。这类规划方法在企业过程建模以及企业数据库逻辑分析和设计方面有独到之处，但在企业的战略分析方面的功能相对比较弱。这类方法有企业系统规划法(business systems planning，BSP)和战略系统规划法(strategic systems planning，SSP)等。

2. 决策信息的规划方法

面向决策信息的规划方法以支持企业战略决策信息为核心来考虑企业的信息化战略规划。这类方法在处理企业战略与信息系统战略相互观念方面功能较强，但在企业过程建模等方面的功能较弱。比较著名的有战略目标集成转化法(strategy set transformation，SST)和关键成功因素法(critical success factors，CST)等。

3. 内部流程管理的规划方法

面向内部流程管理的规划方法核心通过分析企业流程链及其价值创造情况，对流程进行简化，增强流程链上活动间的匹配，寻求业务流程最大价值创造，达到增强企业竞争力的目的。典型的方法有业务流程再造方法(business process engineering，BPE)和价值链分析法(value-china analysis，VCA)等。

4. 供应链管理的规划方法

面向供应链管理的规划方法，实质是面向企业内部流程管理规划方法进一步向企业的上下游方向的拓展，借助与企业外部合作伙伴的联盟，依托供应链的整体优势提升企业竞争力。这类规划方法以价值链成分或项目为研究对象，通过分析成分或项目的风险和收益，制订相应的决策(如外包、独立生产、合作投资等)，以帮助企业获取竞争优势。方法有战略网络模型法(strategic grid model，SGM)等。

三、信息系统咨询与诊断总体架构

迈克尔·厄尔(Michael Earl)建立一个关于信息系统咨询与诊断的模型。通常在考虑将信息技术应用于一项经营活动时，可以通过回答四个简单的问题，获得非常明确的认识。这四个问题是：为什么(why)、什么(what)、哪一个(which)、如何(how)。通过澄清这些问题可以帮助客户选择咨询顾问、与咨询顾问进行沟通并管理咨询顾问，也有助于咨询顾问确保向客户提供他们所希望的产品。

1．为什么——为什么将稀缺的资源用于信息技术

对于这个问题的答案只能是基于企业经营战略考虑。技术可以支撑一项既有的战略，或者可以使一项在其他条件下不现实的战略成为可能。例如，小企业现在可以依靠互联网进入国际市场。与其类似的战略构想十分简单，易于把握，但是战略与经营之间相互的影响既长远又微妙。

各种关于战略分析的精巧的工具，如关键成功因素分析(critical success factor analysis)、价值链分析(value chain analysis)等，在针对信息技术时同样适用。

通常，这方面的咨询任务包括：调查通过信息技术形成的竞争优势；研究竞争对手采用新技术后需要作出的反应和变革；根据当前的信息技术对企业的业务战略进行重新审视。

2. 什么——我们应当建立什么样的信息系统

这是信息系统战略的核心内容。应用信息技术需要大量资金，没有哪家企业能够允许将资金浪费在并不支持企业经营目标以及过时或者不成熟的信息系统上。例如，尝试开展电子商务也许是有用的，但是否将这项工作推迟到客户完善了数据库系统后更好呢？

一项出色的经营战略是开发未来的或者改进的信息技术应用组合的起点。但是一项出色的经营战略本身并不需要确定哪些是最佳的信息技术应用程序组合。约翰·沃德(John Ward)关于应用程序组合的概念有助于在现在和未来的需要之间进行平衡。他将组合划分为“支持性”、“关键任务”、“战略性”和“实验性”四类应用软件。

每一家企业都有相当数量有用的但是并非关乎存亡的“支持性”应用程序。很多界面应用程序都可以归入支持性的门类，对于企业来说，它们对支持性应用软件的要求是确保其界面友好、标准化以及节约投资。

在解决“什么”这个问题时，咨询顾问应当帮助客户将其基础宽泛的经营战略规则转化为一种现实而且可实现的信息技术应用系统组合，并且提出实现的计划。通常，这方面的咨询任务包括：设计一个信息系统战略；提出一个应用组合计划；对潜在的信息技术应用软件的商业价值进行筛选；从财务角度对潜在的应用软件进行判断；对未来的信息技术应用软件进行风险评估。

3. 哪一个——哪种技术、哪个供应商、哪种硬件和软件

有一个针对消费者的英语杂志名字就叫《哪一个》。这家杂志测试各种产品的耐用性并向客户推荐适宜购买的产品。其他国家也有类似刊物。不幸的是，对商用信息技术产品采购者来说没有这样的简单指南。企业经理必须进行最基本的选择，诸如选择标准运行系统或者网络设备、各种软件硬件。这是信息技术应用中最为技术性的领域。但是企业经理在作出这些选择时千万不要忘记他们所要努力达到的业务需要。咨询顾问可以在将技术专家和管理专家结合起来为这些困难的问题提供建议方面发挥十分重要的作用。通常，这方面咨询任务包括：设计信息系统的总体结构；对可选的软件系统进行比较；选择最佳的提供商。

4. 如何——如何最好地实现信息技术及其实施过程

有些企业可能具有最好的战略、最好的信息技术应用组合、最新的计算机硬件和软件，但是直到环境超越了它的战略，或者所采用的技术已经过时，企业仍然不能管理好信息技术和项目实施过程。

在基本原则方面，技术管理与经营管理中的其他领域没有多少差别，但是在本章前面已经说过，信息技术管理中有一些独特实践经验需要学习。咨询顾问可以帮助客户检查现有的管理实践做法或帮助客户重新设计。这是咨询顾问发挥作用的一个广阔领域。通常，这方面的咨询任务包括：审核现有信息技术管理实务和程序；进行标杆对比并设定信息技术职能的服务标准；协助制订项目计划和进行项目管理；对专业问题，例如，数据库设计，提供专家意见；帮助合同管理人员应对企业的最大生产负荷；对系统的集成和兼容性提供建议；提供人员培训，帮助客户形成并保持对信息技术的基本了解。

四、信息系统建立流程

在确定了信息化战略之后，企业就可以根据战略目标来建立信息系统，信息系统建立流程如图 10-2 所示。

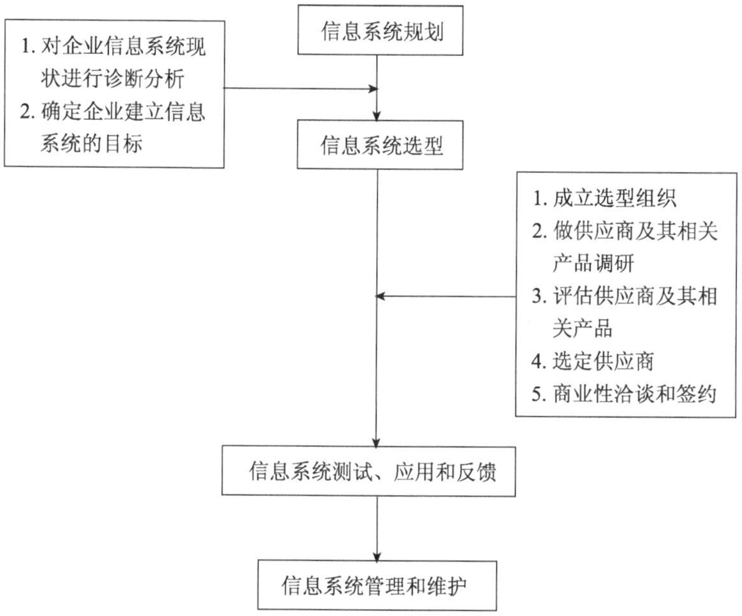

图 10-2　信息系统建立的流程图

(一) 信息系统规划

无论企业在建设信息系统中是希望借助系统建设提高管理水平，还是借助信息系统确立企业的竞争优势，都需要进行信息系统规划。

信息系统规划的主要内容可以看做是企业信息化战略规划的执行过程，具体步骤如下：第一步，对企业的信息系统现状做进一步的调研，详细了解情况；第二步，在企业信息化战略的指导下，针对不同的业务特点、职能特点、功能特点和目标要求，采用科学方法规划出具体系统来实现目标、业务流程与目标要求，并对所规划的具体系统的推动方法进行阐述。在系统规划中还要考虑系统选型的标准。对于系统选型，下文还要进行介绍。总之，在信息系统规划工作中，咨询机构要严格把握以下两点：坚持以客户需求为中心，严格遵从企业信息化战略；将业务需求保持在一定的范围和规模以内，而不是完全满足业务人员的需求。

(二) 信息系统选型

企业的信息系统选型工作是企业信息化建设中很重要的一个环节，这个环节是前期的信息化战略制订、业务流程的优化和管理规范、企业的信息系统规划等工作的直接体现。

1. 信息系统选型的概念

信息系统选型是指准用户在拟建设新信息系统之前，基于企业信息化战略和信息系统规划，结合信息化投入预算和对市面上主要系统产品和供应商进行调查、比较、分析和评估，最后选择其中最适合企业自身需求和特点的产品。

2. 信息系统选型的考察依据

在进行信息系统选型时，主要是对规划的信息系统相关软件、硬件和网络设备及其连接方式进行优选，同时选择这些产品的供应商和服务商。咨询机构也可以借助自己多年来积累的对软件评价应用经验、选型的组织经验来帮助企业提高选型的效率和有效性。

在考察信息系统实施商的时候，首先要树立明确的思想：企业信息化建设需要选择合作伙伴，而不是单纯地选择所谓合作伙伴的思路。这是因为企业信息化建设过程中前期的工作质量对后期的影响非常大，因此必须选择有实力和有经验的实施商。一旦合作伙伴选定以后，企业一定要树立“合作”的态度，共同把企业的信息化建设工作做好。

考察软件的时候，主要依据企业信息化战略和信息系统规划中关于企业信息需求的描述。除此以外，还需要考虑软件的安全性、先进性、实用性、开放性与兼容性、跨平台性、集成性和信息数据的共享性、软件的可实施性、市场占有率以及更新换代能力等方面。

3. 信息系统选型咨询流程

在信息系统选型和实施过程中，管理咨询和监理对于降低项目风险，保证系统成功实施发挥了不可低估的作用。

信息化咨询机构帮助企业夯实信息化建设基础。一个好的信息系统要真正实施到位，如果没有企业管理体系的理顺和规范，会带来很大的问题。不同行业具有不同的行业特点和管理模式，信息化咨询机构可以帮助企业决定信息化建设过程中的方向与策略问题，帮助把握信息化建设过程中的关键点和侧重点。在理想状态下，专业咨询公司应具有相对的中立性，站在第三方角度，根据用户的需求，帮助其选择合适的产品。

信息系统选型的步骤如下：

(1) 成立选型组织。选型组织可以考虑采用委员会或领导小组的形式。选型组织的一把手应该由企业一把手或主管副总担任，由首席信息官或者 IT 部门负责人担任执行人。选型组织的成员一般为 5~7 人，包括至少三个方面的人员，即管理人员、技术人员、业务人员。

(2) 做供应商及其相关产品的调研。在调研时，首先要确定调研范围和方向。一般信息系统选型按照选型类别可分成软件选型、基础设施选型和实施服务商选型。

(3) 对供应商及其相关产品进行权衡评估。基于调研结果，依据设定的评估指标，进行综合比较和评估。

(4) 定向考察。在基本确定了重点潜在目标之后，企业需要对其作进一步详细接触和针对性评估，包括要求其提供项目计划书、解决方案以及产品演示，从技术角度关注潜在目标和适用性。

(5) 商业性洽谈和签约。接下来就进入商业性洽谈阶段，重点关注实时服务条款和商业条款，最后确定软件供应商及其产品、实施商并与其签约。

(三) 信息系统测试、应用和反馈

在设计完信息系统之后，企业就可以在应用中测试所建立的电子信息系统的有效性，发现错误后及时纠正，从而不断完善信息系统，满足企业对电子化信息的需求。

(四) 信息系统的管理和维护

建立信息系统之后并不是放在那里就不再管理了，相反，企业还要不断投入人力和财力对信息系统进行管理和维护，特别是规模越大的企业，往往投入也越大，而这些投入的回报则需要在系统建成之后逐渐获得。能不能发挥系统的效用，达到建立信息系统的目的，其中很关键的工作就是运营和管理好信息系统。

五、ERP 管理咨询

随着企业信息化进程的加快，ERP 已经受到各行各业的广泛关注。ERP 系统的正确实施，不仅为企业提供了先进的信息系统平台，规范企业的基础管理，整合企业的各种资源，提高资源的运行效率，而且将明显增强在不断变化的市场环境中的竞争力，使企业获得最大的客户满意度。ERP 的实施是一项复杂的系统工程，在具体的实施过程中必须进行可行性论证，制订明确的量化目标，建立项目管理机制和运作机制，做好项目前期准备工作，实施业务流程重组，选择 ERP 软件，制订项目实施方法，评价实施效果等。其实，ERP 系统不仅是一个技术系统，也是一个社会系统。企业实施 ERP 绝不只是 ERP 软件的使用，而应该是一个全面的企业变革过程。它不仅涉及企业业务流程重组、管理体制的变革，而且还涉及企业文化的重塑/信息资源的有效配置等方面。

由于 ERP 系统实施的高投入性、复杂性和风险性，以及企业自身根本无法克服的问题，因此在企业 ERP 实施中，引入管理咨询已成为发展趋势。企业在实施 ERP 项目前进行专家咨询，实施过程交给咨询专家组织，系统交付运行后进行专家不定期审核是至关重要的。国外的企业在实施 ERP 系统之前，最先要找的不是软件开发商，而是专业的管理咨询公司，聘请具有专业知识和企业管理软件知识的专家组来对企业进行充分调研和需求分析，甚至对管理流程重新设计，将企业的核心问题归纳出来，分析企业最需要什么样的管理和管理软件，对企业员工进行管理意识的培训，而不完全是手把手的操作技能培训。在企业实施 ERP 管理软件过程中，管理咨询专家又会根据自己的丰富经验为企业进行业务流程重整和监督软件系统的实施进度，看是否偏离了管理目标。在 ERP 系统上线运行后，又会定期进行系统运行效率评估，及时发现 ERP 运行过程中出现的问题，及时调整。

ERP 管理咨询公司为委托企业提供的咨询服务内容因企业的类型不同而有所区别。一般来说，ERP 管理咨询公司所提供的咨询内容主要包括以下几个方面：

(1) 根据企业内外部环境，分析建立 ERP 系统的可能性，科学地制订 ERP 项目的战略目标。

(2) 确定企业对 ERP 的需求。在明确目标的基础上，进一步分析企业的信息需求，解决 ERP 系统“做什么”的问题。

(3) 分析企业管理现状与实施 ERP 系统的差距。

(4) 帮助企业做好项目的前期准备工作，制订项目的管理标准，制订详细的工作计划，明确项目组织机构各成员的职责和具体工作，制订硬件和软件的采购计划，参与 ERP 软件选型，指导安装系统的技术环境和具体软件系统。

(5) 对 ERP 实施的巩固与持续改革进行咨询，ERP 上线后，辅导和监督用户按照作业流程正确操作，了解最终用户、管理层在使用过程中提出的进一步需求，提出局部调整流程设计与系统配置方案，对 ERP 使用的过程进行监控咨询。

(6) 对 ERP 项目管理提供咨询，保持与最高管理层之间的沟通，辅助项目日常管理工作制度的制定，提出协调项目各阶段工作的方案建议，对管理各个项目阶段的人力资源和项目进展情况提供相关措施，协调解决项目进程中出现的各种问题，进一步优化企业业务流程。

(7) 提供技术环境支持的相关咨询，如系统维护的规章制度，日常数据管理维护的内容等。

(8) 提供用户培训的相关咨询。

(9) 提供 ERP 实施效果的评价咨询。

第二节　企业电子商务管理咨询与诊断

随着世界网络、通信和信息技术的快速发展，互联网在全球迅速发展，进而对现代商业的供货能力、客户需求和全球竞争几个方面提出挑战，使得任何一个商业组织都必须改变自己的组织结构和运行方式来适应这种全球性的发展和变化。随着信息技术在国际贸易和商业领域中的广泛应用，利用计算机技术、网络通信技术和 Internet 实现商务活动的国际化、信息化和无纸化，已成为各国商务发展的一大趋势。电子商务正是为了适应这种以全球为市场的变化而出现和发展起来的。

电子商务的价值主要体现在与企业结合，特别是与传统企业进行整合方面，从而提升企业的竞争能力。企业电子商务的应用可以帮助企业扩大市场收入，同时帮助企业降低营运成本，增加企业的收入。

一般我们可以认为，广义上的电子商务 (electronic business，EB)是各种行业包括政府机构和企业、事业单位各种业务的电子化、网络化，可称为电子业务。狭义上的电子商务(electronic commerce，EC)是人们利用电子化手段进行商品交换为中心的各种商务活动，也可称为电子交易。

虽然各种组织、政府、公司和学术团体对电子商务的定义不尽相同，但是我们可以发现电子商务的概念包括两个要素：一是商务；二是网络化和数字化技术。

一、企业电子商务概述

人类社会活动自从有了分工后就开始了商业活动，从以物易物的交换到产生了以货币为媒介的商业形式，每一次技术的革命都会对交易活动的方式和规则带来变革，但交易的基本原理并没有变化。商业活动就是至少有两方参与的有价物品和服务的协商交换过程，它包括买方和卖方为完成交易所进行的各种活动。

(一) 企业电子商务的发展

企业实施电子商务有两种途径。一种是由内到外，是在企业内部信息系统的基础上，通过互联网向电子虚拟市场拓展，实现网上交易。这种途径对于信息化程度较高的企业来说是水到渠成的事情，企业只需利用互联网技术改造网络，建立与业务伙伴的数据共享即可。另一种是由外到内，首先建立一个电子商务站点实现企业的网上交易，其次将电子商务站点与企业内部的信息系统整合在一起，实现企业业务流程的自动化和系统化。后一种方式，对于一些还没有完全建立内部信息系统又想利用电子商务拓展业务的企业，是可以采取的一种方式。任何一种方式最终都是结合在一起的，即对外的电子商务交易系统部分与企业内部的管理信息系统部分要整合在一起。

基于 ERP 的电子商务系统是建立在企业内部信息系统的基础上，通过网络将企业内部和紧密的供应商与客户联系在一起，实现资源共享和推动及交易进行，属于第一种途径，也是绝大多数企业应该采取的方式。基于 ERP 的电子商务系统实现可以分为两个阶段。

1. 企业电子商务的初级阶段

目前，越来越多的企业意识到电子商务是企业发展的必经阶段。于是，企业纷纷搭建网络，开通网站，发布信息，开展网上直销。在做了这些工作之后，许多企业发现事与愿违，最终的结果与预期值相距甚远，原因虽然很多，但一个重要的因素就是企业还没有深刻了解电子商务的全部内涵和真实本质，忽视了企业内部流程与外部交易的整合。电子商务的本质是企业利用电子方式在客户、供应商和合作伙伴之间实现在线交易、相互协作和价值交换。目前，许多企业的模式是客户可以在网站下达订单，并传递至 ERP 系统(有些传统 ERP 可接受电子订单)，而企业与供应商及合作伙伴之间采购请求、货物供应、产品配送等仍然通过传统方式进行，未能实现网络化，游离在交易链之外。实现在线购物仅仅是电子商务的简单表现，后台应用效率仍然很低，电子商务的即时性无从实现，整个交易链是断裂和脱节的。在电子商务模式下，所有竞争对手都是在线商家，用户移动鼠标即可轻易转向竞争对手。在如此竞争环境下，一个快速、柔性的交付模式和流畅的后勤系统及配送体系将是取胜的关键。另外，如果前端只能接受简单购买指令，不能有效利用网络追踪、记录客户购买行为，开展客户购买喜好的研究分析，从而实现交互和优先销售；同时，缺乏客户自助服务的网上营销，没有实现个性化、专门化的具体服务，就难以提高品牌美誉度和客户忠诚度。

2. 企业电子商务的高级阶段

企业电子商务的高级阶段就是将企业的电子商务与企业间的电子商务融合在一起，实现企业间电子商务流程的自动化、高效化和精确化，从而实现真正的在线交易模式(bill of landing，BOL)。从客户到供应商完全连通，企业内部流程与外部交易完全一体化。通过客户关系管理(integrated customer relationship management，iCRM)实现与客户的互动营销：研究消费行为，前瞻地、全局性地进行销售预测；形成一对一的有效目标市场，发掘客户价值；帮助客户自助服务；集成呼叫中心，实现服务快速响应。通过供应链管理(integrated supply chain management，iSCM)实现整个物流体系的即时协作：分销资源计划实现协同销售，使销售渠道畅通；供应商看板管理使物料需求状况实时传递给供应商，实现零库存。iERP将企业的传统业务和管理网络化，连接前后端，成为整个交易链的中枢。通过网络，客户的要求或订单，理论上可以零等待地传递至整个供应链，交易和供给几乎同时发生；通过网络，企业内外之间的界限将逐渐模糊直至消失。这种模式，真正体现了网络经济“以客户为中心”的思想和电子商务“端到端”的实质。

(二) 电子商务对企业经营管理的影响

1. 电子商务改变了企业的商品流通模式

电子商务的迅速发展，对传统企业的商品流通模式产生了深远的影响：B to C商务模式使消费者在家中就能采购所需的商品；B to B商业模式使商家摆脱了坐在谈判桌旁唇枪舌剑，拥有了更为广阔的商务空间和更加灵活的营销模式。

2. 电子商务促进了传统企业的商品流程、业务流程重新组合

传统企业的商品流通是以货币为媒介的商品交换所构成的全部相互关系的总和，产品往往由生产者开始，通过一些中介或自销、直销进入零售环节，到达消费者，企业按照产、供、销、售后服务及信息反馈等环节来组织自己的业务流程。在网络环境中，传统企业业务流程中效率低下、信息传递不及时的弊端充分暴露出来，相对而言，电子商务被称为直接经济。电子商务流通环节少，生产商和消费者可以通过网络直接进行商品交易，使产、需直接见面，消费者还可以直接提出对商品模式、价格、功能等的要求，直接参与生产和流通，减少了市场不确定因素，生产者也更容易掌握市场需求，运营成本低而效率较高。传统企业一旦介入电子商务活动，企业的营销、采购、市场调研、售后服务以及企业内部组织管理等各种业务活动都在网上在线进行，企业内部的信息管理或者企业资源计划系统都可运用互联网，企业的新的运作模式使原有的业务流程重新组合。

3. 电子商务为传统企业注入“以客户为中心”的管理理念

传统企业的经营理念以产品为根本，通过掌握核心技术开发实质产品，或通过技术进步推动市场需求，从而获得竞争优势。其中虽然也涉及服务，但服务是以产品为载体，是产品的组成部分。电子商务使传统企业的市场竞争从产品质量和价格竞争上升为全方位的服务的竞争。电子商务不仅仅建立了一个企业信息平台，更重要的是可以提供一个交互式的在线服务平台。电子商务的发展经历了三个阶段：第一个阶段为信息交互阶段。在这个阶段，企业只在互联网上建立网站，作为企业形象和产品的宣传窗口，并通过这一渠道与客户及供应商进行信息沟通。第二个阶段是开展网上交易。企业在这一阶段将互联网前端的信息交互系统与后端的订单管理和存货控制系统链接起来，并在电子化支付手段和交易环境下，实现在线交易全过程。第三个阶段将是商务中心的转移，即从传统的“以厂商为中心”转向“以客户为中心”的商务模式。在这一阶段，企业将把自动化和集成的优势延伸到客户一端，为客户提供方便、迅捷的个性化服务。电子商务的交货链突破了传统商业“等客上门”的模式，它迎合消费者的要求，在消费者希望的时间、地点把所需商品送到消费者手中。

4. 电子商务促进了全球虚拟市场的发展

电子商务模式改变了原有市场空间，使传统企业面临一个全新的虚拟市场，它大大突破了传统商品的销售范围和消费群体，也冲破了原定的地理半径和交通条件的限制，突破了原有的划界的营销模式，真正实现了全球化、全天候(24 小时)的营销网络。例如，产品订货可以没有地点和统一时间，取而代之的是一个网址和客户所希望的任何时间。一些新的因素，如企业的主页目录结构如何，是否方便客户挑选，是否能够提供个性化服务等在购买决策中起着重要的作用，它使原来市场中处于不同地位的企业重新站在了统一起跑线上，全球虚拟的市场对于每一个企业都提出了挑战。

5. 电子商务改变了传统企业的组织结构和管理方式

传统企业的组织结构多为垂直结构，成金字塔形，中间环节较多，同级部门之间既相互关联又相互独立。容易造成部门间工作效率低，对市场的反应迟钝，滋生官僚作风，这些都不适应信息时代市场的瞬息万变。在网络时代，全球有数亿的网络消费者，他们面对的是无数个可供选择的网上虚拟企业和各种各样的商品。企业必须及时将消费者的需求、偏好反馈到决策层，因此，企业中间管理层不宜过多，企业组织结构扁平化是发展趋势，即研发、管理、生产，到营销市场第一线，获取直接信息，需要减少管理层次；决策层分权化，中层管理人员享有一定的决策权，以适应瞬息万变的市场需求。对企业人员的知识能力结构提出了更高的要求，懂 IT 技术，熟悉商业管理与新经济理论和信息知识结构，高素质的专业人才与跨学科领域的复合型人才将成为企业人才竞争的关键。

(三) 企业电子商务的特点和业务模式

1. 企业电子商务的特点

电子商务在全球各地通过计算机网络进行并完成各种商务活动、交易活动、金融活动和相关的综合服务活动。在一个不太长的时间内，电子商务已经开始改变人们长期以来习以为常的各种传统贸易活动的内容和形式。一般来说，电子商务具有以下几个特征：

(1) 电子商务以现代信息技术作为支撑体系。

(2) 电子商务以虚拟市场为运作空间。

(3) 电子商务以全球市场为市场范围。

(4) 电子商务以全球消费者为服务范围。

(5) 电子商务以迅速、互动的信息反馈方式为高速运营的保证。

(6) 电子商务以新的商务规则为安全保证。

2. 电子商务的业务模式

电子商务具有网上订购、服务传递、咨询洽谈、网上支付、电子银行、广告宣传、意见征询、业务管理等功能。从电子商务的服务对象来看，目前的电子商务有以下六种模式。

(1) 企业对消费者的电子商务。企业对消费者的电子商务(business to consumer, B to C)是指企业或商业机构与消费者之间通过 Internet 进行的商务活动。借助网上交易平台，可以大大节省客户和企业双方的时间和空间，提高交易效率。因此网上购物成为电子商务发展的一个热点。B to C 交易涉及网上支付、物流配送等许多因素，这些因素的改善会促进 B to C 的发展。例如，2000 年初我国还很少有公司能够支付在线支付方式，随着各大金融系统积极参与电子商务建设，出现许多网上银行，在线支付技术日趋完善。目前所有的 B to C 网站都能接受消费者的在线支付，使得电子商务更加方便、快捷。

(2) 企业内部的电子商务。企业内部的电子商务是指在企业内部，通过构建企业内部网并安装防火墙，将内部网与互联网隔离开来，安全地实现企业内部数据和信息的交换和共享。实现企业内部电子商务，可以增强企业处理商务活动的敏捷性，更好地为客户服务。

(3) 企业对企业的电子商务。企业对企业的电子商务(business to business，B to B)是企业(或商业机构)与企业(或商业机构)之间通过互联网或各种专用网络进行的电子商务活动，它将买方、卖方以及服务于它们的中间商(如金融机构)之间的信息交换和交易行为集成到一起，从根本上改变了企业的计划、生产、销售和运行的传统模式，甚至整个产业社会的基本生存方式。

(4) 企业与政府间的电子商务。企业与政府间的电子商务(business to government，B to G)是指企业与政府之间通过各种网络进行的电子商务活动。包括政府采购、政策法规的发布、税收管理等。例如，政府采购可以通过互联网发布采购清单，进行网上招标，企业通过网上投标进行回应。这种方式节约成本，透明度高，具有很大的发展潜力。目前，美国联邦政府的公共采购已有 70%实现电子化，瑞典政府更是达到 90%以上。

(5) 政府对消费者的电子商务。政府对个人的电子商务(government to consumer，G to C)是指政府与消费者个人之间进行的电子商务活动。例如，消费者可以通过 Internet 上的政府网站缴纳个人所得税，了解政府部门最新法规等。

(6) 消费者对消费者的电子商务。消费者对消费者的电子商务(consumer to consumer，C to C)是指消费者之间通过 Internet 进行的电子商务活动。例如，消费者通过个人网站进行的商品拍卖、转让等交易活动就属于这种模式。随着互联网个人用户的急剧增加，消费者对消费者的电子商务交易量也在不断扩大。

二、企业电子商务管理

根据国际商会 1997 年对电子商务的定义，电子商务是指对整个交易活动实现电子化。所以对当今企业而言，电子商务管理则主要是利用计算机技术、网络技术、通信技术和计划、组织、领导、控制等基本功能，针对企业电子商务活动组织中的财务、营销、人事、生产物料、机器设备及技术等有限资源作妥善的安排，使企业得到更有效的产出。

明确了电子商务管理的含义，我们有必要研究一下它的范围，也就是说，它具体包含哪些内容。任何管理都是对某一具体系统的管理。电子商务管理是一个复杂的系统，它包括对企业生产、营销、采购、财务、人力资源、研究和开发等各方面的管理。

(一) 企业电子商务管理的内容

1. 电子商务中的生产管理

对企业生产的管理，可以概括为以下几个方面。

(1) 生产过程管理。电子商务在企业生产过程中的应用，可在 MIS 的基础上采取计算机辅助设计与制造(computer-aid design/computer-aid manufacturing，CAD/CAM)，建立计算机集成制造系统(computer interated manufacturing system，CIMS)；可在开发决策支持系统(decision support system，DSS)的基础上，通过人-机对话实施计划与控制，从物料资源规划 MRP 发展到 MRP Ⅱ 和 ERP。通过这些新的生产方式把信息技术和生产技术紧密地融为一体，对企业生产方式进行管理。

(2) 库存管理。在实施电子商务之后，各个生产阶段可以通过网络相互联系，同时进行，使传统的直线行式生产变成网络经济下的并行式生产，在减少了许多不必要的等待时间的同时，也使得及时式生产成为可能，使库存降低到最低限度。应用电子商务以后，产品如果没有需求就可以暂时不生产，等到新的需求产生后再进行生产，这样就可以大大降低生产和销售成本。对库存生产的管理主要借助于电子商务快速地调研市场需求，对市场的反馈做出最快反应，同时利用网络掌握竞争者的最新动态，调整、改良企业的产品与服务，从而把库存成本降到最低限度。

(3) 数字化定制生产管理。数字化定制生产源于英文 mass customization，即规模顾客化生产，是在广泛地应用网络技术、信息技术、管理技术的基础上，用标准化的部件组合成顾客化的产品(或服务)，以单个顾客为目标，保证最大限度地满足顾客需求。数字化定制生产与传统意义上的定制生产的本质区别在于它是规模化基础上的定制生产。数字化定制生产并不是企业提供无限的选择，而是提供适当数量的标准件，并使之进行成千上万种搭配，既给顾客一种无限选择的感觉，企业又可以对复杂的制造程序进行系统管理。电子商务的发展使数字化定制生产不仅变得必要，而且成为可能。进入电子商务时代的消费者的需求变得越来越多样化、个性化，市场细分的彻底化使得企业必须针对每位顾客的需求进行一对一的“微营销”；否则，顾客如果觉得某家公司提供的产品不够满意。他只要点击鼠标即可轻而易举地进入其他公司的站点了。同时，电子商务使得数字化定制生产变得简单可行。企业通过构建各种数据库，记录全部客户的各种数据，并可通过网络与顾客进行实时信息交流，掌握顾客的最新需求动向。

2. 电子商务中的营销管理

随着互联网的普及和发展，电子商务也开始在经济领域中逐步发挥其举足轻重的作用，而伴随着电子商务的兴起，网络营销的概念也越来越受到人们的重视。网络营销是企业以现代营销理论为基础，利用互联网(也包括企业内部网和外部网)技术和功能，最大限度地满足客户需求，以实现开拓市场、增加赢利为目标的经营过程。也就是说，网络营销是直接营销的最新形势，是由互联网代替了传统媒介，其实质是利用互联网对产品的售前、售中、售后各环节进行跟踪服务。它自始至终贯穿在企业经营的全过程，包括市场调查、客户分析、产品开发、销售策略和信息反馈等方面。确切地说，网络营销是企业整体营销战略的一个组成部分，是建立在互联网基础之上、借助于互联网特性来实现一定营销目标的一种营销手段。

由于市场性质和消费者消费行为及消费需求的变化，使企业的市场营销活动也必须随之发生相应的变化。表现较为突出的是渠道和促销将赋予新的内涵，因为以往的批零方式将逐步由网络代替，消费者和采购商将更多地直接从网络上采购。人员促销的作用也变得越来越小，广告宣传更多地借助于网络这个“第四媒体”来实现。营销环节中的谈判、咨询、签约、预约、支付等均可通过电子商务实现，并且利用先进的计算机和网络技术可把产品的各种物理、化学特征以及各种相关信息完整、准确地展示在网上。这样，企业可以借助电子商务对企业营销进行管理。

3. 电子商务中的供应链管理

对企业而言，21 世纪是一个充满机遇与挑战的全新的经济时代。互联网的应用不仅可以改善供应链中各部分间的沟通，提高供应链的效率，更重要的是互联网将改变供应链的结构。网络经济的发展，将促进传统的供应链结构模式向集成一体化的供应链动态联盟转变；网络交易将对现有采购、零售和分销及服务方式带来极大的改变，主要体现在组织结构、信息技术的应用等方面。

在供应链管理思想下，企业内部供应链将与外部的供应商和用户集成起来，与主要供应商和用户建立良好的合作伙伴关系，构成了一个网链化的扩展的企业结构，即供应链共同体。但是，随着网络经济的发展，用户需求的不确定性和个性化增强，市场环境日益动态化，不能适应供应链需求的企业将从供应链联盟中淘汰。供应链从而成为一个能快速重构的动态组织结构，即集成化供应链动态联盟。它主要是基于一定的市场需求、根据共同的目标而组成的，通过实时信息的共享来实现组织结构的动态集成。供应链企业通过互联网与电子商务等技术集成在一起以满足用户的个性化需求，一旦用户的需求消失，它也就随之解体，而当另一新的市场需求出现时，供应链又由新的企业动态地重新组成。

为了达到与外部供应链的动态集成，企业应充分利用互联网信息技术实现企业内部信息系统与外部供应链节点的无缝链接，达到信息共享和信息交互。同步化、扩展化的计划与控制系统是主要的工具，基于互联网的电子商务将取代传统的商务模式。这些信息系统主要包括网上采购、网上公共交易平台、企业资源计划、客户关系管理、网上虚拟市场、物流管理和零售与分销管理等。

电子商务模式弥补了传统供应链的不足，它不再局限于企业内部，而是延伸到供应商和客户，甚至供应商的供应商和客户的客户，建立的是一种跨企业的协作，覆盖了从产品设计、需求预测、外协和采购、制造、分销、储运和客户服务等全过程。处于同一个供应链的厂商之间不再是零和，而是双赢。B to B 的电子商务模式带来了供应链管理的变革。它运用供应链管理思想，整合企业上下游的产业，以中心制造厂商为核心，将产业上游供应商、产业下游经销商(客户)、物流运输商及服务商、零售商以及与业务有关的银行进行垂直一体化的整合，构成了一个电子商务供应链网络，消除了整个供应链网络上不必要的运作和消耗，促进供应链向动态的、虚拟的、全球网络化的方向发展。它运用供应链管理的核心技术——客户关系管理，使需求方自动作业，预计需求，以便更好地了解客户，给他们提供个性化的产品和服务，使资源在供应链网络上合理流动，缩短交货周期、降低库存，并且通过提供自助交易等自助式服务以降低成本，提高企业的竞争力。电子商务是信息流、商流、资金流和物流的高度对称、融合与互动。

4. 电子商务中的财务管理

电子商务的发展要求财务管理从静态的事后核算向实时动态的、参与经营过程的财务管理方向发展，从内部的、独立的职能管理向开放的且物流、信息流、资金流“三流合一”的集成管理方向发展；从传统的利润目标向企业未来价值(包括无形资产价值)的方向发展；从单机、封闭式的财务数据处理方式向互联网的、集成化的财务数据处理方式发展。总之，适应电子商务发展要求的财务管理必须具有实时性、预测性、智能性和战略性的特点。因此，基于互联网的网络财务的概念与电子商务相伴而生，如网络员工工资核算、网上支付供应商、网上财务信息的发布等。

5. 电子商务中的人力资源管理

通过电子商务方式进行人才招聘已被越来越多的企业所认识。与此相应的人才测评、人才流动的方式也正在网上迅速发展着。与传统的人才招聘、录用方式相比，改用电子商务方式进行具有十分明显的优势。比如，电子商务中的人力资源管理可以改变过去集中时间单独招聘或通过人才市场招聘的做法，通过企业网站可全天候发布用人信息，随时恭候合适人选应聘；电子商务中的人力资源管理可以降低人才招聘的开支，提高招聘的效率；电子商务中的人力资源管理中人才的招聘范围将不再受地域的限制，可扩展到全国，甚至全球范围；电子商务中的人力资源管理中人才的网上测评可采用灵活多样的方法，提高测评的科学性和准确性；另外，人才通过网上流动可以悄无声息地进行，既节省费用，又有更多的机会。

6. 电子商务中的研究与开发管理

企业生产所需要的技术，总是部分来源于企业自身的研究与开发，部分来源于企业外部。两个来源的比例，对于不同的企业而言，可以相差很大，但不可能完全没有外部的技术支持。从外部来源来看，电子商务改变着技术交易的形态，大大拓宽了企业搜索所需技术的视野，也拓宽了企业委托开发的范围，改变了企业从外部获取所需技术的管理方式；从内部来源看，由于研究开发可以做到资源共享，大大提高了研发的效率，降低了研发的开支。另外，企业自身的研究与开发由于有“需求信息”的输入，必然会改变企业研究与开发的组织形态。

(二) 企业电子商务管理的性质

从字面上理解，电子商务就是对电子商务活动进行管理，究其本质，它实际上就是一门管理学。一般的管理既有同生产力、社会化大生产相联系的自然属性，又有同生产关系、社会制度相联系的社会属性。电子商务管理也是一样，所不同的是其管理过程是建立在现代科技发展的基础上，对信息技术的要求也更高一些。

1. 电子商务管理的自然属性

电子商务的自然属性主要体现在以下两个方面。

(1) 电子商务管理是现代电子商务活动运行的一般要求。它渗透电子商务活动的“三流”——资金流、信息流、物流相互协同和和谐过程的每个细节，是现代电子商务活动运行不可或缺的一项游戏规则。

(2) 电子商务管理对于现代电子商务活动具有特殊作用。只有通过电子商务管理，把电子商务活动中的各种要素，包括电子商务的技术核心、电子商务的应用基础、电子商务的活动对象、电子商务的交易内容等要素组合起来，使各种要素发挥各自的作用，才可能使电子商务这一活动产生强大的经济活力，才能为社会创造更大的价值。

2. 电子商务管理的社会属性

我们先从管理的社会属性出发。管理的社会属性体现在管理作为一种社会活动，它只能在一定的社会历史条件下和一定的社会关系中进行。管理具有维护和巩固生产关系，实现特定生产目的的功能。管理的社会属性与生产关系、社会制度紧密相连。

那么，电子商务管理也不能脱离管理的基本范畴，虽然它是一种新兴的管理类别，所管理的对象是更为抽象的信息以及不显现为具体经济形态的生产方式，但这些项目的生产仍然是建立在现有的生产关系和社会制度之上。无论经济形态如何变更、生产方式如何更替、交易方法如何多样化，它都必须统一在一个具体的社会制度之下，而不可能凌驾于基本的社会制度，诸如法律法规、经济分配、政治制度之上。

度目标可以通过计量客户回头率来加以衡量。

4. 电子商务系统需求诊断分析

需求的定义包括从客户角度(系统的外部行为)以及开发者角度(系统的内部特性)来阐述需求。软件系统的需求分析一般来说至少包含以下内容：

(1) 业务需求。它反映了企业或客户对系统、产品高层次的目标要求，也就是我们通常所说的“做什么”，一般在项目的定义与范围文档中予以说明。

(2) 用户需求。它描述了用户使用产品所要完成的任务，通俗理解为“用来做什么”，这在使用实例或操作脚本中予以说明。

(3) 功能需求。它定义了开发人员必须实现的软件系统功能，使用户利用系统完成他们的任务，从而满足业务需求，这是大部分需求分析所关注的焦点。

(4) 非功能性需求。它描述了系统展现给用户的行为和执行的操作等，它包括产品必须遵从的标准、规范和约束，操作界面的具体细节和系统构造上的限制。

(5) 需求分析报告。报告所说明的功能需求充分描述了软件系统所应具有的外部行为。“需求分析报告”在开发、测试、质量保证、项目管理以及相关项目功能中起着重要作用。

如何利用电子商务系统服务错综复杂的供应商和消费顾客,如何做好产品的进、销、调、存工作并能对其实时监控，是商业企业引入电子商务系统的所需解决的问题。而弄清商业用户复杂需求的真实内容，正是系统开发成功的关键所在。

5. 电子商务系统规划与设计

电子商务建设是企业应用电子商务的第一步，是一个包括商务、技术、支付、物流等许多角色与要素的系统工程。在开始建设电子商务系统之前，必须充分研究涉及电子商务系统的所有因素，全面分析、统筹规划，形成尽可能完善的电子商务系统设计方案，在此基础上有条不紊地进行电子商务系统建设。

对于大型企业电子商务系统，尤其要重视强调系统的规划进行电子商务系统建设，建成后的电子商务系统很可能出现协同困难，难以实现预期的系统功能，难以实现系统建设的目标，从长远看还会造成企业资源浪费，使得将来还要为之付出更大的成本来做系统改进与整合。

在完成上述商务分析和需求分析的基础上，在掌握电子商务最新技术进展的情况下，充分结合商务和技术两方面，提出电子商务系统的总体规划和总体格局，提出电子商务系统的系统角色，亦即确定电子商务系统的商务模式，以及与商务模式密切相关的网上商品品牌、网上交易。服务支持和营销策略、电子商务系统设计工作可以由此展开，即从交易等子系统、前台、后台、技术支持、系统流程、人员设置等各个角度全面构架电子商务系统。此阶段工作的完成质量，将直接关系到后续电子商务系统建设和将来电子商务系统运行和应用的成功与否。

6. 电子商务系统的测试、应用和反馈

在设计完电子商务系统之后，企业就可以在应用中测试所建立的电子商务系统的有效性，发现错误后及时纠正，从而不断完善电子商务系统。

7. 电子商务系统的管理和维护

建立电子商务系统之后并不是放在那里就不再管理了，相反，企业还要不断投入人力和财力对电子商务系统进行管理和维护，规模越大的企业，往往投入也越大，而这些投入的回报则需要在系统建成之后逐渐获得。能不能发挥网站的效用，达到建立电子商务系统的目的，其中很关键的工作就是运营和管理好网站。

[案例分析] IBM 公司：惠尔浦公司电子商务解决方案案例

客户背景：惠尔浦公司是世界一家主要的家用电器生产商和销售商。

面临的挑战：惠尔浦公司的一些处理方法，尤其是其中间级贸易合作伙伴(占其总伙伴的 25%)的处理方法，在时间和金钱方面低效和昂贵。为了使这一门户有效工作，公司需要将门户与其 SAP R/3 库存系统和 Tivoli 系统管理工具集成。

IBM 提出的解决方案：“IBM 电子商务解决方案可以在不同平台上运行，从很小的平台到大型平台。”惠尔浦公司负责结构和规划的副总裁 Jim Haney 说：“当您具有这一水平的可扩展性和灵活性以后，那将是非常强大的。”

惠尔浦公司是世界上将基于 Web 的 B to B 解决方案与 SAP R/3 集成的首批公司之一。根据所涉及的应用和交易的类型，惠尔浦公司的门户可以通过 Commerce Integrator 和 Mqserise 或通过 Web Sphere 应用服务器来访问 SAP R/3。该门户还提供了通过用于 Java 的商业应用编程接口(BAPI)标准到 SAP R/3 的直接连接。

客户收益：惠尔浦公司已经推出了一个企业到消费者(B to C)网站，让美国客户订购小型家用电器及其附件等，这样每月可以吸引 380 万名来访者。这一网站非常成功，使惠尔浦仅仅在 5 个月时间内就实现了 100%的投资回报。

惠尔浦公司的 B to B 网站和 M to C 家用电器附件网站一起，每年共产生 4 亿美元的收益，占公司总收入的 8%。然而，Whirlpool 的 IBM 电子商务平台，它集成了 CRM 和 ERP，其长远价值在于适应未来电子商务应用。例如，在公司的海外市场中，主要家用电器通过直接渠道销售给消费者，B to C 订购网站将大有作为。

思考题：
案例中提到了哪些电子商务的业务模式？针对这个案例拟定自己的咨询规划方案。

[案例分析答案]

1. 电子商务的业务模式：企业对企业(B to B)模式、企业对消费者(B to C)模式。
2. 咨询规划方案(略)。

[习题]

一、单选题

1. 下列属于低层数据规划方法的是(　　)
   A. 战略目标集成转化法　　B. 关键成功因素法
   C. 战略系统规划法　　D. 价值链分析法
2. ERP 计划是指(　　)
   A. 企业资源计划　B. 企业战略计划
   C. 企业信息计划　D. 企业生产计划
3. 基于 ERP 的电子商务系统分为几个阶段(　　)
   A. 2　　B. 6　　C. 4　　D. 5
4. 企业与消费者之间电子商务的业务模式简称为(　　)
   A. B to B　　B. B to G　　C. B to G　　D. B to C

二、多选题

1. 信息化战略规划中，战略环境分析包括(　　)
   A. 经济环境分析　　B. 内部环境分析
   C. 政治环境分析　　D. 信息化目标分析
2. ERP 系统实施过程有以下特点(　　)
   A. 高投入性　　B. 复杂性　　C. 系统性　　D. 风险性
3. 相对于传统商务和 EDI 商务，电子商务表现出以下几个突出的特点(　　)
   A. 系统性　　B. 结构性　　C. 稳定性　　D. 社会性
4. 电子商务管理渗透商务活动的三流是指(　　)
   A. 资金流　　B. 商流　　C. 信息流　　D. 物流

三、简答题

1. 信息技术在企业发展中的作用有哪些?

2. 企业信息化战略规划咨询的主要内容包括哪几个部分?

3. 电子商务的业务模式有哪些?

[习题答案]

一、单选题

1. C　2. A　3. A　4. D

二、多选题

1. BD　2. ABD　3. BD　4. ACD

三、简答题

(略)

参 考 文 献

爱德华·M. 诺德，理查德·J. 舍恩伯格，何桢. 2006. 运营管理：满足全球顾客需求. 第7版. 何桢译. 北京：中国人民大学出版社
陈心得，吴忠. 2005. 生产运营管理. 北京：清华大学出版社
陈新平，何冰. 2003. 管理：企业管理自我诊断. 北京：中国物资出版社
邓顺国. 2005. 电子商务概论. 北京：清华大学出版社，北京交通大学出版社
丁栋虹. 2006. 管理咨询. 北京：清华大学出版社
丁慧平，俞明南. 2004. 现代生产运作管理. 北京：中国铁道出版社
盖起军. 2008. 生产运营管理. 北京：经济科学出版社
甘利人. 2001. 企业信息化建设与管理. 北京：北京大学出版社
高立法，高蕊. 2004. 企业生产运作诊断与治理. 北京：中国时代经济出版社
顾元勋. 2007. 企业管理咨询——全周期卓越运作. 北京：清华大学出版社
韩之俊，贾大龙，杨慧. 2003. 生产与运营管理咨询. 北京：华夏出版社
胡子谷. 2004. 质量管理. 上海：上海交通大学出版社
黄敏学. 2002. 企业电子商务. 武汉：武汉大学出版社
黄文骏. 2004. 生产问题分析与解决. 北京：北京大学出版社
加里·P. 施奈德. 2006. 电子商务. 第6版. 成栋，韩婷婷译. 北京：机械工业出版社
焦玉英，陈远. 2009. 管理咨询理论与实践. 武汉：武汉大学出版社
杰伊·海泽，巴里·伦德尔. 2010. 运作管理原理. 寿涌毅译. 北京：北京大学出版社
李东. 2001. 管理信息系统的理论与应用. 北京：北京大学出版社
李东. 2003. 战略管理咨询：原理、分析、技术与实施策略. 北京：华夏出版社
李琪. 2004. 电子商务技术. 重庆：重庆大学出版社
刘继勇. 2002. 管理咨询方法. 北京：华夏出版社
刘丽文. 2006. 生产与运作管理. 第3版. 北京：清华大学出版社
罗伯塔·S. 拉塞尔，伯纳德·W. 泰勒. 1998. 运作管理. 第2版. 北京：中国人民大学出版社
美克·菲力普斯. 2001. 咨询绩效评估：跟踪咨询项目的结果与底线. 段盛华，王寅译. 上海：上海远东出版社
米兰·库布尔. 2006. 管理咨询专业指南. 中国国际工程咨询公司译. 北京：学苑出版社
企业管理咨询实务编写组. 2007. 企业管理咨询实务. 北京：企业管理出版社
全国管理咨询师考试教材编写委员会. 2009. 企业管理咨询实务与案例分析(上、下).北京：企业管理出版社
全国管理咨询师考试教材编写委员会. 2010. 全国管理咨询师考试习题集. 北京：企业管理出版社
盛立军. 2003. 现代企业咨询：操作和案例. 成都：西南财经大学出版社
盛逡飞，高立法. 2004. 企业全面诊断与综合治理. 北京：中国时代经济出版社
史璞. 2004. 管理咨询: 理论、方法与实务. 北京：机械工业出版社
宋克勤. 2002. 生产运作管理教程. 上海：上海财经大学出版社
孙维琦. 2004. 生产与运作管理. 北京：机械工业出版社
王成. 2003. 咨询业务的全程运作. 北京：机械工业出版社
王道平，谭跃雄. 2004. 生产动作管理. 湖南：湖南大学出版社

王革非，李雪松. 2003. 企业财务管理咨询与诊断. 北京：中国经济出版社
王璞. 2003. 在中国做管理咨询. 北京：机械工业出版社
王璞. 2003. 战略管理咨询实务. 北京：机械工业出版社
王学东. 2002. 电子商务管理. 北京：高等教育出版社
吴蕃蕤. 2005. 企业诊断基础. 北京：清华大学出版社
谢晓霞. 2004. 蜕变——电子信息时代的传统产业. 北京：科学出版社
杨世忠. 2003. 管理咨询——21 世纪会计专业精品案例教材. 北京：首都经济贸易大学出版社
杨雄胜，王飞. 2002. 财务管理咨询. 北京：华夏出版社
尹隆森，孙宗虎.2006. 企业诊断操作实务. 北京：人民邮电出版社
张波. 2009. 生产运营管理原理与实践. 北京：国防工业出版社
张杰. 2004. 生产与运营管理. 北京：对外经济贸易大学出版社
张静. 2003. 企业项目管理咨询与诊断. 北京：中国经济出版社
张润彤. 2003. 电子商务概论. 北京：电子工业出版社
张淑君，林光. 2004. 企业运作管理. 北京：清华大学出版社
张文泉，沈剑飞. 2002. 管理咨询与企业诊断. 北京：中国电力出版社
赵树基. 2007. 生产运营管理. 北京：经济日报出版社
周玉清. 2002. ERP 原理与应用. 北京：机械工业出版社
左美云. 2002. 企业信息管理. 北京：中国物价出版社